Bernard-Henri Lévy
Wer hat Daniel Pearl ermordet?

Bernard-Henri Lévy

Wer hat Daniel Pearl ermordet?

Der Tod eines Journalisten und die Verstrickungen
des pakistanischen Geheimdienstes mit al-Qaida

Aus dem Französischen von Anja Nattefort,
Olaf Roth und Ulrike Thiesmeyer

Econ

Die Originalausgabe erschien 2003 unter dem Titel *Qui a tué Daniel Pearl?* bei Éditions Grasset & Fasquelle

Der Econ Verlag ist ein Unternehmen
der Ullstein Heyne List GmbH & Co. KG

1. Auflage 2003

ISBN 3-430-11206-0

© 2003 by Éditions Grasset & Fasquelle, Paris
© der deutschen Ausgabe 2003 by Ullstein Heyne List GmbH & Co.
KG, München
Alle Rechte vorbehalten
Gesetzt aus der Stempel Garamond
bei Franzis print & media GmbH, München
Herstellung: Helga Schörnig
Druck und Bindung: Clausen & Bosse, Leck
Printed in Germany

Inhalt

Vorwort 9

ERSTER TEIL: *Danny* 15

1 Eine Nacht in Karatschi 17
2 Der Schauplatz der Hinrichtung 27
3 Ein geheimnisvolles Lächeln 36
4 Die Ermordung 44
5 Besuch bei den »Eltern Courage« 58
6 Dannys Gesicht 68

ZWEITER TEIL: *Omar* 85

1 Im Auge des Barbaren 87
2 Der perfekte Engländer 96
3 Warum Bosnien? 110
4 Rückkehr nach Sarajevo 122
5 Ein Porträt ergibt das andere 138
6 Rekonstruktion eines Verbrechens 155

DRITTER TEIL: *Ein Staatsverbrechen* 173

1 Die Geheimnisse von Karatschi 175
2 Presserundschau 189
3 Eine dunkle Affäre 204
4 Omars Doppelleben 219
5 Wenn der Mörder geständig wird 235
6 Im Zimmer des Dämons 253

VIERTER TEIL: *Al-Qaida* 267

1 Rückkehr zum Haus des Verbrechens 269
2 Die Moschee der Taliban 280
3 Das Geld des Dschihad 297
4 Im Herzen der Finsternis 316
5 Bin Ladens Lieblingssohn 332
6 Böse Vorzeichen für den Ermittler 345

FÜNFTER TEIL: *Die Suche nach der Wahrheit* 363

1 »Ein junger Bursche ohne kollektive Bedeutung« 365
2 Der Mann, der zu viel wusste 373
3 Auf Pearls Spuren 388
4 Die Mörder sind unter uns 395
5 Eine Bombe für Bin Laden? 411
6 Die Sanftheit des Islam 424

Für Adam Pearl

Vorwort

Ausgangspunkt dieses Buches ist der 31. Januar 2002, Todestag des amerikanischen Journalisten Daniel Pearl, der in Karatschi von einer Bande Gottesfanatiker entführt und geköpft wurde.

Zu gegebener Zeit werde ich erzählen, wo und unter welchen Umständen ich das Bild dieser Enthauptung zum ersten Mal sah.

Ich werde erklären, warum ich an jenem Tag beschloss, mir so viel Zeit zu nehmen wie nötig, um Klarheit in den rätselhaften Tod dieses Mannes zu bringen, den ich nicht einmal kannte.

Meine Untersuchung dauerte ein Jahr.

Sie führte mich von Karatschi nach Kandahar, Neu-Delhi, Washington, London und wieder nach Karatschi.

Von dieser Wahrheitssuche möchte ich in diesem Buch erzählen: so roh wie möglich, ganz nah an den Dingen, die ich gesehen und erlebt habe, mit all meinen Zweifeln und Überzeugungen. Ich werde über die Sackgassen und die kleinen Fortschritte berichten, die echten und die falschen Zeugen, über die redseligen Münder derer, die wissen, dass man weiß; über verkappte Schauspieler, die einen ins Vertrauen ziehen oder, im Gegenteil, in die Irre führen; über jene Momente, in denen ich mich als Jäger selbst gejagt fühlte; über die Angst – mal leidiges Gefühl, mal guter Ratgeber, doch in jedem Fall unentbehrlich, wenn die Schattenzonen dubioser Länder erfahrbar gemacht werden sollen. Die Fakten, nichts als die Fakten. Und wo die Realität verborgen blieb, das notwendige Maß

Phantasie. Alles in allem ist daraus ein Untersuchungsroman geworden.

Hauptgegenstand war natürlich Pearl selbst, das Leben dieses Auslandskorrespondenten, der Amerikaner und Jude war, doch auch vieles andere mehr: Ein Kosmopolit, der sich für andere Menschen interessierte; lebensfroh und mit der Welt versöhnt; Freund der Vergessenen und Beschützer der Schwachen; engagiert, distanziert, großherzig; ein unwiderstehlicher Optimist; eine Lichtgestalt, die eigene Denkfehler einsehen konnte und fest entschlossen war, Böses mit Gutem zu vergelten, bereit, all das zu verstehen.

Es geht auch um den Hintergrund seines Todes.

Um die Chronik des Todes an sich.

Wen hat er gesehen?

Was hat er gemacht?

Gibt es in seinen Recherchen irgendeine Erklärung dafür, warum man ihn durch Mord zum Schweigen bringen wollte?

Ausgehend von den Hinweisen, die er hinterlassen hat, nehme ich die Untersuchung wieder auf, die ihn sein Leben kostete, auch an seiner Stelle und für ihn.

Ich werde in seine Fußstapfen treten, von Islamabad bis Karatschi den Spuren des Mannes folgen, der ahnungslos in das Dunkel trat, dieselben Schritte tun wie er, beobachten wie er, möglichst denken und fühlen wie er – bis zum bitteren Ende, bis zum Augenblick seines Todes. Ein Jahr lang habe ich versucht, den Tod eines Mannes zu rekonstruieren, dem ich nie begegnet bin.

Dann sind da auch die anderen, seine Mörder, besonders Omar Sheikh, der Kopf des Verbrechens.

Das Entsetzen über diesen Mann.

Das Grauen vor seinem Hass auf die Menschen.

Doch wie bei seinem Opfer halte ich mich auch hier strikt an den Vorsatz zu verstehen – natürlich nicht seine Motive,

aber seinen eiskalten Wahn, seine Art zu leben, zu handeln, zu wollen und sein Verbrechen zu planen.
Der blutige Eifer.
Der zum Mörder Berufene.
Nicht mehr mit dem *Teufel im Kopf*, sondern im Kopf des Teufels sein, das war notwendig, um die Mordgier zu begreifen, die schon vor Pearl so manches Opfer forderte und nach ihm, leider, weitere fordern wird.
Wie funktioniert das Teuflische heute?
Was geschieht in der Seele eines Menschen, der grundlos und *kaltblütig* das Böse will und das schlimmste aller Verbrechen begeht?
Warum kann eine derartige Rohheit zu Beginn dieses Jahrhunderts zum Wunschtraum und Schicksal werden?
Wer sind diese neue Besessenen, die meinen, alles sei erlaubt, und zwar nicht, weil es keinen Gott gäbe, sondern eben weil es ihn gibt und seine Existenz sie in den Wahnsinn treibt?
Distanz und Nähe.
Größter Abscheu und Verstehenwollen.
Omar als Laboratorium.

Und nicht zuletzt diese Welt der Besessenen.
Die Welt, die auch die unsere ist und in der die grausame Ermordung von Daniel Pearl möglich war.
Eine fremde, verwirrende Welt, die ich seit zehn Jahren unablässig beobachte und in der ich durch die Pearl-Affäre, mit all ihren ungeahnten Verflechtungen und Verstrickungen, neue Facetten entdecken konnte.
Die Welt des islamischen Extremismus mit seinen Codes, seinen Losungen, seinen geheimen Pfaden, seinen furchtbaren Mullahs, die die Seelen in den Irrsinn treiben, seinen Handlangern und Gebietern.
Die Welt eines neuen Terrorismus, und vor allem die Welt von Bin Laden, der, wie wir sehen werden, seinen Anteil an der Geschichte hat. Seine Gestalt, ihr unheilvolles Mysterium,

seine subtilen und brutalen Zerstörungsmethoden, sein Kommen und Gehen konnte nur ganz am Rande durch diese Seiten spuken.

Und schließlich Fragen wie diese: Gibt es einen Kampf der Kulturen? Gibt es einen Islam oder zwei? Wie kann ein aufgeklärter Islam diesen mordlustigen Gott besiegen, der Körper und Seelen im Schmelztiegel eines fehlgeleiteten Gesetzes zerstört? Sind die kaltblütigen Monster von heute immer noch die Staaten? Was macht man mit einem Hass, der instabilen Ländern Halt gibt? Wie schützt man sich vor theologisch-politisch erhitzten Gemütern? Sind die Kreuzzüge und der Kampf gegen die »Achse des Bösen« eine angemessene Antwort? Muss man sich damit abfinden, dass diese neue Seelenkrankheit weltweite Rachebegierde und einen Rückfall in die Vergangenheit mit sich bringt?

Ein letztes Wort noch.

Dieses Buch beginnt Anfang 2002, und es endet im April 2003, mitten im angloamerikanischen Krieg gegen den Irak.

Nachdem ich es geschrieben habe, verstehe ich besser, warum dieser Krieg von Anfang an so heftiges Unbehagen in mir erzeugte.

Es hat nichts damit zu tun, dass ich Pazifist bin.

Oder dass ich mir weniger als andere wünschte, das irakische Volk, das einen langsamen Tod starb, vergessen von den anderen Nationen, von seinem Henker befreit zu sehen.

Aber während darüber debattiert wurde, ob Saddams Sturz im Moment das Wichtigste sei und ob sich das Schicksal der Welt in Bagdad entscheiden würde, hockte ich in dem schwarzen Loch Karatschi. Und ich konnte und kann nicht anders, als im Irak-Krieg, abgesehen von den politischen und menschlichen Verlusten, von all den toten Zivilisten und davon, dass das verheerende Rad des Krieges der Kulturen wieder ein Stück weitergedreht wurde, ein einzigartiges historisches Fehlkalkül zu sehen.

Es ging im Irak um ein weitgehend entwaffnetes Regime, derweil in den Elendsvierteln pakistanischer Städte mit geheimem Nuklearmaterial gehandelt wurde.

Es ging um einen in die Jahre gekommenen Tyrannen, Saddam Hussein, ein Phantom der Geschichte des 20. Jahrhunderts, während in meiner Umgebung das Netzwerk der Barbarei von morgen ausgeheckt wurde.

Und es ging um einen der letzten politischen Diktatoren, wie sie in den alten Bestiarien katalogisiert sind, doch zur selben Zeit hielten sich Barbaren mit grenzenlosen Ambitionen, für die Politik höchstens eine nützliche Fiktion ist, schon zum Sprung bereit.

Und in die notdürftige Koalition gegen den Diktator Saddam Hussein, die auch das der Öffentlichkeit präsentierte Kriegsspektakel unterstützen sollte, wollte man – Gipfel der Ironie – ausgerechnet dasselbe Pakistan einbinden, das vor meinen Augen zum Haus des Teufels mutierte.

Die Pearl-Affäre ist auch eine Mahnung, sich nicht im Jahrhundert zu irren.

Eine Gelegenheit, die lautlose Hölle der lebend Verdammten zu erkunden, in der sich die Tragödien unserer Zukunft anbahnen.

3. April 2003

ERSTER TEIL *Danny*

1

Eine Nacht in Karatschi

Ankunft in Karatschi.
Schon auf dem Flughafen fällt mir auf, dass man hier keinen Menschen aus dem Westen sieht.
In meinem Flugzeug saß zwar ein Engländer, der zusammen mit mir in Islamabad an Bord gegangen war, bestimmt ein Diplomat, aber noch bevor die anderen Passagiere aussteigen durften, wurde er am Fuße der Gangway von einem gepanzerten Wagen abgeholt und verschwand unter Geleitschutz über die Rollbahnen.
Ansonsten nur verschlossene Gesichter. Aufrufe zum Gebet vermischen sich mit den Durchsagen über Ankünfte und Abflüge. Vom Zollbeamten bis zum Gepäckträger, von den Bettlern bis zu den Taxifahrern, die sich auf mich stürzen, und den behelmten Militärs, die am Flughafen Streife gehen – wo immer ich erscheine, blitzen harte, feindliche Mienen auf, vermischt mit einer Spur von Verwunderung oder ungläubiger Neugier, was noch mehr aussagt über die Präsenz eines westlichen Touristen, hier, im Frühjahr 2002. Keine Frau weit und breit, das ist das Erste, was einem ins Auge springt, dieser ungewohnte Anblick einer Welt ohne Frauen. Umringt von der Menge, mit kajalumrahmten Augen, das Haar von der Farbe dunklen Honigs, in einem verknitterten marineblauen Zweireiher voller Flecken, die Taschen voll gestopft mit fragwürdigen Papieren – aber im Knopfloch so etwas wie eine Nelke, vermutlich als Willkommensgruß –, der Fahrer vom Marriott, der mich zu seinem Wagen am anderen Ende des Flughafens geleitet: Die Polizei hat eine Bombe gefunden und

will sie draußen in der Nähe des Parkplatzes zur Explosion bringen, daher wollen nun alle gleichzeitig ihr Auto in Sicherheit bringen.

»Amerikaner?«, fragt er, nachdem er mich gründlich im Rückspiegel gemustert hat.
»Nein, Franzose.«
Er wirkt erleichtert. Bestimmt wegen der französischen Position zum Irak und Frankreichs Politik in arabischen Fragen.
»Zum ersten Mal in Karatschi?«
»Ja, zum ersten Mal.«
Ich lüge. Ich werde kaum sagen, ja, natürlich kenne ich Pakistan. Ich werde ihm nicht erzählen, dass es mich schon einmal hergeführt hat, als er noch nicht geboren war: 1971. Zulfikar Ali Bhutto befand sich an der Schwelle zur Macht, der, wie es sich für einen pakistanischen Feudalherren gehört, britische Schulen besucht hatte und in seinem Optimismus gewiss nicht ahnte, dass er acht Jahre später am Galgen hängen würde. Er war fasziniert von Giscard d'Estaing. Und über Jean-Jacques Servan-Schreiber wollte er wissen, ob die jungen Leute meines Alters in Frankreich seine Bücher lasen. Auf den Treffen seiner Partei sah ich unverschleierte Frauen. Ayub Khan, Yahya Khan, das Militär an der Macht, diese Rohlinge, Sie werden sehen, die werden sich nicht lange halten, sagte er zu mir.

Dann kam der Krieg in Bangladesch. Das hieß Partei ergreifen für die unterdrückten Bengalen, die sich von Pakistan abspalten, welches sich seinerseits dem Westen zuwendet, es hieß mit der indischen Armee in Dakka einmarschieren ... Ich sehe Mujibur Rahman vor mir, Gründer und Präsident von Bangladesch, mit seinem ironisch funkelnden Blick hinter der dicken Brille. Ich erhalte meine erste Anstellung bei ihm, als Berater in Planungsfragen. Es war mein Engagement für das, was in meinen Augen ein nationaler Befreiungskrieg war, für die Pakistanis jedoch das traumatische Erlebnis schlechthin, die Spaltung ihres Landes, ein endgültiges Elsass-Lothringen ... Ich weiß, eines der schwer wiegendsten Kapitel der Akte Pearl bestand darin, dass er vor Karatschi in Indien gearbeitet hatte. Schlimmer: Ich weiß, in der irrationalen Logik der Islamisten, und vielleicht auch in der des pakistanischen Geheimdienstes, die noch aus der kleinsten Spur einen Beweis oder ein Geständnis konstruieren, verwandelte die banale Tatsache, dass Pearl »noch einen Wohnsitz in Bombay besaß«, ihn in einen Staatsfeind, in den Spion einer fremden Macht, der getötet werden musste. Also sage ich nichts. Ich werde nicht das Risiko eingehen und allseits verkünden, dass auch ich in einem früheren Leben, vor dreißig Jahren, ein aktiver, militanter Gegner des pakistanischen Regimes war. Er wirkt immer noch erleichtert.

»Und deine Religion? Was ist deine Religion?«

Auf diese Frage war ich nicht gefasst. Jedenfalls nicht in dieser Form, nicht so schnell und mit dieser Unverblümtheit.

Ich denke wieder an Pearl, an seine letzten Worte, aufgezeichnet auf dem Videoband der Entführer: »My father is a Jew, my mother is a Jew, I am a Jew ...«

Ich erinnere mich an die unglaubliche Geschichte von Aftab Ahmed, die ich kurz vor meiner Abreise auf der Internetseite der Reporter ohne Grenzen gelesen hatte. Als Herausgeber einer Zeitung in Peschawar hatte Aftab einen Leserbrief durchgehen lassen, der vage Kritik an der antisemitischen Welle äußerte, die das Land derzeit überschwemmt, und der sich dafür aussprach, die Juden nicht länger durch den Dreck zu ziehen: Ein Proteststurm brach los! Ein Prozess wegen Blasphemie! Es kam zu Massendemonstrationen religiöser Führer und Islamisten vor dem Gericht! Schließt seine Zeitung! Verbrennt seine Druckerei! Bringt ihn um! Erhängt ihn! Dieser Ungläubige soll uns gefälligst hassen lassen, wen wir aus gutem Grund hassen! Der Zeitungschef blieb noch einmal von der

Todesstrafe verschont und wurde nach vierundfünfzig Tagen aus der Haft entlassen. Allerdings zu einem hohen Preis: Er musste sich schriftlich beim muslimischen Volk entschuldigen, sein Blatt wurde mit einem fünfmonatigen Druckverbot bestraft, und einer seiner Mitarbeiter, Munwar Hasan, der verantwortliche Redakteur, saß ein Jahr später immer noch im Gefängnis!

Ich denke an all das, was ich über den fanatischen Antisemitismus der Pakistanis gehört habe, und an den Rat: »Nicht darüber sprechen, niemals. Wie die meisten Antisemiten haben die Pakistanis noch nie in ihrem Leben einen Juden gesehen und werden bei deinem Namen auch nicht stutzig werden. Also, kein Wort darüber, bloß nicht. Und gar nicht erst auf Fragen oder Provokationen reagieren. Deine indische Vergangenheit und dann auch noch Jude, das ist zu viel für einen einzigen Mann, das darfst du auf gar keinen Fall erwähnen …«

Die Tabuthemen in Pakistan: Indien, Kaschmir, das man aus der indischen Vorherrschaft »befreien« will, da so eine Art aktuelles Bangladesch, eine offene, aber dennoch verdeckte Wunde, und schließlich das Judentum.

»Atheist«, sage ich also endlich. »Meine Religion ist der Atheismus.«

Meine Antwort überrascht ihn. Seine großen, ungläubigen Augen mustern mich erneut im Rückspiegel. Wirklich Atheist? Ist das möglich? Da es in der Tat möglich scheint, denn ich sehe nicht so aus, als würde ich scherzen, kommt er zu dem Schluss, es wohl mit dem Hirngespinst eines Besuchers aus dem Westen zu tun zu haben, immer noch besser als Jude, Christ oder Hindu. Er zaubert eine alte, vom Schweiß aufgeweichte Zigarre aus seiner Hemdtasche und bietet sie mir als Zeichen seiner Freundschaft an.

»Nein danke«, sage ich, »ich rauche nicht.« Und beginne meinerseits, ihn auszufragen über seine Religion, sein Leben, seine Kinder, die Bettler, die uns am Ausgang des Flughafens über den Weg liefen, die Händler, die Postkarten mit dem Konterfei von Bin Laden verkaufen, über jenen Mann, der auf einem ausrangierten Heizkörper steht und in schwarzen Lettern »Bush = Butcher« (Schlächter) auf eine Fassade pinselt, einen anderen mit Bartnetz, der mir vor einer roten Ampel durchs Autofenster hindurch eine Dosis Heroin anbietet: Gibt es in Pakistan so viele Drogenabhängige, wie man sagt? Und Bin Laden, lebt der noch? Angeblich sehen die meisten Bewohner Karatschis in ihm einen Helden, stimmt das? Ich habe gelesen, in der Stadt leben zwei Millionen Afghanen, Bengalen, Araber, Sudanesen, Somalier, Ägypter, Tschetschenen, kurzum: illegale Einwanderer, die eine natürliche Reservearmee für die Anwerber von al-Qaida bilden. Wie denkt er darüber? Und über die halb nackten, zerlumpten Alten, an denen die Jahre und der Staub kleben, die mit Holzbündeln beladen aus einer Seitenstraße hervorkrabbeln wie eine Ameisentruppe? Und über diesen Mann da, um die Hüfte eine Schürze, auf dem Kopf ein zerrissener Strohhut, der ohne Hast in den Trümmern eines Hauses wühlt? Was ist mit dem? Und dann der dort mit dem verkrusteten Gesicht, der mit seiner emporgereckten Krücke den Autos droht, als wäre es eine Waffe? Und jener, der mit ausgestreckten Armen auf dem Gehweg verharrt wie eine Vogelscheuche, die der Wind jeden Moment davontragen könnte? Ich dachte, Karatschi sei eine reiche Stadt.

Ich hatte tatsächlich nicht erwartet, dass es hier so viel Elend gibt, so viele Häuserruinen und Obdachlose. Ich hatte nicht mit diesen halb toten Gesichtern gerechnet, den gebeugten Schultern, den wankenden Gespenstern im Zwielicht der hereinbrechenden Nacht. Man könnte fast meinen, ein Wolfsrudel, was, mein Freund? Und dieser dort, der an seinem Lepragéschwür kratzt, wissen Sie, woran der mich erinnert? Und hier, dieses auf dem Boden kauernde Knochengerippe? Alles, wirklich alles will ich wissen. Ich stelle jede erdenkliche und vorstellbare Frage, nur damit er nicht die eine Frage stellt, die unweigerlich kommen und die da lauten wird, was ein atheistischer Franzose, der das erste Mal in Pakistan weilt, hier und heute in einer Stadt zu suchen hat, die – das weiß er selbst – am Rande des Abgrunds steht: Ob ich als Tourist, geschäftlich oder aus einem anderen Grunde hier bin, und wenn ja, warum?

Hatte ich mir für diese Reise nicht vorgenommen zu schweigen? War es nicht mein fester Vorsatz gewesen, zu Beginn meiner Nachforschungen möglichst lange inkognito zu bleiben? Zum Glück darf ich laut Reisepass »mehrfach einreisen«, diesen Visumstempel bekam ich für meine »Afghanistan-Mission«. Ich musste nicht noch einmal zur pakistanischen Botschaft, mein ganzes Leben erzählen und mich erneut erklären. Und jetzt, wo ich hier bin, werde ich auch nichts mehr erzählen, das steht fest.

Die Reise wird so lange dauern wie nötig. Natürlich wird es auf diese Weise nicht ganz einfach sein, mit gewissen Leuten in Kontakt zu treten, vor allem mit den offiziellen Stellen. Aber was soll's. Ich werde noch reichlich Gelegenheit haben, mir von den offiziellen Stellen vorbeten zu lassen, was ich sowieso schon weiß: dass Pearl seit Weihnachten hier war, dass er auf der Spur von Richard Colvin Reid war, des Mannes, der am 22. Dezember 2001 mit Sprengstoff in den Schuhabsätzen den Airbus von Paris nach Miami bestieg, dass er »over intrusive« war, »zu neugierig«, und seine Nase zu tief in heikle Angelegenheiten steckte, die keinen Fremden etwas angehen. Und dass er den Fehler beging, diesem Omar Sheikh zu trauen, der ihn mit dem Versprechen einwickelte, ihn zu Reids Guru Mubarak Ali Shah Gilani zu bringen, dem Anführer der Jamaat ul-Fuqra, einer Terrorsekte, die auf der Liste der terroristischen Gruppierungen des FBI steht, und der ihn am vereinbarten Tag nicht zu Gilani brachte, sondern in ein Haus in einem Vorort von Karatschi, wo er acht Tage später, am 31. Januar, hingerichtet wurde. Ich werde erfahren, dass Omar Sheikh verhaftet wurde, dass ihm zurzeit der Prozess gemacht wird, dass die Regierung, stellvertretend an ihm, dem

Islamismus in Pakistan schlechthin den Prozess machen will. Wir verfolgen den Fall, Mr. Lévy! Lassen Sie die Justiz ihre Arbeit tun! Seien Sie nicht auch *over intrusive,* zu neugierig ...

Vorerst halte ich mich an die Schauplätze. Die Atmosphäre. Die Luft, die Pearl jeden Tag atmete, seit er an einem Wintermorgen auf dem Flughafen von Karatschi landete. Da ist das Marriott, in dem auch ich mir ein Zimmer genommen habe. Das Hotel Akbar in Rawalpindi, wo er Omar Sheikh, seinen zukünftigen Mörder, zum ersten Mal sah und das ich mir auch ansehen muss. Das Village Garden unten in der Stadt, in dem sie sich am Abend der Entführung trafen. Da ist der Schauplatz seiner Hinrichtung. Der Ort, an dem man seine Leiche fand, in zehn Teile zerstückelt und vor dem Verscharren wieder zusammengesetzt: der Torso, der Kopf, der über den Hals gelegt wurde, die an den Schultern abgetrennten Arme, die Schenkel, die Beine, die Füße. All die tragischen oder gewöhnlichen Orte, die er aufsuchte, möchte auch ich aufspüren, in seine Fußstapfen treten, um nachzuempfinden, was er gefühlt, erlebt, durchlitten hat – dazu brauche ich keine Kontakte auf höchster Ebene, und zu viele Mitwisser schon gar nicht.

Anders ausgedrückt: Die Rolle des schlichten Touristen passt mir ausgesprochen gut. Immerhin umgehe ich so das große Risiko, für einen Journalisten gehalten zu werden, was nicht nur eine schändliche, sondern auch unbegreifliche Kategorie ist in einem Land, das süchtig ist nach Fanatismus und Gewalt und keine Vorstellung mehr von einer freien Presse hat. Ich kannte ja all die grausamen Geschichten: Daniel Pearl. Die Gruppe englischer Journalisten, die im Dezember in den paschtunischen Hügeln bei Chaman mit Steinen beworfen wurde. Das Team der BBC, das im selben Zeitraum irgendwo an der afghanischen Grenze angegriffen wurde. Robert Fisk, ein Journalist des *Independant,* der von einer Horde fanatisierter Flüchtlinge aus Afghanistan zusammengeschlagen und verletzt wurde. Ganz zu schweigen von Shaheen Sehbai, dem mutigen Redaktionschef der *News,* der Morddrohungen von Seiten des Geheimdienstes bekam, weil er in seinen Recherchen zum Fall Daniel Pearl zu weit gegangen war: Er musste sogar in die Vereinigten Staaten fliehen. Also schön im Hintergrund bleiben. Hier bin ich bestens aufgehoben.

»Tut mir Leid, Polizeikontrolle«, sagt mein Fahrer plötzlich und fährt an den Straßenrand.

Ich hatte ihn gebeten, die Hauptstraße zu verlassen. Angeblich wegen der Staus, doch in Wirklichkeit wollte ich in einer Seitenstraße das Guest House wiederfinden, in dem ich bis zu meiner Abreise nach Bangladesch vor dreißig Jahren einige Wochen lang wohnte. Ich war so in meine Erinnerungen versunken und in das eigenartige Gefühl, all diese Straßen, diese niedrigen Häuser schon einmal gesehen zu haben, in einem anderen Leben und wie im Traum, so vertieft in meine düsteren Gedanken über die pakistanische Pressefreiheit und die frühere, nun entschwundene Langsamkeit dieser Stadt, die ich einst mochte und die mir nun grausam verwandelt erschien, dass ich den Polizisten erst gar nicht bemerkte. Er war plötzlich aus dem Schatten getreten – langes Haar, zerknitterte, weite Jacke, blutunterlaufene, mit Kajal umrandete Augen, jung, doch nicht jugendlich, harte Gesichtszüge, in der einen Hand fuchtelt er mit einer monströsen Maschinenpistole, mit der anderen richtet er eine lächerliche Taschenlampe auf uns, deren Lichtkegel gerade mal den Durchmesser eines Bleistifts hat.

»Du musst aussteigen. Er will dir ein paar Fragen stellen. Ich bin zu schnell gefahren.«

Und tatsächlich zerrt mich der Polizist – ein falscher Polizist? – aus meinem Sitz, mustert mich verächtlich, wirft einen abschätzigen Blick auf meinen alten Blouson und meinen Dreitagebart und kramt die Hand voll Rupien, die ich am

Flughafen getauscht habe, und meinen Reisepass aus meiner Tasche.
Der Reisepass irritiert ihn offenbar.
»Lévy ...?«, fragt er misstrauisch. »Are you Lévy? Is your name really Lévy?«
Einen Moment lang denke ich: »Katastrophe! Sofortiger Widerruf der Annahme, nach der Pakistanis, die noch nie in ihrem Leben einen Juden gesehen haben, bei meinem Namen nicht stutzig werden ...« Doch dann kommt die Erinnerung an Bangladesch, und mir fällt wieder ein, dass »Levy« der Name eines Bataillons namhafter Paramilitärs ist, ins Leben gerufen und getauft von den Engländern, die sie dort als Grenzpolizei einsetzten (genauer: die »Levy Malakand«, benannt nach Malakand, einem Stammesgebiet in der Nähe Afghanistans, in das die reguläre Armee nicht eindringt und es lieber den »Levys« überlässt, hier für Ordnung zu sorgen). Ich spüre, dass mich diese Namensähnlichkeit aus der Affäre retten wird, wie vor dreißig Jahren, als ich mich verirrt hatte und in Jessore Auge in Auge mit einer Eliteeinheit der pakistanischen Armee wiederfand.
»Zweitausend Rupien«, sagt er versöhnlich, wie ein Basarhändler, der einen Freundschaftspreis macht. »Überhöhte Geschwindigkeit, das verstößt gegen das Gesetz, aber für dich macht das nur zweitausend Rupien.«
Ich überlege, ob ich widersprechen soll. Ich könnte protestieren, mich wehren, den einem Levy Malakand gebührenden Respekt einfordern, den Fahrer zu Hilfe rufen, der während des gesamten Zwischenfalls in seinem Wagen sitzen geblieben ist und, mit dem Kopf auf dem Lenkrad, so tut, als schliefe er, und einfach wartet, bis es vorbei ist. Lieber nicht. Auf keinen Fall. Ich gebe ihm die zweitausend Rupien. Dann steige ich, als wäre nichts gewesen und ohne den Fahrer mit einem Vorwurf oder einem Kommentar zu bedenken, wieder in das Taxi – überglücklich darüber, so glaubwürdig in die Rolle des erpressten Touristen zu schlüpfen. Alles bestens. Ein

guter Start. Der spanische Geistliche und Schriftsteller Baltasar Gracián schrieb im 17. Jahrhundert: »Man muss die Dinge der Welt von der falschen Seite betrachten, um sie richtig zu sehen.«

2

Der Schauplatz der Hinrichtung

Ich bin in dem Haus, in das Pearl verschleppt wurde.

Obwohl: Ich sage *das* Haus, als gäbe es nur dieses eine und als wäre ich sicher, dass er an ein und demselben Ort festgehalten, hingerichtet, zerstückelt und verscharrt wurde.

In Wirklichkeit weiß man darüber nichts, und manch einer in Karatschi vermutet, die Entführer könnten ihn sieben Tage lang von einem Versteck zum anderen transportiert haben, einerseits um die Spuren zu verwischen, die Nachforschungen des FBI und der pakistanischen Rangers zu durchkreuzen, und andererseits um das Risiko zu mindern, von Nachbarn verraten zu werden, in diesem sich in alle Richtungen ausdehnenden Ballungsraum von vierzehn Millionen Einwohnern, der Karatschi ist.

Und doch gibt es ein Haus, an das alle sofort denken, denn es ist das Haus, in dem man am 17. Mai nach monatelanger Suche auf den Friedhöfen der Stadt die Hemdsknöpfe von Daniel Pearl und den Autositz fand, der auch auf den Fotos abgebildet ist, die die Entführer der Presse schickten – und, einen Meter unter der Erde verborgen, seine Leiche in zehn Teilen: Hier im Viertel Gulzar-e-Hijri hat die Hinrichtung anscheinend stattgefunden, hier wurde er seit dem ersten Abend festgehalten – aber auch das ist nur eine Vermutung.

Der Weg hierher dauert mit dem Auto eine knappe Stunde.

Man sollte niemanden irgendwas fragen, am besten schickt man seinen pakistanischen Kontaktmann vor, stellt sicher, dass es an dem fraglichen Tag keine Polizeikontrollen in dieser immer noch als höchst brisant eingestuften Gegend gibt, und kündigt den inoffiziellen Autoritäten der jeweiligen Viertel und der afghanischen Flüchtlingslager sicherheitshalber an, dass man sie durchqueren möchte.

Vom Village Garden aus, dem Hotel, in dem Pearl mit Omar Sheikh verabredet war, dem Chef der Entführer, folgt man zunächst etwa zwanzig Minuten der Sharah-e-Faisal, der Prachtstraße von König Faisal, die zum Flughafen hinaufführt: eine gut ausgebaute, Vertrauen einflößende Straße, vorbei an Viertelbürovierteln, einer Marinebasis, Siedlungen für Militärs im Ruhestand, dem Museum der Luftwaffe, dem Jinnah House Museum sowie dem Finance and Trade Center, in dem einige pakistanische Großbanken residieren.

Dann biegt man links ein in die Rashid Minhas Road, wieder eine breite Allee mit starker Militärpräsenz: rechts das *Ordnance Depot,* auf der gegenüberliegenden Straßenseite wieder eine Siedlung für ehemalige Militärs, ein Kino, der Aladin-Vergnügungspark mit seinen Schwimmbecken, Videosälen und Einkaufspassagen, die Iqbal-Gärten, in denen es von Menschen nur so wimmelt, das National Institute of Public Administration, eine Universität, in der hohe Funktionäre weitergebildet werden. Auch hier fließender Verkehr. Alles scheint ganz normal, wenigstens an dem Tag, als ich hier entlangfahre – aber warum sollte es an dem Tag, als Pearl diesen Weg zurücklegte, anders gewesen sein?

Nach zehn, vielleicht fünfzehn Minuten nimmt man den Super Highway in Richtung Osten, eine vierspurige Autobahn, die »Lebenslinie« von Pakistan, die nach Hyderabad führt: vorbei an dem Viertel Sohrab Goth mit seinem Bus- und LKW-Bahnhof, einem Gemüsemarkt, einem endlosen künstlichen Park ohne Bäume und Pflanzen, errichtet auf den Trümmern paschtunischer Dörfer, die in den achtziger Jahren zerstört wurden, einem afghanischen Flüchtlingsdorf mit vielen kleinen Restaurants, in denen Pulao und Tee serviert werden, mit einer Schale in Zucker gewälzter Mandeln, wie in

Kabul, der Baustelle eines Restaurants, einfachen Wohnblöcken, ärmer als die auf der Rashid Minhas Road, aber nicht besser oder schlechter als in den Vierteln von Karatschis Innenstadt. Auch hier nichts, das Pearl hätte beunruhigen müssen. Nichts wies darauf hin, dass er auf dem Weg in irgendein entlegenes und bedrohliches *No man's land* war.

Dann, hinter dem Rohbau des Restaurants gleich wieder links der Mehran Highway, eine weitere Verkehrsader, in nicht ganz so gutem, aber immer noch akzeptablem Zustand. Ein Wegweiser führt zum Karachi Institute of Information Technology, ein anderer zum Dreamworld Family Resort, einer Art Vergnügungscenter, in dem die pakistanische Jugend das Pendant zu unseren Rave-Partys veranstaltet. Wieder andere geleiten zu den Maymar Apartments, dem Gulshan-e-Maymar Complex, der Karachi Developement Authority, einer halb staatlichen Institution, die sich um Stadtentwicklung kümmert – oder auch, auf der linken Seite zu sehen, zur Dawat Arabic Academy International University, deren Bau an einem toten Punkt angelangt ist (nur die Moschee in einem Nebengebäude wurde fertig gestellt). Diese Gegend ist schon nicht mehr so ansehnlich. Von der unbebauten Landschaft, den halb fertigen, in den unteren Etagen besetzten Häusern und den langsam vor sich hin welkenden Eukalyptusbäumen geht plötzlich eine düstere Stimmung aus. Doch ist das immer noch weit entfernt von der Endzeitstimmung, der Hölle, den unbetretbaren und verwahrlosten Elendsvierteln, mit denen man uns das Scheitern der pakistanischen Polizei bei ihrer Suche nach dem amerikanischen Journalisten erklärte.

Und schließlich, wieder links, die Sharah-e-Mullah Jewan Road, eine schmalere Straße, in der die Umgebung – aber da bin ich schon fast eine Stunde unterwegs – sich zum ersten Mal wirklich wandelt: wieder unbebautes Gebiet, Schottergelände und Müllhalden, wenige Häuser, weder Autos noch Fußgänger auf der beinah völlig leeren Straße, die man drei oder vier Minuten lang hinauffährt. Dann parkt man das Auto und legt die letzten zweihundert Meter zu Fuß zurück. Fünfhundert Meter weiter, auf der rechten Seite, ein großes verwaistes Gebäude, gekrönt von einer Fernsehantenne. Achthundert Meter weiter die Madrassa (Koranschule) Jamia Rashidia mit einem Sportplatz gegenüber, dahinter eine Ansammlung offenbar verlassener Slums. Und zwischen dem großen Gebäude und der Madrassa zwei nebeneinander stehende Häuser, beide umgeben von einer ungefähr einen Meter fünfzig hohen Mauer aus unverputztem Zementstein – in dem ersten wurde Daniel Pearl gefangen gehalten.

Diese Strecke (es gibt noch eine andere, hintenrum, doch die ist länger und voller Polizei) muss er gefahren sein.

So lange (eine Stunde, vielleicht weniger) hat seine letzte Reise gedauert. Ein Polizeibericht, der sich auf die Aussage von Fazal Karim stützt, eines der Verschwörer, und den die pakistanische Presse abdruckte, wird von einer mehrstündigen Fahrt und einem Autowechsel sprechen: Aber warum, um Gottes willen? Aus welchem Grund, wenn das Opfer doch gar keinen Verdacht hegte?

Das also waren die wichtigsten Etappen seiner Fahrt in eine Gegend, über die schon viel zu viele Worte gemacht wurden. Da es noch eine entscheidende Rolle spielen wird, wenn es um die Frage geht, was die pakistanische Polizei getan oder nicht getan hat, um ihn lebend zu finden, wiederhole ich: Diese Gegend ist ein Rückzugsgebiet, ein Dschungel, ein Armenviertel, eine verrufene, gefährliche Ecke, in der jede Art von Handel getrieben wird und in der es vor allem von Häusern wie diesem hier wimmelt, die dem in Karatschi blühenden Geschäft mit den Entführungen schon immer seine Verstecke lieferten. Aber das ist allseits bekannt, jeder weiß, dass die meisten dieser angeblichen kleinen Höfe Schlupfwinkel für Kriminelle und Islamisten sind.

Was hat Pearl in dieser Zeit im Auto gedacht? Was ging ihm auf dieser Fahrt durch den Kopf?

Hat er verstanden, dass er in eine Falle getappt war und sich nicht auf dem Weg zu Gilani befand, den er um ein Interview gebeten hatte?

Hat er Fragen gestellt? War er besorgt, ungeduldig, verärgert? Mussten sie ihm drohen? Die Tür verriegeln? Ihn festhalten? Schlagen?

Ein Nachbar, dessen Sohn die Madrassa besucht, erzählt mir, er habe gesehen, wie er mit verbundenen Augen auf dem Grundstück angekommen sei, vor der Gittertür des Hauses.

Möglich ist das.

Aber selbst wenn sie ihm hinter dem Super Highway, zu Beginn der Sharah-e-Mullah Jewan Road, auf diesem unbefahreneren Teil der Strecke, wo der Autostrom sich verdünnt, zur Vorsicht einen Schal um die Augen gebunden haben sollten, muss ihn das nicht beunruhigt haben: Es wäre nicht das erste Mal, dass man das von einem Journalisten verlangt, bevor man ihn zu einer wichtigen Person führt, deren Unterschlupf geheim bleiben muss. Als man mich in Kolumbien, im hintersten Winkel der Provinz Córdoba, zu Carlos Castaño brachte, dem psychopathischen Chef der faschistischen Paramilitärs, wurden meine Augen ebenfalls verbunden. Oder auch vor dreißig Jahren, in der Bangladesch-Zeit, als ich mich, in den westlichen Vororten von Kalkutta, zum Chef der Maoisten, Abdul Motin, bringen ließ, der von allen Polizeikräften gejagt wurde.

Aber tief in meinem Innern glaube ich nicht daran.

Ich kann mir nicht vorstellen, dass die Entführer das Risiko eingegangen sind, einen Ausländer mit verbundenen Augen in ihrem Auto durch die Gegend zu kutschieren.

Ebenso wenig glaube ich, dass Pearl auf dieser Strecke, die ich mit seinen Augen nachgefahren bin, irgendetwas besonders verdächtig fand.

Mein Gefühl sagt mir, dass er mehr oder weniger arglos war auf diesem – für einen Reporter, der sich in Karatschi auskennt – doch recht üblichen Weg.

Vielleicht gab es einen Anflug von Unsicherheit. Düstere Gedanken, die ihm durch den Kopf gehen und die er verjagt. Wahrscheinlich kommt ihm die Zeit lang und der Verkehr chaotisch vor, dennoch stellt er seinen Begleitern Fragen, schwärzt die Seiten seines Heftes, schief und krumm, wie man halt schreibt auf der Fahrt, er scherzt und notiert, was er sieht, PNS Karsaz, Kentucky Fried Chicken, Gulberg, Knightsbridge Restaurant, Bundoo Khan, North Karachi Sind Industrial Estate, Karachi Developement Authority ... Und dann, falls man ihm auf den letzten Metern tatsächlich die Augen verbunden hat, etwas nervöser, auf der Hut, doch im Geiste weiter notierend, was er nicht mehr aufschreiben kann: Geräusche, Gerüche, die vermutlich zurückgelegte Strecke und, ganz am Schluss, als er bereits aus dem Auto gestiegen ist, die letzten Hürden, die Beschaffenheit des Bodens, den er unter seinen Füßen spürt auf dem Weg zu dem Haus, in dem er endlich sein Interview bekommen wird – froh, dort angekommen zu sein, entspannt er sich in dem geschlossenen Raum und stellt, so behaupten die Entführer, als Erstes die Frage: »Wo ist Gilani? Wo ist der Mann, den ich treffen soll?« Worauf Bukhari, der Mann, der dem kleinen Konvoi mit seinem Motorrad vorausfuhr und später die Exekution anleiten wird, ihm einen Arm brüderlich um die Schultern gelegt haben soll, während seine andere Hand ihm eine Pistole in die Rippen steckte. Aber selbst da hat er es noch nicht geglaubt. Selbst mit der Pistole zwischen den Rippen, und selbst als Bukhari ihm mit einem breiten Lächeln sagte: »Now you're kidnapped«, glaubte er noch an einen Witz, und erst als man ihn in das Gebäude hineinführte, ihn durchsuchte, ihn bis auf die Unterhose entkleidete, begann er zu begreifen.

In seinem Rücken – und heute in meinem – das Haus von Saud Memon, dem das Grundstück gehört.

Daneben das einstöckige Gebäude von Fazal Karim, Memons Fahrer, der der ganzen Szene beiwohnt und wahrscheinlich derjenige ist, der während Pearls Exekution seinen Kopf hielt und seine Leiche anschließend in die zehn Stücke zerteilte.

Einige hundert Meter weiter die Madrassa Jamia Rashidia, deren Schüler behaupten, sie hätten nichts gesehen und gehört, bis zu dem Tag – dem sechsten Tag, zwei Tage vor seiner Ermordung –, an dem der Amerikaner einen Toilettenbesuch für einen Fluchtversuch durch die Lüftungsöffnung nutzte und sie sahen, wie Fazal Karim und ein anderer ihn auf dem Dach zur Strafe schlugen und ihm eine Kugel ins Bein jagten: »Dafür wirst du zahlen, und zwar sofort. Wie ein Wurm wirst du durch den Staub kriechen ...«

Auf der anderen Straßenseite, eingesäumt von einer dichten Reihe von Akazien, an deren Zweigen sich weiße Plastiktüten verfangen haben, zwei halb fertige Gebäude, die es damals wohl noch nicht gab: Will die Polizei diesen Ort wieder bevölkern? Befürwortet sie die Baumaßnahmen?

Unter seinen Füßen, und heute unter meinen, der kleine, leere Hof, ebenfalls bewachsen mit Akazien, Palmen, Bambus- und Mangobäumen und so vollkommen ruhig, dass meine Schritte fast ohrenbetäubend widerhallen zwischen den toten Ästen und Blättern der Palmen, die den Boden bedecken. Derselbe Hof, auf dem die Überreste seines geschundenen Körpers gefunden wurden, wie die Leiche eines Heiligen begleitet von ein paar armseligen Reliquien: drei ausgebleichte Stücke grünes Seil, Tabletten gegen Durchfall, zwei Autositze, ein Fetzen seines Jogginganzugs, drei blutverschmierte Plastiktüten, in die man seinen zerstückelten Leib gepackt haben muss. Was für ein merkwürdiger Tod! Welch ausgefeilte Art der Hinrichtung! Wie kann man eine Leiche mit einem Messer in so viele Teile zerstückeln, ohne dass sie steif wird?

Und hier im Schatten einer Mauer, die mit großen schwarzen Buchstaben auf die Direktion der National Public School verweist, vor möglichen Blicken von der Straße geschützt durch eine weitere Reihe sehr grüner, sehr dicht bewachsener Akazien, das längliche, zweiräumige Haus aus Leichtbausteinen. Kein Strom (obwohl das restliche Viertel sehr wohl mit Elektrizität versorgt wird), niedrige Decken (ich kann nicht darin stehen, ohne den Kopf einzuziehen, Pearl wahrscheinlich auch nicht), schimmlig, nach vergammelten Äpfeln und feuchtem Putz stinkend (ein rudimentäres System zum Sammeln von Regenwasser endet in diesem Raum und läuft über). Das Haus, in dem er sechs Tage und Nächte lang lebte, in dem er verhört wurde, in das man ihn nach seinem Ausbruchsversuch zurückbrachte und in dem er in der Nacht zum 31. Januar 2002 schließlich getötet und zerstückelt wurde, während seine Entführer noch die Stirn hatten, vom *Wall Street Journal* und der Familie ein Lösegeld zu verlangen. Das Golgatha des Daniel Pearl. Der Ort seines Martyriums.

Der bemitleidenswerte, nackte, blutende Danny, wie jener junge Chinese, der bei lebendigem Leib in Stücke zerteilt wurde und dessen Agonie, die verdrehten Augen, das ekstatische Gesicht, dieses seltsame im Schmerz erstarrte Lächeln, George Bataille so bewegten – die berühmte »Marter der hundert Teile«.

Wurde dieser Ort verändert? Von anderen bewohnt?

Ich glaube nicht, im Gegenteil, alles scheint noch in demselben Zustand zu sein.

Das Eisengitter, von der Polizei versiegelt und mit einem Vorhängeschloss versehen und inzwischen zur Hälfte überwuchert von roten und weißen Bougainvilleen.

Die Mauer, die ich an der Stelle besteige, über die Pearl vermutlich fliehen wollte: Hinter den Bäumen, in der Nähe des Grabens, der an der Mauer entlangführt und wahrscheinlich den Zweck eines Klärbeckens erfüllen sollte, liegt ein Erdhaufen, den er bei seiner Ankunft bemerkt haben muss.

Der verlassene Garten voller Insekten, der Duft von Jasmin vermischt mit dem widerlichen Gestank aus der Grube, einer

Art Badewanne unter freiem Himmel, die den Entführern wohl als Wasserreserve diente.

Und drinnen schließlich der Betonboden, wo Wachs und Ruß auf Kerzen und Laternen hindeuten, die Wände aus sehr dicken Zementsteinen, an der einen Wand eine braune, notdürftig entfernte Blutspur, ein Haarbüschel, ein kleines vergittertes Fenster zur Straße hin, das mit Brettern zugenagelt wurde, eine massive Holztür ohne Schlüsselloch und Klinke, gesichert durch einen Balken in ebenfalls mit Vorhängeschlössern versehenen Eisenringen, in einer Ecke Baumaterial, Fischernetze, schlammige Strohhaufen, das von Spinnweben überzogene Gerippe einer Matratze, alte Lehmtöpfe, vielleicht Blumentöpfe, in eine Ecke unter dem kleinen Fenster achtlos hingestellt, Heerscharen roter Ameisen, Küchenschaben, ein einsamer Teller mit zwei Löffeln, ein Wecker, bonbonrosa, mit nur einem Zeiger, zerknüllte Zigarettenschachteln, eine kalte Feuerstelle, ein Haufen Seile.

Das Gefängnis von Daniel Pearl. Der Ort seines Martyriums. Sein Grabmal.

Ich verbringe eine Stunde hier, lasse mich von der Stille des Ortes durchdringen. Der grausame Schauplatz dieser Marter der zehn Teile wird mir ewig in Erinnerung bleiben. Und die grenzenlose Freundschaft zu diesem vorbildlichen und bewundernswerten Menschen, der hier seinen letzten Berührungspunkt mit dem Leben hatte.

3

Ein geheimnisvolles Lächeln

Auf den Fotos, die Pearls Entführer am Ort seiner Gefangenschaft machten und die das britische Konsulat von Karatschi aufbewahrt hat, sieht man ein sehr merkwürdiges Detail.

Ich spreche nicht von den Fotos, die jeder kennt und die um die Welt gingen, nachdem die Entführer sie per E-Mail an die Redaktion des *Wall Street Journal* und dann an die gesamte internationale Presse geschickt hatten.

Ich spreche nicht von dem Foto, wo man ihn auf einem alten Autositz sieht, den Kopf zwischen den Knien, ein bisschen zerzaust, mit einer Pistole einige Zentimeter vor seiner Schläfe.

Ich spreche nicht von dem beinah identischen Foto, auf dem die Pistole näher gerückt ist und der Mann, der sie hält, ihm mit der anderen Hand ins Haar greift, damit er den Kopf noch weiter senkt: im Vordergrund seine aneinander geketteten Hände, eine weitere Kette an den Fußgelenken, sein Körper zusammengekauert, man spürt die Erschöpfung, die Verzweiflung, die Angst.

Ich spreche auch nicht von dem dritten Foto aus dieser Serie, auf dem er wieder aufrecht sitzt und, immer noch vor demselben blauen Hintergrund, einem Laken, damit man die Wand und das Haus nicht identifizieren kann, geradewegs ins Objektiv schaut: Sein Haar wurde in Ordnung gebracht, er selbst hat sich wieder gefasst, doch sein Blick ist verschwommen, seine untere Gesichtshälfte geschwollen, und seine Haut hat diese gräuliche Blässe, die sie in Gefangenschaft annimmt. Man könnte meinen, sie hätten ihn unter Drogen gesetzt oder geschlagen. Meiner Ansicht nach wurden diese drei Fotos am Tag seines Fluchtversuchs aufgenommen, vielleicht tags drauf, als er es auf einem Spaziergang ein zweites Mal versuchte, oder auch an jenem Tag, als ein Schüler der benachbarten Madrassa an die Tür klopfte und Pearl, so die Polizei, lauthals um Hilfe schrie wie ein Wahnsinniger, was seine Entführer vermutlich nicht sehr schätzten.

Nein. Ich denke an zwei andere Fotos, die die internationale Presse meines Wissens nicht publiziert hat und die einen Tag später aufgenommen wurden – am Vortag seiner Ermordung.

Auf dem einen hält er eine Ausgabe des *Dawn* vor sich, der größten Tageszeitung von Karatschi, die das Datum der Aufnahme bezeugen und beweisen soll, dass der Gefangene zu diesem Zeitpunkt noch am Leben ist: Er wirkt ruhig, sie haben ihn frisiert, er trägt jetzt einen Jungenhaarschnitt, auf seinen leicht geöffneten Lippen ruht ein zartes Lächeln, sein klarer Blick fixiert das Objektiv, man hat ihm die Ketten abgenommen, und in den Händen hält er mit sicherer Geste die Zeitung, genau an den richtigen Stellen, um weder die Schlagzeile noch das Bild zu verdecken. In dieser Miene, an diesem Körper, der wieder Herr über sich selbst zu sein scheint, und an seinem Gesichtsausdruck, seinem Blick, seiner Haltung entdecke ich nicht die geringste Spur von Angst oder Sorge.

Das andere Foto ist noch verblüffender. Hier sieht man dieselbe Zeitung hinter ihm. Sie wurde mit Klebeband an dem blauen Wandbehang befestigt, sodass Pearl die Hände frei hat. Die Finger seiner rechten Hand kann ich nicht erkennen, sie sind oben am Rand abgeschnitten; doch ich sehe den merkwürdig emporgereckten Arm, wie zu einer Geste des Sieges oder des Abschieds, vielleicht macht er auch eine obszöne Geste. Die Finger der anderen Hand werden von seinem Oberschenkel verdeckt, unsichtbar für die Augen seiner Kerkermeister, die sich zu seiner Linken befinden. Doch bei genauerem Hinsehen und vor allem, wenn man auf die Position des Ringfingers achte, der mir im Vergleich zu den anderen leicht nach oben gestreckt scheint, habe ich den klaren Eindruck, er deutet ein diskretes »Fuck you!« an, das nur wir, die Adressaten des Fotos sehen. Treibt Pearl seinen Spaß? Auf der einen Seite das triumphierende V und auf der anderen »Fuck you!«: Sendet er uns eine Nachricht, und wenn ja, welche? Eines steht fest. Da ist dieses schelmische, fast fröhliche Gesicht. Dieses völlig entspannte Lächeln. Das frisierte Haar, das aussieht, als würde es brennen. Diese ungezwungene, beinah lässige Körperhaltung. Zu diesem Zeitpunkt wird er seit sechs Tagen festgehalten. Er befindet sich irgendwo im hintersten Winkel Karatschis, in einem heruntergekommenen Raum von wenigen Quadratmetern. Er ist in der Gewalt von Männern, die nicht nur Islamisten sind, sondern, das hat er zwangsläufig begriffen, auch Mörder. Sie haben ihm seine Brille abgenommen und sie vielleicht zerstört. Er bekommt unzureichende Nahrung. Der Aussage eines seiner Wächter zufolge hatte er seine Entführer von einer »Injektion« reden hören und befürchtete, sie könnten ihm Gift unter das Essen mischen. Er trat sogar zwei Tage lang in den Hungerstreik und wollte nur unter der Bedingung wieder essen, dass einer der Bewacher seine Sandwiches vorkostet. Man fesselte ihn an den Händen. Legte ihm Ketten an die Füße. Er wird sterben, bald, in einigen Stunden. Doch er macht den Eindruck, als hätte er die Situation, der er ausgeliefert ist, letztlich doch im Griff. So eine Miene setzt man auf, wenn man seine Angehörigen beruhigen will, oder man hat schlichtweg gute Gründe, sich keine Sorgen zu machen.

Die Pearl-Affäre gibt noch andere, viele andere Rätsel auf, die ich nicht lösen kann.
 Da ist etwa dieser Polizeibericht, den ich in Karatschi lese und in dem Fazal erklärt, der schlecht Englisch spricht, es aber versteht, am allerletzten Tag sei einer der jemenitischen Auftragskiller zu Pearl gegangen und habe sich mit ihm in einer

Sprache unterhalten, die er, Fazal, plötzlich nicht mehr verstand. Pearls Miene habe sich zunächst erhellt, dann wieder verfinstert, und schließlich habe er umfassend – und schreiend – in derselben Sprache geantwortet. Welche Sprache war das? Französisch? Hebräisch? Diese beiden Sprachen beherrschte Pearl. Aber ein Jemenit, der Französisch spricht? Oder Hebräisch? Und was könnte er ihm gesagt haben? Äußerst merkwürdig.

Und dann sind da noch all diese Fotos, die weitere Fragen aufwerfen, bei den Untersuchungsbeamten, den gerichtsmedizinischen Instituten in Lahore. Und nun auch beim Schriftsteller. Angefangen bei dem Video, das die Entführer nach der Hinrichtung an das amerikanische Konsulat von Karatschi geschickt hatten und das ich mir wieder und wieder angesehen habe. Warum wehrt Danny sich nicht heftiger, als die Hand mit dem langen Messer im Sichtfeld erscheint? Warum sieht man kein Blut fließen? Warum ist gegen Ende der Aufnahme, in der sie ihm die Kehle durchschneiden, bereits die Leichenstarre eingetreten? Die tötende Hand hält von hinten seinen Kopf fest, packt noch einmal kräftig zu, dann wandern die Finger mit einem Mal zur Stirn und hinterlassen eine blasse Spur, die man auf Bildabzügen erkennen kann. Ist das nicht der Beweis, dass Pearls Blut zum Zeitpunkt seiner Enthauptung schon nicht mehr zirkulierte? Noch eine Hypothese: Wurde Danny unter Drogen gesetzt, hat man ihm, wie dem jungen ekstatischen Chinesen in Batailles »Marter der hundert Teile«, Opium verabreicht, bevor man ihm die Kehle durchschnitt? Oder soll man der Aussage von Fazal Karim Glauben schenken, dem Mann, der die Untersuchungsbeamten zu Pearls Grab führte, wenn er sagt: »Wir hatten ein Problem mit der Kamera. Im letzten Moment merkten wir, dass das Band blockierte. Also mussten wir von vorne anfangen. Als die Hälfte der Arbeit bereits erledigt war und der Kopf nur noch an einem Faden hing, mussten wir das Messer erneut in die Wunde stecken und die ganze Szene nachspielen«?

Eine Frage kreist mir durch den Kopf, seit ich diese beiden nicht publizierten Fotos zu Gesicht bekommen habe.

Zu dem Zeitpunkt, als sie aufgenommen werden, hegt Pearl noch keinen Verdacht. Mein Gefühl sagt mir, dass an dem Tag, an dem die beiden letzten Aufnahmen gemacht wurden, die Dinge wieder mehr oder weniger im Lot waren. Er glaubt nicht, dass sie ihn töten werden. Vielleicht kommt ihm nicht einmal der Gedanke. Er sieht seine Henker – doch mit dem Blick eines Mannes, der mehr Aufregung verspürt als Angst darüber, was ihm widerfährt.

Ist er naiv?

Lebt er, wie die meisten Reporter, die ich kenne, und wie ich, wenn ich mich als solcher versucht habe, in dem magischen Glauben an seine Unverletzbarkeit?

Haben seine Mörder ihm ihr Versprechen gegeben, und sind sie selbst zu diesem Zeitpunkt entschlossen, ihn am Leben zu lassen?

Ist das jener »Moment der Unruhe, der Ungewissheit und der Unentschiedenheit«, den Leonardo Sciascia in seinem Bericht über das Martyrium Aldo Moros schildert, der von den italienischen Roten Brigaden, den Fundamentalisten der siebziger Jahre, verschleppt wurde?

Kommt es in solchen Situationen immer zu diesem Moment des Schwankens und vielleicht des Mitleids, und sieht man die Konsequenz davon auf den Abzügen? Jener Moment, der im Fall Moros am 15. April 1978 eintrat, als die Brigadisten in dem berühmten Kommuniqué Nr. 6 ankündigten: »An diesem Punkt treffen wir eine Entscheidung.«

Haben die Entführer Pearl beruhigt? Haben sie ihm gesagt: »Don't worry, you are our guest, the negotiations are going on?« Haben sie ihm Bücher gegeben? Eine Ausgabe des Koran? Ein Schachspiel? Karten?

Anders als die westliche Presse glaube ich, dass die Hinrichtung und ihre Aufnahme davon auf Video nicht unbedingt geplant waren und erst zu einem bestimmten Zeitpunkt seiner Gefangenschaft nötig wurden, aus Gründen, die wir nicht kennen.

Momentan lautet meine Hypothese, dass sich zwischen ihm und den Mördern, zwischen den Dschihadis und dem toleranten, liberalen Auslandskorrespondenten, vorurteilsfrei, offen für die anderen Kulturen der Welt und ein Freund des Islam, ein vertrauensvolles, fast freundschaftliches Verhältnis entwickelte.

Ich bin davon überzeugt, dass hier ein ähnliches Phänomen auftrat, wie Sciascia es schilderte (übrigens erinnert mich an diesen Abzügen irgendetwas an Moros Gesichtsausdruck auf dem bekannt gewordenen Foto, das die *Repubblica* am 20. April 1978 erhielt und auf dem auch er die Zeitung des Vortags vor sich hält): Die »tagtägliche Vertraulichkeit«, die sich im »Volksgefängnis« unweigerlich einstellt, im »Wortwechsel«, im »gemeinsamen Einnehmen der Speisen«, dem symbolischen Verteilen, diesem Spiel zwischen dem »Schlaf des Gefangenen, über den der Gefängniswärter wacht«, in der »Sorge um die Gesundheit jenes Mannes, der schon zum Tode verurteilt ist«, in den »kleinen Gesten«, den »Worten, die man unerwartet sagt und die doch aus der tiefsten Bewegung der Seele kommen«, in den »Blicken, die einander in Momenten größter Hilflosigkeit kreuzen«, dem »unvorhersehbaren und unerwarteten Aufleuchten eines Lächelns«, in all den banalen Gelegenheiten, Tag für Tag, »die den Gefängnisaufseher dem Gefangenen, den Henker dem Opfer näher bringen können«.

Wie ich den unermüdlichen Journalisten einschätze, würde ich sogar wetten, dass Pearl diese wenigen Tage nutzte, um mit ihnen zu reden, zu witzeln und im Laufe des Gesprächs so ganz nebenbei endlich die Fragen zu stellen, die ihm seit Wochen auf der Zunge brannten.

Nehmen wir einmal ganz konkret an, am ersten Tag gab es diesen Schock, die Verstörung, den Moment der Panik. Dennoch bin ich davon fest überzeugt, dass es hier so war wie in allen schwierigen Situationen, die ein Auslandskorrespondent erlebt: Ein Schreckensmoment, ja, aber dann tritt eine Gewöhnung ein, man knüpft an die alten Reflexe an und vergisst die Gefahr vollkommen. Mit Sicherheit war er ganz schnell wieder bei sich und hat selbst hier, in dieser erbärmlichen Hütte, wo er auf einer Strohmatte schlafen, aus einem Napf essen und die Kälte ertragen musste, nichts von der quälenden Neugier eingebüßt, die er nun zu stillen hoffte: Sind die Dschihadis, die er seit Bombay suchte, nicht endlich zum Greifen nah? Kann er jetzt nicht zusehen, wie sie leben, funktionieren, streiten, auf das Tagesgeschehen reagieren, beten? Kann er sie nicht tage- und nächtelang beobachten, ihnen Fragen stellen, vertrauliche Dinge entlocken, sie verstehen? Mehr noch: Wer weiß, ob er nicht hinter das Geheimnis des berüchtigten Gilani gekommen war, den er interviewen wollte und der ihm, wie wir noch sehen werden, keine Ruhe ließ? Und wer weiß, vielleicht war das sogar der Grund für seinen emporgereckten Arm auf dem letzten Foto.

In diesem Moment ist etwas passiert.

Irgendetwas hatte zur Folge, dass die Entführer ihren Plan änderten, drei Jemeniten kommen ließen, Profis in dieser Art von Verbrechen, und ihnen den Auftrag erteilten, Pearl zu ermorden.

Die Frage lautet: Was?

Was genau ist geschehen?

Zu welchem bestimmten Zeitpunkt der Haft?

Folgten Omar Sheikhs Männer einer plötzlichen Anwandlung?

Konnten sie ihm – wie Omar mit seltsamer Beharrlichkeit seit seinem ersten Prozesstag wiederholte – den Fluchtversuch, den Pearl einen Tag zuvor unternommen hatte, letztlich nicht verzeihen?

Gab es eine Auseinandersetzung? Einen Prozess?

Führte ein Ereignis in der Außenwelt dazu, dass alles eine andere Wendung nahm?
Ein Unfall?
Ein Befehl von oben? Wenn ja, warum?
Eine Störung? Welche?
Eine Meinungsverschiedenheit, für die er bezahlen musste?
Nur darum geht es in diesem Buch.
Das ist das Rätsel, das es zu klären gilt, das Gerüst, der rote Faden.

4

Die Ermordung

Um welche Uhrzeit ist es geschehen?
Am Tag?
In der Nacht?
Auf dem Video ist das nicht zu sehen.
Das Protokoll der pakistanischen Polizei erwähnt es auch nicht.
Nehmen wir also an, es geschah zu fortgeschrittener Nachtstunde.
Oder genauer: am frühen Morgen, um fünf Uhr, noch vor dem ersten Hahnenschrei.
Karim, der Hofaufpasser, ist seit einer Woche mit Pearls unmittelbarer Bewachung betraut und kommt ihn wecken.
Eigentlich versteht er sich mit Karim gut. Sie haben sich angewöhnt, am Abend, nachdem die Kerzen und Petroleumlampen gelöscht und alle anderen schlafen gegangen sind, lange Gespräche zu führen, in denen der Pakistani ihm in schlechtem Englisch von seinen fünf Kindern erzählt, von seinem kleinen Haus in Rahim Yar Khan, von seinen Problemen, und in denen Pearl ihm unermüdlich immer wieder dieselben Fragen stellt: Was werft ihr uns vor? Warum hasst ihr uns so? Was hat Amerika verbrochen, dass es derart verteufelt wird? Was müssten wir tun, wie müssten wir sein, um das Vertrauen eures Volkes und das anderer armer Länder zurückzuerobern?
Doch irgendetwas stimmt an diesem Morgen nicht.
Obwohl er noch halb schläft, merkt er, dass Karim anders ist als sonst. Er ist schroff. Verschlossen. Die Art, wie er ihm seine Decke fortreißt und ihm befiehlt, sich anzuziehen, hat

so gar nichts mehr von dem guten Kumpel, der ihm noch am Abend zuvor seinen täglichen Sprachunterricht in Urdu erteilte. Als Pearls Finger zu steif und unbeweglich sind und er die Schnürsenkel nicht zu fassen bekommt, reagiert der Pakistani auf eine völlig untypische Art, die ihn erstarren lässt. Mit zusammengekniffenem Mund und ohne ihn anzusehen, sagt er: »Vergiss die Schnürsenkel, da, wo du hingehst, brauchst du sie nicht mehr.« Diese Worte und vor allem ihre Betonung geben Pearl zu verstehen, dass in der Nacht etwas geschehen ist, dass sie eine Entscheidung getroffen haben und dass diese Entscheidung nicht lautet, ihn wieder freizulassen.

Auf einmal hat er Angst.

Eine furchtbare Kälte durchdringt ihn – und zum ersten Mal, seit er hier ist, packt ihn die Angst.

Doch zur selben Zeit glaubt er es nicht.

Er glaubt es wieder nicht – er kann nicht begreifen, dass die Dinge innerhalb einer einzigen Nacht eine solche Wendung nehmen können.

Zunächst einmal ist er ihr Verbündeter. Ihr Ver-bün-de-ter. In den vergangenen acht Tagen hat er ihnen hundert Mal gesagt, wenn eines Tages nur noch ein einziger Amerikaner und Jude den Muslimen im Allgemeinen und den Pakistanis im Besonderen die Hand reichen sollte, dann wäre er es, Daniel Pearl, der diesen blödsinnigen Krieg der Kulturen von sich weisen und weiter an den Frieden mit dem Islam glauben würde, ein progressiver linker Jude, ein Amerikaner, der – das bezeugt seine ganze Karriere – die dummen, die arroganten Seiten Amerikas verabscheut. Er, Pearl, ist ein Freund der Vernachlässigten, der Enterbten.

Und ein Glückspilz. Er gehörte schon immer zu jenen Menschen, denen ein unverschämtes Glück beschieden ist. Genau das wiederholt sein Vater zur gleichen Zeit vor der Presse, und er selbst hat es auch immer wieder gesagt, in den vergangenen fünfzehn Jahren, seit er diesen Beruf ausübt. Danny steht unter einem guten Stern. Er hat einen Schutzengel. Das wäre ja noch schöner, wenn sich das Blatt hier, in Pakistan, einen Tag vor seiner Rückreise nach Amerika wenden sollte! Welch Ironie des Schicksals, wenn das Glück ihn ausgerechnet in dem Moment verlassen sollte, wo seine Frau Mariane und er erfahren haben, dass sie einen Sohn erwarten!

Er hat es geschafft, in Karatschi einen muslimischen Gynäkologen zu finden, der sich bereit erklärte, eine Ultraschalluntersuchung durchzuführen und zu verraten, welches Geschlecht das ungeborene Engelchen hat. Und nun soll es ihm nicht gelingen, die Islamisten davon zu überzeugen, dass sie sich in der Person irren, dass er nicht der jüdische, zionistische Spion ist, den einige offenbar in ihm sehen? Nein, das wäre doch absurd! Und da alles Absurde in den Augen dieses unverbesserlichen Rationalisten idiotisch, unmöglich und irreal ist, schließt er daraus, dass das nicht sein kann und er seine Bewacher zwangsläufig zur Vernunft bringen wird.

Die Tür zum zweiten Raum, in dem sich die anderen aufhalten, hat sich geöffnet. Karim, immer noch brüsk und abweisend, macht ihm ein Zeichen, sich hinüberzubewegen, Schnürsenkel hin oder her. Er folgt ihm schließlich ohne allzu große Angst. Auf dem Weg steigt ihm der Duft der Bougainvilleen und der Mangobäume in die Nase.

Erst als er den Raum betritt, versteht er.

Glauben kann er es immer noch nicht, doch er versteht.

Vor allem ihre Gesichter.

Der konzentrierte Eindruck, den sie heute Morgen machen.

Das brutale Gebaren, das sie alle an den Tag legen, und wie sie jeden seiner Schritte beobachten.

In Gesprächen hatte er erfahren, dass an Bukharis Händen, dem Anführer des Kommandos, das Blut von einem Dutzend Schiiten klebt. Er wusste, dass Amjad Hussain Farooki oder Lahori, der Anführer der Lashkar-e-Janghvi, Verbindungen zur al-Qaida unterhielt. Er wusste, doch er wollte es nicht wahrhaben. Obwohl sie es ihm sagten, obwohl Bukhari ihm eines Abends mit kindlichem Lachen an den Kopf warf: »Du hast vielleicht einen Engel, aber ich habe einen Teufel.« Sie sahen einfach zu nett aus, als dass er in ihnen Mörder hätte sehen können.

Doch nun ist es ihm schlagartig klar.

Schweigend, die Hände hinter dem Rücken verschränkt, düster dreinblickend im schummrigen Licht der Petroleumlampen, die in der Mitte des Raumes flackern, zeigen sie nun ihr wahres Gesicht. Dasselbe Gesicht, mit dem sie die Kinder schiitischer Familien in der Gegend der Moschee von Binori Town in Karatschi massakrierten. Er hat einen Artikel darüber gelesen – nun begreift er.

Außerdem hocken in der Ecke neben der Tür, mit Limonadenflaschen zu ihren Füßen, diese drei Typen, die gestern noch nicht hier waren und die aussehen, als wären sie im Geist ganz woanders – oder im Gebet. Sie tragen die rot-weiß karierten Tücher der palästinensischen Kämpfer, doch an ihrer wadenlangen weißen Tunika, an ihren bloßen Füßen, an dem Krummdolch mit Nashorngriff, den alle drei im Gürtel tragen und den man in Sanaa Jambia nennt, erkennt er sie als Jemeniten.

»Hinlegen!«, befiehlt ihm Bukhari mit dumpfer, hohler Stimme, als spräche er mit sich selbst.

Der Boden ist kahl. Es ist kalt. Pearl versteht nicht, wo er sich hinlegen soll.

»Hinlegen!«, wiederholt Bukhari ungeduldig in einem lauteren Ton.

Und zu seiner großen Verwunderung macht er einen Schritt auf ihn zu und versetzt ihm einen Tritt vor das Schienbein, der ihn auf die Knie fallen lässt, während die anderen sich auf ihn stürzen. Zwei fesseln ihm die Hände mit einem grünen Seil, der Dritte holt eine riesige Spritze aus den Falten seiner Tunika hervor und schiebt Pearls Hemd hoch, um sie ihm in den Bauch zu stoßen.

Er wehrt sich: »Seid ihr verrückt geworden, was macht ihr? Ich bin euer Freund.« Doch sie schlagen ihn. Bukhari schreit: »Halt den Mund!«, und die anderen versetzen ihm Tritte in den Bauch, an den Kopf. Er verstummt. Schnappt nach Luft. Versucht sein Gesicht zu schützen. Der Schock und die Angst machen ihn blind. Dann, vor lauter Schmerzen kann er nicht allein aufstehen, packen sie ihn unter den Achseln und helfen ihm auf die Beine.

Auf einmal fühlt er sich ganz eigenartig. Sein Kopf ist schwer. Er hat Ohrensausen. Als würde ihn ein Sandtrichter einsaugen. Doch gleichzeitig, vermischt mit der Angst, dem Schmerz, den Tränen, der Lähmung, überkommt ihn eine Euphorie – als würde sein Verstand, aus ihm herausgetreten, wie eine lebendige Flamme neben ihm flackern.

»Sie haben mich unter Drogen gesetzt«, denkt er. »Das war die Spritze. Die Schweine haben mir Drogen gegeben.«

In Wirklichkeit ist er nicht sicher, ob dieser Gedanke ihn beruhigt oder noch mehr alarmiert.

»Du wirst mir jetzt nachsprechen«, sagt Bukhari schließlich, holt ein Blatt Papier mit handschriftlich verfassten Worten aus seiner Tasche und macht einem der Jemeniten ein Zeichen aufzustehen. Der Mann hält eine Videokamera mit seitlich integriertem Bildschirm in der Hand. Beeinträchtigt von dem Schweiß, der ihm in die Wimpern perlt und zusammen mit den Tränen blind macht, hält Pearl das erst für eine Waffe, die ihn aus nächster Nähe töten wird.

»Mein Name ist Daniel Pearl. Ich bin amerikanischer Jude. Ich lebe in Encino, in Kalifornien.« Daniel spricht ihm nach. Es fällt ihm ein bisschen schwer. Er ist außer Atem. Doch er spricht Bukharis Worte nach.

»Sag: ›Väterlicherseits stamme ich aus einer Familie von Zionisten, mein Vater ist Jude, meine Mutter ist Jüdin, ich bin Jude.‹«

Daniel würde dem Jemeniten gern sagen, dass er zu nah

ist, dass man so nicht filmt, dass der Anfänger ihm auf diese Weise einen Fischaugenkopf verpasst. Doch trotz des seltsamen Zustands, in den sie ihn versetzt haben, trotz der Mischung aus Euphorie und Schmerz im ganzen Körper, ist sein Verstand klar genug, um zu verstehen, dass dies nicht der richtige Augenblick ist. Also spricht er weiter nach.

»Sprich deutlich«, sagt Bukhari, »nicht so schnell, und deutlicher: ›Meine Familie folgt den Regeln des Judentums. Wir haben viele Familienbesuche in Israel gemacht. In Bnei Brak, in Israel, gibt es eine Straße namens Chaim Pearl Street, benannt nach meinem Urgroßvater‹«.

Woher wissen sie das, wundert sich Danny. Woher haben sie diese Information? Bnei Brak ist keine Metropole, sondern eine Kleinstadt. Und die Berühmtheit seines Vorfahren Chaim Pearl ging nie über den kleinen Kreis hinaus, den er mit seinem Vater, seiner Mutter und seinen Schwestern bildet. Das wird er nicht nachsprechen, beschließt er. Er kann nicht zulassen, dass diese Barbaren das kleine Familiengeheimnis beschmutzen ... Doch Farooki kommt schon wieder auf ihn zu. Er sieht seinen riesigen Schuh, der ihm solche Schmerzen zugefügt hat. Also ändert er seine Meinung, gestattet sich nur ein mildes Lächeln, von dem er hofft, dass man es auf dem Film sehen wird, und wiederholt brav: »Meine Familie folgt den Regeln des Judentums. Wir haben viele Familienbesuche in Israel gemacht ...«

Bukhari macht einen zufriedenen Eindruck. Er räuspert sich. Spuckt auf den Boden. Er gratuliert dem Jemeniten, anscheinend begreift er nicht, dass dieser Trottel viel zu nah dran ist mit seiner Kamera. Pech für ihn. Und er macht eine aufmunternde Geste zu Danny, die wohl so viel sagen soll wie: »Siehst du! Geht doch!«, und die ihm einen Moment lang wieder Hoffnung macht.

»Sprich mir weiter nach«, fährt Bukhari fort, nachdem er eine Weile in die Lektüre seines Papiers vertieft war, »sag: ›Ich habe keine Ahnung, in was für einer Situation ich mich befinde, und kann mit niemandem kommunizieren: Deshalb denke ich an die Gefangenen in Guantanamo, die in derselben Lage sind wie ich.‹«

Das geht in Ordnung. Das ist auf seiner Linie. Auch er verurteilt die Haftbedingungen der Gefangenen von Guantanamo. Das Problem ist nur, er ist so außer Atem und spricht zu abgehackt. Der Jemenit zieht eine Grimasse. Die Aufnahme muss wiederholt werden.

»Noch mal«, sagt Bukhari. »Sprich: ›Mir ist klar, dass die Amerikaner zukünftig überall auf der Welt mit solchen Problemen zu tun haben werden. Nirgends werden die Amerikaner sicher sein. Nirgends können sie sich frei bewegen. Und zwar so lange, wie sie ihrer Regierung erlauben, diese Art von Politik zu betreiben.‹«

Es ist keine böse Absicht. Nein, auch das würde er zur Not über die Lippen bringen. Aber die Droge tut ihre Wirkung. Sein Kopf dröhnt. Seine Knie sind wie aus Pudding und er hat immer größere Schwierigkeiten, sich zu konzentrieren. Ob Bukhari das versteht? Ob er ihm von nun an kürzere Sätze vorgibt?

Dann folgender Satz, diktiert von einem plötzlich verständnisvollen, fast menschlichen Bukhari, der das Kinn auf seine Hand stützt, als gebe die Szenerie ihm Anlass zur Meditation.

»Wir Amerikaner können nicht weiter für die Politik unserer Regierung büßen.«

Und schließlich diese Serie von Formulierungen. Bukhari bringt ganz geduldig einen Satz nach dem anderen hervor, als hätte er ein Kind vor sich: »Die bedingungslose Unterstützung Israels ... Vierundzwanzig Vetos rechtfertigen die Massaker an unschuldigen Babys ... Die Unterstützung diktatorischer Regimes in der arabisch-muslimischen Welt ... Die amerikanische Präsenz in Afghanistan ...«

Fertig. Das war's. Der Jemenit schaltet die Kamera aus. Werden sie ihm jetzt erlauben, sich hinzusetzen? Werden sie ihm einen Schluck Wasser geben? Ihm geht es so schlecht.

In diesem Moment gibt es einen sonderbaren Zwischenfall. Bukhari macht sich an den Petroleumlampen zu schaffen, die auf einmal sehr viel heller aufleuchten.

Er gibt Fazal einen barschen Befehl. Als sie das Zimmer betreten haben, hat er sich zu den Jemeniten in die Ecke gekauert, als wäre ihm kalt, nun springt er auf und postiert sich mit großen Augen und starrem Blick unmittelbar hinter Pearl.

Auf ein Zeichen von ihm erheben sich auch die anderen Pakistanis und gehen hinaus. Hinter der schnell wieder geschlossenen Tür erhascht Pearl einen kurzen Blick auf das schmutzige Licht des Morgengrauens, einen schweren, bewegten Himmel und einen aufflatternden Vogelschwarm – auf seinem geschwollenen Gesicht spürt er ganz leicht die wohltuende Frische eines morgendlichen Windes, der den neuen Tag ankündigt.

Außer Fazal Karim bleiben nur der jemenitische Kameramann, der keuchend an seinem Camcorder herumbastelt, und die beiden anderen Jemeniten im Raum, die ihren Dolch aus der Scheide ziehen und sich ebenfalls erheben. Der eine stellt sich hinter Pearl, neben Fazal Karim, der andere bleibt, mit seiner Waffe in der rechten Hand, ganz dicht links neben ihm stehen, auf Tuchfühlung.

Plötzlich sieht er diesen Jemeniten.

Vorher konnte er ihn nicht sehen, weil er im Schatten saß und Pearl ohne Brille noch nie weiter als zwei Meter schauen konnte.

Er sieht den fiebrigen Glanz in seinen tief in den Höhlen liegenden Augen, den auffallend flehenden Blick – einen Augenblick überlegt er, ob sie auch ihn unter Drogen gesetzt haben.

Er sieht sein weiches Kinn, seine leicht zitternden Lippen, seine zu großen Ohren, seine hagere Nase, sein glattes, pechschwarzes Haar.

Er sieht seine große, behaarte Hand mit den knorrigen

Knöcheln, den schwarzen Fingernägeln und einer langen, wulstigen Narbe, die vom Daumen bis zum Handgelenk verläuft und die Hand zu halbieren scheint.

Dann sieht er schließlich das Messer. Noch nie hat er ein solches Messer so nah gesehen, denkt er. Den Griff aus Nashorn. Das Leder. Einen Kratzer unten am Griff. Ein bisschen Rost. Und da ist noch etwas. Der Jemenit schnieft. Er zwinkert mit den Augen, und gleichzeitig zieht er ununterbrochen die Nase hoch, als wollte er den Takt angeben. Hat er einen Schnupfen? Nein. Ein Tick. Pearl denkt: »Komisch, das ist der erste Muslim mit einem Tick, dem ich begegne.« Und: »Die Henker der Vergangenheit. Es war eine gute Idee, ihnen eine Kapuze über den Kopf zu ziehen.« Es ist heiß. Er hat Kopfschmerzen. Er ist schrecklich müde.

Das grüne Lämpchen an der Kamera leuchtet auf.

Fazal steht ihm jetzt gegenüber, fesselt ihn an den Handgelenken, stellt sich wieder hinter ihn und packt ihn grob am Schopf.

Der Nacken, denkt er und versucht, seinen Kopf durch ein Schütteln zu befreien, Zentrum der Wollust, das Gewicht der Welt, das versteckte Auge des Talmud, das Beil des Henkers.

Sein Blick, denkt er weiter, als er den Jemeniten mit dem Messer sieht. Für den Bruchteil einer Sekunde kreuzen sich ihre Blicke, in diesem Moment weiß er, dass dieser Mann ihm die Kehle durchschneiden wird.

Er würde gern etwas sagen.

Ihm ist, als müsste er noch ein letztes Mal betonen, dass er wirklich Journalist ist und kein Spion. Am liebsten würde er schreien: »Hätte ein Spion denn Omar Sheikh vertraut? Hätte sich ein Spion auf so ein Treffen eingelassen, ohne Absicherung, in vollem Vertrauen?«

Doch anscheinend zeigt die Droge ihre volle Wirkung.

Oder das Seil, das sich schmerzhaft in seine Handgelenke einschneidet.

Die Worte wollen ihm nicht über die Lippen.
Sprechen wird genauso schwierig wie Atmen unter Wasser.
Er versucht den Kopf umzudrehen, um Karim mit einem letzten Blick zu verstehen zu geben: Die Zigarette, erinnere dich, gestern Abend hast du mir noch eine Zigarette angeboten, erinnere dich an all das, was ich dir über die Hilfe erzählt habe, die wir den afghanischen Mudschahidin während des Dschihad gegen die Russen zukommen ließen. Erinnere dich, wie bewegt du warst, deine Hände auf meinen Schultern, deine spontane brüderliche Umarmung – doch Karim hält ihn mit eiserner Hand, er kann sich keinen Millimeter rühren.

Überflüssige Dinge gehen ihm durch den Kopf, die ihn aus ganz dunklen Dämmerzonen seines Gedächtnisses erreichen: seine Bar Mizwa in Jerusalem, sein erstes Eis in einem Café am Dizengoff Circle in Tel Aviv mit seinem Vater. George, der bulgarische Schuhhändler, den er in der Londoner Untergrundbahn kennen lernte. Sein Freund, der belgische Bassist, der irische Geigenspieler, mit dem er letztes Jahr in einer Bar in Soho musizierte. In der letzten Nacht in Asmara, in Eritrea, die Granaten der Volksarmee zur Befreiung der Provinz Tigray mit ihrem weichen, zischenden Geräusch. Die Hochzeit mit Mariane in dem Schloss bei Paris. Hemingways Matador, die linke Schulter vorn, der Dolch, der auf den Knochen stößt und nicht eindringen will, dabei reicht, wenn man sie gut steuert und möglichst weit oben ausholt, ein Drittel der Klinge, um die Hauptschlagader eines normal großen Stiers zu durchtrennen. Noch einmal sein Vater, der ihn nach einem Spaziergang auf seinen Schultern trägt. Das Lachen seiner Mutter. Ein Laib französisches Brot, weich und köstlich duftend.

Als der jemenitische Killer seinen Hemdkragen zerreißt und ihn am Hals packt, denkt er kurz an andere Hände. An Zärtlichkeiten. An Spiele aus seiner Kindheit. Nadour, der ägyptische Freund in Stanford, mit dem er in den Pausen aus Spaß raufte – was wohl aus ihm geworden ist? Er denkt an Mariane, an den letzten Abend mit ihr, sie so begehrenswert, so schön. Was wollen die Frauen wirklich? Leidenschaft? Ewigkeit? Mariane war so stolz auf seinen Knüller mit Gilani! Sie fehlt ihm so! War er tatsächlich zu leichtsinnig? Hätte er sich vor diesem Omar besser in Acht nehmen müssen? Aber woher sollte er das wissen? Wie konnte er das ahnen? Er denkt daran, wie er einem Flüchtling aus dem Kosovo die Hand drückte, an seine Agonie. Er denkt an das Schaf, das er ein Jahr zuvor in Teheran ersticken sah, daran, dass er Bombay Karatschi vorzieht, und das heilige Buch der Brahmanen dem Koran. Die Erinnerungen kreisen ihm durch den Kopf wie die Holzpferde eines Karussells.

Er spürt den warmen, übel riechenden Atem des keuchenden Jemeniten.

Vom Hof dringt ein süßlicher Geruch herein, den er zuvor nicht bemerkt hatte und der ihn absurderweise stört. Komisch, denkt er, seit acht Tagen habe ich mich nicht gewaschen. An seinen eigenen Gestank gewöhnt man sich ohne Probleme, doch dieser hier, der Gestank der anderen …

Er hört seltsame Geräusche von weiter weg, die für sein Ohr wie das Echo einer Muschel klingen. Einen Moment lang fragt er sich sogar: Sind das vielleicht Schritte? Stimmen? Leute, die mich retten werden?

Es ist schon eigentümlich. Bis heute Morgen hätte er gesagt: Dieser Hof ist still, man hört kein Geräusch. Doch jetzt vernimmt er einen konfusen, aber durchdringenden Lärm. Eine Lawine unvermuteter Laute. Nie zuvor in seinem Leben hat er den Geräuschen so aufmerksam gelauscht, die die Stille bevölkern. Er wünschte, sie würden den Atem des Jemeniten ersticken.

Ihm schwindelt.

Kalter Schweiß.

Sein Adamsapfel kämpft in seinem schmalen Hals.

Ein kräftiger Schluckauf schüttelt ihn, er muss sich übergeben.

»Richtet ihn auf!«, sagt der jemenitische Killer. Der Jemenit hinter ihm greift ihn wie ein Paket unter den Achseln und setzt ihn auf.

»Noch mehr!«, insistiert er und macht einen Schritt zurück, mit der Miene eines Künstlers, der sein Gemälde besser betrachten will. Nun ist es Karim, der seinen Kopf nach oben zieht, so weit es in dem niedrigen Raum geht – Richtung Himmel, die Kehle schön frei, geschwollen von dem aufsteigenden Schrei, aber ein wenig geneigt.

»Geh zur Seite!«, befiehlt er dem Dritten, dem Jemeniten mit der Kamera, der zu nah steht und außerdem im Weg. Und der Kameramann tritt tatsächlich zur Seite, langsam und wie von einem heiligen Schauer ergriffen bei dem Gedanken an das Bevorstehende.

Pearl hat die Augen geschlossen und spürt, wie die Klinge sich seinem Hals nähert. Er bemerkt einen leichten Luftzug an seinem Gesicht, vermutlich probt der Jemenit. Er kann es immer noch nicht richtig fassen. Aber ihm ist kalt. Er fröstelt. Er schlottert am ganzen Körper. Am liebsten würde er aufhören zu atmen, sich ganz winzig machen, verschwinden. Wenn er wenigstens den Kopf senken und weinen könnte. Hat der Jemenit das schon einmal getan?, fragt er sich. Ist er ein Profi? Und wenn er ungeübt ist? Wenn er es verpatzt und noch einmal von vorn anfangen muss? Plötzlich verschwimmt ihm alles vor Augen. Der letzte Anblick der Welt, denkt er. Er schwitzt und zittert vor Kälte. In der Ferne hört er einen Hund bellen. Das Brummen einer Fliege ganz in seiner Nähe. Und dann das Gackern eines Huhns, übertönt von seinem eigenen unmenschlichen Schrei, Verwunderung und Schmerz zugleich.

Das war's. Das Messer ist in sein Fleisch eingedrungen. Sanft, ganz sanft, unter seinem Ohr, hinten im Nacken. Man hat mir erklärt, das sei ein Ritual. Andere sagten, es sei die klassische Methode, um die Stimmbänder zu durchtrennen, damit das Opfer nicht mehr schreit. Doch Pearl bäumt sich auf. Mit aufgerissener Kehle schnappt er verzweifelt nach Luft. Sein Aufbegehren ist so heftig, seine aufflackernde Kraft so groß, dass er sich aus Karims Griff befreit, brüllt wie ein Tier und dann stöhnend zusammenbricht, in seinem Blut, das in Strömen fließt. Auch der Jemenit mit der Kamera brüllt. Mittendrin, Hände und Arme blutverschmiert, sieht sein Mörder ihn an und hält inne. Die Videokamera hat nicht funktioniert. Die ganze Prozedur muss für die Kamera noch einmal nachgestellt werden.

Zwanzig Sekunden vergehen, vielleicht dreißig, Zeit für den Jemeniten, die Kamera wieder in Gang zu setzen. Pearl liegt jetzt auf dem Bauch. Sein Kopf, zur Hälfte abgetrennt, hat sich von seinem Oberkörper gelöst und ist ein Stück von den Schultern weggerollt. Die Finger seiner Hände krallen sich an den Boden. Er rührt sich nicht mehr. Er stöhnt. Er schluchzt. Er atmet noch, aber stoßweise, keuchend, unterbrochen von einem Gurgeln und dem Winseln eines Welpen. Karim hält die Wunde auf, damit das Messer ein zweites Mal in sie eindringen kann. Um besser sehen zu können, hält der zweite Jemenit eine der Lampen schräg, dann zieht er sein eigenes Messer und zerschneidet und zerfetzt ihm das Hemd, fiebrig, wie berauscht von dem Anblick, dem Geruch, dem Geschmack des heißen Blutes, das aus der Hauptschlagader schießt und ihm ins Gesicht spritzt wie aus einem geplatzten Rohr. Der Killer vollendet sein Werk: Er setzt das Messer neben die erste Wunde, die Halswirbel krachen, ein neuer Blutstrahl spritzt in seine Augen und macht ihn blind. Der Kopf rollt vor und zurück, als wäre noch Leben in ihm, löst sich schließlich ab; und Karim schwenkt ihn wie eine Trophäe vor der Kamera hin und her.

Dannys Gesicht ist zerknautscht wie ein Lumpen. In dem Moment, wo sein Kopf abgetrennt wird, scheinen seine Lippen sich ein letztes Mal zu bewegen. Und wie erwartet sickert eine schwarze Flüssigkeit aus seinem Mund. Ich habe schon viele Ermordete gesehen. Keiner von ihnen wird je dieses Gesicht auslöschen, das ich nie gesehen habe und mir nur vorstelle.

5

Besuch bei den »Eltern Courage«

»Nein, so geht das nicht ...«

Ich bin in Los Angeles. Mulholland Drive. Der Himmel leuchtet in einer Farbe wie nirgends sonst auf der Welt. Dieses blendende Licht. Ein kleines Haus am Straßenrand, daneben eine Garage, auf dem Balkon Blumentöpfe mit Hängepflanzen, Kaskaden kleiner Kakteen. Ich bemühe mich, den Eltern möglichst schonend und taktvoll meine ersten Ergebnisse und meine Version vom Tod ihres Sohnes mitzuteilen.

»Nein, nein, so geht das nicht«, unterbricht mich Judea, ein Mann mit dem sympathischen Gesicht eines zweiten Francis Blanche und einem intelligenten, sanften Blick, in dem immer wieder grenzenlose Traurigkeit aufblitzt. »Es gibt diesen Videofilm. Aber der besteht aus zwei Teilen, die völlig unabhängig voneinander aufgenommen wurden, da bin ich sicher. Sie können doch nicht so tun, als würde man in beiden Teilen dasselbe sehen und hören.«

Was meint er mit zwei Teilen? Und was soll das groß ändern?

»Alles«, antwortet er. »Das ändert alles. Da sind zunächst die Passagen, in denen er diese Sätze nachspricht, Sie wissen schon, über die Vereinigten Staaten und die Gefangenen in Guantanamo, da klingt seine Stimme richtig mechanisch. Seelenlos. Ganz offensichtlich werden ihm die Worte diktiert. Vielleicht hält man ihm außerhalb des Sichtfeldes sogar Pappschilder vor. Bei einigen Wörtern bleibt er hängen. Er macht lange Pausen zwischen den Wörtern. Er betont absichtlich falsch. Er sagt zum Beispiel ›Amrica‹. Kurz und gut, er tut alles, damit wir, die Empfänger der Botschaft, begreifen, dass er nicht ein Wort von dem, was er sagt, ernst meint. Und dann kommt der zweite Teil, in dem er sagt: ›Mein Name ist Daniel Pearl. Ich bin amerikanischer Jude. Ich lebe in Encino, in Kalifornien. Väterlicherseits stamme ich aus einer Familie von Zionisten, mein Vater ist Jude, meine Mutter ist Jüdin, ich bin Jude.‹«

Judea kennt die Passage auswendig. Ich bin sicher, er könnte sie bis zum Ende aufsagen, wie ein Gedicht. Manchmal scheint seine Betonung, seine Stimme nicht mehr ihm zu gehören, sondern seinem Sohn Danny. Was den anderen Text angeht, in dem von Guantanamo und der amerikanischen Politik die Rede ist, ist er seltsamerweise völlig überzeugt, dass er ihm diktiert wurde, dass Danny ihn nur widerwillig sagte. Ich jedoch habe das Gegenteil gedacht und geschrieben, lasse Judea reden.

»Hören Sie sich den zweiten Teil mal gut an. Hören Sie …«

Sein Gesicht erhellt sich. Er lächelt. Sieht seine Frau an, die ebenfalls lächelt, ein schwaches, gequältes Lächeln auf ihrem hübschen, zierlichen Gesicht, halb verdeckt von einem ziemlich schwarzen Pony und einer Brille, eine winzige Gestalt, die in einem langen Überkleid versinkt, weder tot noch lebendig. Er nimmt ihre Hand. Streichelt sie unmerklich. Sie sehen aus wie auf dem wunderschönen Foto über der Treppe zu Judeas Büro, das aus der Zeit von vor dreiundvierzig Jahren stammt, als sie aus Israel herkamen.

Natürlich ist das Haus voll mit Fotos von Danny. Doch man sieht auch Bilder von seinen Schwestern Michele und Tamara. Von seiner Frau Mariane und dem kleinen Adam. Und da hängt diese Aufnahme von ihnen, stolz und strahlend schauen sie darauf aus – die kleine irakische Jüdin und der kleine polnische Jude, die wie die Einwanderer von Ellis Island nach Amerika kommen, weil sie wissen, dies ist das Land der Freiheit. Genau wie auf diesem Foto sehen die beiden jetzt plötzlich aus.

»Das mit seiner jüdischen Abstammung hat er tatsächlich so gesagt. Das sind seine Worte. Seine Formulierungen. Da wurden ihm keine Pappschilder vorgehalten. Wie oft soll ich es euch noch sagen: Ich bin Jude und stolz darauf – das ist es, was er ihnen sagt! Ich würde meinen, dass er zu diesem Zeitpunkt noch ganz zuversichtlich ist. Er weiß nicht, was ihm bevorsteht. Also redet er mit ihnen, erklärt ihnen, wo er herkommt, was für einen Hintergrund er hat. Wir haben schließlich alle unsere Wurzeln, oder? Ihr seid Muslime, sagt er. Ich bin Jude. Aber letztlich sind wir doch alle Menschen ...«

Erneut wirft er seiner Frau einen Blick zu, die hinter dem Pony denselben traurigen Blick hat wie kurze Zeit später, als sie mir das Zimmer ihres Sohnes zeigt, seine Teddybären, seine Footballtrophäen, sein Tagebuch aus Zeiten, wo er noch ein kleiner Junge war und sich zu Jahresbeginn gute Vorsätze fasste (in der Art: nicht mehr in der Nase bohren und in Mathe besser werden; tags darauf ist zu lesen: In Mathe bin ich jetzt besser, aber ich bohre immer noch in der Nase). Ich habe den Eindruck, ohne ihre Zustimmung möchte Dannys Vater nicht fortfahren.

»Und außerdem, eine Sache in diesem ersten Teil ist sehr eigenartig. Der Satz, wo er sagt: In Bnei Brak, in Israel, gibt es eine Straße namens Chaim Pearl Street, benannt nach meinem Urgroßvater.«

Ja, genau, sage ich. Diesen Satz fand ich auch sehr merkwürdig. Stimmt das eigentlich? Gibt es in Bnei Brak wirklich eine Straße mit diesem Namen? Und wenn ja, woher wussten sie das?

»Eben!«, ruft Judea. »Das ist es ja!«

Er wirkt euphorisch. Fast kindlich. Mit einem Mal ist er der große Wissenschaftler, der eine bahnbrechende Entdeckung macht – Professor Pearl, Mitglied der National Academy of Engineering, eine weltweit anerkannte Kapazität auf dem Gebiet der Künstlichen Intelligenz, in den hehren Momenten eines heuristischen Triumphs.

»Sie konnten es eben nicht wissen! Niemand auf der Welt konnte das wissen! Aber es stimmt natürlich. Mein Großvater war tatsächlich eine Lokalgröße in Bnei Brak. In diesem Dorf, zehn Kilometer von Tel Aviv entfernt, hat er sich in den Zwanzigern gemeinsam mit fünfundzwanzig anderen chassidischen Familien aus dem polnischen Ostrowitz angesiedelt. Aber niemand außer uns weiß davon. Kein Mensch. Und das heißt ...«

Sein Gesicht umwölkt sich wieder. Noch des Öfteren werde ich bei ihm und seiner Frau diesen Wechsel von Euphorie und tiefster Traurigkeit beobachten: Wahrscheinlich kehren in diesen Momenten die unerträglichen Bilder zurück, hinter denen alles verblasst, wirklich alles, die Erzählungen, die Berichte, die Analyse, die Höflichkeit dem französischen Besucher gegenüber, der sich mit der Pearl-Affäre befasst, der Gedankenaustausch, das Verstehenwollen – plötzlich ist da nur noch das schreiende Gesicht eines gefolterten Kindes.

»Und das heißt: Diese Bemerkung ist eine Botschaft. Den Entführern sagt er: Der bin ich, und ich bin stolz drauf, ich stamme aus einer Familie, die Städte baute und für die es das Schönste auf der Welt war, Städte zu errichten, Brunnen zu graben, Bäume zu pflanzen – ein Wink an die Zerstörer und Mörder! Aber vor allem eine Botschaft an uns, seine Mutter und mich, die einzigen Menschen, glauben Sie mir, die sich noch daran erinnern, dass es in Bnei Brak eine Straße gibt, die nach meinem Großvater benannt ist. Und was sagt uns diese verschlüsselte Nachricht? Sie können sich denken, dass ich mir diese Frage in den letzten Monaten zigmal gestellt habe. Meiner Ansicht nach soll sie so viel bedeuten wie: ›Ich bin's, Danny. Alles in Ordnung. Ich werde gut behandelt. Ich kann frei sprechen, denn ich sage etwas, das außer euch und mir niemand wissen kann. Ich bin euer geliebter Sohn. Ich liebe euch.‹«

Ruth hat Tränen in den Augen. Judea sieht an die Decke, kämpft mit den Tränen. Er steht auf. Will mir einen Teller Kekse holen. Und für sie einen Föhn, denn sie hat ganz nasse Haare, und er möchte nicht, dass sie sich erkältet. Mir gehen die Juden in Isaac Babels Erzählung »Rote Kavallerie« durch den Kopf, die bis zur letzten Minute, kurz bevor der judenmordende Kosak ihnen das Gesicht aufschlitzt oder sie zerstückelt, noch weiter verkünden: »Ich bin Jude.« Ich denke an den alten Rabbiner in irgendeinem Roman von Isaac B. Singer, der insgeheim noch sein Gebet spricht, als der brutale Judenmörder schon vor ihm steht, um ihn zu schlagen, ihm den Bart abzuschneiden, ihn zu demütigen. In tausend subtilen Zeichen, die dem Barbaren entgehen und die nur Er, der alles sieht, erkennen kann, bekundet er weiter, ruhig und unscheinbar und mit der inneren Festigkeit großer Charaktere und Märtyrer, seine ungebrochene Zugehörigkeit zu seiner Gemeinde. Warum bin ich nicht früher darauf gekommen? Wie konnte ich nur, sogar hier in diesem Buch, wie alle anderen herunterbeten: »Wurde gezwungen, sich zu seiner jüdischen Abstammung zu bekennen«? Dabei ist es genau das Gegenteil! Eine Geste des Stolzes! Ein Moment der Würde! Völlig im Einklang mit vielen anderen Situationen, die man mir erzählte: Eines Abends in Islamabad bei Khalid Khawaja, einem ehemaligen Piloten von Bin Laden, mit dem er sich angefreundet hatte, beginnt die Runde irgendwann über Israel und die Juden herzuziehen, worauf er sie durch die einfachen Worte zum Schweigen bringt: »Ich bin Jude.« Oder jenes Gespräch in Syrien mit sieben Kämpfern irgendeiner Hisbollahgruppe über die »beiden Religionen«, den Islam und das Christentum – bis Danny mit sanfter Stimme die Bemerkung fallen lässt, dass es noch eine dritte Religion gibt, seine Religion, die jüdische. Doch da kommt Judea wieder. Und ich spüre, dass es an mir ist, den Faden wieder aufzunehmen.

»Was Sie sagen, leuchtet mir absolut ein. Es liegt vollkommen auf der Hand. Ich habe den Videofilm ja gesehen. Dutzende Male habe ich mir den Film angesehen, Szene für Szene, Bild für Bild. Und einige Dinge konnte ich mir in der Tat nicht erklären: Sein Sprachrhythmus und sein Ton verändern sich, der andere Gesichtsausdruck, der Bart ist nicht derselbe, der Zustand seiner Kleidung. Mal spricht Danny in die Kamera, dann sieht man ihn im Profil, mit geschlossenen Augen. Und sein spöttischer Ton, als er sagt: ›Nirgends werden die Amerikaner sicher sein. Nirgends können sie sich frei bewegen.‹ Er ist absolut glaubwürdig, als er von seinem Urgroßvater spricht. Aber seine Worte klingen wie brutale Peitschenhiebe, die keine Widerrede dulden, als er sagt: ›Mein Vater ist Jude, meine Mutter ist Jüdin, ich bin Jude.‹ Und fast wieder frotzelnd, oder nein, eher mit einem Kinderlächeln, als er den Satz spricht, der eigentlich sein Todesurteil ist: ›Väterlicherseits stamme ich aus einer Familie von Zionisten.‹ Wenn Sie Recht haben, Judea, hätten wir die Erklärung dafür gefunden. Ein ausführliches Interview, fast eine Unterhaltung, vielleicht über mehrere Stunden gedreht, wenn nicht über einen ganzen Tag oder mehrere – und anschließend Schnitt und Montage.«

Judea nickt. Er wirkt niedergeschlagen, scheint in zehn Minuten um zehn Jahre gealtert.

»Ich möchte Ihnen noch etwas sagen, das ebenfalls in Ihre Richtung geht. Auch ich habe mich darüber gewundert, dass er auf manchen Bildern einen so zuversichtlichen Eindruck macht. Ich rede jetzt nicht mehr von dem Video. Obwohl er auch in dem Film nicht aussieht, als wüsste er, dass er bald sterben wird. In der letzten Szene zum Beispiel, als er über die Beziehung zwischen den Vereinigten Staaten und Israel und die vierundzwanzig Vetos spricht, da sieht es beinah so aus, als wolle er sich über die Entführer lustig machen. Aber das meine ich nicht, ich meine die Fotos. Sie wissen schon, all die bekannten Fotos, auf denen er seine Joggingjacke trägt, mit Ketten an den Füßen, und die die Entführer während seiner Haft an die Presse schickten. Zwei dieser Fotos hat die Presse aber nicht veröffentlicht, und darauf ...«

Judeas Miene wechselt plötzlich. Er ist wieder ganz Feuer und Flamme.

»Was soll das heißen, nicht veröffentlicht? Fotos von Danny, die nicht von der Presse veröffentlicht wurden, sind Sie sicher?«

»Ja, ziemlich. Soweit ich weiß. Jedenfalls habe ich sie nirgends gesehen. Ich habe so gut wie alles gelesen und geprüft, was über den Tod Ihres Sohnes publiziert wurde, und diese beiden Fotos, auf denen er so optimistisch, fast glücklich wirkt, habe ich, glaube ich, nirgendwo gedruckt gesehen.«

Die Wahrheit ist, ich weiß es in diesem Moment nicht mehr so genau. Seine Aufregung und die Bedeutung, die er diesem Detail beimisst, machen mich unsicher und lassen mich zweifeln. Ist das so wichtig?, frage ich ihn. Aber ja, bedenken Sie doch, stellen Sie sich vor, es gibt tatsächlich noch ein weiteres Foto: Wo kommt es her? Wer hat es aufgenommen? Und vor allem: Wer hat es wem weitergegeben? Das ändert alles! Kommen Sie, wir werden das überprüfen …

Er steht auf. Auch Ruth erhebt sich. Sie führen mich ins Nebenzimmer, den bescheidenen Sitz der Daniel Pearl Foundation, die sie zum Andenken an ihr Kind ins Leben gerufen haben. Auf dem Fußboden stapeln sich kartonweise Akten, Berichte der einen und der anderen Seite, Huldigungen und Artikel. Wir knien uns mitten hinein und durchwühlen die Kartons auf der Suche nach jedem winzigen Foto, das irgendwann in dem kleinsten Blatt erschienen ist: »Vielleicht in diesem Karton … Nein, in dem darunter … Noch weiter unten … Warte, lass mich das machen, das ist zu schwer für dich … Schau du lieber in dem Ordner mit den israelischen Artikeln nach …«

Plötzlich schäme ich mich, eine solche Hektik ausgelöst zu haben.

Der Gedanke an unveröffentlichte Fotos hat sie in einen Eifer gestürzt, in dem sie wohl auch das vergangene Jahr zugebracht haben, als der Tod ihres Sohnes noch ungewiss war und man sich an jede Spur, jedes Detail, jede klitzekleine Information klammerte, die noch einen Hoffnungsschimmer barg.

Vor allem ist es sehr aufwühlend, nach Abschluss der Tragödie, eine letzte, nachträgliche Hoffnung zu suchen. Ich bin erschüttert. Zumal zehn Minuten später, nachdem wir unzählige Bilder begutachtet haben, die alle nicht mit meinen angekündigten Fotos übereinstimmten, eine Ausgabe der *Jerusalem Post* meinen Irrtum ans Licht bringt: Ich muss eingestehen, dass hier tatsächlich eines dieser Fotos abgedruckt ist, tut mir Leid ...

»Zurück zu dem Video«, fährt Ruth fort, erschöpft von der sinnlosen Sucherei. Sie leidet unter Atemproblemen, ist sehr klein. Sehr zierlich. Doch die Art, wie sie keucht, kennt man sonst eher von Diabetikern und Fettleibigen. Ruth hat schreckliche Schwierigkeiten, sie schnappt regelrecht nach Luft. Wie lebt man nach so einer Katastrophe weiter? Woher nimmt man die Kraft für den Alltag? Lassen wir das hier, sagt sie. Und ich merke, dass es ihr ganz recht ist, auf das Sofa zurückzukehren.

»Wir haben das Video nicht angesehen. Wir haben uns davon erzählen lassen. Man hat uns eine Transkription gegeben. Aber wirklich gesehen haben wir es nicht. Wie könnte eine Mutter sich so etwas anschauen? Im Übrigen wäre uns lieber gewesen, wenn niemand es zu sehen bekommen hätte. Als die CBS den Film zeigte und er anschließend überall im Internet zugänglich war, waren mein Mann und ich sehr wütend. Man muss zeigen, wozu diese Leute fähig sind, hatte der Islam-Experte des Senders gefordert. Das würde die Leute davon abhalten, sich dem Islamismus zuzuwenden. So ein Blödsinn! Das Gegenteil war der Fall. In den Moscheen diente er zur Propaganda. Wie denken Sie eigentlich darüber?«

Ich sage, an beiden Thesen sei etwas dran. Doch im Zweifelsfall sei Zensur die schlechteste Lösung. Sie zuckt mit den Schultern, als wollte sie zu verstehen geben, dass dieser Kampf sowieso verloren sei. Sie fährt fort.

»Da Sie den Film gesehen haben, möchte ich Sie gern etwas fragen: Was hat er an? Trägt er bis zum Schluss seinen Jogginganzug?«

Sie sieht, dass ich den Sinn ihrer Frage nicht ganz begreife, und fügt hinzu: »Ich meine: Gibt es auf dem Band einen Moment, wo er mit völlig nacktem Oberkörper gezeigt wird? Haben Sie meinen Danny mit nacktem Oberkörper gesehen?«

Ich weiß, dass es diesen Moment in der Tat gibt. Ich weiß, dass man Danny, als die Hand im Vordergrund ihr Gemetzel beendet hat und sich an der Wunde zu schaffen macht, tatsächlich mit nacktem Oberkörper sieht. Doch dann folgt noch eine Szene, in der er wieder seinen pinkblauen Jogginganzug trägt, eigenartig. Ich traue mich nicht, ihr das zu sagen. Ich höre so viel Kummer aus ihren Worten, so viel heimliches Flehen, und ich würde ihr gern die Antwort geben, die sie erwartet, auf die sie hofft – aber welche? Ich schweige.

»Und noch etwas. Haben Sie eine Erklärung für die Art und Weise, wie sie ihn umgebracht haben? Ihn zu zerstückeln und seine Leichenteile wieder zusammenzusetzen, bevor sie diese verscharren?«

In seiner Ecke brummt Judea, der Wissenschaftler, ein Mann der Strenge und der Methode: »Das sind viel zu viele Fragen auf einmal!«

Und sie, wie ein kleines Mädchen, das ausgeschimpft wurde und sich schämt: »Kann sein. Aber ich würde das wirklich gern wissen.«

Und er wiederum, mit dumpfer, bedrückter Stimme: »Jedenfalls haben sie ihn nicht zerteilt, damit er besser in die Plastiktüten passt.«

Wieder weiß ich nicht, was ich antworten soll. Wie gern würde ich ihnen sagen, was sie hören wollen, was ihren Schmerz ein wenig lindern, oder wenigstens nicht verschlimmern würde. Aber auch auf diese Frage habe ich keine Antwort. Etwas unüberlegt sage ich: »Man müsste sich mal bei den Algeriern umschauen, das sind doch die großen Spezialisten in dieser Art von Inszenierung. Ich halte das für eine Botschaft. Einen Wink an die westliche Welt. Seht her, wie wir euch in Zukunft behandeln werden. Seht her, was wir mit euch anstellen werden. Zumal ...«

Gerade fällt mir ein, dass der 31. Januar, der Tag, an dem Danny wahrscheinlich starb, nicht weit entfernt ist vom viertägigen moslemischen Opferfest.

»Zumal der Id el-Adha auch so um diese Zeit gewesen sein muss, oder? Vielleicht wollten sie uns damit sagen: Von heute an werden wir nicht mehr nur Schafen die Kehle durchschneiden, sondern auch euch dreckigen Amerikanern, Juden und Europäern!«

Judea, ganz der Wissenschaftler, scheint in seinem Gedächtnis zu wühlen und nachzuprüfen, ob das Opferfest tatsächlich um Anfang Februar lag. Machte er das auch früher, wenn sein geliebter Sohn Danny ihn in seiner Not kurz vor Redaktionsschluss anrief: Papa, kannst du mir sagen, wann vor zwölf Jahren Ramadan war? Wann nächste Woche in Karatschi Flut ist? Welches Wetter in Waterloo war? Wann die nächste Sonnenfinsternis stattfindet? Wann am Tag der Hinrichtung von Ludwig XVI. die Sonne aufging?

»Und zu Ihrer zweiten Frage, Mrs. Pearl, warum sie ihn wieder zusammengesetzt haben, bevor sie ihn verscharrten ...«

Sie unterbricht mich. Und unter hektischem Atmen, schluchzend und mit schwacher Stimme, sagt sie: »Vielleicht wollte sich an seinem Ende jemand um ihn sorgen.«

6

Dannys Gesicht

Ich habe Ruth und Judea, die Eltern Courage, erneut aufgesucht.

Ich habe Briefe mit ihnen gewechselt.

Ich habe Daniel Gills gesehen, den Jugendfreund, mit dem er im Alter von sechs oder sieben durch dick und dünn ging und der zwanzig Jahre später sein Trauzeuge wurde.

Ich habe Kollegen von ihm getroffen, Amerikaner und andere, die ihm im Laufe seiner beruflichen Karriere in Karatschi oder sonstwo über den Weg liefen.

Ich habe Steve LeVine gesehen, seinen Kollegen vom *Wall Street Journal*, der den Fortgang der Ermittlungen für die Zeitung verfolgt und eigentlich an seiner Stelle in Karatschi hätte sein sollen, doch er wollte heiraten, also traf es Danny, der aus diesem Grund sogar das für den 18. Januar 2002 in San Francisco geplante Familientreffen ganz kurzfristig absagen musste.

Und natürlich habe ich Mariane gesehen. Als ich in New York meinen Film *Bosna!* zeigte, kam auch sie, in Begleitung von Tom Jennings, einem anderen Freund von Pearl, mit dem diese schöne, moderne Antigone in Karatschi unbedingt einen Film über die wahren Hintergründe drehen wollte. Noch einmal nach Karatschi fahren? Mit dem Namen, den sie trägt, in den Fußstapfen ihres Mannes wandeln? Ich fragte sie das erstaunt. Aber ja! Nicht der leiseste Hauch eines Zweifels! Bloß nicht zulassen, dass Schmerz und Erinnerung zu Stein werden. Auch will sie nicht selbst vor lauter Kummer erstarren. Und nicht vor Trauer vergehen. Sie muss schließlich an den kleinen Adam denken, der als Sohn eines Toten auf die Welt kam und nun ihr Lebensinhalt ist. Zu Neujahr 2003 schickte sie mir ein Foto von ihm.

Mariane Pearl also. Die Vestalin mit den aschgrauen Augen. Ihr schwarzes, wild gelocktes Haar, oben auf dem Kopf zusammengebunden, wie auf den Fotos. Ihr hübscher Nacken. Diese eigenwillige Melange aus Französin und Amerikanerin, und dann noch ein bisschen Kubanerin, auch Buddhistin, und durch die Heirat mit Daniel schließlich Jüdin. Mariane in ihrer leeren, spärlich eingerichteten Wohnung, unten in Manhattan: Ich spüre, dass sie dieses Leben nur noch als Passantin durchschreitet. Ich ahne, dass sie sich vorerst nur noch um die Dinge kümmern wird, die für das Wohl ihres Kindes notwendig sind. Ich sehe Mariane im Restaurant, an diesem Abend und noch einmal am nächsten: Ihr matter, ungeschminkter Teint ist nur vom Schmerz verdeckt. Sie trägt ein altes, viel zu weites T-Shirt, das sie flüchtig ausgewählt haben muss, denn auf den glücklichen Fotos im Wohnzimmer der Pearls wirkt sie eher modisch bedacht; sie antwortet knapp, ihre Abneigung gegen jede Art von Pathos wird nur allzu deutlich, auch ihre leichte Distanziertheit, sobald eine Frage zu konkret wird – »Darauf möchte ich nicht antworten ... Das geht nun wirklich nicht ... Die Frage kann ich nicht beantworten ...« Mariane Pearl, die mir, als sie erfährt, dass ich zurück nach Karatschi fliege, eine kurze freundschaftliche Nachricht schicken wird: »Seien Sie vorsichtig. Passen Sie auf sich auf.« Mariane, die ich eines Tages in einem alten Interview der BBC sehe, zu einer Zeit, als alle noch hoffen, die Entführer hätten auf das Schlimmste verzichtet: Sie ist im sechsten Monat schwanger, verzweifelt und zugleich voller Hoffnung, stark, und ich höre sie in diesem Interview ausrufen: »Wenn irgendjemand sein Leben lassen muss, um ihn zu retten, lassen Sie es mich wissen. Ich bin bereit.«

Ihr und den anderen habe ich dieselben Fragen gestellt.

Jedes Mal aufs Neue habe ich Fotos, Papiere, Erinnerungsfetzen, Bruchstücke eines Lebens zusammengetragen.

In der Vergangenheit eines Menschen gewühlt wie in einem Sack.

Mit dem Stift in dem kleinen Berg von Geheimnissen und Vorurteilen herumgestochert.

Hinter dem Gesicht des Gefolterten musste ich das andere, das wahre Gesicht wiederfinden: nicht das von Pearl, sondern das von Danny.

Ich wollte unbedingt begreifen, was das für ein Danny war, den sie sich ausgesucht und umgebracht hatten.

Daniel Pearl wie einen Lebenden betrachten.

Die Propheten, für die er und ich uns interessiert haben, sagen: Gott ist nicht der Gott der Toten, sondern vor allem der Gott der Lebenden.

Da ist dieses wundervolle, auffallend blonde Kind, dessen Zimmer ich in Los Angeles gesehen habe – ein bewegendes Erlebnis.

Da ist das Kind beim Sport, neben seinem Football kniend, mit orangefarbenen Strümpfen, immer noch blonde, nun längere Haare, ein Gesicht wie ein kleiner Prinz. Auf dem Foto posiert er, vielleicht unterdrückt er einen Lachkrampf, denn nur seine Augen lächeln – aber wie!

Da sind der gute Freund, Kindergeschichten vom Mulholland Drive, Schulausflüge, weite Flächen unter Bäumen, ewige Sommer, Kokoskuchen nach dem Geigenunterricht, ein glückliches Leben.

Dann taucht schon bald der Musiknarr auf. Fotos von ihm mit Geige, Gitarre, Mandoline, Klavier, Schlagzeug. Auch Fotos einer Rockband im Achtziger-Jahre-Look, aufgenommen in Berkshire. Und dieses schöne Schwarzweißbild: Danny mit achtzehn oder zwanzig Jahren, Smoking, Fliege, kurzer Haarschnitt à la Tom Cruise, den Kopf zum Publikum gewandt, auf den Lippen ein zurückhaltendes Lächeln. Er hat gerade seinen letzten Bogenstrich beendet, ich höre den Applaus, gleich wird er sich verbeugen, er ist zufrieden. Ihre Lieblingsbeschäftigungen? Das will der Anmeldebogen der Universität Stanford wissen. »Sport und Musik, Windsurfen und Geige.« Ich frage Gills danach. »Musik, Mädchen, aber an erster Stelle Musik. Wir waren eine Clique, die Musik hat uns verbunden. Rock, Pop, aber mit fünfzehn auch mal ein Konzert von Isaac Stern, Stéphane Grappelli oder Miles Davis«, bekomme ich zur Antwort. Wie glücklich war Judea, selber Musiker, als er eines Tages entdeckte, dass sein Sohn ein »gutes Gehör« hatte, sogar ein »absolutes Gehör«! Danke für dieses Wunder, lieber Gott! Danke für diese Gabe!

Danny, der Kumpel. Großzügig war er seinen Kollegen gegenüber. Hier mal eine Schlagzeile, dort eine Formulierung. Liebenswürdig begegnete er den ganz jungen Kollegen, moderat lässig den älteren. Seine Treue zur »Zeitung«, es gibt nur »die« eine Zeitung, seine. Pech, dass sie auch die Zeitung der Dow Jones & Company ist, die nicht gerade sein Ding ist. Als die *New York Times* ihn 1998 abzuwerben versucht, und dies mit jenen dollarschweren Argumenten, die im Allgemeinen und in Amerika im Besonderen ein wenig nachdenklich stimmen, lehnt er ab und verzichtet auf das gute Angebot. »Ich bin doch kein Söldner«, sagt er. »Ich liebe meine Zeitung und meine Freunde, ich bleibe.«

Zu schön? Zu perfekt? Mag sein. Zum Glück kann er das persönlich korrigieren. Mit wohl witzig gemeinten Antworten macht er sich auf dem Anmeldebogen von Stanford über sich selbst lustig: »Ich bin faul«, schreibt er in seiner gleichmäßigen, gut lesbaren Handschrift, die Buchstaben einzeln gesetzt, manchmal fast getrennt voneinander – die etwas kindliche Schrift eines Mannes, dem man hundert Mal gesagt hat: »Gib dir mal ein bisschen mehr Mühe! Das kann ja kein Mensch lesen!« Gelegentlich, »zum Glück nicht oft«, kommt es vor, so schreibt er weiter, dass ich »die Menschen verachte«. Es kann auch passieren, dass »kleine Ärgernisse« mich in »tiefen Pessimismus« stürzen ...

Dann ist da der Verführer. Er besitzt natürlichen Charme. Echte Anziehungskraft. In London und Paris lausche ich den Erzählungen von Frauen, die er bezaubert hat. Eine amüsante Person. Von unwiderstehlicher Phantasie. Wenn ihm ein Mädchen gefiel, war er imstande, ihr innerhalb von zehn Minuten ein Lied zu komponieren. Ebenso konnte es sein, dass er sich eine Stunde Zeit gab, um sie zu verführen, was ihm dann auch gelang. Es gab zwei Gründe, wird seine Mutter später betonen, auf einmal ganz die stolze jüdische Mutter, o ja, so stolz auf ihren kleinen Jungen, der inzwischen ein Frauenheld war, zwei Gründe, warum die Frauen Danny mochten. Übrigens nicht nur die jungen Mädchen. Er war der Charme in Person. Alle lagen ihm zu Füßen, Männer wie Frauen. Erstens interessierte er sich für sie, behandelte sie auf eine Weise, dass sie das Gefühl bekamen, in diesem Moment das Wichtigste auf der Welt zu sein. Und zweitens war er als Kind sehr geliebt worden, *a so beloved child – he knew it*, das wusste er. Und nichts macht aus einem Menschen einen unwiderstehlicheren und zufriedeneren Erwachsenen als die Liebe, die ihm in seiner Kindheit widerfuhr.

In meinem Hotelzimmer in Los Angeles habe ich Fotos auf dem Boden vor mir ausgebreitet, von denen eine beinah unheimliche Schwingung ausgeht. Danny allein, in Großaufnahme, mit diesem schelmischen und arglosen Blick hinter seiner Brille – das »Juwel des Augs, das liebt und spöttisch lacht«, sagt Mallarmé. Danny mit seinen Eltern, ganz der liebe Sohn, der brave Junge, von unendlicher Zärtlichkeit. Danny mit Bart, im Profil, vor einem Fenster mit Blick aufs Meer, es hat geregnet, der Himmel ist bewölkt. Danny von hinten, allein in einem Lichtkegel. Danny im T-Shirt, klarer Blick, sehr sanftes Lächeln, lässig elegant, schöne, fein gezeichnete Gesichtszüge – hier sieht er dem jungen Arthur Miller ähnlich. Danny mit Mariane, orangefarbenes T-Shirt zu heller Hose; sie gehen durch die Straßen einer Großstadt, vielleicht Mailand, Turin, oder auch einfach nur Paris, die Arkaden des Palais-Royal, sie sind jung, sie sehen glücklich aus, ich höre sie atmen, ich ahne ihre unbeschwerten Stimmen und ihr Lachen, ich sehe die Blicke, die sie einander zuwerfen, spüre ihren leichten Atem. Danny als Baby. Danny als Kind, vor dem Ozean. Danny als Jugendlicher, mit einem Baseballschläger in der Hand, ein Musterknabe wie im Bilderbuch, erstarrt in einer Pose, ironisch. Oder mit seinen Schwestern, auf dem Bug eines weißen Schiffes, Anlegesteg, leuchtender Sonnenuntergang, über ihren Köpfen eine Möwe. Oder, wieder mit einer seiner Schwestern, mag sein Tamara, im elterlichen Garten, am Ende eines kalifornischen Nachmittags, leichter Wind, Sonne, und er neckt sie unter den amüsierten Blicken zweier Freunde. Oder in einem anderen Garten, brütende Hitze, eine leichte Brise, er mit seiner Geige, eine Partitur von Bach lesend, die sein Freund Gills ihm hält. Danny mit seiner Großmutter Tova, die zweiundneunzig ist und in Tel Aviv lebt, sie wirft ihm einen entzückten Blick zu, er lächelt, er liebte sie über alles. Danny während einer Auslandsreportage, die Straße sieht arabisch aus, sein Haar ist gewachsen, er trägt einen Pferdeschwanz, alles lächelt ihm zu.

Da ist sein Hochzeitsfoto, er steht vor einem Zaun, im Hintergrund ein Fotograf, Freunde. Mariane mit bloßen Schultern. Orangefarbener Taftrock, Stola aus Gaze oder Musselin. In der Hand einen Blumenstrauß. Tadellose Figur. Ihr zarter Nacken entblößt. Im Hintergrund höre ich ein Prélude von Chopin oder eine Mazurka. Sie strahlt. Er hat sich in Schale geworfen. Ein bisschen unbeholfen. Beigefarbener Anzug, etwas steif. Das Haar kurz, einen Tag zuvor geschnitten. Er hält ihre Hand. In seinem Blick ein vertrauensvolles Fragen, ein Schimmer von Zärtlichkeit, der jugendliche Stolz auf dieses vollkommene Glück. Nicht der Schatten eines Schatten. Nicht der geringste Anlass, im Nachhinein zu sagen:

»Na bitte, das war doch absehbar. Hinter der schönen Fassade braute sich die Tragödie schon zusammen.« Keine Spur von Zurückhaltung oder Distanz zu sich selbst, an denen man gewöhnlich sieht, dass wenigstens der Gedanke an ein widriges Schicksal immerhin vorkommt. Nein. In absoluter Harmonie mit diesem Augenblick. Freude und Glückseligkeit. Ich habe in meinem Leben wenige Gesichter gesehen, die so wunschlos glücklich aussahen. Ich glaube, es gibt nicht viele Menschen, denen dieses beseelte Glück zuteil wird, und Pearl war einer davon. (Doch, ja, jetzt erinnere ich mich, diese Bemerkung von Ruth, als ich mich gestern von ihr verabschiedete. An jenem Tag, kurz vor oder nach seiner Hochzeit, sagte er ihr, das sei einfach zu viel des Guten, und er hoffe, er müsse eines Tages nicht für so viel Glück büßen. Hat er das wirklich gesagt? Hat sie es mir wirklich erzählt? Oder träume ich? Habe ich etwas falsch verstanden? Ich weiß es nicht. Möglicherweise sind es zu viele Fotos.)

Da ist der Journalist Danny. Vor mir der ehrenvolle Sammelband, den seine Zeitung herausbrachte: *At Home in the World*. In der Welt zu Hause. Was für ein Programm. Die persönliche Devise, das Motto dieses unermüdlichen Globetrotters, der sich für das Schicksal einer Stradivari ebenso begeistern konnte wie für das Mysterium der irakischen Coca-Cola-Flaschen, die Probleme bei der Datierung des Ramadan und den Streit von Jemeniten und Äthiopiern über die wahre Herkunft der Königin von Saba. Bizarre Geschichten. Mutige Reportagen. Der Mann, der in der großen, etablierten Zeitung der Ostküste Amerikas die Thesen der Nato über die Situation im Kosovo auseinander nimmt. Der, als das Weiße Haus eine Arzneimittelfabrik im Sudan bombardiert, in der festen Überzeugung, es sei eine getarnte Anlage zur Herstellung biologischer Waffen, als Erster hinfährt und verkündet: »Nein, es war sehr wohl eine Arzneimittelfabrik, Amerika hat einen tragischen Fehler begangen.« Eine Reportage in Qom. Die Rockmusikwelle in Teheran. Der Kampf für frei erhältliche Medikamente, insbesondere im Fall der Aids-Kranken. Die Verwicklungen der al-Qaida in den Diamantenhandel von Tansania. Entgegen aller Behauptungen ist Daniel Pearl kein Kriegsreporter: »Man braucht eine spezielle Ausbildung, um über einen Krieg zu berichten«, sagte er. »Ich habe diese nicht, deshalb wollte ich lieber nach Pakistan als nach Afghanistan.« Doch man nimmt den hervorragenden, sehr erfahrenen Journalisten wahr. Man spürt den leidenschaftlichen Flaneur, der unverdrossen die weitesten Strecken zurücklegt, um seiner Liebe zu den Menschen und zur Welt Ausdruck zu geben. Man spürt, dass er süchtig ist nach Information und seine Reportagen mit Leib und Seele erlebt.

War Danny unvorsichtig? So sagt man. Immer wieder hörte ich während meiner einjährigen Recherche in Karatschi, London, Washington Worte wie: »Übereiltes Risiko ... hatte ihn gewarnt ... wollte ja nicht auf mich hören ... was für eine Tragik!« Vor allem in Pakistan sind die Kommentare abscheulich: »Er hat bekommen, was er verdiente ... Traurig, aber wahr ... Pech für ihn ... Was will man machen ...« Natürlich ist das Gegenteil der Fall. Er kannte die Gefahren ganz genau. Hatte eine gesunde Angst vor dem Land und den Verrückten, die es zerstören – das bezeugen die E-Mails, die er seinen Eltern schickte. Gut, er bewegte sich im Land ohne Schutz. Aber wer tat das damals nicht? Welcher Journalist ließ sich vor der »Daniel-Pearl-Affäre« von einer jener gewehrgeschützten Eskorten mit orangefarbenen oder blauen Helmen begleiten, die Pakistans hohe Tiere schützen? Nicht einmal heutzutage ist das die Regel. Während einer meiner Aufenthalte wurde es mir angeboten, doch mir war sofort klar, dass ihre Hauptaufgabe darin besteht, mich vollends der Aufmerksamkeit böser Blicke auszuliefern und dass es kaum einen Grund gibt, warum ein Polizist im Ruhestand, der höchstens zehn Dollar pro Tag bekommt, sich im Fall eines Problems an meiner Stelle von Kugeln durchlöchern lassen sollte. Ich wiederhole es,

Pearl war kein Kriegsreporter. Er besaß nicht die geringste Faszination für die elende Gewalt, die Menschen anderen Menschen antun können. Vorsicht, so sagte er immer, ist eine Form von Mut.

Und noch etwas. Es ist bekannt, dass Pearl 1998, drei Jahre vor seinem Tod, sich anbot, für das *Wall Street Journal* eine Art »Reporter-Bibel« in Sachen Sicherheit zu schreiben. Er hatte an alles gedacht. Die Zeitung hielt sich an diesen Leitfaden, wenn sie ihren Reportern Ratschläge mit auf den Weg gab. Nur ein Thema, eine einzige Sache hatte er ausgelassen: Kidnapping! Wie verhält man sich im Falle einer Entführung? Die Spezialisten sind sich da ziemlich einig. Zum Beispiel stimmen alle darin überein, dass man auf keinen Fall versuchen sollte zu fliehen. Niemals. Das war die einzige Regel, die er nicht kannte. Die einzige Situation, über die er nicht nachgedacht hatte. Er hatte alles überlegt, nur nicht, was im Falle einer Entführung zu tun ist. Welch Ironie!

Wie auch Ruths Traum in der Nacht vom 23. Januar, zurzeit seiner Entführung. Darin sieht sie Danny ungekämmt und aufgelöst am Ende einer Sackgasse stehen. »Was hast du, mein Schatz? Was ist los?«, fragt sie ihren Sohn. »Nichts, sie haben mich Wasser trinken lassen, das ist alles«, hört sie als Antwort. Doch Danny sieht nicht gut aus, er ist total blass. In dieser Nacht wacht Ruth schweißgebadet auf und schickt sofort eine E-Mail los: »Danny, bist du in Ordnung? Bitte melde dich umgehend!«

Noch eine Fahrlässigkeit wird ihm zugeschrieben: Er habe sich vom amerikanischen Geheimdienst manipulieren lassen, von wem kam das noch mal? Unwichtig. Bei dieser Überlegung ging man von Folgendem aus: Einen Tag nach dem amerikanischen Angriff auf einen Markt in Kabul und der Flucht der Taliban kauft ein Kollege des *Wall Street Journal* einen gebrauchten Computer. Er installiert ihn. Und muss voller Verwunderung feststellen, dass auf der Festplatte eine Menge Informationen gespeichert sind, die sehr nach al-Qaida ausschauen, auch dass Daniel Pearl mit dem pakistanischen Geheimdienst gesprochen habe. Der Kollege gibt sie der Zeitung weiter, die sie dem amerikanischen Geheimdienst überreicht. Nachdem dieser die Information ausgewertet hat, wendet er sich wiederum an das *Wall Street Journal*, in der Hoffnung, einer oder mehrere Journalisten könnten die ersten Ergebnisse seiner Mutmaßung bestätigen oder widerlegen.

Natürlich ist auch das möglich. Alles, wirklich alles ist möglich in dieser seltsamen Geschichte. Warum sollte Danny keinen Kontakt zum Geheimdienst gehabt haben, was spricht dagegen? Wo ist das Problem? Suchen gute Journalisten, diese Wünschelrutengänger der Wahrheit, ihre Informationen nicht überall, wo sie sie kriegen können? Setzen sie nicht alle Mittel ein? Jede Waffe? Aber bin ich denn schon ein indischer Spion, nur weil ich die indischen Geheimdienstler in Neu-Delhi befrage, was sie über seinen Tod wissen? Oder ein Spion der CIA, wenn ich mich in Washington genau nach dem Stand der Ermittlungen erkundige und auch dort Hinweise, Mosaiksteinchen der Wahrheit und vielleicht Zeugenaussagen zusammentrage? Eines weiß ich mit absoluter Gewissheit: Danny ist ein erfahrener Journalist. Ein raffinierter Kerl. Einer, der sich weder von Autoritäten noch von Spionen oder Großmäulern etwas vormachen lässt. Ich kann mir überhaupt nicht vorstellen, dass er von den Wahrheitsliebenden übergelaufen ist zu den Kämpfern, welcher Sache auch immer, schon gar nicht zu den militanten.

Da ist der Jude, der seinen Sohn, wenn er denn mal einen haben würde, beschneiden lassen wollte, und der seiner Mutter 1998 schrieb: »Ich werde meinen Kindern alle jüdischen Traditionen weitergeben, die ich kenne, und mit deiner Hilfe vielleicht noch ein paar mehr.« Was heißt jüdische Traditionen, frage ich Ruth und Judea, und Dannys Vater antwortet: Jüdische Traditionen halt. Kippur. Die großen Feiertage. Das Abendessen am Freitagabend, wenn er in Los Angeles war.

Ein anderes Gespräch mit seiner Mutter, Danny fragt: »Was würdest du sagen, wenn ich eine Frau anderen Glaubens heiraten würde?« Er dachte an Mariane, erinnert sich Ruth, er liebte sie so sehr, sie machte ihn so glücklich! Es war unverkennbar, dass sie beide an die einzig gültige Wahrheit glaubten, an das, was ihr Herz ihnen sagte! Und dieses Foto von seiner Bar Mizwa an der Klagemauer, mit Kippa, Gebetsschal, den Blick in das Buch der Bücher versenkt. Und ein anderes von demselben Tag, mit der Thora im Arm, die größer ist als er, dieses reine Licht, das seine Augen ausstrahlen. Und die Fragen, die er seiner Mutter und mir, vor allem aber seiner Mutter, über unsere Familien, unsere Wurzeln stellte: Wodurch seid ihr Juden? Wodurch bin ich es? Diese Dinge faszinierten ihn offensichtlich. Und jedes Mal, wenn es in Israel wieder ein Attentat gegeben hatte, rief er, wo auch immer er gerade steckte, zu Hause an, um Nachrichten über seine Großmutter Tova und seine Cousins in Tel Aviv zu erfragen.

War Danny ein Israeli?, frage ich. Ich habe gelesen, er sei Amerikaner und Israeli, er habe beide Staatsangehörigkeiten, eine doppelte Staatsbürgerschaft. Ist das richtig? Judea zögert. Es ist so, ich habe einen israelischen Pass und Ruth natürlich auch … Aus israelischer Sicht waren sein Vater und seine Mutter Israelis, Danny war es demnach auch, irgendwie automatisch. Aber daran dachte er nicht. Die einzige sichtbare Folge davon war, dass er mit drei Jahren in Ruths israelischen Reisepass eingetragen wurde. Aber macht das einen Israeli aus ihm?

Und politisch?, frage ich weiter. Wie sah seine politische Einstellung aus? War er seinem Land gegenüber sehr kritisch? Antiamerikanisch? Judea muss lachen. Bestimmt habe ich mich ungeschickt ausgedrückt. Vielleicht hätte ich nicht »antiamerikanisch« sagen sollen? Denn zum ersten Mal in den drei Stunden, die wir miteinander reden, bricht Judea in lautes Gelächter aus – umso besser, es freut mich. Antiamerikanisch? Machen Sie Witze? Wer hat Ihnen denn diesen Blödsinn eingeredet? Nun erzählen Sie mir bitte nicht, dass man ihn deshalb in Frankreich und Europa so schätzt! Im Gegenteil, er liebte sein Land. Er war stolz darauf, amerikanischer Staatsbürger zu sein. Schon als kleiner Junge kannte er alle Namen und Lebensläufe unserer Präsidenten auswendig. Wollen Sie wissen, warum er seinem Sohn den Namen Adam gab? Einen Tag vor seiner Entführung hat er erfahren, dass es ein Junge werden würde, und Mariane und er beschlossen, dass er Adam heißen sollte. Und zwar nach John Quincy Adams, dem sechsten Präsidenten der Vereinigten Staaten, einem glühenden Kämpfer gegen die Sklaverei. Dann war da noch die ökumenische Seite des Namens, okay. Der Gedanke, dass er in allen Sprachen und Religionen existiert. Aber auch die Huldigung dieses großen Präsidenten, der auch ein großer Amerikaner war. Ich kann nur wiederholen: Danny war durch und durch Amerikaner. Sehr viel mehr als ich, zum Beispiel. Ich bin und bleibe ein verdammter israelischer Einwanderer.

Und sonst?, frage ich. Abgesehen von seinem Stolz, Amerikaner zu sein? Was ist mit Israel? Den Palästinensern? Was dachte er über Israel und die Palästinenser? Judea zögert erneut. Mir wird klar – ihm wird klar –, dass er darüber eigentlich nichts weiß. Er liebte das jüdische Volk, so viel steht fest. Und Israel liebte er von ganzem Herzen. Er begehrte innerlich auf, wenn das Land stigmatisiert oder verzerrt dargestellt wurde. Sah, dass die Israelis sich nur widerwillig durch den Reservedienst schleppen. Er hat Cousins dort, und er wusste, dass sie in ihren Panzern weinen, wenn sie zu einer militärischen Operation aufbrechen. Doch er besaß auch einen großen Sinn für Gerechtigkeit. Und er lehnte es ab, sich zwischen Israel und der Gerechtigkeit entscheiden zu müssen. Er war also ein Anhänger beider Länder. Geben Sie sich damit wirklich zufrieden?

Danny vertrat keine politischen Ansichten, Positionen oder Meinungen, fährt Judea fort. In erster Linie war er Journalist. Man durfte nicht von ihm erwarten, dass er sich für eine Sache engagierte oder kämpfte. Ebenso wenig hätte er für die Juden oder die Palästinenser Partei ergriffen. Im Sinne: Die Juden haben Recht, weil ... Die Palästinenser haben nicht Unrecht, denn ... Es ist nicht die Aufgabe eines Journalisten, moralische Urteile zu fällen, sagte er immer. Ein Journalist muss Tatsachen liefern. Punkt, aus.

Bei Danny Gills, seinem Freund aus der Kindheit, bin ich hartnäckiger. Es ist ihm sehr unangenehm, über seinen alten Kameraden zu sprechen, hier bei den Eltern, in der Rolle des letzten Zeugen. Ich stelle ihn mir als kleinen Jungen vor, schon damals zu dick, überragt von seinem Freund. Ich stelle mir vor, wie sie sich abends treffen, um mit den Hunden Gassi zu gehen. Wer hat noch gleich erzählt, in seiner letzten E-Mail am Abend des 23. Januar habe Danny sich nach dem Hund erkundigt? Vielleicht war es Gills. Sein Hund war krank. Jetzt ist er wieder gesund. Aber Pearl ist nicht mehr da. Der Blick des Freundes wird traurig, er wischt sich eine Träne aus dem Gesicht. Wie gesagt, ich bleibe hartnäckig. Weil ich wohl nicht darauf verzichten möchte, mir Danny als echten amerikanischen Demokraten vorzustellen, sage ich: »Zum Beispiel der Krieg im Irak. Ich weiß, es ist schwierig, mit Toten zu reden. Aber Sie kannten ihn doch so gut: Wenn er noch da wäre, wie würde er das beurteilen?« Und in der Tat bestätigt mich Gills. Vor Ruth und Judea, die ihm wie ich schweigend zuhören, antwortet er: »Mit Sicherheit kritisch, absolut kritisch. Judea hat Recht, es ist Schwachsinn zu behaupten, er sei gegen Amerika gewesen. Aber er wäre auf jeden Fall gegen diesen Scheißkrieg gewesen, das garantiere ich Ihnen.«

Da ist der jüdische und amerikanische Danny, dennoch aufgeschlossen für andere Kulturen der Welt und vor allem für die Kultur des Anderen. Ein Jude, der im Alter von dreißig in London etwas Arabisch lernt. Weil seine Mutter eine im Irak geborene Sephardin ist? Bestimmt auch, aber nicht nur. Es ist auch diese Sehnsucht nach dem Fremden, diese Aufgeschlossenheit für das rätselhaft andersartige Antlitz der Menschen in seiner Umgebung und in der Ferne. Ein Amerikaner, der gegen einen angeblichen Kampf der Kulturen und ähnliche modern gewordene Positionen aufbegehrt. Wir werden noch sehen, dass er und sein Mörder Omar zur selben Zeit Huntingtons »Kampf der Kulturen« lesen. Nur dass der Killer den Tod, der ihm darin versprochen wird, annimmt und bejubelt – während Danny standhält und das prophezeite Unheil ablehnt. Wenn nur einer bliebe, wäre ich derjenige. Wenn nur ein einziger Amerikaner, ein einziger Jude noch daran glauben würde, dass eine Konfrontation mit dem Islam kein Verhängnis bedeutet, dann wäre ich dieser Amerikaner und dieser Jude. Ich würde alles in meiner Macht Stehende tun, um das Unausweichliche zu verhindern.

Nach dem 11. September unterhält sich Gills mit ihm über den Koran. Predigt der Koran nicht den Hass auf die Ungläubigen? Ja natürlich, antwortet Danny. Aber nicht nur. Man darf doch aus so einem Buch nicht nur die negativen Passagen herauspicken. Es gibt noch einen anderen Koran, und der verkündet eine Botschaft der Barmherzigkeit und des Friedens.

Und dann die Szene, die Robert Sam Anson schon wenige Monate nach Dannys Tod in seinem Bericht in der *Vanity Fair* schildert: Es ist November 2001, ein Tag vor den US-Bombardements auf Kabul. Überall in Pakistan nehmen die Protestkundgebungen zu. Danny ist in Peschawar, auf einer dieser Demonstrationen, in denen Sternenbanner und Bush-Porträts verbrannt werden. Bleib nicht hier, warnt ihn Hamid Mir, ein Journalist, der ihn begleitet, das ist zu gefährlich. Doch, antwortet Danny, ich bin hier und ich will verstehen, ich möchte in den Augen der Leute lesen, warum sie uns hassen. Vielleicht stimmt diese Geschichte nicht. Ein Kollege, der ihn gut kannte, fand sie sehr unglaubwürdig. Mag sein. Aber sie bringt Dannys Neugier gut zum Ausdruck, dieses dringende Bedürfnis, den Anderen kennen zu lernen, diesen radikalen Nicht-Hass. Das Beste, was Amerikaner haben können?

Da ist der Danny, der zwar stolz ist auf die Vereinigten Staaten, aber dennoch die Meinung vertritt, Amerika und die gesamte westliche Welt hätten etwas gutzumachen, eine Schuld zu begleichen.

Da ist der unerbittliche Humanist, der – allem zum Trotz, was er im Leben sieht und gesehen hat – an dem Glauben festhält, dass der Mensch dem Menschen nicht Wolf ist, sondern Bruder und Gleichgesinnter.

Da ist der Journalist, der mit seinen Reportagen unermüdlich seine Schuld bei den Benachteiligten dieser Welt abträgt, unsere Schuld, jene der satten und zufriedenen Bewohner der westlichen Hemisphäre, denen das Elend der restlichen Welt gleichgültig ist und die gar nicht daran denken, »ihre Brüder zu beschützen«.

Dass es noch eine andere Schuld gibt, ist ihm sehr wohl bewusst. Er ist Jude genug, um zu wissen, dass auch die Muslime sich allzu oft weigern, ihre Schuld anzuerkennen, angesichts eines gewissen Buches und des Volkes, das es besaß. Aber er zahlt dennoch. Wenn man so will, zahlt er im Voraus – ohne zu erwarten oder davon auszugehen, etwas zurückzubekommen. Und das ist bewundernswert.

Da ist dieses Gesicht – davon gibt es nicht viele –, in dem unsere Epoche sich betrachten kann, ohne zu erröten.

Ein lebendes Gegengift, denn auf eine Weise ist Pearl noch am Leben: durch die Bestürzung, die sein Tod auslöste, doch auch durch die Werte, die er verkörperte. Ein Gegengift, das dem modernen Gerede von einem Kampf der Kulturen und der Welten entgegenwirkt.

Wussten sie, was sie taten, als sie ihn töteten?

Wussten sie, wen sie töteten, als sie ausgerechnet diesen Journalisten ermordeten?

Und ist das der Grund, warum ich mich für ihn interessiere – der Grund, nur mit umgekehrtem Vorzeichen, warum ich eines Tages, eigentlich sofort, beschloss, diese Recherche aufzunehmen, Dannys Weg nachzugehen, dieses Buch zu schreiben?

Ich weiß es nicht. Den Ursprung eines Buches zu bestimmen, ist immer sehr schwierig. An jenem Morgen bin ich in Kabul. Ich bin gerade angekommen. Ich stehe am Anfang meiner »Prüfung einer Beteiligung Frankreichs am Wiederaufbau Afghanistans«, die mir der französische Staatspräsident und der Premierminister aufgetragen haben und die mich über weite Strecken in diesem Winter 2002 beschäftigen wird. Am Abend zuvor bin ich in die Sperrstunde geraten, es kam zu einem kleinen Zwischenfall mit den Milizen des neofundamentalistischen und exterroristischen Kriegsfürsten Abdul Rasul Sayyaf. Es ist Präsident Karsai, der mir an jenem Morgen die Nachricht unterbreitet. Wir sind in seinem Büro, zusammen mit einigen seiner Minister. Man bringt ihm ein Schriftstück. Er erblasst. Und verkündet, für Verteidigungsminister Mohammed Fahim und Innenminister Yunus Qanouni erst auf Persisch, dann für mich auf Englisch: Der Tod des Journalisten Daniel Pearl wurde offiziell bestätigt, ihm wurde die Kehle durchgeschnitten.

Die Bilder kommen etwas später. Der schockierende Videofilm. Die Aufregung. Das Mitgefühl. Die zwangsläufige Identifikation. Alle Journalisten der Welt haben sich, und sei es nur für einen kurzen Moment, mit diesem Mann identifiziert, der ihnen mit einem Mal ähnlich war wie ein Bruder. Ihr eigener Tod, dieser maskierte Engel, auf dessen Antlitz sie von Reportage zu Reportage lauern – plötzlich war er da, und er trug die verunstalteten Züge eines Kollegen. Da war auch das Bild eines außergewöhnlichen, sympathischen Journalisten aus Amerika, dem einige im Sommer 1997 in Asmara, in Eritrea, begegneten, wo er, wie ich, mit dem sudanesischen Christen John Garang in Kontakt zu treten versuchte, der gegen die Islamisten von Khartum kämpfte. War er es überhaupt? Woher soll man das wissen? Wenn man in Asmara einen Journalisten trifft, der bei einem Italiener auf der Piazza Centrale Panamahüte anprobiert, rechnet man dann damit, dass man ihm fünf Jahre später die Kehle durchschneidet und sein Bild einen ein Jahr lang verfolgen wird, wenn nicht länger? Ich weiß nur eins: Pearls Geschichte macht mir Angst und nimmt mir die Angst, sie sagt viel aus über das Grauen, aber auch über die Größe dieser Epoche. Über das, was Pearl zeitlebens repräsentierte und was er nach seinem Tod weiterhin verkörpert, die Kämpfe, die er austrug und die im Wesentlichen auch die meinen sind. Aus diesen und anderen Gründen, denen von damals und jenen, die ich heute kenne, ist mir sein Bild stets präsent und verlässt mich nicht mehr.

Dieser Gleichgesinnte, dieser Bruder, im Leben und nach seinem Tod. Ich möchte ein klein wenig dazu beitragen, ihn wieder lebendig zu machen. Diese Verpflichtung, dieses Mandat erledige ich in erster Linie für ihn, aber auch für mich. Gewöhnlich erteilt man einen Auftrag, wenn jemand getötet werden soll. Hier ist es genau andersrum: kein Mordauftrag, sondern die Verpflichtung, jemanden wieder zum Leben zu erwecken.

ZWEITER TEIL *Omar*

1

Im Auge des Barbaren

Ich bin wieder in Europa.
Seit Pearls Tod und meinem Entschluss, dieses Buch zu schreiben, sind fünf Monate vergangen.
Ich ordne meine Notizen über sein Leben und lese wieder und wieder die Sammlung seiner Artikel, die das *Wall Street Journal* publiziert hat.
Ich muss zugeben: Je mehr Zeit vergeht, je mehr ich über all das nachdenke, je weiter ich, wenn auch nicht in das Geschehen, so doch in die Persönlichkeit dieses Mannes und das Rätsel seiner Ermordung eindringe, und je intensiver ich mich über die Gründe befrage, die dazu geführt haben könnten, dass jemand einen solchen Menschen auf derart barbarische Weise tötet – desto mehr interessiert mich die Person seines Mörders.

Der Mörder.
Wenn es diesen »einen« Mörder denn gäbe.
Wenn man von irgendwem sagen könnte: Das ist »der Mörder«, das ist der Mann, der Daniel Pearl umgebracht hat, in seinem Kopf entstand die Idee, und seine Hände haben sie ausgeführt.
Das Einzige, was ich über die Affäre weiß, das Wenige, das die ganze Welt weiß und auch ich verstanden habe, ist, dass es sich um ein komplexes Verbrechen mit vielen Beteiligten handelt. Bis heute scheint lediglich festzustehen, dass nicht einer, sondern mehrere Täter nötig waren, um Dannys Vertrauen zu gewinnen, seine Wachsamkeit zu überlisten, ihn in die Falle

des Village Garden zu locken, nach Gulzar-e-Hijri zu bringen, gefangen zu nehmen, zu töten und zu verscharren. Die Jemeniten habe ich bereits erwähnt, auch Bukhari, den Mann, der ihm diktiert, was er in die Kamera sagen soll, und Fazal Karim, den Mann, der seinen Kopf hält, als sie ihm die Kehle durchschneiden. Ich nannte Saud Memon, den Eigentümer des Grundstücks, und Lahori. Ich hätte weitere aufzählen können, die ich noch nicht ganz eindeutig identifiziert habe, doch das werde ich nachholen, keine Angst. Hier agiert keine Gruppierung, sondern eine Armee. Und es würde das gesamte Puzzle grob vereinfachen, wenn man von diesem oder jenem sagte: »Das ist der Mörder.«

Dennoch gab es einen Mann, der die Leute anwarb, einen Kopf, der sich den Ablauf der Tat ausdachte, die Energien kanalisierte und jedem seine Rolle zuteilte, den Dirigenten dieses düsteren Orchesters, den Architekten dieses Gemeinschaftsmordes, einen »Emir«, der weder in Gulzar-e-Hijri noch, wie wir sehen werden, bei dem Treffen im Village Garden persönlich vor Ort gewesen sein muss und dennoch derjenige war, der das Opfer auswählte, die Strategie bestimmte, der alle Fäden in der Hand hielt und Bukhari, Fazal Karim, Lahori und die anderen anheuerte. Auch das steht völlig außer Zweifel.

Dieser Mann heißt Omar.

Genauer gesagt: Omar Sheikh – Vorname: Omar, Nachname: Sheikh (und nicht, wie die Pakistanis oft sagen, Sheikh Omar, angelehnt an Mullah Omar).

Ihn nenne ich »den Mörder«.

Er ist es, der einen Tag nach Dannys Tod mit drei Komplizen in Lahore, im Norden des Landes, festgenommen wurde und zugegeben hat, das Superhirn, der Kopf der Operation gewesen zu sein.

Er ist es, der den Untersuchungsbeamten ohne Umschweife erklärte: »Ich habe die Entführung geplant. Ich wollte mit der amerikanischen Regierung verhandeln und war sicher, ein oder zwei Inhaftierte freipressen zu können, etwa Mullah Abdul Salam Zaeef, den ehemaligen Botschafter der Taliban in Pakistan.«

Er ist es, über den die drei Komplizen – neben anderen, die noch nicht verurteilt wurden – ebenfalls sofort aussagten, er habe sie im Januar nacheinander angeheuert: »Es geht um einen Juden, einen Amerikaner, ein schönes Opfer, unkompliziert ... Der gibt ein ordentliches Wechselgeld ab.«

Er ist es auch, den ein Gericht in Hyderabad, im Nordosten von Karatschi, am 15. Juli 2002 nach einem spektakulären dreimonatigen Verfahren, in dem dreimal der Richter ausgetauscht wurde, mit zahllosen Vertagungen, Unterbrechungen, Versuchen, Druck auszuüben und das Gericht zu erpressen, unter Androhung terroristischer Akte, zum Tod durch den Strang verurteilte.

Und an ihn denke ich, wenn ich schreibe, dass »der« Mörder, im Singular, mich in seinen Bann zieht. Sein Gesicht habe ich im Kopf, wenn ich meine, man sollte sich auf der Stelle – ohne abzuwarten, bis all die anderen Teile des Puzzles komplett gefunden sind, all die Verästelungen des Verbrechens, die Komplizen und die eventuellen Auftraggeber – für den Mörder interessieren.

Seien Sie vorsichtig, hat Mariane mich in New York gewarnt.

Hüten Sie sich davor, zu persönlich zu werden und – das gilt übrigens nicht nur für Omar, sondern auch für seine Komplizen – zu viel Psychologie zu betreiben, zu tief in ihren Wahnsinn oder gar in ihre Logik eindringen zu wollen.

Tun Sie ihnen und besonders Sheikh nicht den Gefallen, ihn ins Rampenlicht zu stellen, genau davon träumt er doch: der Nimbus des Barbaren, die Warholsche Viertelstunde vor dem Hintergrund eines mörderischen Abgrunds. Sollte man es nicht dabei belassen? Sollte man diesen Mann nicht wieder der Bedeutungslosigkeit übergeben? Warum sollte man sich für Omars Seele interessieren?

Auf der einen Seite hat sie natürlich Recht.

Dieser alten Regel habe ich auch immer gehorcht, wenn ich es, wie hier, mit einer Gestalt des Bösen zu tun hatte. Ein guter und weiser Grundsatz, den ich, so Marianes Warnung, nicht aus den Augen verlieren sollte, denn da sind die Tücken der Nachsicht, das Risiko, vor lauter Verständnis am Ende zu entschuldigen, die Gefahr, bei der Schilderung des Geschehens, vor lauter Freude am eigenen Geist und Verstand, allmählich den Eindruck zu wecken, alles habe zwangsläufig, fast natürlich so kommen müssen: Du sollst sie nicht schonen und ihren Göttern nicht dienen; denn das würde dir zum Fallstrick werden. Das steht im fünften Buch Mose. Du sollst die Perversen nicht schonen und ihren Göttern nicht dienen; denn das würde deine heftige Empörung und Wut abstumpfen – diesem Grundsatz bin ich stets gefolgt, wenn ich zum Beispiel die Protagonisten des Faschismus im 20. Jahrhundert untersuchte.

Und gesetzt den Fall, bei dem vorliegenden Verbrechen würde ich meine alte Leitlinie anzweifeln und noch zögern, ihr zu folgen, so würden mich spätestens die seltsamen Gedanken, die dieser Mann in Karatschi hervorruft, vollends von ihrer Richtigkeit überzeugen.

Da ist etwa jener Leser, der sich selbst als »gemäßigten Moralisten« bezeichnet, der einer englischsprachigen Zeitung in Islamabad im April, kurz vor meiner Abreise, einen Brief schreibt und erklärt, man müsse Omar immerhin hoch anrechnen, dass er »seine Ideen verteidige« und »seine Prinzipien konsequent verfolge«, allein dafür verdiene er den Respekt aller »wahrhaftigen Muslime«.

Oder der Fall von Adnan Khan, ehemaliges Mitglied einer der führenden islamistischen Terrororganisationen, Jaish-e-Mohammed, der zwischen 1989 und 1994 wegen des Mordes an seinem Vermieter fünf Jahre in Haft war und sich einige Wochen nach Pearls Tod des Mordes an ihm bezichtigt, um seinen Helden Omar zu entlasten: »Mein Leben hatte keinen Sinn«, gestand er der Polizei der pakistanischen Provinz Sindh, nachdem erwiesen war, dass er in Wirklichkeit nichts damit zu tun hatte. »Ich wollte ihm helfen. Ich wollte diesen großen Mann retten ...«

Dann jener an Omar ins Gefängnis von Hyderabad adressierte Brief, Anfang Juli, von dem ich durch einen seiner Rechtsanwälte erfahre. »Mein Name ist Sikandar Ali Mirani«, schreibt der Absender. »Ich wohne in Larkana. Ich bewundere Ihren Kampf. Ich und die meisten meiner Freunde halten Sie für einen modernen Propheten des Islam. Und diesem Propheten, diesem Heiligen, möchte ich nun meine Zweifel, meine Schwierigkeiten, mein Unglück anvertrauen und ihn um seine Hilfe bitten. Sie stammen doch aus einer reichen Familie? Macht Ihr Vater nicht Geschäfte in England? Bitte sagen Sie ihm, dass er mir helfen soll, nach London auszuwandern. Und machen auch Sie all Ihren Einfluss geltend, damit ich in England studieren kann wie Sie.« Der junge Mann hatte eine Kopie seines Reisepasses beigelegt. Und ein Foto, das offenbar eigens für diesen Zweck aufgenommen worden war, wie für ein Casting oder eine Bewerbung: ein unbeholfener, etwas dicklicher junger Mann, der den starken Mann markiert. Und auf der Rückseite des Briefumschlags, in derselben ordentlichen Schrift, seine Adresse in Larkana.

Ähnliche Briefe fängt die Gefängnisleitung jede Woche zu Dutzenden ab.

Sie dokumentieren die Resonanz, nicht nur in Pakistan, sondern in der gesamten arabisch-muslimischen Welt, auf Omars Tat und auf die Lektion (ein weiteres Stichwort im Brief von Sikandar Ali Mirani), die er den Juden und Amerikanern erteilt habe – und anscheinend auch auf seine Haltung während des Prozesses, seine Unbeugsamkeit, seine Arroganz, seine Weigerung, die Regeln eines Rechtssystems anzuerkennen, das sich an dem der Engländer orientiert.

In der Tat zwingen solche Reaktionen jeden, der das Porträt dieses Mannes zeichnen und seine rätselhaften Motive durchdringen will, zu größter Vorsicht.

Andererseits. Ich lese die in der Lokalpresse erscheinenden Artikel über den Prozess, die mir mein Kontaktmann schickt, mein pakistanischer Dolmetscher und Assistent.

Ich registriere die allerdings merkwürdige Reaktion dieses Mannes, der sich anscheinend nur in Detailfragen verteidigt hat, für die Tat als solche aber die volle Verantwortung übernimmt.

Vor allem fällt mein Blick auf eine Ausgabe des *Dawn*, der größten Tageszeitung von Karatschi, die heute, am 16. Juli 2002, einen Tag nach der Urteilsverkündung erschienen ist.

Darauf sieht man zwei Fotos nebeneinander. Das eine zeigt Danny, mit seinen funkelnden Augen, diesem Staunen in seinem Blick, interessiert an allem und jedem, seine Ironie, seinen Humor, seine unverkennbare Sympathie für die Welt, und auf seinen Lippen die Spur eines Lächelns, als hätte der Fotograf es im letzten Moment eingefangen, bevor es sich endgültig verflüchtigt.

Auf dem anderen Foto sieht man Omar, im Profil, auch er attraktiv, ein wohl geformtes Gesicht, hohe Stirn, ein Blick ohne Arg und List, wenngleich ein bisschen verschwommen, eine intelligente und eher offene Erscheinung, Hornbrille, energisches Kinn unter dem gepflegten Bart, im Grunde kein schlechter Kerl, leicht gequältes Lächeln, allem Anschein nach ein durch und durch verwestlichter Intellektueller – jedenfalls nichts, das den stumpfen Islamisten, den Fanatiker offenbarte. Absolut nichts, das uns signalisierte: »So, hier bin ich, der Mörder! In diesem, meinem Kopf entstand der Plan, einen mustergültigen Amerikaner zu töten und zu zerstückeln.«

Ich habe noch andere Fotos. Aus Pakistan habe ich eines von den Komplizen mitgebracht, die von der Polizei identifiziert werden konnten. Auch meine Kontaktmänner haben mich regelmäßig per E-Mail mit Bildmaterial über die Mittäter versorgt: in ihren Wahn verrannte Mörder, brutale Kerle, den Hass im Gesicht, den Tod in den Augen, mit gesenktem Kopf oder dämonischem Grinsen, rachsüchtig oder mit der hämischen Miene eines Folterers, der auf seine Stunde wartet, und allen sieht man ihre Mordlust geradezu an.

Doch ich muss zugeben, dass keiner mich so beeindruckt hat wie Omar, keiner beschäftigt mich so wie dieser sonderbare, scheinbar zivilisierte, sanfte, kultivierte und feinsinnige Mann, der auf den Fotos, die in der englischsprachigen Presse erschienen und erst ganz am Ende des Prozesses aufgenommen wurden, nie diese verwirrende Gefasstheit verliert, die man auf dem Gesicht eines zum Tode Verurteilten selten sieht.

Dieses Monster, das auch ein Mensch ist wie jeder andere, der Killer hinter dem Gesicht, das so wenig übereinstimmt mit meiner oder der landläufigen Vorstellung des abgrundtief Bösen. Dieser offenbar höchst raffinierte, arrogante Mann, der nach der Urteilsverkündung den Gerichtssaal verlässt und seinen Richtern nichts anderes zu sagen hat als: »Wer zuletzt lacht, lacht am besten. Wir werden ja sehen, wer zuerst sterben wird, ich oder diejenigen, die mich aus der Welt schaffen wollen.« Diese rätselhafte Person, deren kurze, zu kurze Biografie ich im *Guardian* lese. Die Mischung aus Scharfsinn und Verblendung, Kultur und krimineller Brutalität erinnert mich an Ilich Ramirez Sanchez, alias Der Schakal, alias Carlos, den Terroristen aus Venezuela, der in den siebziger und achtziger Jahren für großes Aufsehen sorgte und mich damals zu einigen Seiten von »Der Teufel im Kopf« inspirierte. Es wäre untertrieben zu behaupten, dass er mich nur neugierig macht oder interessiert: Ohne Zweifel ist er der zweite Protagonist dieses Buches.

Wer ist Omar eigentlich?

Woher kommt er, was weiß man über ihn, über seine kriminelle Vergangenheit, über sein Leben in diesem Frühsommer 2002?

Er ist noch keine dreißig, das steht schon einmal fest. Er unterhält Kontakte zu der extremistischsten, gewalttätigsten und in Pakistan bekanntesten islamistischen Gruppierung

Jaish-e-Mohammed, deren Anführer Masood Azhar war, halb Ideologe und halb Krimineller, Heiliger und Serienmörder zugleich, sein Mentor, sein Lehrmeister in Sachen Terrorismus.

Man weiß auch, dass er kein blutiger Anfänger ist, denn vor acht Jahren wurde er in Indien schon einmal verhaftet und verurteilt, für Entführungen, die er nach demselben Modell ausführte wie die von Daniel Pearl und mit denen er Masood Azhar freipressen wollte. Dieser war einige Monate zuvor wegen antiindischer Terrorakte in der umkämpften Kaschmirregion inhaftiert worden. Die damaligen Opfer – drei englische Touristen und ein Amerikaner – konnte die indische Polizei gerade noch in letzter Minute befreien. Doch in den Interviews, die sie gaben, erzählen sie alle von einem widersprüchlichen Charakter, einem höchst unausgeglichenen Menschen, der Schach spielte und »Mein Kampf« las, Juden und Skinheads hasste, alle naslang den Koran zitierte, und der ihnen fast entschuldigend ankündigte, sie zu enthaupten, falls seine Forderungen nicht erfüllt würden.

Man weiß auch, dass er wegen dieser Entführungen sechs Jahre lang im indischen Bundesstaat Uttar Pradesh und später in Neu-Delhi in Haft saß und erst am 31. Dezember 1999 wieder auf freien Fuß gesetzt wurde, infolge einer dramatischen und blutigen Flugzeugentführung: Eine Maschine der Indian Airlines war, mitten in der Zeit der Taliban, auf dem Weg von Katmandu nach Delhi auf dem Flughafen Kandahar von einer Gruppe pakistanischer Dschihadis entführt worden, der er und Masood Azhar angehörten. Gleich zu Beginn enthaupteten die Terroristen im vorderen Teil der Maschine kaltblütig einen Passagier, um den Indern und der ganzen Welt ihre Entschlossenheit zu beweisen. Die anderen hundertfünfundfünfzig Passagiere wurden nach achttägigen Drohungen und Verhandlungen im Austausch gegen ihn, Omar Sheikh, und seinen Mentor Masood Azhar freigelassen.

Und dieser Mann, dieser Wahnsinnige, dieser abgebrühte Wiederholungstäter, dieser obsessive Entführer, dieser Gottesfanatiker, dieser Mann, der aus Hass auf den Westen zum zweiten Mal innerhalb von acht Jahren ein beinah selbstmörderisches Verbrechen begeht, dieser Mann ist – auch das weiß man – kein Pakistani, sondern Engländer. Wie alle seine Gesinnungsgenossen von Jaish-e-Mohammed ist er pakistanischer Herkunft, aber gebürtiger Engländer. Er besitzt einen englischen Pass, verbrachte seine Kindheit und Jugend in England, genoss dort eine exzellente Universitätsausbildung. Seine Familie lebt in London, hier hat er seinen Hauptwohnsitz. Genau genommen ist er also Engländer.

Die Monstrosität eines gewöhnlichen Menschen oder das menschliche Antlitz eines unvergleichlichen Monsters? Das ist das Thema der zweiten Analyse, an der mir ebenso viel liegt wie an der ersten. Ich bewege mich da im Kopf des Teufels.

2

Der perfekte Engländer

Ich bin nach London gefahren, wo Omar am 23. Dezember 1973 geboren wurde, als Sohn einer Familie, die 1968 aus Lahore eingewandert war.

Ich war auf der Entbindungsstation des Whipps Cross Hospital, einem großen städtischen Krankenhaus am östlichen Stadtrand, ein wenig heruntergekommen, wie die meisten städtischen Krankenhäuser Englands, aber gut belegt, medizinisch einwandfrei und konfessionslos. Hier brachte seine Mutter Qaissia Omar zur Welt, als Sohn einer liberalen, aufgeschlossenen Familie, die es in Sachen Entbindung und Geburt mit der Einhaltung der Regeln des Koran offensichtlich nicht so genau nahm.

In Wanstead, ebenfalls am östlichen Stadtrand, war ich bei »Perfect Fashions«, dem Import-Export-Unternehmen, das sein Vater damals gründete und um das er sich noch heute gemeinsam mit Omars jüngerem Bruder Awais kümmert. Ein kleiner Laden, 235 Commercial Road, Ecke Myrdle Street, eigentlich ein einziger, länglicher Raum, in dem sich plastikumhüllte Kartons mit der Aufschrift »Made in Pakistan« stapeln. Als ich mich dort umsehe, sind nur ein paar der Kartons geöffnet, auch im Schaufenster sehe ich nur wenige Kleidungsstücke: billige Stoffe, grelle Farben, einfache Schnitte und Modelle, Massenware. Doch das Geschäft floriert. Ein Blick in das Londoner Handelsregister beweist, dass seine Bilanzen hervorragend sind, mit Gewinnen von jährlich fünfhunderttausend Pfund vor Steuern in den vergangenen fünf Jahren. Die Familie Sheikh ist wohlhabend. Der kleine Omar wuchs im Überfluss auf. Ich vermute, dass er eine glückliche Kindheit und eine ebensolche Jugend hatte. Perfect Fashions eben!

Ich habe das Wohnhaus aufgesucht, das die Familie 1977 kaufte und immer noch besitzt, Deyne Court Gardens, Ecke Colvin Street, nur zwei Schritte entfernt vom Wanstead Bowls Club, und auch nicht weit von einem Schachclub, den Omar häufig besuchte (denn er war, das höre ich immer wieder, ein exzellenter Schachspieler). Die Straße liegt inmitten von Grünanlagen und Parks. Das Gebäude ist ein typisches englisches Landhaus aus farbigem Backstein, mit hübscher Eingangstreppe, Bogenfenstern, flachkantigem Dach, davor eine Baumgruppe, dahinter ein Garten, der sich ohne Umzäunung auf eine Wiese hin öffnet. Es ist noch früh am Morgen. Die Zeit, in der in England der Milchwagen kommt und die Zeitung in den Briefkasten gesteckt wird. Die Vorhänge in der ersten Etage sind zugezogen. Wahrscheinlich schläft die Familie noch, denn abends ist man immer lange im Geschäft. Ein Zimmer hat geschlossene Fensterläden: das Reich von Omar? Bei meinem Rundgang über die Wiese erspähe ich durch die Fenster im Erdgeschoss ein geschmackvoll eingerichtetes Wohnzimmer, einen Eingangsraum, in dem zwei Herrenmäntel und ein Damenregenmantel mit Kapuze hängen, eine Küche mit Einbauschränken, einen gedeckten Tisch mit drei Eierbechern, Müslischüsseln, einer Karaffe Milch, Tellern mit Blumendekor. All dies strahlt trautes Familienglück aus, ein unauffälliges Leben, Zufriedenheit. All dies erzählt eine Geschichte, die vor zehn Jahren schon dieselbe gewesen sein dürfte, zu der Zeit, als der älteste Sohn Omar noch hier lebte. Jedenfalls sind wir hier meilenweit entfernt von einem Szenario des Elends, der Hoffnungslosigkeit, des Unglücks und vergeudeten Lebens, das man gern für die Entstehung von Terrorismus verantwortlich macht.

»Ich habe Ihnen nichts zu sagen«, hatte der Vater Saeed Sheikh mir mit müder, unbewegter Stimme gesagt, als ich ihn eines Abends, nach längerer Beobachtung, an der Tür in einem dunkelblauen Gabardinemantel und mit Hut abfing. »Nein, ich habe Ihnen nichts zu sagen, lassen Sie mich in Ruhe.« An jenem kalten Abend bekam ich die Augen eines gealterten Kindes zu sehen, das blasse Lächeln eines stark kurzsichtigen Mannes, seinen fächerförmigen Bart, das hängende Augenlid, das seinem Blick etwas Ironisches gibt. Die Zeit reichte aus, im Licht der Straßenlaternen seine dem Commonwealth geziemende Vornehmheit zu bemerken, die mir schon auf einem Foto von Saeed Sheikh aufgefallen war, das ich im *Guardian* gesehen hatte.

Ich habe Awais Sheikh getroffen, den jüngeren Bruder. Nach Rücksprache mit seinem Vater hatte auch er es am Telefon abgelehnt, mich zu sehen. Doch eines Nachmittags habe ich ihn im Laden in der Commercial Road überrumpelt. »Ich komme gerade zufällig vorbei, Mr. Sheikh. Ich wollte nur kurz guten Tag sagen ... Hätte ja sein können, dass Sie Ihre Meinung geändert haben ... Doch wenn Ihr Vater Ihnen nach wie vor verbietet, mit mir zu reden ... Ich schreibe ein Buch über Daniel Pearl, das stimmt, aber auch über Ihren Bruder. Warum also sollten wir nicht miteinander sprechen? Warum sollten Sie mir nicht erzählen, was Sie über den Prozess und über Ihren Bruder wissen? Meiner Ansicht nach war das ein schlampiger Prozess, eine Verballhornung der Justiz. Unglaublich, so etwas hat man noch nicht erlebt, habe ich nicht Recht?« Worauf Mr. Sheikh junior – fünfundzwanzig, T-Shirt, Oxfordakzent, intelligenter Blick in dem Gesicht eines in die Jahre gekommenen Jugendlichen – mir eine Tasse Tee anbietet und sich zwischen den Kisten auf ein kurzes Gespräch einlässt.

»Nein, nein, in Oxford war meine Schwester Hajira. Ich war in Cambridge. Ich habe dort Jura studiert. Deshalb braucht uns auch kein Anwalt die Spielregeln zu erklären, wir können gerne miteinander reden. Das Problem ist das Berufungsverfahren. Mein Bruder hat Berufung eingelegt, und unser Vater besteht darauf, dass wir nichts sagen, was das Verfahren irgendwie gefährden könnte. Ob ich immer schon hier arbeite? Nein. Erst hatte ich einen Job in der Innenstadt. Als Börsenmakler. Dann geschah dieses große Unglück. Mein Vater war auf einmal allein. Vollkommen allein mit meiner Mutter und unseren Anwälten. Ich musste ihm unter die Arme greifen, ihm bei Perfect Fashions helfen, ihm zur Seite stehen. In unserer Familie halten wir zusammen. Wir gehen durch dick und dünn, auch wenn ein Unglück geschieht – und das war allerdings ein Unglück! Können Sie sich vorstellen, was es heißt, wenn der eigene Bruder unschuldig zum Tode verurteilt wird?«

Das Telefon klingelt ununterbrochen. Mohammed, der Angestellte, nach pakistanischer Art gekleidet, mit weiter Hose und traditioneller weißer Tunika, antwortet in perfektem Englisch. Mir fällt auf, dass er, im Gegensatz zu Awais, einen Bart trägt. Außerdem fällt mein Blick auf ein Poster über Mohammeds Kopf, es sieht aus wie ein Kalender und verkündet die »Worte des Propheten« zu den Schlüsselmomenten des Lebens – Geburt, Trauer, Begrüßung, Abschied, Beileidsbekundung.

»Und Sie, Mr. Lévy? Erzählen Sie mir ein bisschen von sich. Wie denken Sie über Palästina? Über den Krieg in Afghanistan? Über Tschetschenien? Den Irak? Bosnien?« Und nachdem ich brav Auskunft erteilt habe: »Sie sagen, der Prozess gegen meinen Bruder sei nicht in Ordnung gewesen und die pakistanische Rechtsprechung ein Witz, einverstanden! Aber erzählen Sie nicht, das sei unglaublich, das hätte es noch nie gegeben und so weiter. Es gibt schließlich Guantanamo. Was sagen Sie denn zu Guantanamo? Ist die Justiz von Bush etwa besser als die von Musharraf?«

Wir unterhalten uns eine halbe Stunde lang. Ich spüre, dass der junge Intellektuelle sehr betroffen ist von dem, was er das Massaker an den Muslimen in Europa und der ganzen Welt nennt. Ich höre auch die Bewunderung für seinen großen Bruder heraus, den er nicht als Verbrecher betrachtet, was auch immer er getan haben mag. Als Omar 1994 in Indien die ersten Geiseln nahm und die gesamte englische Presse ihn über den Werdegang seines großen Bruders befragte, der in Gefängnissen von Uttar Pradesh einsaß, weil er gemeinsame Sache mit militanten Dschihad-Gruppen zur Befreiung Kaschmirs gemacht hatte, verkündete er schon damals: »Omar ist ein guter Mensch, eine anständige Seele.« Und noch heute – inzwischen hat der gute Mensch sich eines Verbrechens schuldig gemacht, das die ganze Welt erschütterte, und sein Bild ist untrennbar mit der gefolterten Leiche Daniel Pearls verbunden –, noch heute will er in ihm nur den netten Jungen sehen, den Beschützer der Witwen und Waisen, stets bereit, sich für die hehren Dinge einzusetzen. »Der geköpfte amerikanische Journalist? Ja sicher, eine schreckliche Sache, die Familie hat mein ganzes Mitgefühl. Aber das sieht meinem Bruder überhaupt nicht ähnlich. Ich kann nur wiederholen: Ich glaube nicht, dass er das war. Wussten Sie, dass er nicht einmal die Unglücksmeldungen in der Zeitung las, weil er Angst hatte, sich zu sehr mit den Opfern zu identifizieren? Wussten Sie, dass er hier in der Londoner U-Bahn einmal kurz vor der Einfahrt des Zuges auf die Gleise sprang, um eine alte Frau zu retten, die gestürzt war?« Aber den Ideologen höre ich in seinen Worten nicht. Auch nicht den Fanatiker. Der Mann, der mir gegenübersteht, ist ein Muslim, der sich seines Glaubens durchaus bewusst ist und – wer würde ihm das vorwerfen? – sich über das Schicksal der Tschetschenen und Palästinenser aufregt. Ich habe keinen Moment lang das Gefühl, dass sich hinter dem Cambridge-Absolventen ein militanter Islamist versteckt.

Nach diesem Gespräch machte ich mich auf den Weg zur Leytonstone Station, einer überirdischen Haltestelle, nicht weit vom Haus der Familie Sheikh entfernt. Natürlich war es viel zu lange her, keiner der Angestellten konnte sich noch an diesen Zwischenfall mit der alten Dame erinnern. Doch ich versuchte mir vorzustellen, wie der große, gelenkige Kerl den Zug zum Stehen brachte, auf das Gleis sprang und die alte Gestürzte rettete – warum auch nicht?

Ich ging zur Nightingale Primary School, der kleinen, typisch englischen Schule mit Kinderzeichnungen an der Wand, ganz in der Nähe, fast auf dem Land, in der Omar seine ersten Schuljahre verbrachte. Auch hier erinnerte sich niemand an ihn. Doch ich konnte mir vorstellen, dass er ein guter Schüler war, keine Probleme hatte. Der kleine Omar konnte zu Fuß zur Schule gehen, allein, oder mit seinen Freunden.

Ich war in der Forest School in Snaresbrook, einer recht vornehmen Privatschule, die Peter Greenaway, den Schauspieler Adam Woodyatt und Nasser Hussain, den Kapitän der englischen Cricketmannschaft, zu ihren Ehemaligen zählt. Hier verbrachte er die wichtigsten Jahre seiner Schulzeit. Der Direktor George Paynter unterrichtete damals Wirtschaft und hat noch ein sehr präzises Bild von ihm. Er erinnert sich an einen brillanten Schüler mit herausragenden Zeugnissen. Und an die Sache mit den Schulgebühren: »An der Forest School werden Schulgebühren erhoben, damals dürften das um die zehntausend Pfund pro Jahr gewesen sein. Aus jedem Jahrgang wählen wir eine Hand voll besonders guter Schüler aus und erlassen ihnen die Gebühren, das ist eine alte Tradition. Omar war einer von ihnen. Warten Sie, ich schaue mal in den Computer ... Ja, genau ... Die Familie hatte genug Geld, doch aufgrund seiner Leistungen haben wir ihn davon befreit.« Er sieht ihn wieder vor sich, in der ersten Reihe, artig und konzentriert, immer ganz bei der Sache, ein Vorbild für die anderen. Er sieht ihn als *head of house*, eine Mischung aus Klassensprecher und Mentor, der den Kleineren hilft, Theateraufführungen organisiert, Auszeichnungen verteilt, den Betreuern bei der Planung in der Küche hilft, stets höflich zu den Eltern, freundlich zu den Kameraden, reizend zu uns Lehrern, ein hilfsbereiter Junge, der bei jeder Gelegenheit rot wurde. Nie undiszipliniert? Nein. Nie aggressiv? Nein. Unverschämt? Nein. Bis auf dieses eine Mal. Ich war gerade am Ende meines Vortrags, und irgendeinen Punkt hatte er wohl nicht verstanden. Da hat er so komisch die Arme vor der Brust verschränkt, sich in seinem Stuhl nach hinten gelehnt und mit seiner frühreifen tiefen Stimme ein so lautes »No, Sir!« in die Klasse gebrummt, dass alle furchtbar lachen mussten. Nachdem ich den Punkt noch einmal erklärt hatte, nahm er die Arme wieder herunter und gab, in demselben Ton, ein zufriedenes »Yes, Sir!« von sich, das die Klasse auch wieder sehr komisch fand. Aber würden Sie das unverschämt nennen? Er wollte eben begreifen! Es war ihm zuwider, etwas nicht zu verstehen! Und ich mochte ihn wirklich gern, er gehört zu den Jungen, die mir am meisten ans Herz gewachsen sind.

Ich nutzte eine Reise ins pakistanische Lahore und statte dem Aitchinson College einen Besuch ab, auf dem er zwei Jahre verbrachte, um dann an die Forest School zurückzukehren. Warum dieser Abstecher? War es, wie Omar später behaupten würde, sein eigenes Bedürfnis, an seine islamischen »Wurzeln« anzuknüpfen? Oder musste sein Vater Saeed aus geschäftlichen Gründen nach Pakistan? Diese Frage ist nicht unwichtig, denn von ihrer Beantwortung hängt es ab, zu welchem Zeitpunkt man die Rückkehr zum Islam des zukünftigen Kaschmirkämpfers ansetzen will. Was ich weiß, deutet eher auf ein väterliches Anliegen: Saeed Sheikh gründete in Lahore mit einem Cousin ein neues Unternehmen mit dem Namen Crystal Chemical Factories Ltd., und als dieses in Konkurs ging, kehrte die Familie nach London zurück. Und vor allem habe ich herausgefunden, dass die Forest School (die er im Alter von neun bis dreizehn Jahren besuchte und an die er mit fünfzehn, nach seinem Abstecher ins Aitchinson College, für die letzten beiden Jahre zurückkehrte) eine sehr religiös ausgerichtete Schule ist und alle Schüler mindestens zweimal wöchentlich in der anglikanischen Kapelle versammelt – eine Gepflogenheit, die dem jungen Omar offenbar keinerlei Probleme bereitete, denn er saß pünktlich in der Kapelle, und sei es nur in seiner Funktion als *head of house,* immer in der ersten Reihe.

Kurz und gut, ich stattete dem Aitchinson College einen Besuch ab. Ich halte es, wie gesagt, eher für unwahrscheinlich, dass er aus religiösen Gründen oder aufgrund seiner Wurzeln hierher wechselte. Aber wenn dies doch der Fall gewesen sein sollte, wenn diese Luftveränderung in Pakistan seinem Wunsch entsprang, sich auf das Land seiner Väter zu besinnen, so muss man feststellen, dass der Ort ziemlich schlecht gewählt war. Die tadellosen Rasenflächen mit ihren Fußball- und Kricketfeldern, die Rabatten mit Hibiskus aus Bergerac und La Rochelle, das Schwimmbad mit Olympia-Ausmaßen, die Holzveranden, Bambusvorhänge und Schaukelstühle, die strikte Hierarchie zwischen den *lower boys* in kurzen Hosen und den *grands,* die schon das Recht haben, lange Hosen zu tragen, die Büsten von Gladstone und Shelley in den Klassenräumen, die Bildnisse berühmter Abgeordneter in der Aula, die Soldaten, die am Eingang in der formvollendeten Manier des indischen Militärs grüßen, all dies macht aus Aitchinson eine aristokratische, vor äußerlichen Anfeindungen geschützte Enklave im Herzen von Pakistan: ein Stückchen England, mit all seinen Konventionen und seinem Stil – britischer als das britischste aller Colleges von London.

Ich habe seinen Direktor getroffen. Ich habe mit den Lehrern gesprochen, die ihn kennen gelernt haben und gewillt waren, sich an ihn zu erinnern. Sie zeigten mir Fotos von ihm, auf denen er noch dieses pausbäckige artige Jungengesicht hat, gestraft mit dicken Brillengläsern und Koteletten. Auf einem trägt er die marineblaue Uniform und das weiße, weit ausgeschnittene Hemd der älteren Collegeschüler. Ihm fällt gerade ein Stapel Bücher herunter, die von einem breiten Gummiband zusammengehalten werden, und er bricht darüber in kindliches Gelächter aus. Auf einem anderen trägt er ein buntes Hemd und eine hoch gekrempelte Jeans, die seine Beine etwas kurz macht, und tanzt Twist oder Jerk. Er war ein anständiger junger Mann, sagt der Direktor, sein früherer Ökonomielehrer, der mit seinem aschblonden Haar eine elegante Kopie des französischen Dichters Deguy abgibt. Respektierte seine *masters*. Hilfsbereit zu seinen *fellows*. Liebte die Poesie, Blumen und alles Zerbrechliche. Ach! Blumen ... Wenn mein Vorgänger auf seinem Rundgang die Farbe der Stiefmütterchen überprüfte, ja, dann gehörte er oft zu den Schülern, die ihn begleiteten. Und das war nur jenen vorbehalten, die er sensibel genug dafür fand. Wissen Sie, warum er unser College verlassen musste? Er verbündete sich konsequent mit den Schwachen, und da er aber gleichzeitig ein Raufbold war, führte das regelmäßig zu Schlägereien. Die Lehrer hatten Respekt vor seinem Mut und sahen einen Gentleman in ihm. Doch eines Tages brach er einem kleinen Rotzlöffel die Nase, ausgerechnet dem Sohn eines Magnaten von Lahore, da konnte keiner mehr etwas für ihn tun – ein Jammer! Ich bin sicher, wenn er bei uns geblieben wäre, hätten wir dieses Unglück verhindern können! Und überhaupt, seine Manieren! Solche Umgangsformen hat noch kein Pakistani an den Tag gelegt! Kein Zweiter hat den *Aitchison spirit* so verinnerlicht wie Omar Sheikh!

Entschuldigung, Ruth. Entschuldigung, Judea. Ich stelle fest, dass ich in meiner Beschreibung der Familie Sheikh und der Londoner Kindheit und Jugend von Omar, der zum Mörder ihres Sohnes wurde, fast dieselben Worte verwendet habe, die mir der Anblick ihres zerstörten Glücks in Los Angeles eingaben. Aber was soll ich machen? Ich werde das Gefühl nicht los, es hier mit zwei parallelen Schicksalen zu tun zu haben. Ist es meine Schuld, dass auch Omar so etwas wie ein Wunderkind war, bevor Perversion und Mordlust von ihm Besitz nahmen? Ich habe ein Foto, auf dem er ungefähr zehn oder zwölf Jahre alt ist. Er trägt die perlgraue Collegeuniform. Mit einem Wappen. Und eine Rose im Knopfloch. In der Hand hält er einen Pokal oder eine Trophäe. Und irgendwas in seinem Blick, der zugleich schüchtern und stolz ist, vor allem aber der Schnitt seiner Haare, lang, glatt und über die Stirn gekämmt, erinnert mich unwillkürlich an die Fotos von Danny mit seinem Football oder seinem Baseballschläger.

Ich war bei der London School of Economics, an der er sich mit achtzehn für die Fachrichtung »Mathematik und Statistik« immatrikuliert, nicht die schwierigste, aber doch diejenige, welche Ausdauer verlangt. Auch hier eine ganz normale Studienzeit. Durchschnittliche und sogar brillante Leistungen. Omar, der an der Forest School und nach Aussagen von George Paynter nicht viel las, besucht nun die Bibliothek und verschlingt Bücher: Literatur, Politik, Wirtschaft. Glaubt man den Schulkameraden, die ich ausfindig machen konnte, und vor allem Saquib Qureshi, der wie er pakistanischer Herkunft ist und sich genau erinnert, ist Omar gewinnend, fleißig, panisch vor Prüfungen, ein guter Kumpel, nicht übertrieben religiös, immer noch kein Islamist: »Ich kann mich nicht entsinnen, ihn jemals beten gesehen zu haben. Sicher, es ist lange her, aber daran würde ich mich bestimmt erinnern. Er wusste, wir wussten, dass wir Muslime waren. Vielleicht hatten auch wir die Vorstellung, Muslime würden in bestimmten Regionen der Welt verfolgt, aber wir waren liberal, überhaupt nicht missionarisch, eher moderat.«

In seiner Freizeit spielt er Schach. Er wird immer besser. Man sieht ihn in den großen Schachclubs von London, wo er es den größten Profis der Stadt zeigt. Im Three Tuns Pub, einer Art Café im Herzen der London School of Economics, die einer kleinen Stadt gleicht, wird er oft zum Duell herausgefordert, und immer ist er der Sieger. Sein Motto, das rückblickend eine andere Bedeutung bekommt, hat er sich von einem der größten Schachspieler überhaupt ausgeliehen, seinem Idol Aaron Nimzowitch: »Die Drohung bewirkt mehr als die Exekution.«

Außerdem geht er boxen. Übt sich ein bisschen in Karate. Und er beginnt sich ernsthaft für die Technik des *arm wrestling*, des Armdrückens, zu interessieren, das sich in London einer beachtlichen Schar von Anhängern erfreut. Viele von ihnen erinnern sich an Omar. Und das mit einer Deutlichkeit und Frische, die nur besitzt, wer noch nicht zu oft befragt wurde. Zum Beispiel Frank Pittal. Der dicke Frank Pittal, ein Bekannter von Saeed Sheikh, der auf dem Markt von Whitechapel, in der Nähe von Wanstead, Damenschuhe verkauft, dessen wahre Leidenschaft jedoch das Organisieren von Profiturnieren im Armdrücken ist.

Ich besuche Pittal in seiner chaotischen Wohnung in Wanstead, die voll von Staub und Kartons ist, es riecht penetrant nach Küchengerüchen und Zwiebeln. Er zeigt mir Fotos, auf denen er jung ist. Trophäen, die Pittal beim Armdrücken gewonnen hat, aus Goldimitat oder Silber. Wir blättern zusammen in einem alten Aktenordner mit vergilbten Zeitungsausschnitten, die über seine großen Wettkämpfe berichten. Und plötzlich, auf den Innenseiten der Lokalzeitung von Portsmouth, erkenne ich Omar wieder, im Unterhemd, Ellbogen auf der Tischplatte, angespannte Gesichtszüge, Auge in Auge mit einem Gegner, der größer und kräftiger ist als er, den er jedoch in Schach zu halten scheint.

»Hier, September 1993. Ich glaube, das ist sein erster Wettkampf. Eines Tages kam er zu mir und sagte: ›He, Frankie, ich will mit dabei sein, nimm mich auf in dein Team. Auf meiner Schule bin ich der Beste, aber jetzt will ich es als Profi versuchen.‹ Er hatte den Film mit Sylvester Stallone gesehen, *Over the Top,* die Geschichte eines Champions im Armdrücken, dem es durch sein Können gelingt, seinen Sohn aus den Händen eines reichen und bösen Stiefvaters zu befreien. So hat er Lust bekommen. Und ich habe ihm geantwortet: ›He, das gibt's ja nicht! Auch mich hat der Film mit Stallone auf den richtigen Weg gebracht! Was für ein Zufall! Unglaublich!‹ Am Sonntag drauf habe ich ihn mit meinem Bus zu Hause abgeholt und wir fuhren in diesen Bierpub im Süden der Stadt, wo er dann erst mal eine Flasche Milch hervorholte. Der besaß Klasse! Einmalig! Und noch dazu ein hervorragender Kämpfer! Ich habe ganz schön Kohle verdient mit ihm, das können Sie mir glauben! Ein Jahr lang ging das so. Wir wurden verdammt gute Freunde. Ich hätte nie für möglich gehalten, dass er einem anständigen Kerl, und das war Daniel Pearl wohl, so etwas antun könnte. Als ich ihn im Fernsehen sah und der Sprecher sagte: ›Das ist der Mörder von Daniel Pearl!‹, konnte ich es nicht glauben, wirklich nicht. Wir haben uns immer so gut unterhalten, wenn wir von einem Wettkampf in meinem Wagen nach Hause fuhren. Wir sprachen über alles Mögliche. Was auch immer. Nur über eins vielleicht nicht. Obwohl. Er war Muslim. Ich bin Jude.«

»Jude, ist das wahr? Omar hatte also einen jüdischen Freund?«

»Allerdings.« Pittal bricht in lautes Gelächter aus, sein Kopf verschwindet zwischen den Schultern wie bei einem Küken. »Ob Jude oder Muslim, das war ihm gleichgültig, er machte da keinen Unterschied, wir waren halt zwei gute Freunde, die durch die Londoner Pubs zogen. Sogar wenn es um Israel ging: Mag sein, dass wir über die eine oder andere politische Frage nicht einer Meinung waren, aber die Existenz des israelischen Staates hat er nie infrage gestellt. Ob er religiös war? Nicht, dass ich wüsste. Er sagte immer: Ich habe große Hochachtung vor eurem Volk, denn ihr wart auch immer ein Volk von Händlern, genau wie wir.«

Schach und Armdrücken, strategisches Denken und Muskelkraft – eine Kombination, die man nicht häufig antrifft. Die vornehmen Schüler der London School beäugten diesen jungen, perfekten Pakistani voller Erstaunen. An manchen Abenden kamen sie in die Schulcafeteria, in den linken Trakt eines theaterartig angelegten Saales, um diesen Teufelskerl zu bewundern, den niemand besiegte, weder im Schach noch im Armdrücken. Auch Omars Freunde schildern mir sein doppeltes Talent und erzählen mir anerkennend von dem Schach spielenden Muskelprotz, dem As der »Nimzowitch-Eröffnung« und dem Athleten, dem einzigen auf dem ganzen College, der Kasparows Finale der Bauern nachspielen und eine Wrestling-Angriffspartie von Chris Spielman ausführen konnte, und der einzige, der notfalls jeden Streit Suchenden flach auf die Matte legte.

»Er wird es noch bis ins britische Oberhaus schaffen«, pflegten Saeed Sheikh und seine Frau Qaissia in seinen Glanzzeiten zu sagen. »Unser Sohn ist ein Wunderknabe, eines Tages wird ihn die Königin von England adeln oder er wird Bankdirektor in der City.« Und wie es aussieht, hielten die Lehrer und Mitschüler, die sich an ihn erinnern, derlei Ambitionen weder für übertrieben noch für absurd.

Da fällt mir wieder Olivier Roy ein, Experte für radikalen Islamismus. Er hat angemerkt, es gebe eigentlich nicht viele große Dschihadis, von denen man sagen könnte, arabische oder pakistanische Madrassen hätten sie »hervorgebracht«. Atta kommt aus Hamburg. Der »Schuhbomber« Richard Colvin Reid ist Engländer und ging zunächst in London auf katholische Schulen. Zacarias Moussaoui ist Franzose, geboren in Saint-Jean-de-Luz, und hat die Universität besucht. Khalid Sheikh Mohammed, der Vertraute von Bin Laden, den die Pakistanis im Februar 2003 verhafteten, ging in den Vereinigten Staaten zur Schule. Einige machten ihre Ausbildung in Paris oder Zürich. Wieder andere in Brüssel oder Mailand. Alle, oder die meisten, stammen aus gehobenen Verhältnissen und haben in den großen europäischen Hauptstädten angesehene Studienfächer absolviert. Und was Omar angeht …

Es stimmt, Roy hat Recht. Omar ist zwanzig. Und seine ganze Vorstellungswelt ist englisch. Seine Freunde sind Engländer. Sein geistiger Horizont ist englisch. Man kann das bedauern. Man kann das verdrängen. Man kann es auch machen wie Christopher Giddens, Direktor der London School of Economics, der einer Pressemeldung zufolge (*Daily Telegraph,* 27. Januar 2002) in den vergangenen Jahren drei seiner klügsten Köpfe an die al-Qaida verloren hat, der antwortete, als ihn ein französischer Autor um Zugang zu den Schüler- und Bibliothekskarteien bat: »Ich will nichts über diesen Omar Sheikh wissen, der versaut mir meinen Ruf. Tun wir lieber so, als wäre nichts gewesen.« Die Tatsachen sind, wie sie sind. Und wie gewöhnlich sind sie unerbittlich. Dieser Feind des Westens ist ein Produkt des Westens. Der fanatische Dschihadkämpfer ist durch eine aufgeklärte und fortschrittliche Schule gegangen. Dieser skrupellose Islamist, der während seines Prozesses herausbrüllt, er habe Daniel Pearl entführt, weil er nicht mehr mit ansehen könne, wie den arabischen Häftlingen in Guantanamo der Kopf kahl rasiert wird. Dieser Extremist, der allein bei der Vorstellung, nicht nach den Gesetzen der Scharia, sondern nach britischem Recht verurteilt zu werden, buchstäblich außer sich gerät, ist ein Produkt bester englischer Erziehung. Eine fremdes und vertrautes Wesen. Das radikale wie auch banale Böse, das uns nur durch seine seltsam beunruhigende Spiegelwirkung betrifft, gleich dem Bösen bei Hannah Arendt. Ist Terrorismus der natürliche Abkömmling eines teuflischen Paares: Islam und Europa?

3

Warum Bosnien?

Doch es gibt noch einen anderen, persönlicheren Grund, warum Omar mich interessiert – und der heißt Bosnien.

Die Geschichte.
 Wir befinden uns immer noch im Jahr 1992.
 Omar wurde gerade an der London School aufgenommen.
 Seine Gesichtszüge werden feiner. Er hat nun den athletischen Körper, den er bis in die Haftjahre in Indien behalten wird. Er wirkt älter, als er ist. In moralischer Hinsicht lobt man ihn einhellig für seine Großzügigkeit. Ein gut geratener Junge aus anständigem Hause, vielleicht noch ein bisschen schüchtern. Und so zuvorkommend. Unter den Leuten, die in London mit ihm verkehrten, habe ich niemanden getroffen, der mir nicht von seiner Bescheidenheit, seiner Höflichkeit und seinem Talent vorgeschwärmt hätte, Besonnenheit in die angespanntesten Situationen zu bringen, als wäre das seine hervorstechendste Eigenschaft. »Aggressiv, sagen Sie? Streitsüchtig? Sie machen wohl Witze! Im Gegenteil. Er war die Ruhe schlechthin. Die Friedfertigkeit in Person. Seine Aggressionen lebte er beim Armdrücken aus. Ansonsten war er ein Engel. Ein sanfter, sensibler und gutmütiger Junge. Deshalb waren wir ja so erstaunt, als diese Geschichte an die Öffentlichkeit kam. Wir riefen uns gegenseitig an und fragten: Weißt du es schon? Hast du das von Omar gehört? War das wirklich Omar? Ja doch, unser Omar. Wir trauten unseren Augen und Ohren nicht.«
 Dabei zeigt dieser Engel hin und wieder abstruse Seiten.

Unbegreifliche Launen, die seine Lehrer beunruhigen.

Dieses eine Spur zu laute, beinah wahnsinnige Lachen, das einer seiner Freunde als das »Lachen eines Schlafwandlers« bezeichnen wird.

Und daran erinnert sich derselbe Mitschüler und Freund, dass er mit kaum achtzehn Jahren erklärt, in ihm sei etwas Verdorbenes und seine Mutter habe ihn nicht mit Milch, sondern mit Gift genährt.

Er hat diese mythomanischen Anfälle, in denen es entweder um Macht geht (»Ich habe hochrangige Freunde ... Ich bin mit den Mächtigen dieser Welt befreundet ... Ein einziger Anruf genügt, und du wirst fertig gemacht, verurteilt, gefeuert«) oder um die Frage der Herkunft. Einmal behauptet er, seine Mutter sei Schottin. Ein anderes Mal gibt er vor, seine Familie gehöre seit vielen Generationen zu den wohlhabendsten des Commonwealth, und sein Vater, Saeed Sheikh, treibe Geschäfte mit Mohammed Al-Fayed, dem Besitzer von Harrods. Oder er prügelt sich mit einem Kameraden, der ihm nicht glauben will, dass in seinen Adern jüdisches Blut fließt.

Als er nach seiner U-Bahn-Heldentat in der Lokalpresse abgelichtet wird, ist er wie berauscht vor Glückseligkeit. »Er veranstaltete Freudentänze«, berichtet wieder dieser Freund. »Er sagte, dies sei der schönste Tag in seinem Leben. Er träumte davon, berühmt zu werden, verstehen Sie? Egal wie, Hauptsache berühmt! Das waren seine Worte. Ich fand es eigenartig, dass ihm nichts auf der Welt beneidenswerter erschien, als im Rampenlicht zu stehen! Er hatte nur einen einzigen Wunsch: einer der populärsten Menschen seiner Zeit zu werden! Monatelang ging er uns mit dieser Geschichte von der Frau auf die Nerven, die er vor der U-Bahn gerettet hatte.«

Aber gut. All dies entspricht seinem Alter. Er ist weder der erste noch der letzte junge Mann, der sich daran berauscht, dass seine Viertelstunde Ruhm endlich gekommen ist. Und es wäre wirklich zu einfach, jetzt im Nachhinein den Propheten zu spielen und zu sagen: Die Sache mit dem jüdischen Blut, diese absurde jüdische Obsession, die man in antisemitischen Stammbäumen so häufig antrifft – stinkt das nicht zum Himmel? Haben wir es nicht schon hier mit der klassischen Neurose eines Mannes zu tun, der von einem Auserwähltsein träumt und, da er nicht dazugehört, dem Mordwahn verfällt? Vorläufig ist Omar noch ein völlig normaler junger Engländer. Ein Musterknabe, mit Feuereifer dabei, etwas zu bewirken, seinem Leben einen Sinn zu geben. Bis im November die Islamic Society, die größte Studentenvereinigung des Campus in dem abgeschirmten, aber eher radikalen Universum der London School of Economics – war sie Ende der sechziger Jahre nicht die Hochburg der Londoner Trotzkisten und Maoisten? – eine »Bosnische Woche« veranstaltet, mit der sie, wie ähnliche Initiativen und Komitees überall in Europa, auf den Krieg in Bosnien aufmerksam machen will.

Die Islamic Society ist natürlich keine Studentenvereinigung wie jede andere.
Der Wind, der durch ihre Versammlungen, Diskussionen, Film- und Diavorführungen weht, unterscheidet sie grundlegend von anderen Organisationen. Allein die Leute, die die »Bosnische Woche« leiten, dies sowohl zur Verteidigung der Menschenrechte als auch im Namen der muslimischen Solidarität, verleihen der Aktion eine besondere Orientierung.
Doch in ihren Zielen, manchmal auch in ihrer Wortwahl, unterscheiden ihre Flugblätter sich nicht sehr von denen, die wir in Frankreich verteilen. Die Islamic Society verbreitet Fotos von ethnischen Säuberungen, Porträts vergewaltigter Frauen, Bilder der berüchtigten Lager von Omarska und Prijedor, die auch wir zu Zeiten der »Sarajevo-Liste« und für unsere Aufklärungskampagnen verteilt haben.
Die Islamic Society schlägt keine islamistischen Töne an. Wenigstens nach der ersten Ausgabe der Zeitschrift *Islamica* zu urteilen, die aus Anlass der »Bosnischen Woche« gegründet

und vom Generalsekretär der Vereinigung, Sohail Nakhooda (der inzwischen ein überaus brillanter muslimischer Theologe geworden ist, die Fakultäten des Vatikans besuchte und nun in Amman lebt), betreut wurde und die ausführlich über die einzelnen Veranstaltungen berichtete, führt sie einen durchaus muslimischen, aber keinen islamistischen Diskurs. Sie ist bemüht, die in Europa ansteigende Welle der Islamophobie zu bremsen, will sich jedoch auch keinen fundamentalistischen Hass auf den Westen unterjubeln lassen. Nachdem ich diese Dokumente gesehen habe, muss ich feststellen, dass der Ton dieser Gruppe nicht dem widerspricht, den ich selbst in Debatten über den fundamentalistischen und den moderaten Islam anschlagen könnte, an denen ich zurzeit teilnehme.

Natürlich existieren an den Londoner Universitäten noch andere Ableger der Islamic Society. In den Sektionen des Imperial College, des King College und des University College dominieren die Fundamentalisten, und die Gruppe Hizb ut-Tahrir ist nicht nur massiv vertreten, sie stellt sogar die Mehrheit. Nicht so an der London School. Ich könnte nicht sagen warum, doch mir scheint, als habe die Sektion der London School den Widerstand gegen den zunehmenden Fundamentalismus im damaligen London beheimatet. Als die radikaleren Islamic-Society-Sektionen der Nachbaruniversitäten am letzten Tag, einem Samstag, die »Bosnische Woche« an sich reißen wollen und gar damit drohen, den eigenen Rednern mit Gewalt Zugang zum Campus der London School zu verschaffen, stoßen sie auf entschiedene Gegenwehr: Die lokale Zelle verteidigt sich und begehrt auf. Und Omar ist einer von denen, die schon am Freitagabend gegen die Teilnahme von Omar Bakri und Yakoub Zaki rebellieren, zwei fundamentalistischen Predigern, mit denen seine Freunde und er zu jener Zeit absolut nichts zu tun haben wollen.

Omar ist, das dürfte klar sein, wieder einmal mittendrin. Omar, der nette Omar, mischt bei allen Initiativen des Komitees kräftig mit.

Omar schwänzt seine Seminare, Omar vernachlässigt seine Studien, Omar leiht sich kaum noch Bücher aus der Unibibliothek aus, höchstens Schriften über den Balkan oder Samuel P. Huntingtons »Kampf der Kulturen. Die Neugestaltung der Weltpolitik im 21. Jahrhundert«, das er in den folgenden Wochen und Monaten pausenlos zitieren wird. Omar verpasst keine Fernsehsendung, keinen Artikel über Bosnien. Es kommt nun öfters vor, dass Omar eine Vorlesung unterbricht, einem Professor das Wort abschneidet und selbst ans Pult tritt, um ihm und den Studenten ihre grausame Tatenlosigkeit angesichts der bosnischen Tragödie vorzuwerfen: »No, Sir!«, wütet er, »Yes, Sir!«. Nur ist seit der Forest School und dem Unterricht von George Paynter einige Zeit vergangen, und sein »No, Sir! Yes, Sir!« entspringt neuerdings der gebotenen Solidarität für das europäische Leidenszentrum.

Omar erlebt mit Bosnien sein Erweckungserlebnis.

Omar hat sich innerhalb weniger Wochen in einen besessenen Sarajevo-Fanatiker verwandelt.

Omar sagt jedem, der es hören will, dass er keinen Tag, keine Stunde lang Ruhe haben wird, solange in Bosnien noch ein einziger Mann, eine Frau, ein Kind gefoltert wird.

Als die Univerwaltung dem Komitee erlaubt, zum Abschluss der »Bosnischen Woche« einen Film über das Grauen dieses Krieges zu zeigen, zwängen sich drei-, vielleicht vierhundert Interessierte in den winzigen Saal, um an der Vorführung und der anschließenden Debatte teilzunehmen. Und wieder sitzt Omar in der ersten Reihe, aufgewühlt von dem, was er sieht, bis ins Mark erschüttert: In dem Tagebuch, das er während seiner Haft in Indien schreiben wird, erzählt er, dass dies die erste, intensivste und nachhaltigste politische Erfahrung seines Lebens war.

Einige Wochen später verkündet der Pakistani Asad Khan

auf einer Konferenz an der London School, Parolen seien nicht mehr genug, den Worten müssten nun auch Taten folgen, in den Osterferien mache sich ein Konvoi mit Hilfsgütern auf den Weg in die Märtyrerstadt Sarajevo. Ein »Convoy of Mercy« solle bis auf bosnisches Gebiet vordringen und den belagerten Einwohnern seine bescheidene, aber entschlossene Solidarität aussprechen. Sieben Freiwillige erklären sich bereit, die drei Lastwagen mit Lebensmitteln und Kleidung zu begleiten. Und unter diesen sieben, die nach Asad Khans Vortrag zu ihm nach vorne gehen und sagen, ja, sie würden schon mitmachen, aber sie wären sehr dankbar, wenn er ihre Eltern davon überzeugen könnte, ist auch Omar Sheikh ...

Der Film.

Was den Film angeht, muss ich zugeben: Die Daten, das Thema, Omars eigene Äußerungen über die Bilder, die ihn so aufwühlten, und wie er darüber in seinem Tagebuch schreibt, aber auch, was mir andere, die den Film damals sahen, darüber erzählten (das Bild einer dreizehnjährigen verstümmelten Bosnierin, die von serbischen Milizen vergewaltigt und ermordet wird, Bilder von Massengräbern und Konzentrationslagern, Szenen aus einem eingekesselten Viertel, in dem ich nach den Schilderungen Dobrinja wiederzuerkennen glaubte) – all dies ließ mich eine Zeit lang tatsächlich annehmen, es handle sich, wenn nicht um *Bosna!*, so um meinen vorigen Film, den ersten, den ich Ende 1992 über das bosnische Martyrium drehte, *Un jour dans la mort de Sarajevo*, mit Bildern von Thierry Ravalet, und der in jenen Novembertagen in Paris, anschließend aber auch in London gezeigt wurde.

Er war es dann doch nicht.

In einem Videoladen in der Nähe der Moschee von Finsbury entdeckte ich eine der wenigen Kassetten des Films, der Omars Leben veränderte.

Ich fand heraus, dass es sich um den fünfundvierzigminütigen Beitrag *Destruction of a Nation* handelte, produziert vom Islamic Relief mit Sitz in der Moseley Road in Birmingham.

Ein guter Film.

Ein richtiger Film, bestehend aus Archivaufnahmen, von denen ich einige ganz bewusst in *Bosna!* verwertete.

Ein Film, der noch dazu zu meinem großen Staunen mit einem Interview von Haris Silajdzic beginnt, dem sozialdemokratischen Parteichef, der damals das laizistische Pendant zum muslimischen Nationalismus von Alija Izetbegovic darstellte.

Es war nicht mein Film. Doch er hätte es sein können. Es war ein anderer Film, gedreht und geschnitten von einem anderen, mit Absichten und Gedanken, die nicht die meinen waren – doch mit Bildern, die ich auswendig kenne und die mir sehr viel bedeutet haben.

Als später die Pearl-Affäre losbricht, werden viele versuchen, sie als Racheakt eines kleinen, von den Engländern gedemütigten Pakistanis zu erklären.

Sie werden uns die Litanei des andersartigen Kindes auftischen, das es nach all den Diskriminierungen kaum erwarten kann, sich endlich zu rächen.

Besonders Peter Gee, der englische Musiker, der von 1997 bis 2000 wegen Handels mit Cannabis im Tihar Jail von Neu-Delhi einsaß. Er lernte Omar während seines ersten Gefängnisaufenthalts nach der Geiselnahme in Delhi kennen und behauptet gern, niemand wisse so viel über Omar wie er. Zwei Jahre lang hätten sie stundenlang über Philosophie und das Leben geredet, Schach und Scrabble gespielt, gesungen, über den Islam diskutiert, sich aus ihrer Jugend erzählt, die der eine an der London School, der andere an der Sussex University verbracht hatte. Sie erteilten ihren Mithäftlingen Unterricht in Allgemeinwissen und Geographie und schliefen aus Gründen der alphabetischen Reihenfolge (Mr. O. für Omar und Mr. P. für Peter) vier Monate lang nebeneinander in dem entsetzlichen Schlafsaal von »Gefängnis Nr. 4«, zusammengepfercht mit über hundert anderen Insassen: »Tja«, sagt Peter Gee, »Kränkungen in der Kindheit haben Omar zu dem gemacht, was er ist. Omar hat Daniel Pearl entführt und getötet, weil England ein rassistisches Land ist und er in seiner Jugend ständig als *Pakistani bastard* beschimpft wurde.«

Es liegt mir fern, seiner Aussage nicht glauben zu wollen. Ich werde später darauf zurückkommen und noch genügend Gelegenheit haben, ihre Stichhaltigkeit auch in anderen Punkten zu überprüfen.

Doch sie überzeugt mich nicht.

Ich halte insgesamt nicht viel von Erklärungsmustern, die sich auf eine Demütigung in der Kindheit, Ausgrenzung, Rachegelüste und Ähnliches stützen.

In diesem Fall scheint mir die These geradezu absurd.

Nachträglichen Hellsehern, besessenen Unheilspropheten und Verfechtern des Schon-in-dem-braven-Jungen-lauerte-das-Monster mag sie entgegenkommen, doch sie ignoriert völlig die Aussagen der unmittelbaren Zeugen, die ihre Jugend gemeinsam mit Omar verbrachten, ihn kannten und, wie gesagt, als perfekten Engländer beschreiben. Problemlos integriert in ein England, das er nie als feindlich erlebte.

Zum anderen lässt sie außer Acht, was wir über die London School of Economics wissen, in jenen Jahren ein Vorbild an Liberalität, Weltoffenheit, mit einem Interesse für andere Kulturen, an theoretischer und gelebter kosmopolitischer Gesinnung und Toleranz: Zählte sie den Archiven der Islamic Society zufolge in den Jahren 1992/93 nicht über hundert muslimische Studenten? Wie konnte Omar sich als geächteter Außenseiter betrachten, wenn doch über die Hälfte der Studenten nachweislich außerhalb von England geboren war und alle möglichen Religionen ausübte?

Doch vor allem ist sie absurd, weil die Tatsachen eben für

sich sprechen. Diese mögen unangenehm, wenn nicht gar schockierend sein, aber leider sind sie einfach nicht zu leugnen. Gesetzt den Fall, man müsste Omars Wandel präzise datieren und den Moment, der sein Leben umkrempelt und den unorthodoxen, moderaten Muslim dazu bringt, seinen islamischen Hintergrund und seine Kontakte zum Westen als Gegensatz zu empfinden; angenommen, man will das Ereignis, das ihn glauben lässt, inzwischen trenne ein gnadenloser Krieg diese beiden Welten und es sei seine Pflicht, Partei zu ergreifen – wer sich die Mühe macht, anzuhören, was Omar selbst immer wieder zu diesem Thema sagte und schrieb, vor allem in jener Passage seines Tagebuchs, wo er erklärt, allein die Erinnerung an das vergewaltigte junge Mädchen in *Destruction of a Nation* habe ihn noch Jahre später bis ins Mark schockiert, der stößt auf ein ganz bestimmtes Ereignis: den Bosnienkrieg.

Seit er beschlossen hat, nach Bosnien zu fahren, ist Omar nicht mehr derselbe.

Er spielt immer noch Schach.

Er bestreitet weiter seine Turniere im Armdrücken und tritt im Dezember sogar als Mitglied der britischen Nationalmannschaft an, die zur Weltmeisterschaft in Genf eingeladen ist.

Doch er ist nicht mehr mit dem Herzen dabei.

Im Geiste ist er schon dort unten in Sarajevo, das ihn laut Pittal und Saquib bereits voll und ganz in Anspruch nimmt.

Wenn er noch eine öffentliche Schachpartie bestreitet oder eine Herausforderung im Armdrücken auf der Estrade der Cafeteria annimmt, dann nur unter der Bedingung, dass das Publikum hohe Einsätze macht und der Gewinn nach Bosnien geht.

Er, der seine berufliche Zukunft ohne Bedenken der Finanzwelt verschrieben und schon in seinem letzten Jahr auf der Forest School eine kleine, amateurhafte Aktiengesellschaft auf die Beine gestellt hatte, hält seinen Freunden nun Vorträge über die islamische Ökonomie, Mohammeds Verbot zinspflichtiger Kredite und wie es sich durch bestimmte Finanzgeschäfte umgehen lässt.

Er, der seinen Kameraden zufolge vom Koran nur das wusste, was man in einer assimilierten englischen Familie weiß, also so gut wie nichts, zitiert ihn neuerdings bei jeder Gelegenheit und stellt sich und anderen Grundsatzfragen: Hat ein Muslim das Recht, sich auf seiner Pilgerreise zu bereichern? Wie kann man eine Bank betreiben, ohne die Scharia zu verletzen? Wie unterscheidet eine Sure die gute von der gottlosen Finanzwelt? Oder wie rechtfertigt eine andere, dass man sich dem herrschenden Trend der »Zukunftsmärkte« entzieht, der die City überschwemmt und mit dem alle Karriere machen wollen?

Er liest »Islam and the Economic Challenge« eines gewissen Umer Chapra.

Er liest eine Textsammlung mit dem Titel »Origin of Islam Economics« von Abu Yusuf, Abu Ubaid, Ibn Taimiyya und Al-Mawardi.

Er sieht *Die Einladung,* einen Dokumentarfilm der BBC über die Integration der Muslime in Großbritannien, der ihn sehr wütend macht.

In Wahrheit steckt er seine ganze Energie in diese Reise nach Bosnien. Sie ist das Einzige, woran er denkt, das Einzige, das ihn beschäftigt. Er geht nur noch zur Universität, um von seiner Reise zu erzählen, die Idee des Convoy of Mercy zu verbreiten und seine Mitstudenten zu überreden, Geld, Decken und Lebensmittel zu sammeln. Von dieser Reise wird er nicht mehr zurückkehren.

Er bleibt an der London School eingeschrieben, taucht jedoch nach den Osterferien nicht wieder auf.

Im September immatrikuliert er sich für das nächste Jahr, oder seine Familie tut es für ihn, doch er lässt sich immer noch nicht blicken.

Wo ist Omar? Was macht er? Stimmt es, dass er sich bei der bosnischen Armee verpflichtet hat? Ist er tot? In serbischer Gefangenschaft? Kriegsfürst? An der Universität kursieren wilde Gerüchte. Die Legendenbildung ist in vollem Gange. Muslime und Andersgläubige, alle sind gleichsam fasziniert vom Los dieses netten, vollkommen englischen jungen Mannes, der sich wie ein zweiter Lawrence oder wie der Handelsagent Kurtz aus Joseph Conrads »Herz der Finsternis« auf diesem fernen Schauplatz verirrt hat.

Nur Saquib wird ihn wiedersehen. Ein einziges Mal, im September 1993. Vielleicht war es auch im Oktober, das weiß er nicht mehr. Eines Nachmittags kam Omar überraschend in den Three Tuns Pub, wo er in früheren Zeiten Wettkämpfe im Armdrücken ausgefochten hatte. Doch er ist nicht mehr derselbe Omar wie früher. Ich habe noch nie erlebt, dass ein Mensch sich innerhalb kurzer Zeit so verändern kann, sagt Saquib. Schon äußerlich ist er ein anderer. Dieser Bart. Er hat sich den Bart der Mudschahidin wachsen lassen, gerade so groß wie eine Handfläche. Er trägt die traditionelle pakistanische Hose. Sein Blick ist nicht mehr derselbe. Und seine Stimme auch nicht. »Was machst du noch hier?«, fragt er Saquib, während sie wie früher untergehakt die Houghton Street entlanglaufen. »Wie kannst du weiter den Vorlesungen dieses dämlichen Fred Halliday lauschen, während die Bosnier in Massen sterben?« Und als Saquib ihn fragt: »Was wäre denn die Alternative? Was soll ich denn sonst tun?«, gibt der neue Omar ihm eine Antwort, die ihn zunächst ein wenig überrascht und ihm rückblickend das Blut in den Adern gefrieren lässt: »Kidnapping, Leute entführen und sie erst wieder freilassen, wenn die internationale Gemeinschaft etwas zugunsten von Bosnien unternimmt, das sollst du tun. Zum Beispiel da drüben ...« Er zeigt zu dem Gebäude der indischen Botschaft auf der anderen Straßenseite. »Man könnte den indischen Botschafter entführen.« Dann, mit einer Geste zur Universität: »Oder noch einfacher: den Sohn eines pakistanischen Ministers. Ich habe mich genau informiert, der wird irgendwann dieses Jahr hier anfangen.«

4

Rückkehr nach Sarajevo

Ich bin nach Sarajevo gefahren.

Ich habe die Einladung zu einem literarischen Kolloquium des Centre André Malraux ausgenutzt, um in das Bosnien zurückzukehren, das diesem Mann und mir gleichermaßen am Herzen liegt.

Ich habe mit meinem Freund Jorge Semprún über die Identität und die Zukunft Europas debattiert. Ich habe die Insel Hvar in Kroatien entdeckt, gemeinsam mit meinem alten Kumpel Samir Landzo. Samir ist dünn geworden. Melancholisch. Im Bosnien von heute ist es nicht mehr angesagt, Veteran zu sein, sagt er. Das ist kein Vorteil mehr, sondern ein Nachteil. Kein Pluspunkt, sondern etwas, das nicht gern gesehen wird. Sarajevo hat sich verändert, weißt du! Du wirst nichts mehr wiedererkennen! Jetzt haben die Drückeberger das Sagen, Profitmacher, Leute von auswärts. Diejenigen, die jetzt am Ruder sind, haben selber nie gekämpft, und dafür hassen sie uns Männer der ersten Stunde.

Vor Gericht war das ganz eindeutig. Mein Anwalt wollte meine Vergangenheit als entlastendes Argument anführen: »Ein Widerständler, ein Held, der kann das, was ihm vorgeworfen wird, nicht getan haben.« Er wollte Zeugenaussagen einbringen, deine zum Beispiel: »Samir L. war einer der wichtigsten Verteidiger der Stadt, dieser junge Mann war einer von jenen, die sofort den richtigen Reflex hatten, und Leuten wie ihm hat Sarajevo es heute zu verdanken, dass ... und so weiter.« Danach war es fast noch schlimmer. Er lacht. Wir lachen. Wie immer, wenn wir uns wiedersehen, erinnern wir uns gemeinsam mit seiner Frau Suzanne an jene düsteren Zeiten – die irgendwie auch schöne Zeiten waren –, als wir die Tage im Schein von Feuerzeugen zubrachten, an die Gräben, an jene Nacht vor der siegreichen Offensive auf Donji Vakuf, in der wir uns zu dritt oder viert die Zeit damit vertrieben, vorauszusagen, in welcher Reihenfolge die Sterne aufleuchten würden – nach dem Motto: Ach ja, wir kennen unser Bosnien so gut ...

Doch auf dem Kolloquium, bei Samir, in den Hügeln rings um die Stadt, die ich jedes Mal besteige, in der alten und der neuen Stadt, an dem renovierten PTT Building, in der immer noch zertrümmerten Bibliothek – in der ich Ismet Bajramovic, alias Celo, den Boss von Sarajevos Unterwelt mit seiner Ray-Ban-Brille, seinen Ohrringen, seinem braunen Filzhut im Nacken und seiner goldenen Weste wohl bis in alle Ewigkeit durch den Schutt irren sehen werde –, im Holiday Inn, vor der Bar in der Marsala-Tita-Straße, in der eines Morgens ein Mann zu bellen begann, beim Anblick all der Männer und Frauen, die sich an ihre Krücken gewöhnt haben, geht mir in Wirklichkeit nur eins durch den Kopf: Ich befinde mich nicht in dem Bosnien von heute, sondern in dem von gestern. Und nicht einmal in *meinem* Bosnien von gestern, sondern in dem Bosnien von Omar, in jenen Tagen im April oder Mai 1993, in denen ich ihn hätte treffen können, sollen, damals, als ich selbst hier war.

Was tut er? Wen sieht er? Split, Kroatien, schön und gut – aber dann? Mostar? Sarajevo? Was macht der Musterstudent nach seiner Ankunft? Trifft er sich mit Kemal? Mit dem Präsidenten? Wird er, wie ich, Zeuge des militärischen und moralischen Rucks, der durch die Bosnier geht? Sieht er zu, wie aus Lämmern Wölfe werden, aus Opfern Krieger, die sich Schlag auf Schlag rächen, an den beiden Fronten – serbische Faschisten auf der einen Seite, kroatische Milizen auf der anderen –, an denen sich der Krieg jetzt abspielt?

Ich habe Amir getroffen, den Mann des bosnischen Geheimdienstes, mit dem ich, ebenfalls 1993, tot geborene Pläne zur Waffenbeschaffung über die Türkei schmiedete und der eine Kartei über einen Pakistani namens Omar Sheikh besitzt. Allerdings wurde der fünf Jahre vor meinem Omar geboren und kam im Februar her – ist es derselbe?

Ich habe Izetbegovic wiedergesehen, in seiner Rentnerwohnung am Stadtrand von Sarajevo. Ein bescheidenes Haus, nur eine Wache am Anfang der Straße. Davor parkt der Dienstwagen, ein Twingo. Einfache Möbel. Auf einem Tisch Medikamente. Bücher. Von mir »Le lys et la cendre«, in bosnischer Übersetzung. Eine Aktentasche aus schwarzem Kunstleder, von der er mit wissendem Lächeln behauptet, ich hätte sie ihm geschenkt – ich wüsste nicht, wann, wage aber auch nicht nachzufragen. Sie sehen besser aus, sage ich. Anders als letztes Mal, da sahen Sie ein bisschen aus wie Mitterrand, hahaha! Aber Sie sollten sich dennoch untersuchen lassen. Sie müssen nach Paris kommen und meinen Freund Dr. C. sehen. Er: Nein, nein. Seine Tochter Sabrina: Ja. Es macht ihr Angst, ihn so blass zu sehen, so müde, seine großen blauen Augen, die jetzt sein Gesicht dominieren. Ich spüre, dass sie nichts gegen einen Kontakt zu Dr. C. einzuwenden hätte. Doch er, mit einem Lächeln: »Nein, das hat doch keinen Sinn, irgendwann hat man seine Zeit gehabt und muss sich in die Hände Gottes begeben. Aber Sie? Warum sind Sie gekommen, worüber wollen Sie mit mir reden? Sie sind doch sicher nicht hier, um sich mit mir über mein Herz und meine Gesundheit zu unterhalten? Omar, sagen Sie? Omar Sheikh? Oh! Das ist lange her. Wozu die alten Geschichten wieder aufwärmen? Ich weiß, die internationale Gemeinschaft macht viel Aufhebens um die Ausländer, die in den ersten beiden Kriegsjahren auf unserem Boden gekämpft haben. Aber Sie kennen die Wahrheit. Sie wissen, dass es nur eine Hand voll war und ich alles getan habe, um sie fern zu halten. Seien wir ganz offen, Sie kennen die Situation: Bosnien hat keinen Zugang zum Meer. Woher sind sie gekommen, diese Kämpfer? Wer hat sie denn reingelassen? Wissen die Leute zum Beispiel, dass es in Slowenien Trainingslager gab? Wie soll man ihnen begreiflich machen, dass die große Moschee in Zagreb, unter der Führung von Sefko Omerbasic, uns regelmäßig Anwärter für den Dschihad schickte?«

Doch ich insistiere, sage ihm, dass ich dieses Buch schreibe, dass es wichtig für mich ist zu wissen, und er beginnt in seinem Gedächtnis zu suchen, wendet sich an Kemal, dann an seinen Sohn, die dem Gespräch beiwohnen und bis jetzt noch nichts gesagt haben: Ja, er erinnert sich, ganz vage. Vielleicht nicht gerade an meinen Omar, aber an eine Gruppe junger Pakistanis, die damals aus London kamen und ihm eine Brigade ausländischer Soldaten vorschlugen. Das war in der Gegend von Tuzla, doch er meint sich zu erinnern, dass es Schiiten waren. Ist das möglich? Könnte es sein, dass mein Omar Schiite war?

Nein, antworte ich. Auf keinen Fall. Im Gegenteil, er war ein erklärter Feind der Schiiten. Aber warten Sie! Eine Sekunde! Soldaten? Eine Brigade? Und das zu einer Zeit, in der ich gemeinsam mit einigen anderen nach Genf gekommen war, um Ihnen ebenfalls die Einrichtung internationaler Brigaden vorzuschlagen? Erinnern Sie sich?

Und er, mit der Geste desjenigen, der stolz darauf ist, dass er doch Recht hatte: »Vielleicht verstehen Sie jetzt, warum ich von der Idee nicht begeistert war! Was ich Ihnen zu verstehen gab, bekamen auch die anderen zu hören: Nein, danke. Sehr liebenswürdig, aber wir haben unsere eigenen Soldaten. In Bosnien mangelt es vielleicht an Waffen, aber nicht an jungen Männern, die bereit sind, das Land mit ihrem Leben zu verteidigen ...«

Der Präsident ist erschöpft. Er atmet nicht mehr, er keucht. Sein Gesicht ähnelt wieder der durchschimmernden Maske, die Mitterrand in seinen letzten Tagen trug. Wieder einmal beschleicht mich der Verdacht, dieser bewundernswerte bosnische de Gaulle, der Mann, der vier Jahre lang an Bosnien und den Überresten seines Traumes von Bosnien festhielt, könnte ein doppeltes Spiel gespielt und mich an der Nase herumgeführt haben. Genau das war von Anfang an der Vorwurf meines Freundes R.: »Izetbegovic ... Haha! Zu komisch! Hast du ihn mal gebeten, sich zu seiner islamischen Erklärung zu äußern?« Und war Jovan Divjak, der General serbischer Herkunft, der Sarajevo verteidigt hatte, nicht derselben Meinung? Hatte er sich nicht aus diesem Grund geweigert, im letzten Präsidentschaftsjahr dieses »alten Kerls« der Zeremonie beizuwohnen, auf der ich die bosnische Auszeichnung des »Ehrenwappens« erhielt, die einzige Dekoration, die ich je akzeptiert habe und auf die ich so stolz bin? Ich verabschiede mich. Ich habe nichts erfahren.

Ich bin nach Bocinja Donja gefahren, in das alte serbische Dorf hundert Kilometer nördlich von Sarajevo, das Izetbegovic gegen Kriegsende angeblich hundert aus dem Nahen Osten stammenden Veteranen der siebten muslimischen Brigade überließ. Und hier, in diesem Dorf, in dem die Frauen schwarze Burkas tragen und die Männer einen langen Bart, in dem es verboten ist, mit Fremden zu reden und Alkohol zu trinken natürlich auch, in diesem Dorf, an dessen Eingang ein Schild mahnt: »Be afraid of Allah«, und in dem das Leben fünfmal täglich für das Gebet stillsteht, hier mache ich einen Mann ausfindig, der bereit ist, mit »Alijas Freund«, dem Regisseur von *Bosna!* zu reden. Ich habe einen einstigen Veteranen und heutigen Lehrer gefunden, der sich an einen besonders kühnen jungen Pakistani erinnert, stark wie ein Büffel, ausgezeichnet im Nahkampf, der aber auch nicht murrte, wenn es darum ging, einen Graben auszuheben oder andere lästige Arbeiten zu erledigen. Mit anderen Worten: ein prima Kerl, überdurchschnittlich intelligent, nur dieses grausame Lächeln jagte seinen Kameraden Schauer über den Rücken. Er sagte immer, von Europa dürfe man nichts mehr erwarten, das sei am Ende. Außerdem warnte er, die Munition falle nicht vom

Himmel, sie sollten sparsam damit umgehen, also mehr mit der blanken Waffe kämpfen. In England – auch daran erinnert sich der Lehrer, denn der junge Mann war ein Angeber und prahlte gern mit seinen Großtaten – war er Schachmeister, und wenn sie abends zusammensaßen, erörterte er der verblüfften Truppe sämtliche Schlachten und Strategien des Generalkommandos, als wäre all das eine riesige Schachpartie. Es ließ ihm zum Beispiel keine Ruhe, dass Bosnien eingekesselt war. In seinen Augen war Kroatien der wahre Feind, denn nur über Kroatien konnte die muslimische Nation sich einen Hafen und damit Zugang zum Meer verschaffen. Gibt es Bilder aus dieser Zeit? Fotos? Da müsste man im Militärarchiv nachsehen. Mit Sicherheit aus Gradacac, fährt der Lehrer fort. Leider war Omar unberechenbar, halt ein bisschen verrückt. Irgendwann musste die Militärpolizei ihn dann ausweisen, weil er eines Tages in einem Wutanfall ein Tschetnikgrab geschändet hatte. Ein einzigartiger Mann! Was für ein Verlust! Nur ... Ist es der Omar, den ich meine? Oder wieder nur ein Namensvetter? Wie kommt es, dass mir beispielsweise nie jemand von dieser Ausweisung erzählt hat? Und vor allem, warum beschreibt auch er ihn als Schiiten?

Schließlich bin ich nach Solin gefahren, nach Kroatien, in die Nähe von Split. In dieser schönen Stadt an der dalmatischen Küste fand ich das zweistöckige Haus, das dem Convoy of Mercy als Rastplatz, logistische Basis und Lager diente. Hier stieß ich auf die Spur der muslimischen NGO Third World Relief Agency (TWRA), die maßgeblich an der Finanzierung der fundamentalistischen Gruppierungen in Zentralbosnien beteiligt war und zu der Omar anscheinend Kontakt unterhielt. Ich erfuhr, dass er hier mit einem Dutzend arabischer Soldaten verkehrte, die sich im Afghanistan-Krieg zusammengefunden hatten und sich nun auf dem Weg nach Sarajevo befanden, sowie mit einem gewissen Abdul Rauf, ebenfalls Veteran, doch Pakistani, Mitglied der Harkat-ul-Mudschahidin und kurz zuvor aus Kaschmir angereist, der ihm ein Empfehlungsschreiben für die Vertreter der Harkat in Lahore und London gab. »Du bist kräftig«, sagte der ihm. »Du bist motiviert. Du sprichst alle möglichen Sprachen. Du kennst dich mit moderner Technik aus. Warum machst du nicht eine richtige militärische Ausbildung? Geh doch erst mal nach Afghanistan, da gibt es hervorragende Lager, und nach dem Training kommst du zurück und kämpfst mit uns gegen die Serben!« Und als Omar ihm entgegnet, er sei noch zu jung, er müsse erst sein Studium beenden, es sei schon schwer genug gewesen, seinen Vater von dieser Bosnien-Expedition zu überzeugen, und der treffe schließlich alle Entscheidungen für ihn, da antwortet ihm Abdul Rauf: »Wir werden mit deinem Vater reden. Ich werde ein Gespräch zwischen ihm und Maulana Ismail, dem Imam der Clifton Moschee, organisieren. Das ist ein heiliger Mann, der ist daran gewöhnt, junge englische Muslime in unsere Lager in Afghanistan zu führen, der wird schon die richtigen Worte finden und ihn überreden, da bin ich sicher. Es macht einer Familie Ehre, wenn einer ihrer Söhne nutzlosen Studien den Rücken zukehrt und sein Leben dem Dschihad widmet.« Hier in Solin beschloss Omar, sich einen Bart wachsen zu lassen.

Es gibt verschiedene Erklärungen dafür, warum die Informationen so mager, so ungenau und bisweilen so widersprüchlich sind.

Erstens ist Omar zu diesem Zeitpunkt noch nicht der, der er einmal sein wird. Er führt ein unauffälliges Leben. Folglich hinterlässt er nur unauffällige Spuren. Kein Archivmaterial, das ist normal. Omar ist nach Sarajevo gefahren, er hat gekämpft, doch er ist noch viel zu unbedeutend, als dass irgendetwas davon bliebe.

Der zweite Grund ist Asad Khan, der Organisator des Convoy of Mercy, dessen Adresse ich in London ausfindig machen konnte. Zehn Jahre später ist er der Chef einer regierungsunabhängigen Organisation, die ihre Hilfskonvois nicht mehr ausschließlich nach Bosnien schickt, sondern zu allen Schauplätzen der »muslimischen Misere« (sic!). Er empfängt mich eines Abends in seinem Büro im Osten von London, wo er schon zu Omars Zeiten residierte. Er erzählt mir von seinem Engagement für die Tschetschenen und die anderen modernen Märtyrer des Krieges der Kulturen. Er klagt, wie sehr es seiner Vereinigung schadet, mit dem Werdegang eines Terroristen in Verbindung gebracht zu werden: »Wissen Sie, dass ich seit Jahren keinen Fuß mehr auf pakistanischen Boden setzen konnte, aus Angst, wegen meiner einstigen Kontakte zu Omar verhaftet zu werden? Wissen Sie, dass mein Name sogar in dem Protokoll auftaucht, das die indische Polizei 1994 bei seiner Vernehmung aufnahm? Und können Sie sich vorstellen, dass ich in diesem Protokoll an oberster Stelle einer Liste aller Terroristen aus Kaschmir und Pakistan bin, mit denen Omar in England in Verbindung stand?« Dann äußert Asad eine These. Er hat eine Erklärung und bittet mich inständig, sie anzuhören und wiederzugeben, denn er hat die Schlussfolgerungen der Presse wirklich satt. »Omar hat uns in Kroatien bis Solin begleitet, wo der Konvoi seine Basis hatte. Doch unterwegs ist er krank geworden. Keine Grippe. Eine Art Seekrankheit. Übelkeit und Durchfall. Will den Starken markieren und den Bosniern helfen und hat nicht den geringsten Mumm in den Knochen, ein Weichling, ein Klotz am Bein. Wenn man sich in Sarajevo so schlecht an ihn erinnert und es Ihnen so schwer fiel, irgendeine Spur von ihm zu finden, dann liegt das einzig daran, dass dieser tapfere Held und Möchtegern-Dschihadi, der von Großtaten, Blutbädern und dem Märtyrertod träumte, am Morgen der Abreise aus Solin schlicht nicht aus dem Bett kam und uns allein fahren ließ! Omar ist gar nicht bis nach Bosnien gekommen, so sieht es in Wirklichkeit aus. Nie. Wir anderen sind nach Jablanica, bei Mostar, gefahren und haben dort unsere Laster mit Lebensmitteln und Kleidung ausgeladen. Auf der Rückfahrt haben wir den Kranken in Solin wieder aufgepickt und nach England transportiert. Ein absoluter Reinfall. Eine Schande. Eine lächerliche Figur gab er ab. Aber so ist es halt. In den Monaten darauf kam er drei- oder viermal zu mir, genau in diese Räume. Er hatte ein so schlechtes Gewissen, dass er immer einen kleinen Scheck mitbrachte, fünfzig oder sechzig Pfund, hier, das ist für den Konvoi, nochmals Entschuldigung, tut mir wirklich Leid …«

Mir ist schon klar, warum Asad Khan mir so einen Vortrag hält. Natürlich ist es für ihn von entscheidender Bedeutung, sich von Omars Schicksal zu distanzieren und das Gerücht zu zerstreuen, er und diese Reise könnten etwas mit alldem zu tun haben. Doch irgendetwas in seinen Ausführungen klingt echt. Aufrichtig. Obwohl er insgesamt ziemlich unglaubwürdig ist, muss ich gestehen, dass er mich ins Wanken bringt. Eigentlich ist es nur ein Detail. Ein winziges Detail. Als ich einige Monate später noch einmal in Split war, schaute ich die kroatischen Zeitungen von damals durch und entdeckte, dass in jenen Wochen, vielleicht sogar genau an diesem Tag, in Solin, wo Omar laut Asad Khan zurückgeblieben war, ein Schachturnier zwischen zwei internationalen Meistern stattfand, Ivan Ljubicic und Slobodan Kovacevic. Bestätigt das eine das andere? Könnte es sein, dass Omar seine Schachleidenschaft über Bosnien stellte? Dass er den Kranken spielte, weil er ein gewagtes und großartiges Gambit miterleben wollte? Das wäre unglaublich. Aber wer weiß …

Die dritte Erklärung liefert Saquib, sein Freund von der London School of Economics, der sichtlich erstaunt ist, als ich ihm Asad Khans Behauptung erläutere. »Das kann ich nicht glauben«, sagt er. »Ich sehe ihn noch so deutlich vor mir, im Oktober, auf den Gängen der London School und dann auf der Houghton Street, wo er mir vorschlug, den indischen Botschafter und den Sohn eines pakistanischen Ministers zu entführen. Es kommt mir vor, als wäre es gestern gewesen, dass er mir von seinen Kämpfen in Bosnien erzählte.« – »Hat er wirklich ›Kämpfe‹ gesagt?« – »Ja, das hat er, kein Zweifel. Und ich kann mir nicht vorstellen, dass er mich angelogen hat.« –

»Das heißt?« – »Das heißt, es gibt nur eine Erklärung«, folgert Saquib. »Es gab nicht eine Reise nach Bosnien, sondern zwei ...« Anders ausgedrückt, eine Reise, die sehr wohl vor den Toren des gelobten Landes endete, wie Asad Khan es behauptet. Und eine andere, kurze Zeit später, ohne Khan und Convoy of Mercy, nur er, Omar, der das Scheitern der ersten Reise wieder gutmachen will und diesmal an sein Ziel gelangt. Natürlich spreche ich Asad noch einmal darauf an. Ich frage ihn: »Was halten Sie davon? Was sagen Sie zu der Möglichkeit, dass Omar noch einmal ohne Sie nach Bosnien zurückgekehrt ist?« Asad überlegt. Nickt. Und bestätigt Saquibs Ansicht: »Ja, warum nicht? Omar wird nicht gelogen haben. Vielleicht gab es eine zweite Reise ohne mich.«

Und schließlich gibt es noch eine dritte These. Den Mittelweg. Ein Zwischending aus den beiden anderen. Letzten Endes ist diese Hypothese die plausibelste und allemal am besten geeignet, die Verfechter der goldenen Legende mit jenen der schändlichen Fehlleistung miteinander zu versöhnen ... Aber nein. Mit der letzten Vermutung werde ich noch warten. Ich werde sie später verraten, zu dem Zeitpunkt meiner Recherche, wo sie sich mir tatsächlich eröffnete.

Vorläufig zählt einzig und allein die Tatsache, dass Omar, was auch immer er getan hat, ob er in Mostar oder Sarajevo war oder nicht, ob er gekämpft hat oder nicht, ob der Mann aus Bocinja Donja Märchen erzählt oder ob Asad Khan die Geschichte neu erfindet, um sich aus der Verantwortung zu ziehen, was also zählt, ist, dass die Sache mit Bosnien nach Omars eigenem Bekunden, und in diesem Punkt haben seine Aussagen sich nie geändert, auf jeden Fall alles Weitere entscheidet. Anders ausgedrückt: Die Entdeckung einer Welt, in der die muslimische Religion ein Verbrechen ist und in der ein anderes Schicksal für den europäischen Islam möglich scheint, hat den einst sorglosen jungen Briten zutiefst erschüttert. Es steht außer Zweifel, dass hier ein Musterstudent, ein Engländer, ein kosmopolitischer junger Mann, der in seinem islamischen Hintergrund und seinen Kontakten zum Westen durchaus keinen Widerspruch sah, an einem ganz bestimmten Ort in den Wahn abgleitet.

Und diese Tatsache macht mir allerdings sehr zu schaffen.

Damit wir uns richtig verstehen.
Im Grunde überrascht mich das nicht.
Ich habe in der Tat immer von den ausländischen Kämpfern in Bosnien gewusst.

Ich sah sie in Donji Vakuf, sonderbare, verstörte Männer, die ohne sichtliche Angst dicht an der serbischen Front entlangliefen wie Roboter.

Ich sah sie in Mehuric, bei Travnik, der Stadt von Ivo Andric, in Zivinice, Bistricak und Zeljezno Polje in der Region Zenica, auf Igman, wo eine »Internationale Brigade« am 23. August 1994, zum Zeitpunkt einer meiner letzten Reisen, das Dorf Babin Do befreite, und in Sarajevo selbst, in dem Vorort Dobrinja, wo eine Einheit von fünfzig Männern, die so genannte Suleiman Fatah, in den düstersten Stunden der Belagerung, im April und Mai 1993, an der Verteidigung des Viertels mitwirkte.

Von Izetbegovic persönlich, der die Information bei der Landung des kleinen Flugzeugs erhielt, das uns im April 1993, auf dem Höhepunkt des Krieges gegen die Kroaten, nach Rom zum Papst brachte, wusste ich, dass eine Brigade ausländischer Soldaten, die 7. Brigade des 3. Korps der offiziellen Armee von Bosnien-Herzegowina, sich auf kroatischem Gebiet, in den Marktflecken Dusina, Vitez, Busovaca und Mileticki schrecklicher Verbrechen schuldig gemacht hatte. An anderer Stelle habe ich erzählt, wie ich für seinen Führungsstab, und dann für die Presseagentur, ein Kommuniqué entwarf, in dem ich die »Hand voll irregeleiteter Soldaten«, die durch ihre Gräueltaten der bosnischen Sache geschadet hatten, gnadenlos verurteilte.

Ich wusste auch sehr früh um die zweifelhafte Rolle angeblich karitativer muslimischer Hilfsorganisationen wie der

Muassasat al-Haramain al-Khairiya, »Mildtätige Einrichtung der beiden heiligen Moscheen«, zu der ich im Frühjahr 1993 in Zagreb Kontakt aufnahm, weil ich erfahren hatte, dass sie einer der Kanäle war, durch die vor aller Augen und vor allem mit dem Wissen der kroatischen Autoritäten die finanziellen Hilfen für das berüchtigte »Mudschahidin-Bataillon« von Zenica flossen. (Dies nur am Rande: Spricht das nicht dafür, dass Präsident Izetbegovic nicht Unrecht hatte, als er sagte, die ausländischen Kämpfer seien nicht vom Himmel gefallen, denn um nach Sarajevo zu gelangen, müssten sie zuverlässige Unterstützung nicht von Seiten der Bosnier, sondern in diesem Fall von den Kroaten bekommen haben?)

Als ich eines Tages in Travnik in den Büros des Führungsstabs von Izetbegovic das Archivmaterial für meinen Film *Bosna!* sichtete, stieß ich sogar auf ein Dokument über das 7. Armeekorps, das der Archivar versehentlich auf einer Kassette hatte herumliegen lassen. Darauf sah man arabische Mudschahidin mit ihrem langen, hennagefärbten Haar, gebändigt von einem grünen Band, die mit den Schädeln serbischer Soldaten Fußball spielten.

Ich will hier nicht reden von all den Vorfällen, die mir nur zu Ohren kamen, die ich aber nicht persönlich bezeugen kann, wenngleich ich ihnen aufgrund der Quellen ein Stück weit Glauben schenken muss: Ein weiteres Sonderkommando desselben 7. Korps treibt sein Unwesen in der Region des Vlasic-Bergs; eine Einheit von Tunesiern und Iranern marschiert in der Nähe des Dorfes Bistricak auf, nicht weit vom Hauptquartier der 33. Division der regulären Armee; eine andere soll sich in der Gegend von Banovici an der Offensive auf Vozuca beteiligt haben; die siebzig pakistanischen und kuwaitischen »schiitischen Söldner« von Tuzla; das Sonderkommando der Revolutionswächter, das im Mai 1994 aus dem Iran gekommen ist, um in den Mudschahidintruppen für »religiöse Sittsamkeit« zu sorgen; im *TIME Magazine* 1992, und später in der arabischen Tageszeitung von London, *Al-Sharq al-Awsat*, erscheint ein Interview mit Abu Abdel Aziz, einem in Kaschmir ausgebildeten Warlord, der inzwischen Oberbefehlshaber über alle in Bosnien stationierten ausländischen Soldaten ist.

Ich will auch nicht von der Zeit nach dem Krieg reden, von all den »Ausländern«, die – obwohl sie nach dem Abkommen von Dayton dazu verpflichtet waren, das Land zu verlassen – sich in Bosnien niederließen, heirateten und Familien gründeten, die bosnische Staatsangehörigkeit annahmen und, hätte sich die Gesellschaft nicht dagegen gewehrt, Sarajevo zur Drehscheibe des islamischen Terrorismus hätten machen können: Da ist im September 1997, in Verbindung mit bewaffneten algerischen Gruppen, das geplante Attentat auf den Papst; zwei Jahre zuvor die Autobombe, gedacht als Vergeltung für die Todesstrafe, mit der die Vereinigten Staaten Sheikh Omar Abdel Rahman verurteilten, den Kopf des ersten Anschlags auf das World Trade Center; 1998 die Geschichte des Algeriers Belkacem Bensayeh, der einen zeitgleichen Angriff auf die amerikanische Botschaft in Sarajevo und die Stützpunkte der internationalen Streitkräfte vorbereitete; der Fall von Imad el-Misri, einem Bin Laden nahe stehenden Ägypter, der im Juli 2001 in Ilidza, einem Vorort von Sarajevo, verhaftet wurde und einen bosnischen Pass bei sich trug; und schließlich Bosnien-Veteranen wie Jasin el-Bosnevi aus Sarajevo und Almir Tahirovic aus Novi Travnik, die sich in Tschetschenien unter die Fundamentalisten reihten und dort meist ihr Leben ließen.

Kurzum, für die wenigen Intellektuellen, Journalisten und karitativen Helfer, die vom ersten Tag an für ein militärisches Einschreiten des Westens plädierten, war die Sache mit den ausländischen Soldaten immer ein offenes Geheimnis.

Sie ändert nichts an der sehr toleranten, gemäßigten und, um es klar auszusprechen, europäischen Ausrichtung des bosnischen Islam, den man in Sarajevo, aber auch in Zentralbosnien sehen konnte: Frauen ohne Schleier, Alkohol in den Cafés, unorthodoxe Lebensgewohnheiten. Den ausländischen

Muslimen mit ihren strengen Regeln und Gebeten begegnete man hier mit dem unverwüstlichen Zynismus derer, die nicht sterben wollen und, von allen verlassen und ganz auf sich selbst gestellt, jede hilfreiche Hand ergreifen.

Entgegen aller Behauptungen blieb die Anwesenheit dieser Soldaten, so befremdlich sie auch war, nebensächlich und auf bestimmte Landesgebiete begrenzt; die Moral, die Gesinnung und das Funktionieren der Armee von Bosnien-Herzegowina beeinflusste sie in keiner oder in viel geringerer Weise, als unterstellt wurde. Es gab serbische und kroatische Offiziere, die in einigen Fällen überwiegend muslimische Truppen anführten; natürlich gab es Imame, doch nicht mehr als Militärgeistliche in einem französischen Regiment. Und es gab das 7. Korps von General Alagic, der in seiner Eigenschaft als Befehlshaber vieler dieser Einheiten deren Kriegsverbrechen deckte, den ich jedoch oft genug sah, um bestätigen zu können, dass es sich keinesfalls um ein islamistisches oder fundamentalistisches Korps handelte. Was Izetbegovic selbst angeht, so kannte ich seine Vergangenheit. Wie die Bosnier nahm auch ich zur Kenntnis, dass er die Unterstützung der »Araber«, denen er weder wohl gesonnen war noch traute, skrupellos in Anspruch nahm. Andererseits konnte ich mit ihm ohne weiteres über Salman Rushdie und dessen Engagement für die bosnische Sache reden. Auch war es mir sehr leicht gefallen, ihn, den frommen Muslim, der erst am selben Tag aus Riad zurückgekehrt war, davon zu überzeugen, mit uns zu kommen, um Margaret Thatcher, den spanischen König und vor allem den Papst zu treffen. Ich sah und sehe ihn noch vor mir, wie er nach seinem Gespräch mit Johannes Paul II. seltsam in sich gekehrt in der Maschine sitzt, einer Mystère 20, die François Mitterrand, sei es aus Schlauheit oder aus Fairness, nach Rom geschickt hatte, um uns nach Frankreich und von dort aus weiter nach Sarajevo zu bringen. Hatte der heilige Mann ihn nachdenklich gestimmt? Welcher Fundamentalist lässt sich vom Oberhaupt der katholischen Kirche derart berühren und erschüttern? Wenn mich der Zweifel packte, wenn ich in Frankreich für meine Unterstützung des Verfassers der »Islamischen Erklärung« Spott erntete, erinnerte ich mich an das Unbehagen, das ich in einem Pariser Kino im Quartier Latin nach einer *Bosna!*-Vorführung zu seinen Ehren empfunden hatte. Freiheit für Bosnien-Herzegowina, riefen die Pariser Bosnier. Freiheit für Bosnien-Herzegowina! Nein, brummten einige seiner Berater, die Formulierung »laizistischer Islam« in dem Kommentar mögen wir überhaupt nicht. Und ich erinnere mich, wie Izetbegovic damals vermittelte: »Bernard-Henri Lévy hat Recht! Vielleicht müssen wir die Idee eines laizistischen Islam doch konsequent verfolgen.« Ein Konservativer. Vielleicht ein Nationalist. Der jedoch in der entscheidenden Frage der multikulturellen Identität Bosniens nie nachgab, die er verteidigte und die uns miteinander verband – ihn, den gebildeten Muslim und feinsinnigen Koranleser, und mich, einen Franzosen, aber auch einen Juden und Israel-Freund, der niemals, unter keinen Umständen, verleugnete, wer er war und was er dachte. Wie oft haben wir friedlich über das jüdische Schicksal und Mysterium und über die Israel-Frage diskutiert! Und wie oft hörte ich ihn – mit diesem Anflug von Melancholie, die ihn überkam, sobald seine Aufgabe als Kriegsherr ihm die Gelegenheit gab, nachzudenken und zu plaudern – zu seinem, ich sollte sagen, zu unserem Bosnien sagen: »Ich könnte mich mit einem kleinen Bosnien zufrieden geben. Ich könnte der Teilung zustimmen, die die ganze Welt, vom Westen bis zu Milosevic, offenbar fordert und die im ersten Moment für Frieden sorgen würde. Ich könnte eine Zufluchtsstätte für alle in der Region verfolgten Muslime errichten. Ich weiß, dass mich alle für einen alten Dickschädel und einen Träumer halten. Aber ich gebe meinen Wunschtraum von einem multikulturellen und kosmopolitischen Bosnien nicht so leicht auf!«

Immer wieder überlege ich, ob ich die Existenz dieser Soldaten damals klarer ansprechen, sie entschiedener verurteilen und in »La lys et la cendre« stärker auf sie hätte eingehen müssen. Kann sein, dass ich in diesem Fall jenem klassischen Syndrom – dessen Folgen ich bei anderen so oft beklagt habe – des Intellektuellen erlegen bin, der sich nicht die ganze Wahrheit zu sagen traut, aus Angst, der Sache, der er dienen will, zu schaden. Dennoch glaube ich noch heute, dass ich, dass wir Recht hatten. Die Tatsache, dass es in Bosnien Islamisten gibt, durfte uns nicht davon abschrecken, zu intervenieren. Im Gegenteil: Je länger wir zögerten, desto mehr Islamisten würden herbeiströmen. Es liegt in der Natur der Politik, die Leere zu fürchten. Wenn wir nicht eingreifen, tun es die Islamisten, die nichts mit der bosnischen Zivilisation zu tun haben, und nutzen die Verzweiflung der im Stich gelassenen Bevölkerung aus, um auf dem Balkan Fuß zu fassen.

Kurzum, wie immer tritt etwas Neues in Form eines Individuums, eines Einzelschicksals in Erscheinung.

Dieses neue und überaus beunruhigende Element ist die Vorstellung, dass ein Mensch, ein einzelner Mensch just an den Orten, die in meinen Augen Sinnbild für das Mutige schlechthin waren, so verhängnisvoll abgleitet.

Ein Mann begibt sich in die europäische Metropole des Schmerzes. Sarajevo. Die Gründe für diesen Schritt müssen sich zunächst nicht unbedingt von denen unterscheiden, die zur selben Zeit Menschenrechtskämpfer überall bewegten, die in der Bosnien-Frage den großen europäischen Beweis für das Ende des 20. Jahrhunderts sahen, den Vormarsch des Faschismus, den Spanischen Bürgerkrieg unserer Generation und vieles mehr. Nur führen noble Motive mitunter zu völlig unterschiedlichen Konsequenzen. Genau an diesem Punkt konvertiert Omar zum Islam und zur Gewalt.

Der Teufel steckt nicht im Detail, sondern in den großen Fragen der Geschichte.

5

Ein Porträt ergibt das andere

Ich habe alles getan, um Omar in Pakistan zu sprechen.

Ich habe Kontakt zu seiner Familie aufgenommen, die mich an seine Rechtsanwälte verwies. Zu seinen Anwälten, die mir den Rat gaben, mich an den Präsidenten des Obersten Gerichtshofes zu wenden.

Im November 2002 erfuhr ich bei der Polizei: »Ja, warum nicht? Sie müssen nur nach Hyderabad fahren und mit dem Gefängnisdirektor verhandeln.« Also fuhr ich zum Gefängnisdirektor und bekam zu hören: »So einfach ist das nun auch wieder nicht. Omar wurde gerade nach Mansoor Ward in den Hochsicherheitstrakt verlegt, nur Minister Moinuddin Haider kann Ihnen die Besuchserlaubnis erteilen.«

Ich habe um eine Unterredung mit dem Minister gebeten.

Ich habe ihm gesagt: »Wie ich höre, lieben Sie die Literatur? Ich bin Schriftsteller und arbeite an einem Roman über Pearl und Omar. Deshalb muss ich Omar unbedingt treffen.«

Der Minister hat mich angehört. Er hatte ein verschmitztes, altmodisches Gesicht, eine Mischung aus Claudel und Saint-John Perse, das sich von einem Moment zum anderen verändern konnte. Erst übertriebene Freundlichkeit, und wenn er sich unbeobachtet fühlte, blitzte darin ganz plötzlich mörderische Brutalität auf und sein Blick verriet, dass er davon träumte, irgendwer würde ihn endlich von den Ausländern erlösen, die ihm ständig mit dieser verdammten Pearl-Affäre auf die Nerven gingen. Im Übrigen hat er mir das auch ganz offen gesagt: »Was? Einen Roman über Pearl und Omar? Seit wann schreibt man über solche Menschen Romane? Ist die französische Literatur, die ich eigentlich immer sehr geschätzt habe, so tief gesunken, dass sie sich nun von solchen Dingen inspirieren lassen muss?« Aber gut. Immerhin hat er mich angehört. Da ich hartnäckig auf meiner Überzeugung bestand, die Literatur könne aus einer realen Begebenheit ein wahres Kunstwerk schaffen, machte er sich sogar Notizen. Leider käme ich zur Unzeit, sagte er. Die Wahlen hätten gerade stattgefunden. In einer Stunde würde die Regierung zurücktreten. Er müsse mich unbedingt Hauptmann Javed Iqbal Cheema vorstellen, dem eigentlichen Sprecher des Hauses. Doch, doch, glauben Sie mir, er ist nun der Chef hier: Ich bin gleich weg, ich höre auf, Sie sind mein letzter Termin als Minister. Er aber bleibt, und er wird Ihnen bestimmt weiterhelfen, Sie werden schon sehen.

Hauptmann Javed Iqbal Cheema wiederum versuchte mir eine Lektion zu erteilen.

Haare und Schnurrbart hennagetönt, stattliche Figur in einem Anzug mit grünem Hahnentrittmuster, stahlgrauer Blick, der nicht die geringste Liebenswürdigkeit ausstrahlt, begann er mit folgenden Worten unser Gespräch: »Was suchen Sie bloß in unserem Land? Wie überall gibt es auch hier Bereiche, in denen man sich besser nicht herumtreibt. Was würden Sie sagen, wenn ich, Hauptmann Javed Iqbal Cheema, spaßeshalber im Untergrund von Paris oder Chicago recherchieren würde? Genau das hat dieser amerikanische Journalist getan. Er ist zu weit gegangen. Machen Sie nicht denselben Fehler.« Und dann: »Noch etwas: Warum hat er ein Haus angemietet? Ist es nicht merkwürdig, dass ein jüdischer Journalist, der als Indienkorrespondent eingesetzt ist, hier ein Haus für vierzigtausend Rupien im Monat mietet? Nehmen wir einmal an, ich will in Frankreich jemanden besuchen. Dann nehme ich mir ein Hotelzimmer, aber ich miete kein Haus. Das beweist doch, dass er die Absicht hatte, länger zu bleiben, da soll man uns keine Märchen erzählen! Mit Journalismus hat das nichts mehr zu tun! Das legt doch die Vermutung nahe, dass er für eine fremde Macht gearbeitet hat. Und was Omar Sheikh angeht ... Sie sind doch Schriftsteller, finden Sie diesen Sheikh nicht etwas seltsam? Sehen Sie sich doch nur mal die Fotos an, die aufgenommen wurden, als er aus der indischen Haft kam. Er scheint in bester Verfassung. Er sieht überhaupt nicht aus, als käme er gerade aus dem Gefängnis. Manchmal habe ich den Verdacht, der indische Geheimdienst hat die ganze Sache von Anfang bis Ende inszeniert. Wussten Sie, dass Sheikh von seinem Handy aus mindestens vierundzwanzig Telefonate nach Indien geführt hat? Und dass unter diesen Anrufen wenigstens einer war, der an den direkten Mitarbeiter eines Ministers ging?«

Auch dieser Besuch hat mir nichts gebracht. Der Hauptmann hat sich Notizen gemacht und mir Versprechungen. Er hat mir all seine Telefonnummern gegeben, Handy inklusive, damit ich ihn »jederzeit« erreichen kann. Doch auf mein Gesuch bekam ich keine Antwort, ebenso wenig wie auf all meine vielen anderen offiziellen Anfragen, etwa zu Dannys Versteck zurückkehren zu dürfen, um Fotos zu machen, oder Gilani zu interviewen, den er am Tag seiner Entführung zu treffen glaubte.

Ich habe es nicht geschafft, Omar zu sehen.

Alles schien daraufhin ausgerichtet, dass ich keinen Kontakt zu ihm bekomme.

Um mir ein Bild von seiner äußeren Erscheinung zu machen, musste ich mich mit einem flüchtigen Blick begnügen, den ich im Mai bei seiner Verlegung ins Gefängnis von Hyderabad auf ihn werfen konnte. Wie in Karatschi hatte die Polizei den Gerichtssaal räumen lassen, nur zwei ausländische Journalistinnen durften bleiben. Wir anderen, Pakistanis und Ausländer, wurden hundert Meter vom Gebäude entfernt hinter Absperrungen und Sandsäcken zurückgehalten, die von schwer bewaffneten Sicherheitskräften bewacht wurden. Auf den Dächern des benachbarten Hotels und anderer Bauten lauerten Scharfschützen auf geringste Anzeichen von Unruhe.

Weiter die Straße hinunter, in unmittelbarer Umgebung des Gefängnisses, waren Truppenwagen und Panzer postiert, immer bereit, in Aktion zu treten, sobald eine der Hauptfiguren der Verhandlung – Richter, Verteidiger, Staatsanwalt – mit ihrer bewaffneten Eskorte auftauchte. Überall extrem nervöse Männer in Uniform, die sich untereinander ebenso argwöhnisch belauerten wie jeden potenziellen Angreifer. Ging unter den Polizisten nicht das Gerücht, Omar habe gemeinsam mit dem Geheimdienst geplant, während seiner Verlegung zu fliehen? Und war umgekehrt der Geheimdienst nicht davon überzeugt, die Polizisten hätten sich dieses Szenario nur ausgedacht, um es ihm in die Schuhe zu schieben? An diesem belagerungsähnlichen Schauplatz sah ich die Gestalt von Omar Sheikh, in einen Käfig gesperrt wie ein wildes Tier, hinter der Panzerglasscheibe eines Kleintransporters und eskortiert von einer Armada gepanzerter Limousinen. Seine untere Gesichtshälfte war hinter einem Tuch versteckt. Und als er an der Sperre vorbeikam, hinter der wir festgehalten wurden, warf ihm der befehlshabende Offizier des Sonderkommandos eine weiße Wolldecke über den Kopf. Doch ich hatte genug Zeit, einen kurzen Blick auf Omars hoch gewachsene Gestalt zu werfen, bekleidet mit dem traditionellen weißen Salwar Kameez, eine Art weiter Hosenanzug, die Hände vor dem Bauch gefesselt, das Gesicht etwas rundlich, und auf den Lippen ein triumphierendes Lächeln.

Danach blieb mir nichts anderes übrig, als mit Fotos zu arbeiten, wie ein Maler. Ich musste alle Bilder zusammentragen, die ich in London und Karatschi von ihm finden konnte, unveröffentlichte oder, wie im Fall der beiden Aufnahmen im *Guardian* und im *Dawn*, die mich so beeindruckt hatten, von der Presse gedruckte Fotos. Ausführlich und akribisch habe ich Omars papierne Züge nach dem Geheimnis oder wenigstens einem Widerschein des Geheimnisses erforscht, das aus diesem vorbildlichen Engländer einen solchen Mörder machte.

Da ist diese allseits bekannte Schwarzweißaufnahme, offenbar ein Klassenfoto, auf dem er aussieht wie ein sympathischer Junge. Er hat einen Schmollmund. Pausbacken. Weiche Gesichtszüge, die sich mit dem jugendlichen Alter erklären lassen. Nur sein Blick hat etwas Zwielichtiges, eine Art kaltes Beben, das einem Angst einjagt – oder liegt das an der Qualität des Abzugs? Interpretiere ich da zu viel hinein?

Dann gibt es dieses andere Foto, aus Zeiten der London School of Economics. Dunkler Anzug. Schwarze Krawatte. Das üppige Haar ordentlich in die Stirn gekämmt. Ein Bonbon wohl im Mund. Sein Kinn wirkt energischer. Das Foto ist unscharf. Vor allem die Augen, die aussehen, als wären sie geblendet. Und doch besitzen sie die größte Ausdruckskraft: ein seltsamer Blick, erbittert und traurig, Augen ohne Tiefe, die ihn älter erscheinen lassen, ja richtig alt.

Aus derselben Zeit stammen zwei unveröffentlichte Bilder, die mir Grenville Lloyd, genannt »der Panther«, gab, ein Schiedsrichter der Turniere im Armdrücken. Wahrscheinlich in einem Pub aufgenommen. Ein Fernseher ist zu sehen, auf einem beweglichen Arm an der Wand befestigt. Im Hintergrund eine schwarze Tafel mit der Aufschrift »Today's special« und ein Schiedsrichter in weißem T-Shirt, auf dem Kopf eine blaue Schirmmütze mit goldenem Wappen, mit einer hoch konzentrierten, fast erschrockenen Miene, als würde er jeden Moment losschreien. Im Vordergrund treten zwei junge Männer gegeneinander an, getrennt von einem hüfthohen Tisch, auf dem eine Polsterung aus Kunststoffschaum den Aufprall des herunterschnellenden Armes auf dem Holz abmildern soll. Der größere von den beiden ist Omar. Er trägt ein weißes, nass geschwitztes Unterhemd und eine blaue Hose mit braunem Ledergürtel. Man ahnt den behaarten Oberkörper. Der ebenfalls behaarte Arm ist bei dem Versuch, den Gegner besiegen zu wollen, angeschwollen. Die andere Hand schließt sich so kräftig um einen Holzpflock, dass die Gelenke weiß hervortreten, als wollten sie die Haut jeden Moment zerreißen. Doch am meisten verwundert sein Gesichtsausdruck: gesenkter Blick, verkrampfte und von der Anstrengung verzerrte Züge, die Nase spitz, als halte er die Luft an. Die untere Gesichtshälfte wirkt kindlich und zugleich konzentriert, zornig, ja erbarmungslos – Omar Sheikh wetteifert nicht, er hasst.

Aus denselben Jahren gibt es dieses einzigartige Dokument, das mir Leecent Thomas eines Abends in mein Londoner Hotel brachte, sein jamaikanischer Sportsfreund aus jenen Jahren. Kein Foto, sondern ein Video! Und was für eins! Mehrere Stunden Filmaufnahmen am Stück, aufgenommen am 18. Juni 1992 in einem Londoner Pub, auf denen man den sehr jungen Omar Sheikh, plötzlich lebendig und in vollem Einsatz seiner Kräfte, bei einer Meisterschaft sieht! Omar ist elfmal zu sehen. Mit elf verschiedenen Gegnern. Doch die Situation ist jedes Mal dieselbe. Die applaudierende und gröhlende Menge im Pub, Biergläser, auf dem Boden sitzende junge Männer mit Tätowierungen und muskulösen Oberkörpern. Im Hintergrund scheppernde Musik. Qualm. Eine ordinäre und doch friedfertige Atmosphäre, sehr Teddy Boys, aber auch siebziger Jahre. Ein anderer Schiedsrichter. Und Omar, der sich an den Tisch stellt und immer wieder einem Gegner gegenübertritt. Das Video ist von schlechter Qualität. Die Farben kommen schlecht raus. Obwohl alle Szenen an einem Tag gedreht wurden, sieht Omars Hose mal grün und dann wieder braun aus, je nach Beleuchtung. Ein Ton ist so gut wie nicht vorhanden, nur unbestimmtes Stimmengewirr und der dröhnende Fernseher, der die Musik fast übertönt. Doch was sehr gut zum Vorschein kommt, sind Omars kleine Spielchen, seine Allüren.

Zum Beispiel seine Art, den Wettkampfplatz zu betreten, ohne die Kamera oder den Gegner auch nur eines Blickes zu würdigen. Die anderen sehen einander an, wollen sich beim Publikum beliebt machen – doch Omar tut nichts Dergleichen, er ist vollkommen ernst, konzentriert, blinzelt leicht, kaut Kaugummi.

Auch sein Verhalten gegenüber dem Schiedsrichter fällt auf. Dieser ist sehr aufmerksam, moniert bei jedem Wettkämpfer die Körperhaltung, erteilt letzte Ratschläge, spornt an, korrigiert – »Halt dich gerade ... den Ellbogen schön auf den Tisch ... nicht so greifen, mit der Faust ... entspann dich ...« Alle Teilnehmer hören zu, wechseln eventuell ein Wort oder gar einen kurzen Witz mit ihm und nutzen die Hinweise, um Vertrautheit herzustellen, ein Kopfnicken, ein letztes Einvernehmen. Omar ist der Einzige, der dem Schiedsrichter nicht die geringste Aufmerksamkeit schenkt, der Einzige, der den Mund nicht aufkriegt. Er tut, was man ihm sagt, klar. Doch innerlich ist er woanders, red du nur, denkt er. Bist du bald fertig mit deinen verdammten Hinweisen?

Auch seine ziemlich merkwürdige Art, sich aufzuwärmen: Er trippelt herum, stampft mit den Füßen auf, hebt und senkt den Kopf im Takt, als suche er seinen Rhythmus. Er packt die Hand seines Gegners, greift mehrmals nach, um sie auch richtig zu fassen, und wenn er sie hat, schüttelt er sie. Er kaut weiter auf seinem Kaugummi und massiert sanft und rhythmisch die Hand des anderen, als würde er sie masturbieren. Schließlich presst er sich gegen den Tisch. Reibt sich an ihm. Mit seinem durchgedrückten Rücken, dem am Tisch klebenden Bauch, bebenden Nasenflügeln und starrem Blick sieht er nun aus, als würde er sich selbst befriedigen. Einmal ist die Szene so obszön, dass der Schiedsrichter dazwischengeht. Ich verstehe nicht, was er sagt, doch er schubst ihn ein bisschen von der Tischkante weg.

Und Omars Tricks – er ist wirklich der Raffinierteste von allen. Zum Beispiel dieser Koloss mit rasiertem Schädel, ein Doppelgänger von Gregorius, dem Catcher in Jules Dassins *Die Ratte von Soho*, ein Berg Muskeln und Fett, Arme wie Oberschenkel, Hände wie Baggerschaufeln, fast genauso groß wie Omar, aber doppelt so schwer. Man sieht, wie der dagegen schmächtig wirkende Omar, dessen Hand in der riesigen Pranke des anderen verschwindet, seine zarten Muskeln anspannt und seinen ganzen Körper mobilisiert, um standzuhalten, dann aber nachlässt und den Arm ein wenig beugt ... Das war's wohl. Er ist am Ende. Hat verloren ... Doch in dem Moment, in dem der Gegner sich bereits als Sieger wähnt und seinerseits den Druck verringert, spannt Omar seine Muskeln ruckartig wieder an, kehrt die Bewegung um und brettert den Arm des Catchers unter dem Jubelgeschrei der Zuschauer mit einem einzigen Stoß auf den Tisch.

Schließlich sein unsäglicher Stolz, wenn er den Punkt für sich entscheidet: der in den Nacken geworfene Kopf, auf den Lippen ein angedeutetes Lächeln – dies sind die Momente, in denen er auftaut. Dieses Video zeigt alles. Wirklich alles. Sogar das Gesicht des Sadisten hinter der Maske.

Und, wieder aus dieser Zeit, dieses letzte unveröffentlichte Foto, das ich bei Frank Pittal fand, dem jüdischen Freund der Familie und Organisator von Wettkämpfen im Armdrücken, der Mann, der seinen Omar durch alle Pubs Englands schleifte wie ein Zirkusdirektor eine bärtige Frau. Ein Gruppenbild, das einem Klassenfoto ähnelt. Aber weit gefehlt. Wir befinden uns in Genf. Es ist das Teilnehmerfoto der englischen Nationalmannschaft, die hier im Dezember 1992 zur Weltmeisterschaft im Armdrücken antritt. Omar hockt nicht in der ersten Reihe zwischen den beiden Schwergewichtlern. Er steht auch nicht in der zweiten oder dritten Reihe, sondern genau dazwischen: allein, mit einem breiten Grinsen im Gesicht. Er ist der Einzige von den neunzehn Männern und zwei Frauen, der so penetrant grinst. Weil er gewonnen hat? Weil er einfach froh ist, dabei zu sein? Er sieht glücklich aus, ja. Unbeschwert. Nicht die geringste Spur von Wut oder Hass ist zu entdecken. Das ist einige Wochen vor seiner Abreise nach Bosnien. Einige Wochen vor seiner Konversion.

Da sind die Aufnahmen aus der Zeit nach dem, nach *den* Verbrechen: Zehn Jahre sind vergangen, der Glaubenswechsel hat stattgefunden, er war in Bosnien, dann in Afghanistan und

Indien, wo er seine ersten Entführungen in die Tat umsetzte und zum ersten Mal inhaftiert wurde. Omar Sheikh hat sich, vor und nach der Entführung von Daniel Pearl, zu einem der bekanntesten Dschihad-Kämpfer Pakistans entwickelt. Der ehemalige Student der London School und Wrestling-Meister, der glänzende Schüler, den alle Kameraden für sein freundliches, höfliches Wesen rühmten, ist nun einer der gesuchtesten Terroristen der Welt.

Da ist das Bild aus den Jahren 2000/01 in Lahore, auf dem er ganz in Weiß gekleidet ist und Blumen um den Hals trägt, so rot wie Konfitüre. Er ist jetzt erwachsen. Eine imposante, auffällige Erscheinung. Er hat breite Schultern und einen gut gebauten Oberkörper. Er trägt den halblangen Bart der Taliban und einen weißen Turban, der sich in vielen Lagen um seinen Kopf windet. Wahrscheinlich stammt es aus der Zeit, als er aus Indien zurückkam. Das Foto muss auf einem jener Empfänge geschossen worden sein, die er sich um nichts in der Welt entgehen ließ und auf denen er, so sagt man, mit der pandschabischen Elite der Stadt verkehrte: »Darf ich Ihnen Omar vorstellen ... Ein Mann mit Prinzipien und Überzeugungen ... Unser Held ... Unser Star ... Der Mann, der für uns eintritt und unsere Farben trägt ... Die Inder haben ihn gefoltert, doch er hat dichtgehalten ...« In seinem Ausdruck ist etwas Zufriedenes. Er zeigt mehr sein Profil, doch man sieht das böse Lächeln und, hinter den leicht getönten Brillengläsern, den Blick eines auf der Lauer liegenden Raubtiers. Obwohl er weniger korpulent ist, finde ich, dass er auf diesem Foto eine entfernte Ähnlichkeit mit Masood Azhar hat, seinem Meister, seinem Guru, dem Mann, der ihn auf der Welt am meisten beeindruckte und mit dem er nun konkurriert.

Es gibt auch dieses Foto, das zwei Jahre später aufgenommen wurde, vor dem Gefängnis von Hyderabad, am Tag seiner Verurteilung zum Tode. Diesmal trägt er keine Kopfbedeckung. Man sieht ein Hemd. Der Bart ist kürzer. Er wird von einer Gruppe von Polizisten umringt, die man an ihren blauen Helmen erkennt, und von Rangers mit schwarzen Baskenmützen. Im Vordergrund eine erhobene Hand, von der man nicht weiß, ob sie ausholt oder eine andere Hand daran hindert zu schlagen. Außerhalb des Blickfelds scheint Unruhe zu herrschen, wahrscheinlich ist das der Grund für die große Militärpräsenz. In der Tat wirken alle sehr nervös. Alle warten regelrecht darauf, dass sich ein Zwischenfall, vielleicht ein Drama ereignet. Aber Omar ist gelassen. Er hat den Blick gesenkt. Man sieht ihn von vorne, den Oberkörper leicht nach hinten gedrückt, als würde ihn der Andrang der Presse, der Kameras und der Ordnungskräfte anwidern oder ärgern. Und dieses minimale Zurückweichen, diese Art, das Objektiv zu ignorieren, während um ihn herum die Hölle los ist, verrät eine gespenstische Arroganz, die mich an die Zeiten der Londoner Wrestling-Wettkämpfe erinnert.

Dann noch einmal ein Ausschnitt desselben Fotos, nur auf sein Gesicht zentriert. Er hat den Kopf im Nacken, als lausche er einem fernen Klang oder als atme er wohl tuende frische Luft ein. Sein Gesicht ist fahl, hart wie Stein, mit einem leicht spöttischen Ausdruck und dem Rest eines Lächelns (hat der Fotograf ihn gerade nach einem seiner teuflischen Lachanfälle aufgenommen, die schon den Schulkameraden in London und den Geiseln von Neu-Delhi das Blut in den Adern gefrieren ließen?). Hier kann man seine Augen erkennen. Sie strahlen totale Verachtung für alles aus, was ringsum geschieht: den Schmerz von Pearls Angehörigen, das harte Durchgreifen des Gerichts, das sich strikt ans Gesetz hält, ihn zum Tode am Strang verurteilt hat, obwohl er so tut, als würde niemand daran glauben, als wäre alles nur eine große Komödie. In Wahrheit sieht man ihm an, dass er gar nicht richtig begreift, was gerade geschieht. Man hört ihn förmlich sagen: »Was soll's? Warum regen die Leute sich so auf? Ich bin sicher, dass ich in ein, vielleicht zwei Jahren diese Groteske hinter mir habe. Ich werde noch ein großer, sehr großer Dschihad-Kämpfer – ein Ebenbürtiger von Masood Azhar, meinem einstigen

Führer. Der Teufel soll ihn holen, denn das Symbol der Bewegung bin jetzt ich …«

Und noch einmal die gleiche Situation, auf einem anderen Foto: Wieder ist er umringt von Rangers, die Hände vor dem Bauch gefesselt. Nur ist diesmal alles zu Ende. Er steigt in ein blaues gepanzertes Fahrzeug, das auf ihn wartet. Er wirkt desillusioniert. Vielleicht hat sich die Menge ringsum verlaufen. Vielleicht hat er die Tragik seiner Lage begriffen. Er lächelt zaghaft, fast ein bisschen dümmlich. Wahrscheinlich zittert er. Ich meine sogar einen Schweißtropfen zu sehen, der ihm über die Stirn läuft. Der selbstsichere Held, der Nachfolger Masood Azhars, der sich noch zu Lebzeiten ins Pantheon der Krieger Einzug halten sah, wirkt beinah wieder wie ein Anfänger – seine Gesichtszüge zeigen Spuren von Schwäche, von kindlicher Unsicherheit, wie auf den ersten Fotos, als er noch ein Kind war, das seine Rolle und seine Bestimmung sucht.

Ein wandlungsfähiges Gesicht. Mit der außerordentlichen Gabe, innerhalb kürzester Zeit ein anderer zu sein. Carlos konnte das angeblich auch. Ebenso soll es Bin Laden können. Besitzen sie alle die teuflische Fähigkeit, mehrere zu sein? Ein Name, dabei unzählige Gesichter?

Was fehlt, sind Fotos aus Bosnien, den afghanischen und pakistanischen Ausbildungslagern, aus Indien, der Zeit der Geiselnahmen, aus dem Gefängnis. Existieren sie überhaupt? Gibt es Bilder von diesem Omar, und wenn ja, wo?

In meinem Besitz ist eines davon. Es ist ein außergewöhnliches Bild. Er liegt mit nacktem Oberkörper auf einem Krankenhausbett, bestimmt im Hospital von Ghaziabad, Indien, in dem er 1994 behandelt wurde, nachdem die Polizei die Geiseln befreit hatte. Er bekommt eine Infusion, in den linken Arm. Sein rechter Arm ist gebeugt, und seine Hand berührt die Stirn. Er sieht blass aus. Sein Bart wirkt düster, sein Gesicht ausgemergelt. Omar hat entfernte Ähnlichkeit mit dem toten Che Guevara auf dem berühmten Bild von Freddy Alborta.

Leider wurde das Foto aus großer Entfernung aufgenommen, sodass man kaum mehr dazu sagen kann. Also musste ich mich für diesen Zeitraum mit der mündlichen Schilderung von Peter Gee begnügen, dem Engländer, der in Neu-Delhi mit ihm einsaß.

Gee wurde im März 2000 entlassen, drei Monate nach Omar. Er blieb nicht in England, sondern zog nach Spanien, in das entlegene Dorf Centenera, mitten in den Bergen zwischen Huesca und Barbastro, kein Strom, kein Telefon. Mit ihm in Kontakt zu treten kam einer Schnitzeljagd gleich. Ich treffe ihn in einem Hotel in San Sebastian, wo ich mich aus ganz anderen Gründen aufhalte (eine Solidaritätsveranstaltung zu Ehren der Opfer der baskischen Terrororganisation ETA). Gee ist ein erschöpfter Mann um die dreißig, kurzes, blondes Haar. Ein Althippie, der nur von Musik, Haschisch und Yoga lebt, ohne Zeitung oder Fernseher. Ein alter holländischer Freund, der noch abgedrehter ist als er, hat ihn mit seinem Auto nach San Sebastian gebracht. Warum hat Gee überhaupt einem Treffen zugestimmt? Warum hat er sich nicht nur darauf eingelassen, mit mir zu sprechen, sondern auch noch diese lange Reise auf sich genommen? Aus Freundschaft, sagt er. Omar war ein Freund. Er schätzte an ihm seine Aufrichtigkeit, seinen Idealismus, seinen Witz. Und jetzt, wo er in der Scheiße sitzt, wird sich das nicht ändern. Säße er plötzlich unerwartet hier am Nebentisch, würde er zu ihm gehen und sagen: »He! Wie geht's, alter Kumpel? Setz dich, lass uns reden!« Hat er noch andere Gründe? Ich weiß es nicht, und ich versuche auch nicht, es herauszufinden. Ich bin zu froh über diesen Glücksfall, um irgendwelche Vermutungen anzustellen. Lieber nutze ich jede Minute aus, um endlich die Fragen zu stellen, die mir auf der Zunge brennen.

Der Omar, an den er sich erinnert, ist ein frommer, ein wirklich frommer Mensch, der an die Unsterblichkeit der Seele und an das Paradies glaubt, »so wie er daran glaubt, dass ein Ei ein Ei ist und zwei plus zwei vier«.

Ein Fundamentalist, daran besteht kein Zweifel. Gee kann sich nicht entsinnen, ihn mit einer anderen Lektüre gesehen zu haben als dem Koran oder Kommentaren zum Koran. »Ich habe es mal mit »Robinson Crusoe« von Daniel Defoe versucht ... Oder Dostojewski ... Aber er wollte nicht einmal einsehen, was ihm das bringen soll.«

Dennoch war er offen. Er gehörte nicht zu jenen, die meinen, die ganze Welt müsste aus Muslimen bestehen. Einmal wurden zum Beispiel zwei Nigerianer bestraft, man hatte in ihren Zellen Tabak gefunden. Gewöhnlich wurden die Häftlinge an eine Stange gebunden und die Mitgefangenen mussten an ihnen vorbeigehen und sie mit Bambusrohren schlagen. Omar weigerte sich und trat aus Solidarität zu den Nigerianern in den Hungerstreik. Gut, es hat nicht funktioniert, aber ich erzähle Ihnen das, damit Sie eine Vorstellung von Omars menschlicher Ader bekommen.

Auch an sein Charisma erinnert sich Gee. Die Anziehung, die er auf andere, vor allem auf die inhaftierten Muslime ausübte. War es seine Stimme? Der Blick, mit dem er einen fixieren konnte, ohne mit der Wimper zu zucken? Die Tatsache, dass er in Bosnien und Afghanistan gewesen war? Seine Heldentaten? Peter Gee weiß es nicht genau. Jedenfalls besaß er Einfluss auf die Leute. Er verzauberte sie. Er war eine Art »Don«, ein »Pate« aller einsitzenden Pakistanis und Bangladescher. Bisweilen machte ihm das selber Angst. Er wollte kein Mafiaboss sein. Er drückte es so aus: »Bloß kein Machtrausch! Das Entscheidende sind die Ideen! Nur die Ideen! Nicht die Macht!«

War er aggressiv? Erinnert sich Gee an Gespräche, an Szenen, in denen sich jene Brutalität äußerte, mit der er Pearl ermordete und mit der er bei der ersten Entführung seinen Geiseln Nuss, Croston, Partridge und Rideout drohte, sie zu enthaupten? Hier zögert Gee. Klar, er weiß, dass er mit seinen Antworten Kopf und Kragen des Freundes riskiert. Also druckst er herum, ja schon, es habe solche Anzeichen gegeben: Zum Beispiel habe er den Gefängnisdirektor geschlagen, in Uttar Pradesh, wo er den ersten Teil seiner Haftstrafe abbüßte. Oder als er im Tihar Jail zum Boykott des »Jai Hind« aufrief, des patriotischen indischen Gebets, das alle Insassen, Muslime inbegriffen, jeden Morgen sprechen mussten. Aus Angst vor Repressalien durch die Verwaltung verkündete er an jenem Tag, einen Gefängniswärter zu töten. Aber andererseits waren das alles nur Andeutungen, keine Taten. Gee hält Omar im Kern für einen von Grund auf großmütigen und friedliebenden Menschen. Er kann nicht glauben, dass er Daniel Pearl getötet haben soll. Und was die Bedrohung der Geiseln von Neu-Delhi angeht, kann er nur eins sagen: »Als wir noch davon ausgingen, dass ich als Erster entlassen würde, hat er mir die Adressen dieser Leute gegeben und mich gebeten, sie aufzusuchen und in seinem Namen um Entschuldigung zu bitten. Ich sollte ihnen ausrichten, dass er es bereue, sie mit Lügen in die Falle gelockt zu haben. Beweist das nicht, was für ein anständiger Mensch er war?«

Frauen. Omar und die Frauen, das ist mir ein Rätsel. Hat er, Gee, eine Vorstellung? Eine Hypothese? Haben sie sich gelegentlich darüber unterhalten, in ihren langen Gesprächen in der Zelle? Das ist ganz einfach, antwortet er. Omar ist besessen von der Reinheit. Frauen hat er auf ein viel zu hohes Podest gestellt. Deshalb hat er sich nie etwas getraut. Damals war Omar fünfundzwanzig. Und Gee ist nicht sicher, ob er zu diesem Zeitpunkt jemals mit einer Frau geschlafen oder eine nackt gesehen hatte. »Ich erinnere mich an ein Gespräch«, fährt er fort. »Wir waren im Speisesaal des Gefängnisses und unterhielten uns darüber, was es bedeutet, mutig zu sein. Er ging davon aus, dass wahrer Mut nicht unbedingt etwas damit zu tun habe, sein Leben zu riskieren, denn man müsse nur gläubig sein wie er, um den Tod nicht zu fürchten. Aber das Mädchen an der London School anzusprechen, das ihm gefiel, und sie ohne die Hilfe irgendeines Vermittlers zum Kaffee einzuladen, das habe er nie gewagt, dazu fehlte ihm der Mut.« Der

Islam und die Frauen – die Panik, die Furcht, bisweilen der Taumel vor dem weiblichen Geschlecht, all das habe ich oft für das eigentliche Substrat des fundamentalistischen Triebes gehalten. Ist Omar der Beweis dafür?

Omars Problem, so Gee weiter, ist seine Nichtzugehörigkeit oder, was auf dasselbe hinausläuft, sein verzweifelter Wunsch dazuzugehören. Die zwei Kulturen. In England ein Pakistani. Und in Pakistan ein Engländer. Es war Omars Idee, 1998 die Forest School zu verlassen und nach Lahore zu gehen. Was sagen Sie? Nein? Sie haben herausgefunden, dass diese Entscheidung von seinen Eltern kam, dass sie zurückkehrten, weil die Crystal Chemical Factories Ltd. am Ende war? Nun gut. Kann sein. Die Recherchen haben schließlich Sie angestellt. Ich weiß nur, dass es auch in dieser Richtung nicht funktionierte. Es quälte ihn, hier wie dort ein Fremder zu sein. Jetzt frage ich Sie: Wenn man so weit ist, wenn man so hin und her gerissen ist, was soll man dann machen? Welche Möglichkeiten hat man? Der abgedrehte Holländer, der seit Beginn unseres Gesprächs schweigend Kreise auf ein Blatt Papier zeichnete, beginnt auf einmal heftig zu nicken: Er bewundert seinen Freund Peter Gee mehr denn je.

Einige Wochen später fällt mir eine Bemerkung von Rhys Partridge ein, einer der Geiseln von Neu-Delhi. Der erinnerte sich an schreckliche Wutausbrüche Omars gegen die Juden, an einen radikalen Hass auf England. Entstand dieser Hass aber nun in seiner Terroristenzeit oder gab es ihn schon früher? Hatte sich der zufriedene Student, der höfliche Schüler nur verstellt und wartete einzig auf seine Stunde? »Ich habe eine Theorie«, hatte Partridge geäußert. »Ich habe über diese Wettkämpfe im Armdrücken nachgedacht. Im Grunde war ihm das alles zuwider. Er verachtete diese fetten Engländer mit ihrer Bierseligkeit und ihren Tätowierungen, diese ordinären Kneipengänger. Er lernte sie kennen und dann hassen. Wie ein Doppelagent, der Feindkontakt bekommt. Beim Armdrücken konnte er das ausleben.« Phallische Herausforderung, jaja …

Den anderen in einem wahnwitzigen homoerotischen Wettstreit vernichten. Wer von uns hat den dickeren Arm? Partridge gegen Gee. Phallischer homoerotischer Wettkampf und Fremdheit.

Wer ist Omar wirklich? Gibt es zwei Omar? Wolf und Lamm in einem Käfig? Perfekter Engländer und größter Feind?
Oder ist das Szenario noch komplizierter, gibt es mehr als nur zwei Protagonisten? Ist Omar vielleicht ein Teufel?
Oder gibt es nur einen einzigen Omar, der aber seit jeher ein falsches Spiel spielt? Der schon in London den netten Jungen mimt und einen finsteren Doppelgänger hat, einen Schatten, der ihn bald verschlingen wird?
Mir gehen all die merkwürdigen Dinge durch den Kopf, die einige seiner Kameraden erzählt haben.
Seine Phobie vor Tauben, oder dass er seine Kumpels immer wieder warnte: »Ich stinke nach toter Ratte! Kommt nicht näher, ich stinke nach toter Ratte! Einmal ist eine Ratte in meinem Zimmer gestorben. Das hat so gestunken, den Gestank bin ich nie wieder losgeworden.« Der Rattenmann.
Ich denke an das schreckliche, nicht heiter, sondern bedrohlich und wütend klingende Lachen, von dem mir alle berichteten: seine Kameraden, der Lehrer in Sarajevo, Rhys Partridge.
Das ewige Mysterium von Personen, die eine erkennbare Metamorphose durchleben: Das ist *die* große Frage, auf die man immer wieder stößt und auf die ich noch einmal eingehen möchte.
Da ist die Hypothese von zwei Leben in einem, der Dissonanz, der Spaltung und im Grunde der Konversion: »Sie haben ihre Seele getauscht«, sagt man über die großen Konvertiten, die Auserwählten, die Berufenen. Warum sollte, was für die Berufenen gilt, nicht auch für die Nichtberufenen gelten, das gleiche Gesetz für die Heiligen und für die großen Kriminellen, die Ausgestoßenen, die Monster, die Konvertiten in die andere Richtung?

Oder die Romanfigur in Roger Vaillands »Un jeune homme seul«, die sagt, ich glaube nicht an »Dissonanzen« im Leben eines Menschen: »Ich gehe davon aus, dass die scheinbaren Dissonanzen in Wirklichkeit hier und da in Erscheinung tretende Fragmente eines Kontrapunkts sind, der mir unbekannt ist oder verschwiegen wird.« Also »spiele« ich mein Gegenüber. Ich suche, ich »tappe umher«. Und »wenn ich den Kontrapunkt gefunden habe, der all diesen Dissonanzen Sinn gibt, weiß ich alles, was ich über die Vergangenheit und die Gegenwart dieses Menschen wissen will«, ich kann sogar »seine Zukunft voraussagen«, ich muss nur »im richtigen Ton weiterspielen ...«

Ist das so? Keine Ahnung.

6

Rekonstruktion eines Verbrechens

Eine genauere Vorstellung habe ich davon, wie Omar Sheikh die Wochen und Tage vor dem Verbrechen zubrachte.
Ich habe einen seiner Angehörigen getroffen.
Ich habe einige Protokolle der Polizei von Sindh gelesen.
Wie zuvor bei Daniel Pearl bin ich in Omar Sheikhs Fußstapfen getreten und habe versucht, ihm auf Schritt und Tritt zu folgen.
Wenn seine Spur sich verlor, wenn keine Zeugen weiterhalfen oder wenn es gar keinen realen Hinweis geben konnte, etwa angesichts seiner Seelenlage oder bei Geschehnissen, die er allein erlebte, tat ich meine Arbeit als Schriftsteller. Bereits in der Vergangenheit verwendete ich die Methode des Untersuchungsromans, um die letzten Tage von Baudelaire zu rekonstruieren. Derselben Vorgehensweise bediente ich mich nun wieder: sich nicht von der Phantasie mitreißen lassen, solange die Tatsachen für sich sprechen oder wenigstens theoretisch auffindbar wären. Und ihr freien Lauf lassen, wenn die Tatsachen sich entziehen und man aus bestimmten Gründen nichts herausfinden kann.
  In einem Fall wie diesem zählt alles. Die winzigste Spur. Jeder scheinbar noch so überflüssige Hinweis. Noch einmal Leonardo Sciascia in seiner »Affäre Moro«: »In jedem großen Ereignis gibt es ein Zusammenlaufen minutiöser Ereignisse – so vieler Minuten, dass sie zuweilen nicht bemerkbar sind; die von einer Anziehungskraft, einem Herdentrieb bewegt, auf ein dunkles Zentrum zulaufen, in Richtung auf ein magnetisches Leerfeld, wo sie Form annehmen: Und sie alle zusammen bil-

den dann das große Ereignis.« Und weiter: »In dieser Form, die die Augenblicke gemeinsam annehmen, ist kein Augenblick nebensächlich, zufällig, beiläufig: Im Ganzen finden die Teile, und seien sie molekular, ihre Notwendigkeit – und damit ihre Bedeutung; und das Ganze in den Teilen.«

Ausgangspunkt ist der 11. Januar 2002 in Rawalpindi, am Ende der Murree Road, in einem modernen Hotel gegenüber vom Liaquat Bagh Park, dem Hotel Akbar: Asif, Pearls Kontaktmann, hat ein Treffen organisiert, und es ist der erste Kontakt, die erste Zusammenkunft der beiden Männer.

Omar hat sich rasiert.

Er hat westliche Kleidung angezogen.

Am Tag zuvor wurde er in einem Kaufhaus von Islamabad dabei beobachtet, wie er sich eine Sonnenbrille von Ray Ban kaufte, jener ähnlich, die er während seines letzten Jahres in London Tag und Nacht trug und mit der er, wenigstens fand das sein Vater, aussah wie ein Mafiaboss aus Bombay.

Man sah ihn bei »Mr. Books«, der großen Buchhandlung in Islamabad, ein paar Schritte vom Amtssitz des Präsidenten und dem Obersten Gerichtshof Pakistans entfernt. Er plauderte mit dem Inhaber Mohammed Eusoph, der ihm wenige Monate zuvor ein dickes englischsprachiges Buch besorgt hatte, dessen Held er sozusagen ist: Es erzählt von der Entführung der Passagiermaschine der Indian Airlines, der er Weihnachten 1999 seine Freilassung aus dem indischen Gefängnis verdankte. Diesmal suchte er ein Werk über den Zweiten Golfkrieg 1991 im Irak, eins über die Ausbildung der amerikanischen Spezialeinheiten, ein Buch von Montgomery Watt, »Islamic Fundamentalism and Modernity«, erschienen 1988 in New York, das Eusoph bestellen musste, und ein weiteres von einem gewissen Abu-Saoud, der »muslimischer Volkswirt« und »Berater der Arabischen Liga« ist.

Als Danny abends am Treffpunkt erscheint, sitzt Omar, der tadellose Besucher aus dem Westen, mit drei bärtigen Männern im Hotelrestaurant, einem kleinen, schummrigen Raum links gegenüber von der Rezeption. Am Morgen hat er zwei Stunden lang seinen Akzent eingeübt. Schon seine Schulkameraden vom Aitchinson College brachte er immer damit zum Lachen, unvermutet Pandschabi unter seinen distinguierten englischen Akzent zu mischen. Und an jenem Abend wird er diese Begabung verdammt gut gebrauchen können. In einem Zimmer im vierten Stock wird er nämlich zwei, vielleicht drei Stunden lang für den Journalisten »den Engländer spielen«, seine Fragen beantworten, ihm alle gewünschten Informationen über die Verflechtungen der verschiedenen pakistanischen Dschihad-Gruppierungen liefern und ihm versprechen, alles zu tun, um das erträumte Interview mit Mubarak Ali Shah Gilani zu arrangieren, dem Anführer der Sekte, zu der, so Dannys Vermutung, der »Schuhbomber« Richard Colvin Reid Verbindungen hatte.

Die Treibjagd ist eröffnet.

Ein grausames Ballett von Jäger und Beute, das zwölf Tage dauern wird.

In dem Glauben, Danny habe angebissen, fährt Omar am nächsten Tag zurück nach Lahore, zu Sadia, die an der Punjab University Anglistik studiert hat. Sie ist die erste Frau in seinem Leben, ein Jahr zuvor hat er sie geheiratet und gerade wurde ihr gemeinsames Kind geboren.

Ich habe sie nie zu Gesicht bekommen. Solange er in Freiheit war, lebte sie unsichtbar hinter verschlossenen Türen. Seit er im Gefängnis sitzt, hat sich das auch nicht geändert. Doch ich weiß, dass sie intelligent ist. Hübsch. Ich weiß, dass sie unter ihrer Burka den blassen, aber strahlenden Teint der Frauen besitzt, die seit einiger Zeit eingesperrt werden, in ihrer Jugend aber die Sonne auf ihrer Haut verspürt und genossen haben. Ich weiß auch, dass sie Omars Ansichten teilt und sich in ihren wenigen vertraulichen Äußerungen – wie die meisten Pakistanis, die ich traf – »stolz« zeigte, dass er seine Ideen »bis zum Ende« verfolgt hat.

Er verbringt zwei Tage bei ihr zu Hause.

In diesen zwei Tagen unterschreibt er drei neue Handyverträge, knüpft Kontakt zu Naseem und Saquib, zwei Afghanistan-Veteranen und aktiven Mitgliedern der Harkat-ul-Mudschahidin-Gruppe, der er nahe steht. Die beiden werden später den Auftrag erhalten, der Presse nach dem Kidnapping per E-Mail die Kommuniqués zuzusenden. Dann verleiht er seiner Verkleidung als westlich orientiertem jungem Pakistani noch den letzten Schliff: In einer Boutique im Zentrum kauft er Gucci-Schuhe, einen Siegelring, eine Uhr von Breitling, einen marineblauen Trenchcoat, den er über Nacht anbehält, damit er nicht mehr so neu aussieht, ein Wildlederhemd, eine Jeans, noch eine Ray Ban mit geschliffenen Gläsern sowie eine normale Hornbrille, mit der er wieder aussieht wie früher, bevor ihn das Universum von Fanatismus und Gewalt verschlang, zurzeit der London School of Economics.

Erfordert all dies die Operation oder bereitet es ihm insgeheim Freude? Jedenfalls häuft er die Statussymbole der westlichen Welt an, mit der er gebrochen hat, die er hassen sollte und deren vorbildlichen Vertreter er in Kürze töten will. In dieser Phase erinnert er mich an die Terroristen des 11. September – Mohammed Atta, Majed Moqed, Nawaf Alhazmi, Khalid Almihdhar –, die sich zur Verwunderung der Ermittler des FBI folgende letzte Vergnügen auf dieser Welt gönnten: ein Treffen in Las Vegas, einen Flirt mit einer mexikanischen Hure, zehn Minuten in einem Sexshop, eine Stunde vor dem Schaufenster einer Boutique für Damenwäsche auf der Hauptstraße von Beltsville …

Omar betritt das Geschäft eines Autohändlers, um einen Toyota zu kaufen. Dann ändert er seine Meinung und mietet den Wagen nur.

Es kommt der 15. Januar.

Omar nimmt einen Wagen, der ihn nach Dokha Mandi bringt, Geburtsstadt seines Vaters und Wiege der Familie.

Am nächsten Tag, zurück in Lahore, spielt er mit seinem Nachbarn eine Partie Schach, isst im Liberty Lions Club zu Mittag, dem Treffpunkt der pandschabischen Oberschicht der Stadt. Er geht zum Zahnarzt. Treibt sich in der Gegend des Aitchinson College herum, ohne sich zu erkennen zu geben. Spaziert über den Anarkali-Basar. Macht in der Altstadt kurz Halt in der Sonehri-Moschee, um zu beten. Geht bis zu den Shalimar-Gärten, am östlichen Ende der Grand Trunk Road, wo man ihn mehrere Stunden lang zwischen Springbrunnen, Alleen von Hibiskus und Bougainvillea und durch Rosengärten flanieren sieht.

Ein letzter Augenblick des Friedens?

Letzte taktische Feinabstimmung vor der Operation?

Anscheinend nimmt er auch Kontakt zu den Leuten der Lashkar-e-Janghvi auf, einer Gruppe, der er nicht angehört, die er jedoch an seiner Operation beteiligen will.

In der Badshahi-Moschee, einem alten Gebäude aus rotem Sandstein in der Nähe der Festung, trifft er einen Mann, dessen Namen ich nicht kenne, der jedoch, seit Musharraf ihn ins Gefängnis steckte, Verbindungen zu Maulana Masood Azhar unterhält, seinem früheren Mentor und Anführer der Jaish-e-Mohammed.

Schließlich schreibt er Danny. Fünf Tage sind seit ihrer Begegnung in Rawalpindi vergangen. Mit einem Absender, der rückblickend nicht eines gewissen Humors entbehrt (Nobadmashi@yahoo.com – in Urdu: »keine Schelmereien«), schickt er ihm eine E-Mail, die folgenden Inhalt hat: »Meine Frau ist krank und musste in die Klinik. Darum reagiere ich erst jetzt auf Ihre Anfrage nach einem Treffen mit Gilani, über das wir im Hotel Akbar geredet haben. Ich habe mit dem Büro des Meisters gesprochen. Ich habe ihm die Artikel überreicht, die Sie mir gesendet haben. Ich denke, er wird Sie empfangen. Bitte beten Sie für die Gesundheit meiner Frau.«

Die Maschinerie ist in vollem Gange.

Der Countdown läuft.

Wer ihm in diesem Moment über den Weg läuft, wundert sich über seine ruhige, entschlossene Miene – und den Anflug von plötzlicher Verwirrung, der seinen Blick hin und wieder überschattet.

Am 17. Januar verlässt er das Haus in der Mohni Road mit seiner Frau und dem Neugeborenen und nimmt einen Zug nach Karatschi, den die Pakistanis bis zur Überfüllung erstürmen. Die Strecke wird viel gefahren. Erstaunlicherweise kann er ein fast leeres Abteil ergattern, außer ihm sitzen hier nur drei andere Fahrgäste, bestimmt Händler, die ihm – sichtlich beeindruckt – eine Bank anbieten.
Während der Reise rollt er für das Gebet einen Teppich auf dem Gang aus.
Er hat eine neue Aufmachung – bartlos, Jackett aus Drillich über dem Salwar Kameez –, doch er lässt kein Gebet ausfallen.
In der restlichen Zeit liest, meditiert und schläft er. Sadia, vom Scheitel bis zur Sohle verschleiert und an den Füßen ein Paar billige flache Schuhe, sitzt mit ihrem Baby im Frauenteil des Waggons, der durch einen Vorhang abgetrennt ist.
Bei der Ankunft auf dem armseligen Bahnhof von Karatschi geschieht etwas Eigenartiges: Einer der Bettler, die hier zu Hunderten auf dem Fußboden nächtigen, eingerollt in mottenzerfressene, nach altem Dreck stinkende Decken, rempelt ihn fast um. Was ist passiert? Hat er ihn selbst versehentlich angestoßen? Hält der andere ihn für einen ausländischen Geschäftsmann, einen Ungläubigen? Oder soll diese Inszenierung nur eine Botschaft übermitteln, und wenn ja, welche, warum, an wen? Jedenfalls gibt es einen Wortwechsel, und als ein Polizist dazukommt, drückt er ihm ein paar Rupien in die Hand, um ihm zu verstehen zu geben, dass er die Angelegenheit schon alleine regelt. Andere Bettler kommen ihrem Kameraden zu Hilfe. Sie schimpfen, drohen, scheinen ihn zu provozieren. Aber entweder schreckt sie Omars Größe, seine

athletische Statur ab oder das Ganze ist tatsächlich nur Theater, jedenfalls gehen sie schnell wieder auseinander. Der Ankömmling stürzt sich schreiend auf ein Taxi, seine Frau kommt mit dem Kind auf dem Arm kaum so schnell hinterher, und lässt sich zu seiner Tante bringen, seiner geliebten Tante, bei der er bis zu der Entführung wohnen will.

Er ist in Karatschi, einer Stadt, die er nicht gut kennt, in der man auch ihn nicht kennt, in der er sich nicht aufspielen kann wie in Lahore, was ihn etwas beunruhigt.

Den nächsten Tag – es ist der 18. Januar 2002, also noch fünf Tage bis zur Entführung – verbringt er in der berühmten und geheimnisumwitterten Moschee von Binori Town, einer der Hochburgen des pakistanischen Fundamentalismus, in der, so sagt man, die Würdenträger der Taliban ausgebildet wurden.

Zunächst ist er allein, sehr konzentriert im Halbschatten eines Lehrsaals der benachbarten Madrassa, abseits von den Pilgern aus aller Herren Länder. Er spricht kaum, er isst wenig, macht nur um Mittag herum eine Pause, begibt sich in einen Bodybuilding-Club in der Nähe, kommt wieder zurück, hockt sich hin und lauscht mit starrem Blick, die Hände im Nacken verschränkt wie ein Gefangener, dem Prediger, der den Saal während seiner Abwesenheit in Beschlag genommen hat und zum Heiligen Krieg aufruft.

Am Abend aber gesellen sich vier Männer zu ihm – drei von ihnen stammen aus Karatschi und kennen die Stadt, ihre geheimen Netze, ihre Schattenzonen. Wenn ich den Beschreibungen Glauben schenke, handelt es sich um Fahad Naseem, den Mann mit den Fotos und E-Mails, und seine Komplizen Salman Saqib und Sheikh Mohammed Abdel sowie um einen gewissen Syed Hashim Qadeer Shah, alias Arif, wohnhaft in Bahawalpur. Sieht er auch die anderen? Trifft er sich mit Bukhari, dem Mann, der Danny später den Text für das Video vorsagen wird? Fazal Karim, dem Wächter, der seinen Kopf festhalten wird, als der Jemenit ihm die Kehle durchschneidet? Und dem Jemeniten selbst? Den anderen Jemeniten? Das ist eine entscheidende Frage. Denn davon hängt es ab, inwieweit er nicht nur beteiligt war, sondern auch die Kontrolle und das Sagen über die Aktion hatte. Ich bin da nicht sicher. Doch zwei Dinge weisen darauf hin, dass solche Treffen stattgefunden haben könnten. Einerseits die Telefongespräche, die auf sein Handy zurückverfolgt werden konnten, abgehört von der Polizei und Jamil Yusuf, einem ehemaligen Geschäftsmann, der sich als Leiter des Karachi's Citizen-Police Liaison Committee nun ganz der Verbrecherjagd widmet. Dieses Komitee hat sich darauf spezialisiert, am Rande der Polizeiarbeit Entführungsfälle zu untersuchen. Andererseits die Aussage von einem Wirt in »Klein-Bangladesch«, dem anderen berüchtigten Viertel von Karatschi, der versichert, er habe Sheikh an jenem Abend in Begleitung eines Mannes mit afghanischer Kopfbedeckung gesehen, dessen Beschreibung auf Bukhari passt, sowie in Begleitung von zwei anderen Männern, die er für Jemeniten hielt.

Einen Tag nach Binori Town, also am 19. Januar, trifft er sich zum Mittagessen mit Faheem und Saqib im Village Garden, in der Nähe des Metropole Hotels, wo sich auch die Entführung abspielen wird.

Den Nachmittag verbringt er nicht weit von hier, allein in der Bar des Marriott, wo er Zahlen untereinander aufschreibt: Sein Vermögen? Einen Kostenvoranschlag des Verbrechens?

Dann trifft er sich wieder mit Naseem, erneut vor dem Village Garden, sie stehen in der Kälte, flüstern und tuscheln miteinander, gehen bis zum Marriott, um sich aufzuwärmen, kommen zurück, gehen wieder ein Stück, vielleicht notieren sie ihre Schritte: Seit der Countdown läuft, schreibt Omar in der Tat alles auf, ununterbrochen kritzelt er irgendwelche Notizen in ein braunes Heft, das er in der Brusttasche seines Salwar Kameez aufbewahrt. Wo sind diese Notizen geblieben? Was ist nach seiner Verhaftung aus ihnen geworden?

Aus einem Internetcafé (zufällig ist es dasselbe, in dem Danny nach Abschluss seiner Recherchen über Richard Colvin Reid, den Ort vermutet, wo dieser seine letzte Nachricht erhielt – den Befehl, die Maschine von Paris nach Miami zu nehmen) schicken die beiden eine zweite E-Mail an Danny: »Entschuldigung, dass ich mich so lange nicht gemeldet habe, aber meine Frau ... Die pakistanischen Krankenhäuser sind nicht sehr gnädig zu armen Leuten ... Gott sei Dank sind wir wohlhabend, doch der Anblick dieses Elends betrübt und verwirrt mich immer zutiefst ... Und dann hatte ich auch noch Ihre Nummer verlegt ... Wenigstens habe ich eine gute Nachricht. Ich habe mit Gilanis Sekretär gesprochen. Ihre Artikel haben ihm gefallen ... Prinzipiell hat er nichts gegen ein Treffen einzuwenden ... Im Moment ist er in Karatschi, ziehen Sie es vor zu warten, bis er wieder in Rawalpindi ist? Möchten Sie mir Ihre Fragen per E-Mail schicken, damit ich sie ihm weiterleite? Oder wollen Sie selbst herkommen, falls Karatschi sowieso auf Ihrem Programm steht?«

Sie warten vor dem Bildschirm. Fünf Minuten ... Zehn ... Die Idee mit den Fragen per E-Mail war genial, erklärt Omar Naseem. Mit diesem einen Satz gibt der Profi zu verstehen, dass nicht er derjenige ist, der etwas will, und dass es ihm unterm Strich ziemlich egal ist, ob das Treffen mit Gilani stattfindet oder nicht! Und in der Tat, kaum ist die Nachricht im zentralen elektronischen Briefkasten des *Wall Street Journal* angekommen, antwortet Danny auch schon, ja, natürlich, jederzeit. Er ist in Islamabad und hat noch andere Gründe, mit seiner Frau Mariane nach Karatschi zu kommen, und entscheidet sich deshalb, ohne zu zögern, für letzteren Vorschlag. Sind Sie auch in Karatschi? Werden Sie an dem Treffen teilnehmen?

Omar macht einen Freudensprung.

Die Falle ist zugeschnappt.

Allein, ohne Naseem, spaziert er in die Altstadt. Er betritt den Laden eines Basarhändlers, kommt mit einem in Zeitungspapier gewickelten Paket unter dem Arm wieder heraus und bringt es zu seiner Tante. Eine Waffe?

Am Abend wird er noch einmal am Marriott gesehen, wo er einem fliegenden Händler eine Serie von Diaaufnahmen abkauft (über Kaschmir? Sind amerikanische und russische Gräueltaten in Afghanistan darauf zu sehen? Bosnien?).

Auch im Café des Hotels sieht man ihn, sehr entspannt, sehr ausgelassen, wie er eine Reihe von Postkarten schreibt: an seine ältere Schwester Hajira Sheikh, an seinen Bruder Awais, eine dritte an einen Arzt in Indien, wahrscheinlich den Oberarzt des Krankenhauses von Ghaziabad, im Staat Uttar Pradesh, in das er 1994 nach der Verhaftung durch die Polizei von Neu-Delhi eingeliefert wurde und wo sein Guevara-Foto entstand.

Gegen Abend macht er einen weiteren Abstecher nach Binori Town, aber nur für eine Stunde: ein weiterer Kontakt? Mit wem?

Und schließlich vermute ich, dass er an diesem Abend noch einen Brief an die Adresse eines Rechtsanwalts oder Journalisten oder Freundes schreibt: Ich muss einfach annehmen, dass für alle Fälle, in einem Koffer, an einem sicheren Ort, handschriftliche Aufzeichnungen von ihm existieren, über die Planung der Operation, die Anzahl seiner Mittäter, die Rolle, die er persönlich darin spielte, die Absprachen, die er eventuell mit hohen Stellen treffen musste, um die Aktion erfolgreich durchführen zu können ...

Am Sonntag, dem 20. Januar, schickt er Danny aus einem anderen Internetcafé eine dritte E-Mail: »Gilani kann Sie am Dienstag treffen, vielleicht auch erst am Mittwoch. Sein Sekretär ist noch in Rawalpindi. Er wird mir die Telefonnummer eines seiner Anhänger geben. Den müssten Sie nach Ihrer Ankunft anrufen, er wird Sie dann zu ihm bringen. Grüßen Sie den Scheich von mir. Sagen Sie ihm, er soll mich in seinen Gebeten nicht vergessen. Und dass er uns hier in Rawalpindi sehr fehlt und wir seine Rückkehr mit Ungeduld erwarten. Wie schade, dass Sie Pakistan so schnell wieder verlassen müssen! I hope you have enjoyed your stay. Und nachher müssen Sie mir unbedingt von der Begegnung berichten.«

Am Montag, dem 21. Januar, trifft er zwei seiner Komplizen in einer Wohnung im Defence-Housing-Viertel und gibt ihnen Geld für eine Videokamera, einen Scanner, einen Fotoapparat. Als Naseem mit dem Fotoapparat, einer kleinen Olympus, zurück ist, probieren sie ihn gemeinsam am Clifton Beach aus, einem grauen Sandstrand der Hafenstadt Karatschi, über den Abwasser ins Meer geleitet wird. Omar knipst die Bilder: Geländewagen, die sich eine Verfolgungsjagd liefern. Eine Gruppe schweigender Frauen, behindert von ihren Burkas, die in Strümpfen ein Fußbad nehmen und den Teerfladen auszuweichen versuchen. Eine weitere Frau, unverschleiert, mit dem wächsernen, blutleeren Teint zu lange eingesperrter Frauen, schreit bei einem Vergewaltigungsversuch um Hilfe. Ein Kind auf einem Dromedar. Ein Schlangenkampf. Ein Schild mit der Aufschrift »Fotografieren verboten« ... All dies findet Omar sehr amüsant. Er ist in bester Laune. Am späten Nachmittag klappert er die Geldwechsler auf der Jinnah Road ab und trifft, wieder in Binori Town, einen Unbekannten – vielleicht einen der Jemeniten.

Am Dienstag, dem 22. Januar, schickt er Danny zur Bestätigung eine letzte E-Mail. Nun ist es abgemacht, Gilani hat sich entschieden, das Treffen soll am nächsten Tag stattfinden, am Mittwoch, so gegen 19.00 Uhr, sie haben eine halbe Stunde Zeit, und wenn Daniel Pearl möchte, kann er danach noch eine Stunde mit den Anhängern sprechen, die mit Gilani zusammenleben. Omar teilt Danny auch die Telefonnummer des jungen Mannes mit – 00 2170244 –, der ihn fahren soll. »Er heißt Imtiaz Siddiqui. Merken Sie sich seinen Namen. Rufen Sie ihn gleich nach Ihrer Ankunft an. Er hat auch Ihre Nummer und wird sich bei Ihnen melden. Ich bin sicher, dieses Treffen wird Ihnen von großem Nutzen sein. Nachher müssen Sie mir unbedingt davon berichten. Ich bin gespannt auf Ihre Nachricht!« Anschließend geht er ins Hotel Pearl Continental, tauscht ein weiteres Bündel Dollarscheine, erledigt einen Telefonanruf aus der Lobby, einen von seinem Handy aus, geht hinaus, entdeckt einen Gulli und schmeißt das Handy hinein.

In der Nacht schläft er schlecht.
Er schläft allein, in einem kleinen Zimmer ganz hinten in der Wohnung seiner Tante. Trotz des Trenchcoats, trotz des relativ milden Klimas zittert er vor Kälte.
Die ganze Nacht liegt er mit aufgerissenen Augen da, wie auf der Lauer, seine Lippen bewegen sich, als spräche er ein Gebet. Sobald er die Lider schließt, tauchen die Bilder auf, wie Nägel, die sich in seine Seele stoßen. Seine Tante hat am Vorabend alles versucht, um seine abgründigen Gedanken zu vertreiben. Keine Chance, die Bilder sind da, geronnenes Blut im Schnee, in Sarajevo. Eine Verletzte, die er in Zenica mit dem Tod ringen sah. Einen anderen, bei Thathri, in Kaschmir, dessen Schädel und Gesicht man mit Kolbenhieben und Fußtritten übelst zugerichtet hatte – eine einzige Wunde, ein Brei, in dem noch ein entsetztes, schmerzverzerrtes Auge aufleuchtete. Das Geschrei eines Kameraden, eines Nachts, aus der Nachbarzelle im Tihar Jail. Das Gesicht von diesem Pearl, den er neulich im Hotel Akbar traf und der gar kein so mieser Kerl war, wie er dachte: für einen Juden ziemlich offen, für einen Amerikaner ziemlich clever, und seltsam interessiert daran, was im Kopf eines Dschihad-Kämpfers vorgeht. Es sei denn, das war alles nur Show, nur der Trick eines amerikanischen Juden, der den Verschlagenen spielt, um deine Wachsamkeit einzulullen und dich anschließend besser reinlegen zu können. Im Traum sieht er Pearl, mit eingeschlagenem Schädel, das Hirn quillt ihm aus den Ohren. Er träumt von dem toten Pearl, noch bevor er ihn getötet hat, und er weiß nicht, ob dieser Gedanke ihn erschreckt oder freut. Mal verspürt er schon im

Voraus dessen Schmerzen, und verflucht seine idiotische Idee. Dann frohlockt er wieder, und dieser Jubel lässt ihn plötzlich erschaudern.

Als er am Morgen des 23. Januar aufwacht, ist sein Kopf schwer und leer.

Er stürzt drei Tassen schwarzen Kaffee hinunter, doch auch das wärmt ihn nicht auf, noch verschafft es ihm einen klaren Kopf.

Er versucht etwas zu essen, aber alles schmeckt nur nach Pappe.

Als er sich rasiert, bemerkt er einen Sprung im Spiegel: Den hatte er gestern Abend noch nicht, da bin ich ganz sicher. Diesen Schatten auf meinem Gesicht sehe ich zum ersten Mal ... Und wenn der Mistkerl alles durchschaut hat? Wenn das die Erklärung für seine verdächtige Leichtgläubigkeit ist? Wenn er ein Spion ist, ein richtiger Bulle, und nachher zu dem Treffen im Village Garden mit noch mehr Bullen auftaucht? Und wenn er in Wirklichkeit derjenige ist, der mir eine Falle stellt?

Er weiß, dass der große Tag gekommen ist, und er ist ziemlich nervös.

Ist er zum Zeitpunkt der eigentlichen Entführung selber dabei? Ist er mit den anderen im Village Garden, als Pearl um 19 Uhr erscheint und in den roten Suzuki Alto steigt? Oder hat er sich in letzter Minute ein Alibi zurechtgebastelt und im Laufe des Nachmittags wieder einen Zug Richtung Lahore genommen, wie er es später, bestätigt von seiner Frau, im Prozess behaupten wird?

Das kann ich nicht mit Sicherheit sagen.

Einerseits ist da die Aussage von Nasir Abbas, dem Taxifahrer und Polizisten, der Pearl vom Sheraton zum Village Garden fuhr und der bei seiner zweiten Vernehmung sagte, ja, selbstverständlich sei Sheikh auch dort gewesen, er habe mit eigenen Augen gesehen, wie er aus dem Suzuki gestiegen sei, der genau in dem Moment vor ihm hielt, als Danny bezahlte.

Er habe gesehen, wie er ihm die Hand drückte, ihm die hintere Wagentür aufhielt und ihn einsteigen ließ. Die Staatsanwälte glauben ihm. Wie könnte es auch anders sein? Hätte Danny sich sonst darauf eingelassen, in den Wagen zu steigen? Hätte er den Leichtsinn besessen, in ein unbekanntes, von einem unbekannten Fahrer gelenktes Auto mit unbekanntem Ziel zu steigen, wenn er nicht das inzwischen vertraute Gesicht von Omar gesehen hätte?

Auf der anderen Seite gibt es, abgesehen von den Behauptungen des Angeklagten und seiner Frau, den Einwand seines Rechtsanwalts Abdul Waheed Katpur. Der wird während der Verhandlung und später in einem Interview mit dem *Guardian* protestieren, man könne einen Menschen schließlich nicht aufgrund der Aussage eines einzigen Polizisten, Nasir Abbas, an den Galgen bringen. Zumal Omar, wie wir gesehen haben, und dies ist sein Hauptargument, in seinen beiden letzten E-Mails schon mehr oder weniger angekündigt hatte, dass er nicht dabei sein würde. (Grüßen Sie den Scheich von mir … nachher müssen Sie mir unbedingt von der Begegnung berichten …) Es ist also nicht völlig ausgeschlossen, dass der Amerikaner zu dem Treffen erschien und wusste, dass Omar nicht da sein würde.

Hatte Danny dann also seine Meinung geändert?

Hatte er ausdrücklich verlangt, dass Omar ebenfalls erscheint?

Um das zu erfahren, müsste man mit Nasir Abbas reden, dem Fahrer.

Um sicherzugehen, ob Nasir Abbas, Polizist hin oder her, Omar aus fünfzehn Metern Entfernung wirklich erkennen konnte, müsste man außerdem eine Vorstellung von den klimatischen Bedingungen an jenem Abend haben. Wann ging die Sonne unter? Wie waren die Lichtverhältnisse? War es neblig? Tagsüber war es schön, das weiß ich. Der Wetterbericht im *Dawn* versprach trockenes, sonniges Wetter für den Tag, und im Village fand ich sogar einen Kellner, der sich zu erinnern glaubt: »Ein Sommertag mitten im Januar, das haben wir damals alle gesagt. Da das nicht häufig vorkommt, haben wir es uns gemerkt.« Aber blieb es so sommerlich? Bis zum Einbruch der Nacht? Woher will man das wissen?

Auch in diesem speziellen Punkt kann ich nur Vermutungen anstellen.

Und wie lauten sie, die Spekulationen, denen ich ausgeliefert bin?

Nun ja, dass Omar da war und auch wieder nicht.

Nicht da, weil er es so angekündigt und mit Danny besprochen hatte und ich keinen Grund zu der Annahme sehe, er und Danny könnten den Plan geändert haben.

Und doch da, zwangsläufig, wenn auch in einer gewissen Distanz, aus der er alles sehen kann, ohne gesehen zu werden, um von weitem den planmäßigen Ablauf der Operation zu beobachten. Immerhin setzt er mit dieser Geschichte eine ganze Menge aufs Spiel! Seine Freiheit! Vielleicht sein Leben! Wie kann er da, schon wegen der Angst, die ihn quält, einen Fahrschein nach Lahore kaufen und so tun, als habe er mit der ganzen Sache nichts zu tun? Wie könnte dieser Liebhaber der Entführung, dieser Künstler, dieser Profi überdies der Versuchung widerstehen, die Ausführung des Szenarios bis zum Ende zu überwachen, das er sich so klug ausgetüftelt hat und nun schließlich nicht einem Siddiqui oder einem Bukhari überlassen will?

Dafür bieten sich zwei mögliche Orte an.

Nach mehreren Simulationen und Rekonstruktionen habe ich zwei Stellen ausgemacht, von wo er, ohne der Entführung direkt beizuwohnen, ihren Ablauf von Anfang bis Ende verfolgen konnte.

Eine gegenüberliegende, halb zerfallene Mauer, hinter der ein Mann bequem Platz findet und einen guten Überblick über den gesamten Parkbereich hat.

Oder im Restaurant selbst, in einer Nische hinter der Tür zum Autostellplatz. Von hier kann man zwar die Allee besser überschauen, hat allerdings den Parkbereich nur zur Hälfte im Blick, denn der liegt genau in einer Kurve.

Ich vermute ihn eher hinter der Mauer.

Wahrscheinlich steht er aufrecht dahinter, sieht die Sonne über der Stadt niedersinken, beobachtet die Taxis und sagt sich: »So, jetzt dürfte er nicht mehr weit sein.« Oder: »Und wenn er gar nicht kommt? Wenn er am Ende doch Angst bekommen hat und sich gar nicht blicken lässt?« Ich nehme an, insgeheim hofft ein Teil von ihm, Danny könnte vielleicht doch nicht erscheinen, oder aber zusammen mit Mariane, oder mit seinem Kontaktmann, oder mit einem Mitarbeiter des amerikanischen Konsulats. Doch mir ist klar, dass das nur so eine flüchtige Idee von mir ist. Tief in seinem Innern weiß er ganz genau, dass die Würfel gefallen sind und dass es gut so ist.

Die Dinge geschehen nicht einfach, sagt er sich, sie erwarten einen. Ebenso wie alle anderen Momente, die noch folgen werden, hat auch dieser Moment mich erwartet, seit jenen fernen Zeiten, in denen ich ein guter *Pakistani bastard* war, der nach Ratte stank, den kleinen Engländer spielte und verzweifelt versuchte, dazuzugehören und ihnen zu gefallen.

»Der Untergang bringt die Rettung«, pflegte Asad zu sagen, der Mann, der den Konvoi nach Sarajevo leitete, wenn er die bevorstehende Apokalypse des Westens heraufbeschwor und seine jungen Mitstreiter zur Tat aufrief: Damals verstand Omar noch nicht ganz, was sein neuer Freund damit meinte. Jetzt schon, jetzt begreift er es. Er weiß, dass er in sein Verderben rennt, doch es wird auch seine Rettung sein. Er spürt, dass die Sache auf die eine oder andere Weise ein schlechtes Ende nehmen wird – aber spürt er nicht auch den Finger Gottes auf seiner Stirn?

Ihm ist nicht mehr kalt.

Er hat auch kaum noch Angst.

Er fühlt sich leicht wie eine Feder, von sich selbst befreit.

Später wird er seiner Frau sagen, es sei ihm gegangen wie einer Wöchnerin, die endlich ihr Kind betrachten kann.

Was ist der Sinn eines Lebens? Nun, hier haben wir ihn. Nie zuvor, nicht einmal in Indien war er so von dem Gefühl erfüllt, seiner Aufgabe gerecht zu werden. Er ist beglückt. Er frohlockt.

DRITTER TEIL *Ein Staatsverbrechen*

1

Die Geheimnisse von Karatschi

19. September 2002.
Mein zweiter Besuch in Karatschi.
Wie beim ersten Mal profitiere ich von meinem alten Diplomatenpass und den Erleichterungen, die er mir auf pakistanischem Territorium verschafft.
Wieder bleibt mir also der Gang zur Botschaft erspart.
Und vor allem muss ich nicht in eines der Grandhotels, in denen man sofort aufgespürt wird.
Nur ein kleines Guest House auf der Straße zum Flughafen, in der Nähe des Ortes, in dem man mich gleich zur Kasse gebeten wird.
Sollte ich eine unliebsame Begegnung machen oder mir eine unangenehme Frage gestellt werden, habe ich eine neue Entschuldigung parat: Unabhängig von meinem »Roman« über Daniel Pearl bin ich hierher gekommen, um für die Zeitung *Nouvelles de Kaboul,* deren erste Nummer gerade erschienen ist, einen Drucker und Papier aufzutreiben, was in Afghanistan unmöglich ist.
»Mach dir keine Illusionen«, sagt Gul zu mir, mein Kontaktmann vom vergangenen Frühjahr, der mich im Empfangszimmer der Pension besucht, einem kleinen verrauchten Raum mit Kissen auf dem Boden, Samowaren auf dem Tisch in der Mitte und einem ausgestopften Tierkopf an der Wand. »Glaub bloß nicht, dass sie dir die Geschichte mit dem Roman oder jetzt mit der Zeitung für Afghanistan abkaufen. Sie sind zu mir gekommen, nach deiner Abreise im Juni. Meine Frau haben sie ausgefragt, meine kleine Tochter in ihrem Zimmer

eingeschlossen, sämtliche Sachen durchwühlt. Sie wollten alles wissen: Was du machst, was du gesucht hast, was ich dir gesagt habe und mit wem du dich getroffen hast. Ans andere Ende von Rawalpindi haben sie mich bestellt, und dort hat mich ein alter Ulema-Gelehrter gewarnt. Jetzt heißt es vorsichtig sein. Sie sind überall.«

Mit »sie«, damit meint er den gefährlichen ISI, die Abkürzung für »Inter-Services Intelligence Agency«, den pakistanischen Geheimdienst, der im Prinzip seine Erkundigungen außer Landes einziehen sollte. Seit dem Krieg in Bangladesch, dann den nationalistischen Aufständen in Belutschistan zu Zeiten Benazir Bhuttos, schließlich dem Krieg in Afghanistan und dem auf die iranische Revolution folgenden Vorstoß der Schiiten wandelt er sich aber immer mehr zu einem Nachrichtendienst, der mit den diversen Separatisten zu sympathisieren scheint. Doch Gul sagt nicht ISI. Niemand in Karatschi sagt das. Man sagt einfach »sie«, »die Agentur«, »die unsichtbare Regierung« oder auch nur »die drei Buchstaben«. Manchmal, selbst wenn man es sagen dürfte, werden lediglich drei Finger emporgehalten – als könne einen bereits das Aussprechen der drei fluchbeladenen Buchstaben gefährden.

»Sei mir nicht böse«, fährt er fort und wirft immer wieder einen Blick auf den Rezeptionisten, einen kleinen furchtsamen und zahnlosen Mann mit rundlichem Gesicht, der uns aus dieser Entfernung nicht hören dürfte. »Ich kann unter diesen Umständen« nicht mehr für dich arbeiten. Es ist ja nicht bei diesen Besuchen geblieben, weißt du. Es hat seltsame Anrufe gegeben, die auch nach deiner Abreise nicht aufgehört haben und in diesem Zusammenhang vielleicht noch beunruhigender sind. Hier in Pakistan siehst du immer die Nummer des Anrufers auf dem Display deines Handys. Es sei denn …«

Der Mann ist hinter seinem Empfangstresen hervorgekommen. Er tut so, als müsse er die Kissen aufschütteln, und fragt uns in gebrochenem Englisch, ob wir noch einen Wunsch hätten. Gul macht plötzlich ein völlig verängstigtes Gesicht. Seine Nasenlöcher zittern, als würde er gleich zu weinen beginnen. Wie seltsam und ungewohnt, dass er mich nicht ansah, als ich mit ihm sprach, mich jetzt aber heimlich und voller Panik mustert, während ich mit dem alten Mann rede. Nun, es musste wohl so kommen, denke ich mir. Dies ist nicht mehr der Gul vom vergangenen Juni, wagemutig und fröhlich, unbekümmert, zuversichtlich und abenteuerlustig, jener Gul, der mich über »Reporter ohne Grenzen« ausfragte und sich ihnen nur zu gern als Korrespondent zur Verfügung gestellt hätte, jener Gul, der sich über die paranoiden Journalisten lustig machte, die, sobald sie nach Islamabad kommen, an jeder Ecke Bin Laden auftauchen sehen. Der Mann geht wieder hinter seinen Tresen. Gul spricht weiter.

»... es sei denn, es handelt sich um Leute von der Armee oder vom Geheimdienst. Heute Morgen wurde ich wieder angerufen. Mehrmals. Es war nur ein Atmen zu hören. Und die Nummer des Anrufers erschien nicht auf dem Display. Deshalb möchte ich, dass wir uns nicht mehr sehen. Es ist besser für mich. Doch ich glaube, es ist auch besser für dich. Soll ich dir einen Ersatz für mich suchen? Ich hätte da jemanden. Er heißt Asif. Du wirst sehen, er ist sehr gut.«

Ich muss daran denken, dass auch der Kontaktmann von Daniel Pearl Asif hieß, und seltsamerweise beunruhigt mich das.

Wahrscheinlich hat Gul Recht und den Leuten des ISI, sollten sie so organisiert sein, wie man ihnen nachsagt, wird meine Geschichte mit der Beschaffung eines Druckers für die *Nouvelles de Kaboul* seltsam vorkommen.

Außerdem denke ich an die beiden E-Mails, die er und Salman, ein weiterer meiner Korrespondenten, mir diesen Sommer geschickt haben. Beide hatte ich gebeten, während meiner Abwesenheit zu versuchen, Einzelheiten über die Bankkonten der von Musharraf verbotenen Dschihad-Organisationen herauszufinden, mit denen sich Danny zum Zeitpunkt seiner Entführung gerade beschäftigte. Salman hatte mir einen Informanten beschafft, der sich auch gleich an die Arbeit machte. Gul hatte seinerseits einen Mann ausfindig gemacht, den er auf die richtige Spur brachte. Am 25. Juli bekam ich folgende Mail von Salman: »Mein Informant in Karatschi ist verschwunden – habe es gestern erfahren – seit einigen Tagen hatte ich keinen Kontakt mehr zu ihm – seine Familie und ich machen uns große Sorgen – sobald ich etwas Neues erfahre, melde ich mich wieder bei dir.« Und dann am 13. August eine Mail von Gul: »War im Urlaub. Vor meiner Abreise schickte ich deine E-Mail an den Journalisten weiter und bat ihn, dir das Material direkt zuzusenden. Bei meiner Rückkehr erfuhr ich, dass er einen schweren Unfall hatte und seinen Auftrag demnach nicht ausführen konnte. Entschuldige, dass nun so viel Zeit ungenutzt verstrichen ist. Soll ich dir einen Ersatzmann suchen? Ich bräuchte noch etwa zehn Tage. Herzliche Grüße.« Dass da ein Zusammenhang bestehen könnte, war mir nicht gleich klar geworden. Weder zwischen den beiden noch zwischen ihnen und mir. Und wenn all dies miteinander zusammenhing? Wenn man bereits versuchte, mich daran zu hindern, Nachforschungen über Danny anzustellen? Wenn sich also niemand durch meine Geschichte mit dem Roman hatte täuschen lassen?

»Nein, nein«, sage ich zu ihm. »Nicht Asif. In diesem Fall ist es besser, wirklich vorsichtig zu sein und niemanden einzuschalten, dessen Spur zu dir führen könnte. Ich habe da selbst jemanden. Einen alten Freund aus meiner Zeit in Bangladesch. Keinen Bangladescher, nein. Er lebt in Peschawar. Ich habe ihn nie völlig aus den Augen verloren. Er gehört zu jenen hervorragenden Leuten, die einem, wie du auch, erneut den Glauben an dieses Land schenken. Ich rufe ihn an.«

Gul, zugleich erleichtert und traurig, verabschiedet sich. Ich sehe ihm nach. Draußen auf der Straße verschwindet er in einer Gruppe Pilger, die zur nahe gelegenen Moschee unterwegs sind. Ist es Einbildung oder sind die beiden Männer, die während unserer Unterhaltung hereingekommen sind, um sich in die andere Ecke des Raumes zu setzen, und die ich für Händler auf der Durchreise gehalten habe, tatsächlich aufgestanden und ihm nachgegangen?

Ich rufe Abdul an, meinen alten Freund, der für eine regierungsunabhängige Organisation in Belutschistan arbeitet und wunderbarerweise in den kommenden Wochen Zeit hat. »Du meldest dich aber ganz schön spät«, sagt er mit dem gleichen trockenen Humor wie früher, so als würde ihn mein Anruf überhaupt nicht überraschen. Scheinbar nahtlos knüpfen wir an unsere Unterhaltung vom letzten Mal an, als hätten wir uns erst gestern gesehen. »Wie siehst du denn jetzt aus, nach all den Jahren? Bei mir sind es vor allem die Haare, das wirst du ja sehen ... Gib mir zwei Tage Zeit, dann bin ich bei dir.«

Und so bin ich auf einmal ohne Beschäftigung, schlendere durch das hektische, chaotische Karatschi mit seinem feuchten, nebligen Herbsthimmel und dem trüben regnerischen Licht. In der Stadt brodeln die Gerüchte über die Verbrechen der letzten Nacht wie auch über die jüngsten Ereignisse des Bandenkriegs zwischen Hadschi Ibrahim Bholoo und Shoaib Khan: Karatschi, die einzige Stadt der Welt, in der die Mafia-Banden so sehr ins Alltagsleben integriert sind, dass ihre ständigen Auseinandersetzungen den gleichen Stellenwert haben wie bei uns die Debatten zwischen den Parteien.

Ich mache einen Abstecher zum Lea Market im Norden der Stadt, besuche den Markt der Siaul Hoque Colony, auf dem man ein Mädchen aus Bangladesch zum Preis von siebzigtausend Rupien kaufen kann, zehn Prozent davon bekommt die Polizei. Ich bummele über den Sainab Basar, den großen Baumwollmarkt. Jetzt weiß ich, dass es der angesagte Ort ist, wenn man in Karatschi erfahren will, was in der Stadt passiert.

Vergangene Nacht sind dreihundert Jungfrauen über Indien hierher gekommen, um nun nach Dubai verkauft zu werden.

Und dann sind da die *gunmen*, die Männer der privaten Sicherheitspolizei mit ihren orangefarbenen Helmen. Tagsüber heuert man sie an und nachts lassen sie ihren Phantasien freien Lauf und bekämpfen sich gegenseitig …

Heute Morgen ist man auf die Spuren einer Abrechnung in Gadani gestoßen – gewissermaßen der tiefste Abgrund von Karatschi, am Meer gelegen: Eine komplette Familie, Vater, Mutter, zwei Großmütter, drei Kinder, darunter ein Baby, wurden tot aufgefunden, im Frachtraum eines stillgelegten und bereits zerfallenden Tankers, wahrscheinlich liegen sie dort schon seit Wochen, die Leichen sind bereits verwest: Das Baby ist gehäutet, eine der alten Frauen geviertailt, die anderen gekreuzigt.

Immer wieder kommt mir Danny in den Sinn, jeden Augenblick meine ich eine unsichtbare Spur von ihm zu entdecken – ist er hier vorbeigekommen? Oder dort? Vielleicht ja auch hier, vor diesem Fischgeschäft, dessen Verkäufer mir bettelnde Blicke zuwirft? Oder in der Jinnah Road, vor Binori Town, der großen Moschee, wo sich Omar in den Tagen vor der Entführung lange aufgehalten hat und die sicherlich ebenfalls innerhalb seines Überwachungsradius lag?

Und schließlich ist da jene andere Nachricht, die in Frankreich anscheinend kein großes Aufsehen erregt hat, hier aber in aller Munde ist: Vergangene Woche, in der Nacht vom 10. zum 11. September 2002 hat die pakistanische Polizei, unterstützt von den Amerikanern, ein Gebäude im Defence-Housing-Viertel gestürmt. Sie soll Computer mit Stadtplänen amerikanischer Städte und Pilotenhandbücher beschlagnahmt haben, außerdem Dokumente, in denen die Anwesenheit dreier Söhne Bin Ladens – Saad, Mohammed und Ahmed – im Herzen der Kommandozentrale der al-Qaida bescheinigt wird. Die Polizei soll dort überdies zehn Jemeniten festgenommen haben, die sich illegal in Pakistan aufhielten; unter diesen zehn Männern befand sich angeblich auch Ramzi Binalshibh, der Hamburger Mitbewohner Mohammed Attas, der zusammen mit diesem als zwanzigster Luftpirat das World Trade Center anfliegen sollte und dem die USA ebenso wie

Zakariya Essabar im letzten Augenblick die Einreise verweigerten.

»Ein Sieg der Demokratie«, wie mein Rikschafahrer es formuliert.

»Der Untergang der al-Qaida-Hunde«, wie es ein Pistazienverkäufer vor dem Jinnah-Mausoleum mit erhobenem Zeigefinger ständig wiederholt.

Die Presse kann zwar nicht sagen, ob er in die USA ausgeliefert wurde, nach Guantanamo, oder ob er vorübergehend im Basislager in Begram, auf afghanischem Territorium, in Gewahrsam ist: »der ranghöchste Funktionär der Organisation, der seit der Festnahme Abu Zubaydahs im März in Faisalabad aus dem Verkehr gezogen wurde.«

Ich begebe mich an den Ort des Geschehens, 63 C, 15th Commercial Street, mitten im Defence-Housing-Viertel, im Stadtzentrum. Seltsam, dass gleich nach der Unabhängigkeit vor fünfzig Jahren die meisten der Wohnungen dort Militärangehörigen zugeteilt wurden.

Was ich dort zu finden hoffe, weiß ich eigentlich nicht.

Noch sehe ich keinen Bezug zu meinen Nachforschungen.

Doch ich bin augenblicklich allein, habe zwei Tage Zeit, während ich auf meinen neuen Kontaktmann warte, und beschließe daher die Stelle zu inspizieren, an der die pakistanische Polizei das al-Qaida-Versteck ausgehoben hat.

Natürlich ist auch jetzt noch eine gewisse Erregung spürbar.

Es sind eine Hand voll Journalisten da, Gaffer, ein paar *gunmen* in schwarzen T-Shirts mit der Aufschrift »No Fear« sowie hinter einer Metallabsperrung ein Polizeikordon.

Doch der Alltag bricht sich zugleich wieder langsam Bahn. Die kleine Eisdiele und das Immobilienbüro direkt gegenüber haben bereits geöffnet. Drei Männer mit nacktem Oberkörper, nur mit einem Lendenschurz um die knochigen Hüften, mit hervorstehenden Rippen, die langen Haare zu einem Pferdeschwanz zusammengebunden – bestimmt Christen oder

Hindus – sind bei der Arbeit und stopfen die Abwasserkanäle, die während der Auseinandersetzungen beschädigt wurden. Eine Horde Kinder, die sich auf der Baustelle herumtreibt, drängt sich an mich, will wissen, ob ich Leonardo Di Caprio kenne. Ein Jugendlicher filmt mich mit einer Videokamera. Ein anderer bietet mir geschmuggelte Zigaretten an. Dies ist ein normales Viertel, kein Zweifel. Wir sind hier nicht in einer der heruntergekommenen Vororte, in denen ich einen Schlupfwinkel von flüchtigen al-Qaida-Mitgliedern viel eher vermutet hätte. Ich trete näher an das Gebäude heran, auf dessen Fassade Hunderte von Kugeln und Granaten ihre Spuren hinterlassen haben. Es ist ein schönes Gebäude, ziemlich luxuriös, vierstöckig, neben der die lokale Elektrizitätsgesellschaft ihren Sitz hat.

»Möchten Sie eine Tasse Tee?«, fragt mich der Angestellte des Immobilienbüros, sichtlich erfreut, einen Fremden bewirten und ihm Auskunft geben zu dürfen.

Die Polizisten, berichtet er, hätten um drei Uhr morgens das Viertel abgeriegelt.

Etwa zwanzig Beamte des ISI sowie Rangers in der Uniform der südpakistanischen Provinz Sindh hätten das verdächtige Gebäude umzingelt.

Kurz vor neun Uhr nahmen sie zwei Afghanen fest, die das Haus verließen, um frühstücken zu gehen. Sie begannen zu schreien, um ihre übrigen Komplizen in der vierten Etage zu warnen.

Hundert Polizisten wurden im Laufe des Vormittags zur Verstärkung herangezogen. Gegen Mittag, nach einem dreistündigen erbitterten Schusswechsel, kamen schließlich eine Frau, zwei Kinder und zehn Männer heraus, die Hände über dem Kopf und lauthals »Allah Akbar« rufend.

»Ob uns das überrascht hat?« Der Mann lacht hell auf. »Niemand war es wirklich. Wir fanden das ganz normal. Das Kommen und Gehen war ja nicht zu übersehen. Vierundzwanzig Stunden am Tag brannte bei denen das Licht. Alle, also auch die Polizei, wussten, dass hier, in diesem Viertel, Araber wohnten, zumindest Leute, die kein Urdu sprachen. Es sind Angestellte der Botschaft. Schüler in der Madrassa. Doch warum soll man Leuten misstrauen, die zu uns als Freunde gekommen sind, um etwas zu lernen? Wie sollen wir als gute Moslems ihnen das Gastrecht verweigern, wo sie doch nichts Schlechtes tun und gottesfürchtige Menschen sind? Bei diesem Haus, wie auch bei anderen, war das bekannt. Wir sahen sie jeden Morgen, wie sie herunterkamen und ihren Erledigungen nachgingen. Sogar das Fernsehen war mal ihretwegen hier, vor zwei Monaten, und das wusste die Polizei sehr wohl ...«

Das Fernsehen? Nun, das lässt sich nachprüfen. Tatsächlich: Yosri Fouda, der arabische Bob Woodward, hat zu Beginn des Sommers nicht nur Ramzi Binalshibh in dieser Wohnung hier interviewt, sondern auch gemeinsam mit ihm Khalid Sheikh Mohammed, Bin Ladens Stellvertreter, die schillerndste Figur der al-Qaida-Galaxie, diesen Bonvivant, von dem man sich in Karatschi erzählt, er liebe es, sich mit dem Helikopter fortzubewegen, grundsätzlich solle er nur in Fünf-Sterne-Hotels absteigen – dieser Architekt des 11. September, der zehn Jahre zuvor in Manila auf den Gedanken gekommen war, Flugzeuge in fliegende Bomben zu verwandeln, der Mann, von dem man außerdem weiß, dass ihn einer der Selbstmörder von Djerba direkt vor dem Attentat im April 2002 in der Synagoge als Letzten noch anrufen wird, mit einem Wort, der Mann, von dem die amerikanischen Geheimdienstchefs bereits damals, sechs Monate vor seiner Verhaftung, sagen, wenn sie sich zwischen Bin Laden und ihm entscheiden müssten, würden sie ihn festnehmen, denn er ist der Einzige, der »alle Puzzleteile« besitzt.

War dieses Interview jener Tropfen, der das Fass zum Überlaufen brachte? Der Angestellte des Immobilienbüros weiß es nicht. Das Interview sollte am 12. September ausgestrahlt werden, die Rangers geben das Zeichen zum Angriff einen Tag zuvor. Allerdings ist bereits einiges an die Öffentlichkeit gedrungen. Die Londoner *Sunday Times* brachte einen Vorabdruck mit umfangreichen Auszügen. Fouda selbst erwähnt das Interview. Bei diversen Gelegenheiten berichtet er darüber, wie es dazu kam. Er erwähnt in London Unterhändler, heimliche Treffen, Islamabad, Karatschi, Passwörter, berichtet von einem Wagentausch, Ablenkungsmanövern, jenen tausend Details, eines märchenhafter als das andere, die schließlich zu jenem Scoop geführt haben – und wie es am Ende in der großen, leer stehenden Wohnung zu dem privaten Treffen mit zwei der weltweit meistgesuchten Terroristen kommt, die ihm zwei Tage lang die wahre Geschichte des 11. September erzählen, jenem höchsten Feiertag des radikalen Islamismus.

Kurzum, ich glaube weder, dass die beiden Sachen nichts miteinander zu tun haben, noch, dass sie automatisch aufs Engste verknüpft sind. Allerdings kann ich mir sehr gut eine von Panik ergriffene pakistanische Regierung vorstellen, der plötzlich bewusst wird, dass dieses Interview in wenigen Stunden ausgestrahlt wird, als Beweis dafür, dass eine Zelle der al-Qaida – und was für eine Zelle! – vor den Augen der Presse im Herzen von Karatschi ungestraft operieren kann. Und da beschließt diese Regierung, die Initiative zu ergreifen und leitet am Vorabend des Sendetags einen äußerst spektakulären Einsatz ein.

Fouda bringt es in der *Washington Post* mit wenigen Worten auf den Punkt: »Wenn ich als Journalist es schaffe, zu ihnen vorzudringen, warum, verdammt noch mal, tun die Pakistanis es dann nicht ebenfalls?«

Doch es gibt noch weitere Unstimmigkeiten in dieser Geschichte.

Ein oder zwei Stunden treibe ich mich noch vor der Eisdiele und der Immobilienagentur herum. Ich plaudere mit dem Angestellten, der sich für die Sache wirklich begeistert. Und beim Zuhören bemerke ich Details, die zu meiner wachsenden Beunruhigung beitragen und überhaupt nicht zu den

Erklärungen der Regierung vom großen heroischen antiterroristischen Angriff und einem erbitterten Gefecht passen wollen.

Es scheint, dass in der vierten Etage kaum Gegenwehr geleistet wurde: Die Fassade der Eisdiele wurde zweimal getroffen, die Immobilienagentur hat eine zerbrochene Scheibe, eine Granate, vielleicht auch zwei, scheinen dort, wo nun die Hindu-Arbeiter zugange sind, explodiert zu sein. Das ist wenig in Anbetracht des erbitterten Gefechts, dem sich Rangers und Polizisten laut Regierung hier gegenübersahen.

Als die Rangers die Wohnung stürmten, fanden sie zwar Gebetbücher, Dokumente, Radios, Informationsmaterial, Disketten, Utensilien zur Fälschung von Pässen, auch stand in riesigen blutroten Lettern »Allah Akbar« an den Wänden, doch anstatt wie angekündigt ein Waffenversteck auszuheben, ein ganzes Waffenarsenal, wie der *Dawn* an jenem Morgen behauptet, wird nur eine Kalaschnikow gefunden, eine einzige. Der Angestellte des Immobilienbüros lässt daran keinen Zweifel: Er hat mit Polizisten gesprochen, dann mit den Leuten, die das Gebäude versiegelt haben, und er versichert mir glaubhaft, dass lediglich eine Kalaschnikow gefunden wurde – eine ziemlich magere Ausbeute, dafür, dass dies das Vorzimmer des Teufels ist!

Mohammed. Der berüchtigte Khalid Sheikh Mohammed. Ihn vor allem hatten sie im Visier. Der große Fisch. Das gesamte FBI war von dieser Idee besessen: Wenn es einen Vertrauten Bin Ladens oder auch einen al-Qaida-Führer – Bin Laden eingeschlossen – gab, den man aus dem Verkehr ziehen, den man unbedingt hinter Schloss und Riegel bringen musste, so war es er allein. Nun ist Khalid Sheikh Mohammed an dem betreffenden Tag nicht in der Wohnung. Normalerweise wäre er da gewesen, bestätigt der Angestellte. Sonst war er jeden Abend da, wie alle anderen auch, denn schließlich war dies ja seine Unterkunft. Er ist also der Einzige, der zufällig am Vorabend nicht nach Hause kommt – und so der Polizei durchs

Netz geht. Wirklich ein Zufall? Oder gibt es eine undichte Stelle?

Die Kinder. Unter den Festgenommenen waren zwei Kinder. Nun lese ich in den Zeitungen, dass es sich um die Kinder Khalid Sheikh Mohammeds handelt. General Moinuddin Haider, der Innenminister, hat nach der Operation vor der Presse verkündet, nicht ohne gefühlvolle Aufwallung: »Wir haben die Kinder. Es kommt überhaupt nicht infrage, dass wir sie ausliefern, an wen auch immer, denn sie werden uns zu Khalid führen.« Heute ist die Nachricht des Tages, dass die beiden Kinder gestern freigelassen wurden, »aus humanitären Gründen«, und dass die Polizei sich demnach der einzigen Möglichkeit beraubt hat, die sie zu haben glaubte, um dem Kopf des 11. September auf die Spur zu kommen.

Das Datum. Die Erstürmung der Wohnung fällt genau auf den 11. September. Schön, das hat mit der angekündigten Ausstrahlung des Interviews zu tun. Aber trotzdem. Ständig kommt einem dabei jener andere 11. September in den Sinn. Einen derartigen Einsatz gegen den Drahtzieher des 11. September just an diesem Tag zu lancieren, grenzt an ein Wunder. Es scheint, als hätten die pakistanischen Behörden alles arrangiert und kalkuliert, medienwirksam und symbolträchtig. Als wolle man eine sehr deutliche, eindringliche Botschaft an den amerikanischen Verbündeten richten. Happy birthday, Mister President!

Und schließlich das Allerwichtigste – nicht nur das Merkwürdigste, sondern auch das Unglaublichste, das, was in meinen Augen ein neues Licht auf meine Nachforschungen wirft: Unter den »Jemeniten«, die hier festgenommen wurden, unter den zehn »Arabern«, die im Gänsemarsch und »Allah Akbar!« rufend herauskamen (genau genommen waren es nur acht Jemeniten, dazu ein Saudi und ein Ägypter), unter diesen zehn »Terroristen«, von denen ich bislang noch nicht weiß, ob sie alle den amerikanischen Behörden übergeben wurden oder nicht, war auch (und dies erzählt mir der Mann von der Elektrizitätsgesellschaft, im Beisein des Eisverkäufers und des Immobilienmaklers, die bedeutsam nicken) »der Mörder des amerikanischen Journalisten«, der echte, derjenige, der das Messer geführt hat.

Ich hake nach: »Meinen Sie wirklich den Reporter vom *Wall Street Journal*, den Mann, dem in Gulzar-e-Hijri die Kehle durchschnitten wurde, Daniel Pearl?«

Ja, genau den meinen sie.

Ich verstehe nicht, weshalb Sie sich deshalb so aufregen, scheint mir der Immobilienmakler sagen zu wollen. Es gibt doch noch viele andere auf der Welt, denen man die Kehle durchschnitten hat! Andere Journalisten, die ermordet wurden! Muss es denn ein Amerikaner sein, damit sich der Westen dafür interessiert? Muss es denn ein Jude sein, damit er plötzlich viel wichtiger ist als die Tausende von Kaschmirern und Palästinensern, die jeden Tag durch die Kugeln Indiens und Israels ums Leben kommen? Immer müsst ihr mit verschiedenen Maßen messen. Ihr seid unverbesserlich ...

Er holt einen Schlüssel aus der Schublade seines Schreibtisches, öffnet damit einen Schrank hinter ihm und zeigt mir das Foto eines kleinen verkohlten Körpers, ganz verschrumpelt und krumm, in einer grünen Landschaft: »Mein Cousin ... in Kaschmir ... im Krieg mit den Indern. Haben die zionistischen Zeitungen das Foto meines Cousins abgedruckt?«

Damit trifft er ins Schwarze.

Genau darum geht es bei alldem.

Ich bin seit drei Tagen hier. Jeden Tag lese ich die pakistanische Presse, höre Radio und schaue fern. Doch nirgendwo war davon die Rede. Ich musste erst hier herumstehen, vor einer Eisdiele und einem Immobilienbüro, um auf diesen unglaublichen Hinweis zu stoßen.

Wenn meine Gesprächspartner die Wahrheit sagen, bedeutet dies erstens, dass jener Mann, der das Messer führte, mit dem Daniel Pearl umgebracht wurde, seit acht Tagen in den

Händen der Behörden ist; zweitens, dass die Behörden, anstatt sich damit zu brüsten, wie man es erwarten würde, die Nachricht bewusst herunterspielen; drittens, dass der Mann, dieser Mörder, nach dem weltweit gefahndet wird, seit ein, zwei Monaten in einem gutbürgerlichen Wohnviertel der Stadt unbehelligt leben konnte.

Diese drei Ungereimtheiten stürzen mich in völlige Ratlosigkeit.

Sie genügen, um in mir den Wunsch zu wecken, das Ganze nochmals aufzurollen, diesmal jedoch von der anderen Seite her – aus Sicht der Komplizen Omars, jener anderen Akteure, die zusammen mit ihm die Ausführung des Verbrechens ermöglichten und die ich bislang vernachlässigt habe.

2

Presserundschau

Gleich nach Abduls Ankunft gehe ich zusammen mit ihm in das Zeitungsarchiv einer öffentlichen Bibliothek.

Abdul ist ein ehemaliger Journalist, der sich wieder in den pakistanischen Menschenrechtler von einst zurückverwandelt hat und den ich zeitig am Morgen am Bahnhof abgeholt habe. Zweiunddreißig Jahre ist es schon her, seit unserer Zeit im indo-pakistanischen Krieg, als wir uns am Ende der Auseinandersetzungen an der letzten Frontlinie Adieu sagten. In einem Lastwagen der Armee Yahya Khans fuhr er zurück nach Pakistan, während ich Dakka in einem indischen Armeelaster ansteuerte. Ich ließ einen grenzenlosen Maoisten zurück, der mich mit den indischen Naxaliten, wie maoistische Rebellen in Indien genannt wurden, jenen großen Erleuchteten bekannt gemacht hat. Von dem treuherzigen und leidenschaftlichen jungen Mann, diesem fröhlichen Internationalisten, der aus dem Wahlspruch, immer über den Tellerrand hinauszublicken, eine Lebensregel gemacht hat und dies im konkreten Engagement für die unterdrückten Bangladescher auch praktisch umsetzte, ist nur ein Schatten des Bedauerns in den Augen geblieben – ansonsten ist er ein in die Jahre gekommener Exjournalist, der nicht mehr viele Haare hat ...

Wir verbarrikadieren uns in einem getäfelten Saal, der stark an einen englischen Club erinnert mit seinem abgenutzten Teppichboden und dem gewachsten Holz, dem langen ovalen Tisch in der Mitte.

Ohne anzugeben, worauf wir eigentlich aus sind, lassen wir uns – unter dem Vorwand, eine Untersuchung über die sanitären Verhältnisse in den nordpakistanischen Provinzen durchzuführen – zunächst die wichtigsten Zeitungen des Landes geben, erst die Ausgaben der letzten Woche, dann immer ältere, bis Mitte Mai. Ich lese auf Englisch, er auf Urdu.

In mühsamer Kleinarbeit durchforsten wir auch die Rubriken »Lokales« und »Vermischtes«, um jede unauffällige Agenturmeldung, jede kleinste Notiz aufzuspüren, lachen uns schief über einen farbig geschilderten Streit zwischen zwei falschen Ärzten in Sadiq Town, in der Nähe der pakistanischen Stadt Quetta, lachen laut auf beim Anblick eines urkomischen Fotos. Alle Einzelheiten gehen wir durch: Noch nie stand ich vor einem derartigen Rätsel, war eine Situation so verwirrend, dass eine aufmerksame, kritische Lektüre der lokalen Zeitungen nicht zumindest ein wenig Licht ins Dunkel gebracht hätte.

Jetzt, da ich schon einmal in einem Archiv bin, nutze ich die Gelegenheit und gehe den einzelnen Zellen nach, die mit der Organisation des Verbrechens zu tun hatten.

Erste Zelle. Sie hatte die Aufgabe, den Journalisten Daniel Pearl zu ködern und ihn, unter dem Vorwand, er werde zu Mubarak Ali Shah Gilani geführt, ins Village Garden zu locken. Diese Zelle, das ist natürlich Omar Sheikh. Es ist aber auch Arif alias Syed Hashim Qadeer, Leiter einer kleinen Madrassa in Ahmadpur East, der bereits wegen seiner Beteiligung an der Ermordung von mindestens sieben Menschen im pakistanischen Pandschab gesucht wird und dessen enge Bande zur Harkat-ul-Mudschahidin bekannt sind: Mit ihm ist Pearl zuerst in Kontakt getreten, und er ist es auch, der – seinem Mittelsmann in Islamabad zufolge – dazu bestimmt war, ihn zu Gilani zu führen. Außerdem stellt er Mitte Januar die Verbindung zu Omar her und organisiert das Treffen im Hotel Akbar. Dann ist da noch das dritte Mitglied jener Zelle, Hyder alias Imtiaz Siddiqui, alias Amjad Hussain Farooki, mit richtigem Namen Mansur Hasnain, Veteran der Afghanistan-Kriege und Mitglied der Harkat ul-Jihad al-Islami, der anderen Extremistengruppe, die unter dem Bombardement der Amerikaner und auch im Frontkampf gegen die Nordallianz für ihre Solidarität mit den Taliban hohe Verluste erlitt. In den Meldungen vom Februar heißt es, er habe ein Jahr zuvor unter einem anderen Pseudonym, Sunny Ahmed Qazi, die Flugzeugentführung von Kandahar organisiert. (»Ich verdanke ihm mein Leben«, soll Omar nach seiner Befreiung gesagt haben.) Außerdem lese ich, dass er es war, den Omar am Nachmittag des 23. Januar gebeten hat, die beiden letzten Telefongespräche mit Danny zu führen, um das Treffen im Village Garden zu bestätigen. Ich werde erneut auf ihn stoßen, nämlich im Zentrum der dritten Zelle – doch dass er bereits in dieser Zelle tätig war und schon frühzeitig eine entscheidende Rolle bei dem Komplott spielte, beweist die Zeugenaussage eines Mannes, der ihn irgendwann Anfang Januar, lange vor der Entführung also, in Begleitung eines Arabers und eines Pakistanis gesehen hat, dessen Beschreibung derjenigen Omars ähnelt.

Zweite Zelle. Die Mitglieder dieser Zelle halfen Omar, eine Reihe von E-Mails an Pearl zu senden, die ihn in Sicherheit wiegten und dann in die Falle lockten. Außerdem scannten sie die Fotos von dem in Ketten gelegten Journalisten und schickten die Lösegeldforderungen an das *Wall Street Journal* und an sämtliche nationale und internationale Presseagenturen – es ist also die Zelle, die für die Kontakte nach außen zuständig ist. Wieder sind es drei Männer. Drei Männer, die E-Mails aus ein oder auch zwei Internetcafés versenden: Adil Mohammad Sheikh, Polizist, Mitglied einer antiterroristischen Eliteeinheit und mutmaßlicher Rädelsführer der Gruppe. Salman Saqib und Fahad Naseem sind seine Cousins, Informatiker, vor allem Letzterer ist ein großer Spezialist. Alle drei sind Veteranen des Afghanistan-Krieges und halten Verbindung zur Jaish-e-Mohammed, der Armee des Propheten, die seit dem 12. Januar verboten ist. Die Enthauptung Daniel Pearls weist der Polizei zufolge auf sie hin: 1999 schlachteten die Gründer dieser

Gruppierung den Passagier Ripen Katyal brutal ab, in der Kabine des entführten Flugzeugs der Indian Airlines, das Omar Sheikh und Masood Azhar in Freiheit brachte – im Beisein aller anderen Fluggäste. »Tapfer« seien sie, sagt Omar während des gemeinsamen Prozesses aus, und spielt auf Salman Saqibs mit Narben übersäten Körper an. Es seien »wahre Kämpfer für den Islam«, behauptet er. »Ich habe erlebt, wie zielstrebig sie ihre Kompetenz in den Dienst der von mir ins Leben gerufenen Armee der Vergeltung stellten; sie haben eine Allah gefällige Tat begangen.«

Dritte Zelle. Sie hat die meisten Mitglieder. Es sind die Leute, die beim Treffen im Village Garden anwesend waren und Danny bis zur Exekution bewachten. Sieben Männer sind es diesmal. Acht, wenn man Hussain Farooki alias Mansur mitzählt, der unabhängig von seiner Funktion in der Zelle Nr. 1 den Auftrag erhielt, während der gesamten Hinrichtung bei Danny und den Henkern zu bleiben. Da ist Akram Lahori, der *salar* oder Oberkommandant der sunnitischen Fanatikergruppe Lashkar-e-Janghvi, deren Gründer, Riaz Basra, zu Beginn des Jahres 2002 unter mysteriösen Umständen starb. Da ist Asif Ramzi, der zweitwichtigste Kopf nach Lahori und im Übrigen Anführer einer Untergruppe der Lashkar, nämlich des Qari Hye, dessen Hauptaufgabe die Aufnahme arabischer Kämpfer ist, die für den Dschihad nach Afghanistan gekommen waren und nun seit dem Ende der Talibanherrschaft nach Pakistan zurückdrängen. Da ist Naeem Bukhari alias Atta-ur-Rahman, ein weiterer Führer der Lashkar und in der Region Karatschi der eigentliche Boss: Auch er ist bei dem Treffen im Village Garden anwesend, und er ist es, der auf seinem Mofa dem Wagen vorausfährt, in dem Danny Platz genommen hat. Wie wir wissen, ist er auch derjenige, der ihm den Text für das Video vorspricht. Mithin ist er der wahre Befehlshaber dieser dritten Zelle, denn Lahori, im Prinzip sein Vorgesetzter, scheint nur selten in Gulzar-e-Hijri gewesen zu sein. Da ist Fazal Karim, Waffenbruder Bukharis in

Kaschmir und Afghanistan, zum Tatzeitpunkt Chauffeur von Saud Memon, dem Besitzer des Grundstücks und des Hauses. Auch er ist bis zum Ende mit dabei, vielleicht sogar als einziger Zeuge der Hinrichtung. Im Mitte Mai erstellten Protokoll seines Verhörs durch die Polizei liest man unter anderem folgende Aussage: »Ich würde es jederzeit wieder tun. Er war Jude, und er war Amerikaner. Ich bin der Überzeugung, für die Rache an Amerika auf die Welt gekommen zu sein.« Da ist »Faisal« alias Zubair Chishti, Handlanger Lahoris und Bukharis, wie sie und unter ihrer Aufsicht in die blutigsten Aktivitäten des Lashkar-e-Janghvi verwickelt und erst sehr spät mit im Komplott, als eine Art »Mann fürs Grobe« mit der persönlichen Überwachung des Opfers betraut (Vereitelung des Fluchtversuchs durch das Kellerfenster der Toilette, möglicherweise Wadenschuss etc.). Außerdem sind da noch die beiden Männer, über die ich nichts weiß, lediglich Name und Vorname: Mussadiq, ein Gärtner, und Abdul Samad, ein Student oder ehemaliger Student, der übrigens im Verdacht steht, an der Organisation des Selbstmordattentats am 8. Mai 2002, das gegen die französischen Ingenieure vor dem Sheraton gerichtet war, beteiligt gewesen zu sein, und der, so weit wir wissen, als eine Art Assistent Hyders fungierte und vermutlich mit der Rekrutierung der Zellenmitglieder beauftragt war.

Dann gibt es da noch eine vierte Zelle. Die eigentlichen Mörder. Diejenigen, die das Messer führen und die Daniel Pearl die Kehle durchschneiden. Vielleicht gehört auch derjenige dazu, der diese Männer am letzten Tag anruft und auffordert, die Exekution durchzuführen, der Hauptverantwortliche also. Über ihn, so es ihn gibt (das schreibe ich bewusst so, denn einer anderen Hypothese zufolge wurde den Bewachern am Morgen des 30. Januar die Ankunft dreier Mörder angekündigt, die sie nach Belieben gewähren zu lassen hatten). An diesem Punkt meiner Nachforschungen weiß ich lediglich einen Namen: Saud Memon, außerdem, dass er ein reicher und mächtiger Geschäftsmann aus Karatschi ist, dem das Grundstück in Gulzar-e-Hijri gehört.

Über die Mörder, so es sie gibt (ich bin auch auf die Hypothese gestoßen, dass die Geschichte mit den Jemeniten reine Erfindung ist, mit dem Ziel, von den wahren Schuldigen abzulenken, bei denen es sich nämlich, von Zelle Nr. 1 bis Nr. 4, nur um Pakistanis handelt), lese ich, dass es »Araber« oder »Jemeniten« sind, oder auch »Jemeni-Baluch«, die also einen jemenitischen Vater und eine belutschische Mutter haben – oder umgekehrt. Außerdem lese ich, dass einer von ihnen, wahrscheinlich ihr Anführer, Anfang Januar mit Omar und Amjad Farooki im Dorf des Letzteren im Süden Islamabads beim Spazierengehen gesichtet wurde. Und dann erfahre ich noch bei meiner Lektüre, dass der Angestellte eines Telefonladens, ein gewisser Ehsan, an jenem Tag mit angehört hat, wie Omar jemanden in Kanada anrief und sagte: »Ich werde meine Mission vollenden.« Wer war dieser ominöse kanadische Gesprächspartner? Einer der Auftraggeber Omars? Ein Finanzier? Darüber wird in keiner Agenturmeldung etwas vermutet. Ebenso wenig wird mit Bestimmtheit gesagt, wie diese Araber aussehen und zu welcher Organisation sie eigentlich gehören: zur Jaish-e-Mohammed von Masood Azhar, zur Jaish Aden Aben al-Islami, der Islamischen Armee Aden-Abjan, die ihren Sitz in Sanaa hat und in direkter Verbindung zu al-Qaida steht, oder ob sie mit jener Gruppe Amerikaner jemenitischen Ursprungs in Beziehung zu setzen sind, die zu Beginn des Monats am Stadtrand von Buffalo festgenommen wurden und Schläfer der al-Qaida mitten in den USA waren.

Das ist kein Szenarium mehr, es ist ein Labyrinth. Das Innere dieses Labyrinths ist mit paschtunischen und pandschabischen Familiennamen gespickt, mit Personen mit doppelter, dreifacher, ja vierfacher Identität, die einem wie Fallgitter den Zugang versperren. Im Herzen dieses Dunkels, in dem ein westliches Ohr die Mitspieler nur schwer ausmachen kann und wo man dennoch spürt, dass sich etwas Entscheidendes zusammenbraut, hier also thront Omar, einem kleinen Minotaurus gleich, verborgen hinter einer Reihe von Hindernissen, die er zwischen der Wahrheit und sich selbst errichtet hat.

Kommen wir zu den Verhaftungen des 11. September 2002.

Da ist derjenige der drei Jemeniten, der angeblich zusammen mit Binalshibh bei dem antiterroristischen Einsatz im Defence-Housing-Viertel festgenommen wurde.

Darüber hinaus interessiert mich der genaue Stand der Untersuchungen, die Frage, wen die Polizei oder das FBI bis zu diesem Zeitpunkt – sieben Monate nach Daniel Pearls Tod – verhaften konnte, und damit auch die Frage nach der Effizienz der antiterroristischen Aktionen in Pakistan.

Tatsächlich finde ich, wenn auch ganz versteckt, Hinweise auf den am 11. September gegenüber dem Immobilienbüro und dem Eisladen verhafteten Jemeniten. Leider wird sein Name nicht genannt, doch immerhin findet sich eine Bestätigung dessen. Fazal Karim soll ihn offiziell identifiziert haben. Das könnte stimmen. Niemand würde sich besser eignen, das Gesicht desjenigen zu identifizieren, der das Messer geführt hat, als der ehemalige Chauffeur Saud Memons, der während der Hinrichtung die Aufgabe hatte, das Opfer ruhig zu stellen, ihm die Hände zu fesseln und dann den Kopf festzuhalten.

Bei meinem ersten Aufenthalt in Pakistan hatte ich schon gehört, dass er es war, der die Polizei und die Presse im Mai zu der Stelle auf dem Anwesen in Gulzar-e-Hijri geführt hat, an der Dannys sterbliche Überreste lagen. Bislang war mir jedoch noch nicht klar, wann und unter welchen Umständen man ihn verhaftet hatte. Nun finde ich die Antwort in einer kurzen Notiz im *Dawn* vom 19. Mai. Darin steht: Ein gewisser Mazharul Islam, alias Mohammad Omar Choto, alias Dhobi, von dem ich allerdings noch nie gehört habe und der daher auch nicht in meinem Verbrechensszenarium auftaucht, hat ihn verraten. Dieser Dhobi wird im April verhaftet, im Zuge einer Razzia in sunnitischen Kreisen, die mit den »sektiererischen« antischiitischen Morden der letzten Monate zu tun haben. Man findet einige Videokassetten bei ihm, die, so glaubt man, alles über die kriminellen Aktivitäten der Lashkar-e-Janghvi beinhalten. Allerdings stellt sich heraus, dass auf den Kassetten Dannys Enthauptung zu sehen ist und dass der Mann, der da soeben festgenommen wurde, diesen Film den ausländischen Presseagenturen hätte zuspielen sollen.

In einer ganz anderen Ausgabe des *Dawn*, und zwar vom 19. Juni, stoße ich auf einen Artikel, aus dem hervorgeht, dass drei Tage zuvor, also am 16. Juni, weitere Männer festgenommen wurden, die im Verdacht stehen, in jene Geschichte verwickelt zu sein, die auf den ersten Blick gar nichts mit Daniel Pearl zu tun hat: das Attentat auf den Bus mit den elf französischen U-Boot-Ingenieuren aus Cherbourg. Doch wie viele Personen wurden festgenommen? Wie werden sie behandelt? Wer wird ihren Prozess führen? Der Bericht bleibt die Antworten schuldig. Immerhin erwähnt er, dass sich unter dieser Gruppe von »Terroristen« und »Übeltätern«, die bei der Razzia der Polizei gefasst wurden, auch zwei unserer Mitspieler befinden – und nicht gerade die unwichtigsten: Naeem Bukhari alias Atta-ur-Rahman, der Mann, der hinter der Kamera Danny die Sätze diktierte, die auf Video aufgezeichnet wurden, außerdem Faisal alias Zubair Chishti, sein Komplize, der Mann, der den Gefangenen auf die Toilette begleitete und ihm, bei dem misslungenen Fluchtversuch, ins Bein schoss.

Aus einem anderen, längeren und detaillierteren Artikel, der acht Tage darauf in einer Wochenzeitung erschienen ist und den Abdul mir übersetzt, da er auf Urdu geschrieben ist, erfahre ich, dass Bukhari und Chishti sich einem Verhör der pakistanischen Polizei unterziehen mussten und dabei Akram Lahori, ihren Chef, »ans Messer geliefert« hätten, der kurz darauf festgenommen wurde. Auch dieser Artikel erwähnt den Fall Pearl nicht. Es ist darin die Rede von dem antifranzösischen Attentat vor dem Sheraton, und ebenso von dem Attentat auf das amerikanische Konsulat vom 14. Juni, hinter dem ebenfalls die Lashkar steckt. Doch man weiß, dass Lahori dabei war, als der Mord geschah. Desgleichen weiß man, dass er als Bukharis »Oberkommandant« sich möglicherweise am Ende der Befehlskette befand, sodass vielleicht sogar er zusammen mit Saud Memon die Hinzuziehung der Jemeniten und die Tötung Pearls zu verantworten hat. Dies wäre dann ein wichtiges Puzzleteil, das sich an jenem Tag ins Gesamtbild einfügt.

Zweifellos wäre dieses Szenarium ohne Omar selbst unvollständig.

Man muss sich den Fall der drei Männer der ersten Zelle in Erinnerung rufen, die das schwächste Glied der Kette waren und Anfang Februar verhaftet wurden, als das FBI über ihre E-Mail-Adresse, »antiamericanimperialism@hotmail.com«, auf das Internetcafé in Gulistan-e-Jahaur stößt, einen Vorort Karatschis, von dem der Großteil der Nachrichten verschickt wurde, und dann auf Fahad Naseem, der den Fehler begangen hatte, von der Festplatte seines Computers aus E-Mails zu versenden.

Es ist aber wichtig, sich nach allen Seiten abzusichern, bevor Schlussfolgerungen gezogen werden dürfen.

Denn zur Unklarheit dieser Meldungen kommt das uralte Problem, an dem alle im islamistischen Milieu und im Umfeld der al-Qaida durchgeführten Untersuchungen zu scheitern drohen: die enorme Schwierigkeit, jene Verwandlungskünstler zu identifizieren, nur zu identifizieren, da sie die Eigenheit besitzen, Namen, falsche Identitäten und Gesichter zu multiplizieren.

Manchmal glaubt man, zwei Männer vor sich zu haben, während es sich aber in Wirklichkeit um zwei Heteronyme handelt.

Manchmal glaubt man, es handele sich nur um einen, während es zwei sind, die sich hinter einem einzigen Namen verbergen: Asif Ramzi zum Beispiel ist auch das Pseudonym eines anderen Terroristen, wohnhaft in Muhammad Nagar, in Karatschi, den man auch Hafiz oder Choto nennt – und Choto ist wiederum eines der Pseudonyme von Mazharul Islam, alias Dhobi, dem Mann, der im Besitz der Videokassette war und die Polizei zu Karim geführt hat ...

Jemand wie Khalid Sheikh Mohammed sammelt geradezu manisch verschiedene Identitäten, mindestens zwölf Pseudonyme sind von ihm bekannt.

Ein halbes Dutzend Pseudonyme kennt man von Zacarias Moussaoui, dem Franko-Marokkaner, Mitbewohner Mohammed Attas, der, wäre er nicht einen Monat vor dem 11. September in Minnesota festgenommen worden, mit Sicherheit als zwanzigstes Mitglied des Kommandos mitgeflogen wäre.

Von Omar selbst, jenem anderen Verwandlungsexperten, der fünf Kreditkarten, drei Pässe, ebenso viele Sozialversicherungsausweise und Geburtsurkunden besaß, ganz zu schweigen von seinen beiden Londoner Adressen, seinen weiteren zwei Adressen in den USA, einer Unzahl E-Mail-Adressen, Handynummern und Bankkonten, habe ich bislang – und das ist wohl erst der Anfang – siebzehn Pseudonyme herausgefunden: Mustafa Ahmad, Mustafa Ahmed al-Hawsawi, Mustafa Muhammed Ahmed, Sheikh Syed, Mustafa Sheikh Saeed, Omar Saiid Sheikh, Shaykh Saiid, Chaudhry Bashir, Rohit Sharma, Amir Sohail, Arvindam, Ajay Gupta, Raj Kumar, R. Verma, Khalid, P. Singh und Wasim!

Dennoch habe ich jetzt ein Bild vom Stand der Dinge.

Es hat also drei Verhaftungswellen gegeben. Eine im Februar, aufgrund der E-Mails, die zurückverfolgt wurden; eine zweite drei Monate später, Anfang Mai, im Zuge des Attentats vor dem Sheraton; schließlich die jetzige, im Defence-Housing-Viertel.

Acht von siebzehn Verschwörern sind mit einem Schlag hinter Gittern gelandet, darunter auch der Drahtzieher des Verbrechens, der Mörder aus dem Jemen, der Mann, der die Aufnahme der Videokassette überwachte und diese in Besitz nahm.

Immer noch auf der Flucht sind die beiden anderen Jemeniten. Mussadiq und Abdul Samad, die nur unzureichend identifizierten Mitglieder der dritten Zelle. Ramzi ist – zumindest offiziell – am 19. Dezember 2002 mit sechs weiteren Terroristen bei der Explosion eines Gebäudes am östlichen Stadtrand von Karatschi ums Leben gekommen; die Lashkar unterhielt dort eine illegale Sprengstofffabrik. Und Mansur, der Mann, der die beiden letzten Telefongespräche mit Danny führte? Als am 15. Februar die pakistanische Polizei in seiner Wohnung aufkreuzt, trifft sie dort nur seine Brüder, seine Frau, seinen Sohn und zwei Freunde an: »Mansur ist nicht mehr da ... Mansur ist gerade nach Jammu-Kashmir eingeschleust worden ...« Was bedeutet, dass er vom ISI kontrolliert wird, wie mir Abdul erklärt.

Da ist noch Arif: Auch bei ihm findet zur selben Zeit eine Hausdurchsuchung statt, in Bahawalpur, im Süden des Landes. Die Familie ist nahezu vollständig versammelt, trauert – »Hashim Qadeer ging fort, um an der afghanischen Front zu kämpfen, und Allah der Barmherzige hat ihn zu sich gerufen ... Das Grab? Es gibt kein Grab ... Die Leiche? Es gibt keine Leiche ... Hashim starb als Held, nein, als Märtyrer ... und Märtyrer haben bekanntlich keine irdische Bleibe, denn sie gehen direkt in den Himmel ein, zu den Engeln und den Jungfrauen.« Und dann ist natürlich noch Saud Memon flüchtig, der Besitzer des Grundstücks, auf dem Danny starb.

Jedes Mal, wenn sich eine dieser Zeitungen, nachdem sie eine bestimmte Meldung gebracht hat, an die zuständigen Behörden mit der Bitte um Bestätigung oder zumindest einen Kommentar wendet, jedes Mal, wenn man den einfachen Polizisten oder hohen Funktionär, wenn nicht gar den Provinzgouverneur fragt, ob es stimmt, dass Fazal oder Bukhari oder auch Akram Lahori festgenommen, hinter Schloss und Riegel gebracht und verhört wurden, wird man mit einer bizarren Art der Stellungnahme konfrontiert, die je nach Fall verschiedene Formen annimmt.

Entweder: »Fazal Karim, keine Ahnung, wer das ist ... Bukhari und Lahori, kenne ich auch nicht ... Zobair Chishti, ihr Komplize, nie gehört oder gesehen ... Bitte seien Sie so freundlich und teilen Sie Ihren Lesern mit, Sie seien einem bedauerlichen Irrtum aufgesessen und hätten in Ihrer Ausgabe vom soundsovielten fälschlicherweise berichtet, wir hätten X, Y oder Z inhaftiert, weil sie im Verdacht stünden, mit der Entführung des Journalisten Daniel Pearl zu tun zu haben ...«

Oder: »Ich begreife ja, was Sie sagen ... doch Vorsicht! Es geht hier um die Wahrung der öffentlichen Sicherheit! Diese präventive Maßnahme gibt uns Polizisten das Recht, regierungsfeindliche Subjekte festzunehmen, ohne ein Wort darüber zu verlieren. Vielleicht befinden sich die Personen, von denen Sie sprechen, tatsächlich in unserem Gewahrsam ... Oder im Gewahrsam irgendeiner Organisation. Wir können jedenfalls nichts dazu sagen. Wir haben das Recht – das Recht, verstehen Sie? –, Informationen unkommentiert zu lassen ...«

Oder noch subtiler: »Ja, natürlich wissen wir Bescheid ... o ja, sie stehen unter Verdacht, kein Zweifel ... Aber dieser Prozess ist ziemlich kompliziert und darf nicht durch neue Verdächtige belastet werden, die die Wahrheitsfindung nur verzögern würden. Für diese Verdächtigen, diese eventuell, aber eben nur eventuell Schuldigen haben wir einen rechtlichen Status, eine pakistanische Besonderheit: *detained but not charged*, inhaftiert, aber nicht angeklagt ... Oder, wenn Ihnen das lieber ist: identifiziert, aber offiziell unbekannt. Wir räumen ein, dass die entsprechenden Personen diese Affäre durchaus mitzuverantworten haben könnten ... Wir weigern uns jedoch zuzugeben, dass ... Wir weigern uns, überhaupt etwas zuzugeben. Und diese Erklärung, die wir gerade abgeben, die geben wir eigentlich gar nicht ab und bitten Sie daher, sie als anonym zu behandeln, verstanden?«

Eine von Associated Press veröffentlichte Meldung über Lahori und Bukhari vom 18. August lautet daher: »Den pakistanischen Behörden ist überhaupt nichts von ihrer Inhaftierung bekannt.«

Tags darauf veröffentlichte Agence France-Presse eine Erklärung Manzoor Mughals, *chief investigator* der Affäre Pearl, der sich zu den Festnahmen äußert, die im Zuge der Verhaftung Omars und der drei Mitglieder der ersten Zelle erfolgt sind: »Wir haben außer den vier Personen, die dem Gericht vorgeführt und von diesem verurteilt wurden, niemanden festgenommen. Was die Geschichte mit diesen ›Jemeniten‹ angeht, so kann ich nur wiederholen, dass kein Araber in diese Sache verwickelt ist. Es wurde auch keiner festgenommen.«

Eine Kurzmeldung in den *News* vom 15. Juli: »Die Regierung leugnet, dass Fazal Karim in ihren Händen ist.«

Eine Notiz dann im *Dawn* zum Thema Fazal Karim und Chishti einen Tag später: »Die Entscheidung, die Festnahme neuer Verdächtiger nicht zu veröffentlichen, wurde am 16. Mai auf höchster Ebene getroffen, von der Polizei und dem Innenministerium von Sindh.«

Einen ranghohen Verantwortlichen zitiert Kamran Khan in der *Washington Post* vom 15. Juli, es geht um die Verhaftung Lahoris: Seine Verhaftung, so »entscheidend« sie auch sein mag, sei zu spät gekommen, in der »Endphase« des Prozesses, als bereits die Plädoyers gehalten wurden. Seine offizielle Bestätigung hätte möglicherweise »alles aus dem Gleis gebracht«, und dies war »der Grund, weshalb es für uns nicht infrage kam, sie zu veröffentlichen«.

Oder man halte sich jenen anderen Funktionär vor Augen, der in einem Artikel des *Dawn* von dessen Herausgeber Anwar Iqbal zitiert wird – wie üblich anonym: »Wir wissen, wer Pearl getötet hat, doch wir wollen es nicht preisgeben. Schon der Prozess war ein Albtraum, die Verdächtigen hörten nicht auf, unsere Beamten zu bedrohen; das möchten wir nicht noch einmal durchmachen.«

Lassen wir all die perversen Auswirkungen dieser Art von Erklärung auf die Entwicklung des Prozesses beiseite. Meine

Absicht ist ja nicht, den Drahtzieher des Verbrechens zu entlasten. Ich glaube nicht, dass die Anwesenheit eines Lahori, eines Bukhari oder eines Chishti ihn in irgendeiner Weise der Verantwortung enthebt, die Entführung Daniel Pearls ersonnen und geplant zu haben. Lassen wir also den reichlich merkwürdigen Prozess voll juristischer Finten und Finessen beiseite, bei dem jedoch darauf verzichtet wurde, wichtige Zeugen, ja die entscheidenden Mitspieler anzuhören, obwohl man ihrer doch habhaft war, obwohl sie doch in den meisten Fällen ein Geständnis abgelegt hatten.

Was mich momentan interessiert, ist der äußerst fragwürdige Umgang mit Informationen, der stets zu einer weiteren Verschleierung führt, anstatt Geheimnisse zu lüften.

Was mir Sorge bereitet, ist, dass alles darauf ausgerichtet scheint, die Affäre – obwohl sie vor Gericht verhandelt wird – entweder vollkommen undurchschaubar zu machen (die kritischsten Beobachter, die moderatesten Politiker wissen allesamt am Ende nicht mehr, ob nun Jemeniten in die Sache verwickelt waren oder nicht, ob Lahori tot oder noch am Leben ist, ob die These, Fazal Karim habe der Polizei Dannys Grab gezeigt, nicht schlussendlich doch nur auf eine Fehlinformation über drei, vier Quellen hinweg zurückzuführen ist), oder man legt es darauf an, sie – was im Grunde auf ein und dasselbe hinausläuft –, ganz stark zu vereinfachen (wir haben einen Schuldigen, der ein geeigneter Schuldiger ist; wir haben einen Mörder, der einen perfekten Mörder abgibt; wir wollen während des Prozesses keine neuen Tatsachen berücksichtigen, die uns zwingen könnten, das Verfahren zu unterbrechen; und nach dem Prozess wollen wir keine neuen Beweise, die uns, würden wir sie in Betracht ziehen, zwingen würden, das Verfahren neu aufzurollen).

Es ist, als habe man – von Anfang an – nur eins im Sinn: den Prozess von Dannys Mörder so rasch wie möglich über die Bühne zu bringen. Als habe alle Welt – Richter, Polizei, die politischen Machthaber, aber auch, von ganz wenigen Ausnahmen abgesehen, die öffentliche Meinung und die Presse – stillschweigend vereinbart, sich der Affäre Pearl schnellstmöglich zu entledigen, als gebe es in dieser Affäre ein Geheimnis, ein düsteres, schreckliches Geheimnis, dessen Aufdeckung um jeden Preis verhindert werden müsse.

3

Eine dunkle Affäre

Ausgehend von diesen Überlegungen nehme ich Kontakt zu einem der Verteidigungsanwälte auf.

Er heißt Khawaja Naveed Ahmed und ist nicht der Verteidiger Omars, sondern von Sheikh Adil und Fahad Naseem, seinen Komplizen aus der Zelle Nr. 2, den Einzigen, die zusammen mit ihm – sozusagen im selben Aufwasch – verurteilt wurden: fünfundzwanzig Jahre Gefängnis für jeden.

All diese »neuen Verdächtigen«, die zwar »inhaftiert, aber nicht angeklagt« sind, Bukhari, Karim und jetzt dieser Jemenit mit dem unklaren rechtlichen Status, das ist für ihn Grund genug, ebenso wie für Abdul Waheed Katpur, Omars Anwalt, von einer juristischen Farce zu sprechen: »Wie kann man die einen verurteilen, ohne die anderen zu verurteilen? Wie kann man sich anmaßen, ein Verbrechen aufdecken zu wollen, wenn der Mann, der die Waffe geführt hat (der Jemenit), derjenige, der ihm dabei assistiert hat (Fazal Karim), und derjenige, der den entsprechenden Befehl gegeben hat (Bukhari), überhaupt nicht mit einbezogen werden? Was wiegt denn schwerer – einen Fotoapparat gekauft und ein Foto eingescannt und per E-Mail versandt zu haben oder einen Mann enthauptet wie auch dabei festgehalten zu haben? Dieser Prozess macht wirklich keinen Sinn!«

Khawaja Naveed Ahmed ist ein militanter Anwalt, der mit der Sache der Dschihadisten sympathisiert, die er vor Gericht vertritt.

In einer seiner Erklärungen, die ich gelesen habe, geißelt er die Anbiederung Musharrafs an die USA und die Verletzung der Menschenrechte durch die Vereinbarungen zwischen pakistanischen Rangers und FBI-Agenten.

Ich weiß, dass er gegen eine ihrer Polizeikontrollen wettert, in deren Verlauf »ausländische« Polizisten die Frau oder Schwester eines angeblichen Terroristen – zufälligerweise die Schwester Bukharis, Kulsum Bano – gezwungen haben sollen, ihnen die Tür zu öffnen und ihnen damit direkt in die Augen zu schauen. Wie konnten sie das wagen? Wie kann man den Glauben und das Schamgefühl der Leute so sehr verletzen? Gibt es irgendetwas auf der Welt, das es rechtfertigte, eine Frau – und sei es durch einen Blick – zu vergewaltigen?

Auch in Europa gab es solche Anwälte, zu RAF-Zeiten oder bei den Roten Brigaden in Italien.

Ich habe sie kennen gelernt – Klaus Croissant in Deutschland beispielsweise –, jene Spezialisten einer brachialen Verteidigung, die im Kampf gegen alles Bürgerliche sogar das bürgerliche Gesetz selbst beugten.

Außerdem gibt es Hinweise, die darauf schließen lassen, dass Khawaja Naveed Ahmed hinter dem Hungerstreik seiner zwei Mandanten und Omar Sheikhs stecken könnte, in den diese traten, sobald Gerüchte von neuen Verhaftungen im April und Mai laut wurden.

Doch das ist natürlich nicht der Grund, weshalb ich mich an ihn wenden will.

Oder vielleicht doch …? Vielleicht bricht ja eine Stimme in diesem Land des Ungesagten das allgemeine Schweigegebot, eine Stimme, die, aus welchen Gründen auch immer, aufhört so zu tun, als sei der Tod Dannys eigentlich eine ganz einfache Geschichte.

Er empfängt mich in seiner freundlichen, äußerst distinguierten Kanzlei im Sharah-e-Faisal-Viertel im modernen Zentrum Karatschis.

Im Treppenhaus hängen lauter Fotos von bärtigen Männern. Im Vorzimmer ebenfalls. An der Wand im Flur ein großes Bild von Srinagar, der Hauptstadt des »besetzten Kaschmir«, und weitere Bärtige, diesmal elegantere. Sie erinnern mich an Saeed Sheihk, als ich ihn zufällig eines Abends vor seiner Wohnung in London sah. Ohne Zweifel sind all diese Bartträger Khawajas Vater und Großvater, die Gründer dieser Kanzlei.

Khawaja Naveed Ahmed ist ein moderner Anwalt. Er spricht perfekt Englisch. Ebenso wie seine Mitarbeiter, die ihn umschwirren, hat auch er das sichere und ansprechende Auftreten eines typischen New Yorker Anwalts, in Hemdsärmeln und mit gelockerter Krawatte. Er empfängt den französischen Schriftsteller, der einen Roman über Pakistan schreibt, mit einem sympathischen Lächeln. Andererseits: Die Kanzlei jedoch scheint ganz und gar auf die Verteidigung von Islamisten spezialisiert zu sein.

»Natürlich«, sagt er zu Beginn unseres Gespächs, »sind all diese Leute in den Händen der Regierung. Das kann diese leugnen, so lange sie will. Noch diesen Sommer hat der *Force's Law Officer,* Anwar Alam Subhani, abgestritten, dass die Sindh-Polizei je Wind von der Verhaftung Karims und Bukharis bekommen hatte. Doch es besteht kein Zweifel. Und hier habe ich den Beweis: ein Dokument, das Karim betrifft. Sie dürfen es veröffentlichen. Sie werden sehen, es ist sehr interessant.«

Über den Schreibtisch voller Faxe und überquellender Aktenordner hinweg reicht er mir ein in der Tat erstaunliches Dokument: ein kariertes Blatt, vorne und hinten mit einer krakeligen Schrift bedeckt und – auf Urdu und gleich darunter in lateinischen Buchstaben – von einem gewissen »Mazharul Hasan, Sohn des Mohammed Sadiq, Sicherheitsverwahrungszelle 19« unterzeichnet. Er beginnt es mir zu übersetzen. Ich schreibe mit.

»In der Nacht des 30. April 2002 nahmen mich die Inspektoren Hafiz Junejo und Fayaz Junejo vom Kommissariat der Civil Lines in Karatschi in meiner Wohnung fest. Die beiden

Inspektoren befolgten die Befehle des Polizeichefs Zulfiqar Junejo. Zehn Tage lang saß ich in einer Zelle im dritten Stock des CID in Haft.«

Das CID, das Central Investigation Department, so erklärt Khawaja, sei einer der Nachrichtendienste des Landes, stehe allerdings in ziemlich enger Beziehung zur Polizei ... Dieser Mann, dessen Geständnis wir vor Augen haben, teilt uns nicht mit, weshalb er inhaftiert wurde, lässt dafür aber durchscheinen, dass er im Gewahrsam der wahren Macht dieses Landes ist. Khawaja fährt mit seiner Lektüre fort.

»Nach zehn Tagen Haft entdeckte ich in der Nachbarzelle einen stämmigen, bärtigen Mann mit dunklem Teint. Er hatte verbundene Augen. Als ihm die Binde abgenommen wurde, erkannte ich, dass es sich um Fazal Karim handelte, den Chauffeur Omars und Angestellten des Al-Rashid Trust.«

Der Kommentar des Anwalts: »Fazal ist nicht der Chauffeur Omars, sondern von Saud Memon, einem der Geschäftsführer des Al-Rashid Trust, einer karitativen muslimischen Organisation in der Nähe des Super Highways, unweit des Grundstücks, wo Daniel Pearl verscharrt wurde. Doch das ist nicht weiter wichtig. Das wissen Sie ja. Fahren wir fort. Fazal Karim ist Mudschahed, ein heiliger Krieger und Veteran. Er musste brutal gefoltert worden sein.«

In Karatschi zirkulieren schreckliche Berichte über das Ausmaß der von bestimmten Einheiten des ISI praktizierten Gräueltaten. Es ist die Rede von besonders heimtückischen Formen der Folter. Es heißt, Männer werden an den Armen aufgehängt, um ihnen dann einen Trichter zwischen die Zähne zu schieben und sie so lange mit Wasser voll laufen zu lassen, bis ihnen der Magen platzt. Es werden Elektroden an Zehen erwähnt, versengte oder mit Draht abgeklemmte Geschlechtsteile, Augäpfel werden zum Platzen gebracht oder mit dem Schürhaken verbrannt, Köpfe werden in kochend heißes Wasser getaucht, Hoden in eine Tür eingeklemmt und abgetrennt. Hat man den Chauffeur Saud Memons einer derartigen Behandlung unterzogen? Ist das der Grund, weshalb er das Schweigen bricht? Und ist vielleicht weniger die Intelligenz der Sindh-Polizisten als vielmehr er für die Verhaftung Bukharis und Chishtis verantwortlich?

»Wie ich erfahren habe, wurde er von Javed verraten, dem Bruder Shireen Guls, wohnhaft in Metroville, Chauffeur der Madrassa Iqra. Denn die Polizei hatte eine Razzia in Javeds Wohnung durchgeführt. Er war jedoch nicht da, und so nahmen sie Shireen Gul fest. Zwei Tage später brachte der Polizeichef des Kommissariats von Nazimabad Javed auf die Wache und ließ Shireen Gul frei. Daraufhin, dank der Hinweise Javeds, verhaftete die Polizei Fazal Karim.«

Auch dieses Szenario gibt einige Rätsel auf. Warum hat Javed ausgesagt? Unter welchen Umständen? Welche gewichtigen Argumente brachten ihn dazu? Ich sehe lauter Gefolterte vor mir. Oder Menschen, denen die Folter angedroht wurde. Ich sehe all diese Männer vor mir, verborgen, eingesperrt, Masken aus Eisen, während Omar bei seinem Prozess als einziger Verurteilter im Rampenlicht steht. Ich stelle mir die schweißüberströmten Gesichter in den Kerkern vor, das Blut, das aus den Wunden sickert oder zwischen den Zähnen hervorquillt, die bandagierten Köpfe, die Schmerzensschreie und das Stöhnen, das Gewimmer der Gefolterten und die kleinen Geständnisse, die schließlich doch immer dabei herauskommen.

»Fazal Karim blieb also zehn Tage lang im Kommissariat des CID inhaftiert. Während seiner Haft gab er den Ort preis, an dem Daniel Pearls Leiche verscharrt worden war. Die Beamten des CID legten Fazal Karim und Javed Handschellen an. Nachts bewachten sie die beiden in einem Lieferwagen. Sie fürchteten einen Überfall der Beamten des Staatsgerichts, die nach Fazal Karim suchten. Nach zehn Tagen haben ihn Beamte eines anderen Geheimdienstes mitgenommen.«

Der Staatsgerichtshof gegen die Geheimdienste ... Eine Polizeieinheit gegen die andere ... Oder vielmehr das Gericht gegen alle diversen Polizeieinheiten ... Wenn der Mann aus der

»Sicherheitsverwahrungszelle 19« die Wahrheit spricht, wäre dies die Bestätigung, dass es zwei unterschiedliche Kräfte in Musharrafs Pakistan gibt. Es wäre zugleich die Bestätigung meiner Hypothese, dass eine Gruppe die Wahrheit über die Entführung herausfinden will, die andere dagegen nicht; dass die eine Gerechtigkeit fordert, während die andere lieber den Schleier des Geheimnisses über die Dinge breiten möchte.

Es folgt dann der Höhepunkt des Briefes:

»Am 22. Mai kam ich in Gewahrsam der CID-Inspektoren Mazhar und Fayaz. Ich wurde aufs Kommissariat von Saddar gebracht. Auch dort habe ich Fazal Karim gesehen. Er hatte Handschellen an Händen und Füßen. Am 25. Mai wurde ich aufs Kommissariat von Orangi Town im Distrikt Karatschi gebracht. Dann kam ich ins Gefängnis. Dreizehn Tage lang war ich dort mit Fazal Karim zusammen. Wir haben gemeinsam gegessen und ich habe mich oft mit ihm unterhalten. Er hat mir viele Dinge erzählt. Ich könnte Ihnen von diesen Informationen erzählen.«

Das wird ja immer interessanter ... Hier haben wir einen Mann, der »viele Dinge« weiß, er bietet an, diese nutzbringend an andere weiterzugeben. Nur will sie offensichtlich niemand. Der Brief, erläutert Khawaja, habe die Runde gemacht. Alle juristischen, militärischen und polizeilichen Behörden des Landes hatten auf die eine oder andere Weise davon Kenntnis. Auch dem Richter lag das Dokument mehrere Wochen vor der Urteilsverkündung am 15. Juli vor. Nur kam niemand auf den Gedanken, Mazharul Hasan, Sohn des Mohammed Sadiq, aufzusuchen und sich das anzuhören, was ihm Fazal Karim in ihrer gemeinsamen Zelle erzählt hatte. Der Brief endet folgendermaßen:

»Ein Polizeikommissar und Inspektor Fayaz (der übrigens zusammen mit dem Beamten Hafiz die Leiche Daniel Pearls entdeckte und im Zuge der Festnahme Fazal Karims befördert wurde) haben mir berichtet, sie hätten Faiz Bhatti und Rehman Bukhari getroffen.«

Wer ist Faiz Bhatti? Khawaja weiß nichts über ihn. Aber er weiß, wie wir alle, wer Bukhari ist – der Mann, der Karim den Befehl gab, Dannys Kopf festzuhalten, und der im Anschluss daran der Hinrichtung beiwohnte.

»Was halten Sie von diesem Dokument?«, fragt er mich schließlich. »Was halten Sie von den Methoden unserer Justiz? Zweifeln Sie noch daran, dass mit diesem Prozess einiges nicht stimmen kann?«

Zwei Stunden lang diskutieren Khawaja und ich noch über all dies.

Er gibt mir noch eine Information, von der ich bereits gehört hatte, die aber von der üblichen Lawine der Dementis verschüttet wurde: Als Omar bemerkte, dass die Sache ungünstig auszugehen drohte, soll er Hyder, den Aufseher jener Gefängniszelle, angerufen und angewiesen haben, Fazal Karim freizulassen (in verschlüsselter Form hieß es »shift the patient to the doctor«), worauf Hyder ihm angeblich antwortete, es sei zu spät, Dannys Hinrichtung bereits gefilmt, seine Leiche vergraben (codiert: »Dad has expired; we have done the scan and completed the X-rays and post-mortem«).

»Finden Sie das nicht unglaublich?«, wettert Khawaja. »Das ändert alles, oder etwa nicht? Ich bin nicht Omars Anwalt, und trotzdem: Wenn das kein mildernder Umstand ist! Außerdem: Wer, wenn nicht Omar, hat die Hinrichtung verfügt? Sagen Sie's mir! Und weshalb? All dies ist viel, viel komplizierter als es in den Zeitungen dargestellt wird.«

Er spricht auch die allgemeineren Probleme an, die sich seiner Meinung dadurch für die pakistanische Justiz ergeben: Haft ohne entsprechenden Gerichtsbeschluss, Missachtung der Menschenrechte in den Gefängnissen, immer hartnäckigere Gerüchte über die Unterwanderung der antiterroristischen Einsatzgruppen durch FBI-Agenten – »Nein, nein, zweifeln Sie nicht daran ... Wir haben sehr genaue Berichte ... Sie waren zum Beispiel dabei, als Bukhari verhaftet wurde, den übrigens der Mann, von dem dieser Brief stammt, als Letzter gesehen hat. Die Amerikaner dürfen nicht foltern, sie haben doch die Vereinbarung zur Abschaffung der Folter unterzeichnet. In ihrem Land gelten schließlich die Menschenrechte. Wie können sie sich da zu Komplizen dieser Überfallkommandos machen, dieser außerhalb der Legalität stehenden Einsätze, bei denen Menschen einfach verschwinden? Ein Hohn für die Demokratie! Sagen Sie es den Amerikanern: Wenn sie mit dieser Politik fortfahren, werden sie den Hass, dessen Zielscheibe sie ja schon sind, noch weiter schüren und sich so ihr eigenes Grab schaufeln.«

Er ist in Fahrt geraten. Sein gut situiertes, wohl genährtes Äußeres passt nicht so ganz zu dem Bild, das er von sich übermitteln möchte: der Anwalt der Armen und Unterdrückten. Aber er ist offenherzig. Jetzt, da wir uns ein wenig unterhalten haben und sich eine Art Vertrauen eingestellt hat, entdecke ich einen eher ästhetischen denn militanten Zug an ihm – ein Künstler in Rechtsdingen, ein Akrobat in Prozessfragen, der mit Gesetzestexten, Hypothesen und Annahmen jongliert. In Wirklichkeit – das bemerke ich recht schnell – reichen seine Zweifel weit über das Problem »Inhaftiert, aber nicht angeklagt« hinaus; in Wirklichkeit kommt ihm diese ganze Geschichte schon von Beginn an seltsam vor.

Er lenkt meine Aufmerksamkeit wieder auf die Zeugenaussage des Häftlings von Zelle 19.

Kein Zweifel besteht daran, dass der Mann Fazal gesehen hat und dass Fazal in Haft ist.

»Die Polizei behauptet, Fazal nicht zu kennen. Für sie existiert er nicht, ein Informant hat sie am 17. Mai zum Grab von Daniel Pearl geführt. Na schön. Von mir aus. Das einzige Problem dabei ist – das können Sie nicht wissen, deshalb sage ich es Ihnen –, dass er ihnen an dem Tag, an dem er sie zu der Leiche führt, die SIM-Karte von Daniels Handy gibt. Die Geschichte mit dem ›Informanten‹ ist auch aus einem weiteren Grund äußerst zweifelhaft: Nehmen wir einmal an, es gibt ihn tatsächlich. Warum hat er dann so lange gewartet? Und vor allem: Warum ist er nicht eher auf die Amerikaner zugegangen, die als Belohnung für diesen Hinweis fünf Millionen Dollar sowie einen Passierschein für die USA ausgesetzt hatten? Nein, das ist nicht stichhaltig. Die Geschichte mit dem Informanten ergibt keinen Sinn. Man muss es als erwiesen betrachten, dass Fazal nach seiner Festnahme die Polizei zu der Leiche geführt hat.«

Im Gegensatz dazu, so Khawaja, darf man über das, was danach folgte, spekulieren, dürfen widersprüchliche Hypothesen durchgespielt werden. »Wissen Sie«, sagt er und beugt sich mit verschwörerisch blitzenden Augen zu mir herüber, »was mir besonders aufgefallen ist, als ich Ihnen das Dokument gerade übersetzt habe? Raten Sie mal. Der einzige Punkt, an dem er nicht so präzise ist, das einzige Mal, bei dem ihm Zweifel an seiner eigenen Aufrichtigkeit kommen, ist ...« – er macht eine Geste wie ein Zauberer, der ein Kaninchen aus dem Hut zieht – »... das ist bei der Folter!«

»Was meinen Sie damit?«, frage ich. »Soll das heißen, Karim ist nicht gefoltert worden?«

»Ich weiß nicht«, erwidert er und macht ein betretenes Gesicht, denn diese Unwissenheit scheint ihm peinlich zu sein. »Kann sein, dass er gefoltert wurde. Allerdings habe ich keinen Beweis dafür gefunden, und wenn es so war, dann geschah es an einem geheimen Ort, unter Aufsicht von Leuten, die keine Erfahrung damit haben. Ich habe Nachforschungen angestellt, wissen Sie. Und habe dabei herausgefunden, dass Fazal in einer Moschee in dem fundamentalistisch orientierten Viertel Nazimabad verhaftet und verhört wurde, was reichlich ungewöhnlich ist. Was die Folter betrifft, so gehen meine Informationen sowohl in die eine als auch in die andere Richtung. Ich schließe nicht aus, dass diese Aufzeichnungen, die ich Ihnen gerade gezeigt habe, zum Teil manipuliert sind – ich schließe nicht aus, dass all das nur inszeniert wurde, um dem

Mann aus Zelle 19 weiszumachen, Fazal sei gefoltert worden, obwohl dies in Wahrheit gar nicht der Fall war.«

»Warum?«, frage ich verblüfft. »Wozu sollte eine derartige Manipulation dienen?«

Er zögert. Sieht mich an, als müsse er erst meine Fähigkeit abschätzen, ob ich seinen detaillierten Äußerungen überhaupt folgen kann.

»Alles ist denkbar«, sagt er schließlich mit verschlagenem Blick.

»Vielleicht hat man Fazal auf grausamste Weise gefoltert, um ihm das Geständnis eines Verbrechens zu entlocken, das er tatsächlich begangen hat, um die Polizei an den Ort der Leiche zu führen. Aber dann muss man sich auch fragen: Warum wartete er damit, bis er festgenommen wurde? Wären Sie oder ich an seiner Stelle nicht sofort zu den Amerikanern gegangen? Dann hätte man zwei Fliegen mit einer Klappe geschlagen: Man hätte sich die Folter erspart und die fünf Millionen kassiert!

Diese Hypothese lässt sich auch variieren. Man hat Fazal zwar gefoltert – der Mann in Zelle 19 hat also ganz richtig gesehen –, doch geschah dies, um ihm das Geständnis eines Verbrechens zu entlocken, das er gar nicht begangen hatte. Und genau deshalb, weil er es nicht begangen hatte, musste er gefoltert werden. Der Sinn dieser Operation wäre in dem Fall, weit wichtigere Leute als Fazal zu decken und entlasten. Der ganze Sinn der Aktion bestünde bei einer derartigen Version, ihm das Verbrechen eines anderen in die Schuhe schieben zu können.

Man kann aber auch annehmen, dass er überhaupt nicht gefoltert wurde, dass also der Mann aus Zelle 19 nur benutzt wurde und dass man die ganze Sache lediglich zur Schau gestellt hat, um mit Informationen herauszurücken, die man längst besaß, und zwar von Anfang an. Denken Sie an die allgemeine Stimmung zu jener Zeit. Die Familie von Daniel Pearl protestiert. Der internationale Druck wächst. Man musste etwas vorweisen. Also brauchte man nur eine Gelegenheit, um ausrufen zu können: ›Heureka! Wir haben die Leiche gefunden!‹, während man in Wahrheit die ganze Zeit über wusste, wo sie war.«

Khawaja hält inne. Auf einmal wirkt er sehr nachdenklich. Ich fühle mich erschlagen von diesem Herumjonglieren mit den verschiedensten Hypothesen. Er dagegen ist ganz ruhig. Eher ratlos. Er scheint seine Unterlagen mit demselben Blick zu studieren, mit dem andere astrologische Konstellationen betrachten.

»Da ist nämlich noch etwas anderes«, sagt er schließlich. »Die Lashkar ... Die Tatsache, dass Fazal, Bukhari, Chishti, Lahori, kurzum: alle, die in jüngster Zeit verhaftet wurden, der Lashkar angehören. Alle Welt spricht plötzlich nur noch von der Lashkar. Weshalb wohl? Woher stammt dieses plötzliche Interesse, von der Harkat-ul-Mudschahidin und der Harkat ul-Jihad al-Islami abzulenken und die Lashkar-e-Janghvi – die Partei Fazals und Bukharis – ins Zentrum des Interesses zu rücken? Für euch aus dem Westen ist das ein und dasselbe. Derselbe terroristische, islamistische Nebel. Ihr seht nicht ein, weshalb es sich lohnen sollte, ein wenig genauer hinzuschauen. Doch es gibt da einen Unterschied ...«

Er klickt auf die Maus seines Computers und druckt eine Seite für mich aus, eine Grafik aus lauter Quadraten, Pfeilen und unterschiedlichen Farben, die die Topographie der dschihadistischen Gruppen in Pakistan beschreibt: Wer ist wer? Wer gehört zu wem? Wie ist es um den Einflussbereich, die Machtstrukturen, die Finanzierung der jeweiligen Organisationen bestellt?

»Für einen Pakistani gibt es da einen bedeutsamen Unterschied. HUM und HUJI, also Harkat-ul-Mudschahidin und Harkat ul-Jihad al-Islami, haben bekanntlich Verbindungen zur Armee und zu den Geheimdiensten. Sie sehen, in meinem Schema orientiert sich alles nach oben, also in Richtung

Islamabad. Die Lashkar dagegen ist ein relativ freies Element, deren Vorstoß nicht als störend empfunden wird.«

Er bricht in Gelächter aus.

»Halten Sie das für kompliziert? Aber nein. Da oben ...«

Khawaja deutet zum Himmel. Gleich darauf nimmt er mir mit einer fahrigen Geste das Blatt aus der Hand und schiebt es unter einen Stapel anderer Papiere.

»... haben Sie Leute, die von Anfang an alles wissen, alles kontrollieren; ranghohe Persönlichkeiten, die schon immer wussten, wo die Leiche sich befand, und die erst zu gegebener Zeit mit der Information herausrücken wollen, und zwar dann, wenn es Sinn mache, die Karte ›Fazal‹ auszuspielen. Der Rest, der ganze Rest, ist nichts als Komödie.«

Während ich Khawaja zuhöre, denke ich an die äußerst seltsame Geschichte vom Tod Riaz Basras, der vor Akram Lahori Anführer der Lashkar-e-Janghvi war und im Mai letzten Jahres in einen Hinterhalt geraten sein soll, zufälligerweise bevor die Namen Fazal und Bukhari zwei Tage später in Umlauf gebracht wurden. Es gab überhaupt keinen Hinterhalt, hat Abdul mir erklärt. Basra war in Wirklichkeit bereits in den Händen der Geheimdienste, und zwar seit mehreren Monaten, aus Gründen, die nichts mit der Pearl-Affäre zu tun hatten. Er konnte also nicht in einen Hinterhalt geraten sein. Wie Fazal und Bukhari wurde er gefangen gehalten, bis man plötzlich – wie gesagt, zwei Tage vor der Festnahme Fazals und Bukharis – beschloss, ihn besser aus dem Weg zu räumen. Auch hier frage ich mich: weshalb? Was hätte er anstellen oder sagen können? Hätte er womöglich dagegen protestiert, dass seiner Gruppe neuerdings bei der Entführung Daniel Pearls eine derart wichtige Rolle zugeschrieben wurde? Hätte er womöglich gesagt: »Hier bin noch immer ich der Chef, und ich weiß sehr wohl, was meine Leute tun und was nicht! Was soll dieses abenteuerliche Gefasel von Fazal und Bukhari, die angeblich von entscheidender Bedeutung sind in einer Affäre, bei der wir nur als Unterhändler aufgetreten sind und die eigentlich gar nichts mit uns zu tun hat?« Hätte er womöglich den Einsatz zum Scheitern gebracht, den Khawaja gerade beschrieben hat, und den schwarzen Peter wieder den beiden Parteien – der HUM und der HUJI – zugeschoben, die man jetzt wiederum aus dem Spiel haben möchte?

Ich denke an einen Freund, der Journalist bei einer Tageszeitung in Karatschi ist und mir erzählte, er habe ungefähr zur selben Zeit, zwischen dem 18. und 20. Mai, und damit genau zu dem Zeitpunkt, als Fazal verhaftet wurde und die Lashkar ins Rampenlicht geriet, einen mysteriösen Anruf bekommen, wie übrigens auch etliche seiner Kollegen. Er kam von einer unbekannten Organisation, deren Namen er nicht genau verstanden hatte, vielleicht »al-Saiqua«, die jetzt »Hezbullah Alami« heißt.

Diese wollte sich sowohl zu dem Anschlag auf die protestantische Kirche in Islamabad als auch zu dem Selbstmordattentat auf die französischen U-Boot-Ingenieure, ebenso zur Entführung Daniel Pearls bekennen. »All dies habe nichts mit HUM und HUJI zu tun«, sagte der ominöse Anrufer. »Die Einsätze wurden von einer hundertprozentigen Anti-Musharraf-Gruppe in Auftrag gegeben. Wir sind diese hundertprozentige Anti-Musharraf-Gruppe. Wir sind zu hundert Prozent gegen die Politik Musharrafs, der zum Schoßhündchen der Amerikaner geworden ist. Und der beste Beweis dafür: Der in Gulzar-e-Hijri gefundene Kadaver ist nicht die Leiche Daniel Pearls, was die Amerikaner übrigens genau wissen, denn sie haben die am Skelett durchgeführte DNA-Analyse niemals veröffentlicht ...«

Eine versuchte Irreführung, kein Zweifel. Das Manöver wurde sofort aufgedeckt. Doch ist es nicht dieselbe Vorgehensweise? Dieselbe Art, Spuren zu verwischen? Gab es nicht bereits da Bemühungen, von allen Gruppen abzulenken, die mit dem Staat und den Geheimdiensten in Beziehung standen?

Ich beobachte Khawaja.

Auf einmal finde ich ihn seltsam.

Zu jovial, zu selbstgefällig.

Ich frage mich, was für ein Spiel er treibt, um mir neue Zweifel einzupflanzen.

Liegt es denn nicht im Interesse des Anwalts von Sheikh Adil und Fahad Naseem, beide Mitglieder der Jaish-e-Mohammed, wenn sich das allgemeine Interesse zunehmend auf die Lashkar konzentriert?

Und wie kann sich Khawaja einerseits der Verhaftung Fazals als Argument für die Revision von Omars Prozess bedienen, um andererseits gleich darauf, in ein und demselben Gespräch, anzudeuten, dass ebendieser Fazal ein manipulierter Geheimagent sein könnte?

Vielleicht will er mich ja einfach nur in die Irre führen.

Oder vielleicht glaubt er, seinen Mandanten am besten entlasten zu können, indem er dessen Verbrechen in einem riesigen, unentwirrbaren, unbeweisbaren Komplott ertränkt, das sich bis auf die höchste Ebene erstreckt.

Ich rufe mir sein Hauptargument in Erinnerung: Warum ist Fazal oder der »spezielle Informant« nicht zu den Amerikanern gegangen, um die Prämie einzukassieren, anstatt sich ins Gefängnis werfen zu lassen? Insgeheim unterstelle ich, dass es eine zutreffendere Erklärung gibt, dass Fazal in Wirklichkeit schuldig ist, dass er tatsächlich Dannys Hals festgehalten hat, damit der Jemenit sein Werk verrichten konnte, und dass er deshalb nicht zu den Amerikanern gehen konnte, da er sonst unter Umständen auf dem elektrischen Stuhl gelandet wäre.

Ich denke an Omar. Seine Haltung verstehe ich ebenfalls nicht. Ich denke an all seine Erklärungen während und nach seinem Prozess, die ich gestern zusammen mit Abdul in den Zeitungen gefunden habe. Auf einmal kommen sie mir sehr überlegt vor. Lässt man die Provokationen aus Prinzip beiseite, erscheinen sie mir sogar als ziemlich vernünftig. Doch warum protestiert er nicht selbst viel vehementer gegen diesen Skandal der »Inhaftierten, aber nicht Angeklagten«? Wenn Khawaja mit seiner letzten Hypothese Recht hat, warum schreit er es dann nicht lauthals heraus, dass Fazal für ein Verbrechen verantwortlich gemacht wird, das er zusammen mit anderen begangen hat, womöglich mit der Unterstützung ranghoher Persönlichkeiten?

All dies wird immer komplizierter ...

So schrecklich widersprüchlich und verworren.

Die ganze Sache ist mir mittlerweile schleierhaft, und ich habe bei jedem Schritt das Gefühl, dass der Nebel um die Pearl-Affäre immer dichter wird.

Noch konfuser als beim Hereinkommen verabschiede ich mich von Khawaja, seinem viel sagenden Lächeln, seinen Bärtigen, seinen verrückten Überlegungen und Fragen.

4

Omars Doppelleben

Wieder einmal ist es der Zufall, der mich bei meiner Suche auf die richtige Spur bringt.

Ich bin in meinem Hotel und denke über die Hypothesen des Anwalts nach.

Ich bin entmutigt und überlege sogar, ob ich zurück nach Frankreich fliegen und als offizieller Korrespondent wiederkommen soll, um dann mit den Verantwortlichen sprechen und ihnen die Fragen stellen zu können, die mich quälen.

In dem Augenblick kommt Abdul zu Besuch, der ganz in seiner neuen Rolle als Verbindungsmann aufgeht. Er hat nicht von der Rezeption aus angerufen, auf das Haustelefon verzichtet, demnach will er mir etwas äußerst Wichtiges mitteilen.

»Ich habe nicht das, was du wolltest«, sagt er geheimnisvoll, mit triumphierendem, bedeutsamem Blick.

Ich hatte ihn zuvor gebeten, einen Kontakt zum Generalstab des Lashkar-e-Janghvi herzustellen, die damals noch nicht auf Amerikas schwarzer Liste terroristischer Organisationen stand.

»Das ist mir nicht gelungen. Aber ich habe etwas Besseres. Jemand hat mich aufgesucht, nachdem er erfahren hatte, worüber wir Nachforschungen anstellen. Er behauptet, alles, was man sich über Omar Sheikhs Verhaftung erzählt, sei nur Schwindel, er kenne die Wahrheit.«

Ich weiß, was man sich erzählt. Ich kenne die offizielle Version, die sofort an Presseagenturen und Botschaften weitergeleitet wurde. Alles soll sich an dem Tag abgespielt haben, an dem die Polizei die Urheber der berüchtigten E-Mails dingfest machte und eine Razzia in Karatschi bei Omars Tante und in Lahore bei seinem Großvater durchführte. Ismail, der Großvater, soll unter Zwang seinen Enkel angerufen und ihn angefleht haben, sich zu stellen. »Es ist aus, Omar, ergib dich«, sagte einer der Beamten, der dem alten Mann den Hörer aus der Hand gerissen hatte. Angeblich stellte sich Omar daraufhin tatsächlich, um seine Familie nicht weiter zu gefährden.

»Was soll daran nicht stimmen? Wieso soll all das fauler Zauber sein?«

»Genau das werden wir bald sehen«, erwidert Abdul ganz aufgeregt. »Du triffst dich heute um 16.00 Uhr mit dem Mann, in der Altstadt, in der Nähe des Aurangzeb-Parks, einem der Treffpunkte für Drogensüchtige in Karatschi. Der Typ ist ›safe‹. Du musst dir also keine Sorgen machen. Er kommt auf Vermittlung eines Freundes, der einer der besten Journalisten der Stadt ist. Ich habe vollstes Vertrauen zu ihm.«

Ich zögere ein wenig.

Diese Treffen in schäbigen Stadtvierteln sind genau das, was ich unter allen Umständen vermeiden sollte.

Ich muss an den Katalog von Empfehlungen denken, die Bibel jedes Journalisten, der nach Karatschi kommt, und an den sich Pearl fatalerweise nicht gehalten hat: kein Hotelzimmer nehmen, das auf die Straße hinausgeht, keine Taxis auf der Straße anhalten, niemals, unter keinen Umständen, über den Islam oder das pakistanische Atomprogramm sprechen. Vor allem ist aber diese eine Verhaltensmaßnahme wichtig: niemals auf Märkte, ins Kino oder an irgendeinen Ort gehen, an dem sich viele Menschen versammeln! Schon gar nicht, ohne dass eine entsprechende Vertrauensperson weiß, wo man ist, wann und wie man zurückkommt. Und nun ausgerechnet Aurangzeb, berüchtigt für Drogen und Verbrechen!

Dennoch reizt mich der Vorschlag.

Abdul erklärt mir, dass der Mann niemals in eines der großen Hotels käme, in denen wir normalerweise unsere Treffen abhalten, und dass in einer Stunde eine telefonische Kontaktaufnahme vorgesehen sei, bei der ich die Forderung stellen könne, das Treffen habe im Auto stattzufinden und wir würden unter keinen Umständen aussteigen. Schließlich willige ich ein.

Kurz vor 16.00 Uhr finden wir uns also an der Kreuzung Aurangzeb-Park und Burnes Road ein, Abdul am Steuer, ich auf der Rückbank, und halten nach einem Mann Ausschau, der uns – fast schon beruhigend in seiner Naivität – als einziges Erkennungszeichen angegeben hat, er trage »eine bestickte, bunt schillernde, sehr elegante Weste«.

Um uns herum in kleinen Grüppchen lauter verwahrloste junge Menschen mit erloschenen Gesichtern, am Straßenrand und in den Alleen des Parks hockend.

Von weitem könnte man sie für Bettler halten oder für Mitglieder einer seltsamen Sekte, in der Schwarze Magie praktiziert wird. Doch sie sind das Reserveheer der Süchtigen und Kriminellen Karatschis.

Der Anblick eines derartigen Drogentempels ist mir nicht fremd.

Ich muss an ein ähnliches Viertel in Bombay denken, vor dreißig Jahren, in der Umgebung des Stiffles Hotels, wo sich alle Junkies der Stadt, wenn nicht des ganzen Landes zu treffen schienen. Überall lagen Spritzen, lungerten junge Leute herum, wie Strandgut angeschwemmt, unberechenbare Süchtige mit leeren Augen, bereit, Mutter und Vater zu töten – und dabei vor allem sich selbst. Und das für eine Dosis Heroin, das mit Talk und Medikamenten gestreckt wurde und seinerzeit den Gegenwert einer Dose Bier hatte. Damals habe ich erfahren, dass sich in diesen scheinbar völlig ausgelaugten Körpern noch ungeheuer viel Energie verbirgt!

Dieser Park hier hat sich in eine Müllhalde für Spritzen verwandelt. Körper liegen übereinander, überall gleichermaßen geduldige wie fiebrige Gesichter. Einige haben sich um einen Kocher geschart, auf dem eine Konservendose erhitzt wird, andere streiten sich um eine alte Matte. Wieder ein anderer liegt auf einem kleinen Teppich: Ist er eingeschlafen oder schon tot? Nein, er hat sich gerade einen Schuss gegeben. An keinem anderen Ort in Karatschi habe ich so viele Hunde gesehen, nichts scheint sie zu stören. Leise jaulend irren sie zwischen den Lagern umher, sie suchen eine Wursthaut, einen kleinen Knochen; man könnte meinen, dass auch sie irgendwann durch das Inhalieren der Dämpfe abhängig werden müssten.

»Sorry«, sagt der Mann, den wir weder kommen sahen noch hörten und der wie selbstverständlich die Vordertür geöffnet hat.

»Sorry«, wiederholt er, während er sich neben Abdul setzt und auf ein paar schmutzige junge Leute in Lumpen deutet, wahrscheinlich Ausländer, die ihm wohl gefolgt sind und die er nun durch die Scheibe mit einer Geste fortscheucht, als wären es Fliegen. Bevor das Auto anfährt, kann ich gerade noch die flehenden Gesichtszüge eines Mädchens erkennen.

»Aber dies ist eines der wenigen Viertel, die von der Polizei meist in Ruhe gelassen werden.«

Er hat sich halb zu mir umgedreht. Nicht seine Weste ist es, die mich beeindruckt, sondern das Jackett, dessen Schultern sich verdächtig wölben. Außerdem sein knochiges Gesicht, der tief liegende Ansatz der schwarzen Haare, der Schnauzbart à la Nietzsche, die vielen feinen Linien um die Augen herum. Er lächelt – und fügt mit betont rauer Stimme hinzu: »Außer von mir natürlich.«

Er sei nämlich Polizist, erzählt uns der Mann, den ich »Tariq« nenne. Er habe Informationen über das Verhör Omars in Karatschi, das die Polizeibeamten Athar Rashid und Faisal Noor geführt haben. Und dass er uns treffen wollte, hängt damit zusammen, dass einige in der Sindh-Polizei nicht mit der Art und Weise einverstanden sind, wie es vonstatten ging.

Nachdem er uns noch einmal an die Bedingungen dieses

Gesprächs erinnert hat und an die Vorsichtsmaßnahmen, die ich treffen muss, damit seine Immunität gesichert sei, sagt er: »Wissen Sie eigentlich, wann Sheikh festgenommen wurde?«

Ich weiß nur, was alle Welt weiß. Das, was in der Presse in Europa und in Pakistan steht.

»Der Presse zufolge wurde er am 12. Februar 2002 festgenommen, also ein paar Tage nachdem ...«

Er schneidet mir das Wort ab. Sein Blick verrät die Schadenfreude eines Menschen, der einen anderen verbessern kann.

»Zwei Fehler in einem Satz! Omar wurde nicht festgenommen, er hat sich ergeben. Und zwar nicht am 12., sondern abends am 5., einem Dienstag.«

Das Auto ist in eine Straße eingebogen, die auf den Park zuführt. Tariq gibt Abdul ein Zeichen, vorher rechts abzubiegen. Seit er eingestiegen ist, hat er nicht aufgehört, hektisch nach links und rechts zu schauen und sich mit kleinen ruckartigen Bewegungen umzudrehen.

»Nächste Frage«, fährt er fort. »Wissen Sie, wer Kommandant Ijaz Ejaz Shah ist?«

Nein, das weiß ich nicht.

»Wie? Ich dachte, Sie kämen aus Lahore ...«

Überrascht, dass unser Mann darüber Bescheid weiß, werfe ich Abdul im Rückspiegel einen flüchtigen Blick zu. Abdul zieht die Augenbrauen hoch, als wolle er sagen: Karatschi und seine Geheimnisse ...

»Sie waren in Lahore und wissen nicht, wer Ijaz ist?«, will der Mann wissen. »Überlegen Sie noch mal.«

Ich muss an einen hoch gewachsenen, schlanken Mann mit kahlem Schädel denken, dem ich im Liberty Lions Club in Lahore begegnet bin und der mir als Innenminister des Pandschab vorgestellt wurde, einer der mächtigsten Männer jener Region. Möglicherweise war dies Ijaz.

»Kommandant Ijaz«, nimmt Tariq den Faden wieder auf, im nachsichtigen Tonfall eines Lehrers, der einem dummen Schüler etwas erklärt, »ist nicht nur Innenminister des Pandschab, er ist auch ein enger Freund Musharrafs. Vor allem aber ist er ein Mann des ISI – ein ranghoher Agent, Exchef des so genannten ›bewaffneten Flügels der Luft‹, dessen Aufgabe noch bis vor wenigen Monaten die Kontaktpflege zur Harkat-ul-Mudschahidin und zur Harkat ul-Jihad al-Islami war. Und nun aufgepasst!«

Tariq dreht sich jetzt um. Der Blick, mit dem er mich ansieht, ist eindeutig feindselig. Ob dies wieder nur ein rhetorischer Kniff sein soll, oder ob er wirklich von tiefem Hass auf das unwissende Abendland erfüllt ist, vermag ich nicht zu sagen.

»Er ist es, dem Omar Sheikh sich am Abend des 5. stellt. Er kennt ihn, zwangsweise, denn HUM und HUJI sind die zwei Gruppierungen, mit denen er in Verbindung steht, und so beschließt er, sich in die Hände seines alten Bekannten Ijaz zu begeben.«

Undeutlich sehe ich die Reaktion des Kommandanten vor mir, sein Zurückweichen, sein plötzliches eisiges Lächeln, als er von meinem Vorhaben hört, einen »Roman« über Daniel Pearl schreiben zu wollen.

»Und das bedeutet ...«, sage ich zögernd, obwohl ich es bereits ahne.

Der Wagen biegt in eine schmale und halsbrecherisch steile Straße ein. Der Stand eines Metzgers verströmt einen Aasgeruch. Direkt daneben streiten sich magere Hunde um widerlich stinkende Fischabfälle. Tariq zieht ein zerknittertes Stück Papier aus der Tasche und hält es mir hin, steckt es aber gleich wieder ein. Ich konnte gerade noch den Briefkopf der Polizei erkennen und dass es der Durchschlag einer Verlautbarung auf Englisch ist, in der bestätigt wird, Omar habe sich am 5. Februar gestellt.

»Das bedeutet«, sagt er schließlich, »dass zwischen dem Augenblick, in dem Sheikh sich diesem hohen Geheimdienstbeamten stellt, und dem 12. Februar, an dem er uns, der Polizei, übergeben wurde, sieben Tage vergehen. Sieben Tage lang befindet er sich in Gewahrsam des ISI. Die Polizei weiß nichts darüber. Das FBI und die amerikanische Botschaft ebenfalls nicht. Niemand, verstehen Sie, niemand weiß während dieser sieben Tage, dass der mutmaßliche Drahtzieher der Entführung Daniel Pearls sich in Lahore in den Händen der Leute des ISI befindet.«

Der Wagen fährt dicht an einer Hauswand entlang, um zwei jungen Leuten auszuweichen, die mitten auf der Fahrbahn umhertorkeln. Ich bin nicht sicher, ob ich begriffen habe.

»Das heißt im Klartext ...?«

»Das heißt im Klartext, dass die Dinge in diesem Land so ablaufen wie immer. Oder wie in den meisten Fällen. Wenn ein Dschihadi festgenommen wird, hat er immer den Namen und die Telefonnummer eines Kommandanten in der Tasche, den wir anrufen sollen und der uns dann sagt: Lassen Sie ihn frei.«

»Doch diesmal war es anders ...«

»Sie haben es erfasst. Sheikh hat nicht damit gerechnet, dass man ihn verhaftet. Kaum hat er gemerkt, dass die Dinge aus dem Ruder laufen, nahm er vorsichtshalber Kontakt zu dem betreffenden Beamten auf. Sheikh ist ein Mann des ISI, er ist es schon seit langem. Hier ist die Geschichte eines Mannes, der eine Aktion in die Wege leitet, dann bemerkt, dass diese misslingt, und schließlich seinem Vorgesetzten berichtet: Chef, wir haben ein Problem, was sollen wir tun?«

»Und was wurde getan?«

»Sieben Tage lang verhandeln die Profis und versuchen sich darüber zu einigen, was der Polizei gesagt werden darf und was nicht. Was aus ihm werden soll, welche Garantien man ihm geben kann. Ich werde nichts sagen, was ich weiß, verspricht er ihnen. Ich werde schweigen wie ein Grab, was die Rolle des ISI nicht nur in der Pearl-Affäre, sondern auch im Kampf der Dschihadisten in Kaschmir angeht. Zum Ausgleich müsst ihr mich vor der Auslieferung bewahren und, sollte ich verurteilt werden, dafür sorgen, dass ich so schnell wie möglich wieder aus dem Gefängnis herauskomme. Sieben Tage dauert es, bis sie sich darauf einigen. Sieben Tage, um das Szenario auszufeilen. Sieben Tage, um die für alle Beteiligten beste Lösung zu finden.«

Mir fällt wieder ein, was ich über jene aufgeladenen Tage gelesen habe. Damals hoffte die Polizei, Pearl sei noch am Leben, und versuchte den Wettlauf gegen die Zeit zu gewinnen. Wäre es nicht denkbar, werfe ich ein, dass diese Woche dazu diente, Omar auf den Zahn zu fühlen? Gab es unter den Leuten vom Geheimdienst niemanden, der es für das Beste hielt, ihn, mit welchen Mitteln auch immer, dazu zu bringen, den Ort zu verraten, an dem der Journalist festgehalten wurde? Und hat Omar nicht selbst beim Prozess in Hyderabad davon gesprochen, dass man »Beweise gegen ihn« inszenieren wollte? Tariq zuckt nur mit den Achseln.

»Könnte es sein, dass man Omar Sheikh während dieser sieben Tage Gewalt angetan hat?«

»Das Risiko in derartigen Situationen ist immer, dass der Agent, der aufgeflogen ist, in Panik gerät und alles an die Presse ausplaudert. Deshalb haben die Mitarbeiter des Geheimdienstes mit Sicherheit Forderungen gestellt. Vielleicht haben sie ihn auch bedroht. Musharraf hat mit seinem Vater geredet, und der wiederum mit seinem Sohn. Der Vater wird ihn dazu gebracht haben, unter allen Umständen auf Geständnisse zu verzichten, die »dem nationalen Interesse Pakistans« schaden könnten. Doch schauen Sie sich Omar an, wie er erhobenen Hauptes das *safe house* des ISI verließ. Er lächelte sogar. Wie jemand, der sich seiner Sache sicher ist. Er sah nicht aus, als hätte man ihn eine Woche lang weich gekocht. Allerdings ...«

Er macht eine Kunstpause, grinst verschlagen. Bislang war mir nicht aufgefallen, dass die Hälfte seiner Vorderzähne aus Silber ist, wie bei den Nutten in Taschkent.

»... allerdings hätten wir ihn ganz schön in die Mangel genommen. Darauf verstehen wir uns. Doch jetzt liefere ich Ihnen den nächsten Scoop. Wir hatten die Anweisung – und zwar von sehr weit oben –, ihn in Ruhe zu lassen. Also wurde einer von ihren Typen zu dem Verhör hinzugezogen, er saß einfach dabei, ohne einzugreifen. Das Ergebnis: Sheikh hat nichts gesagt. Überhaupt nichts. Offensichtlich gab es während des Verhörs einen Moment, in dem Omar über die Zeit nach seiner Entlassung aus indischer Haft berichten wollte. Doch die da oben wurden von dem Typen rechtzeitig informiert. Denn es folgte ein Anruf aus dem Kabinett des Präsidenten: ›Achtung! Sofort alles abbrechen! Bringt ihn zum Schweigen und überstellt ihn dem Richter!‹«

Ich habe das Gefühl, Tariq sagt die Wahrheit. Vor allem aber vergleiche ich das, was er mir erzählt hat, mit den Berichten, die ich gestern in den Zeitungen entdeckt habe. Mit der Reportage des Senders PTV 2, die bereits im April eine Theorie zur Sprache brachte, ähnlich der von Tariq. Mit einem Artikel in *Newsweek* vom 13. März 2001, in dem Omars arrogantes Verhalten gegenüber den Polizisten, die ihn verhörten, beschrieben wird. Darin war zu lesen, dass Omar der Überzeugung sei, er werde »nicht ausgeliefert« und »nicht mehr als drei oder vier Jahre in pakistanischen Gefängnissen zubringen«. Ich denke an den Protest seiner Anwälte, als wegen einer juristischen Spitzfindigkeit der Zeuge Hamid Ullah Memon nicht nochmals zu Wort kommen darf, obwohl er als leitender Polizeioffizier Omar verhaftet hat und daher für das abgelegte Geständnis im Februar verantwortlich ist. Und ich denke daran, wie der Richter sich angeblich beklagt haben soll, das Polizeiverhör sei unvollständig und zu oberflächlich gewesen, worauf Omar mit Spott reagierte: »Was meinen Sie damit? Vor zwei Wochen haben Sie das Verhör beendet! Ich war bereit, Ihnen alles zu erzählen, doch Sie hatten Angst vor dem, was dabei herauskommen würde!«

Ich nehme diesen Faden wieder auf.

»Wer aber hat es zu verantworten, dass die Sache schief ging, wie Sie sagen? Warum war Omar Ihrer Darstellung nach gezwungen, sich zu stellen und diese Lawine auszulösen?«

Tariq zögert. Er blickt lange aus dem Autofenster. Vielleicht weiß er es selbst nicht genau.

»Es gibt zwei Hypothesen. Erstens: Omars Leute haben Mist gebaut. Naseem handelt ausgesprochen stümperhaft, als er sich schnappen lässt und dann den Namen seines Auftraggebers preisgibt. Wie die letzten Amateure haben sie auch noch tagelang vom Handy des Journalisten aus telefoniert, auf diese Weise konnte man sie ausfindig machen. Alles hatten sie bedacht, nur einen derartigen Anfängerfehler nicht ...«

Wie makaber: Das Handy lebte nach dem Tod seines Besitzers weiter, als wären es Fingernägel oder Haare.

Ich muss an Abdul Majid denken, mit dem ich mich auf der Bank Road in Islamabad unterhalten habe. Er hatte Omar zwei der sechs Mobiltelefone verkauft, die dieser während des Einsatzes benutzte. Auch er hatte mir die unglaubliche Geschichte von den überglücklichen Entführern berichtet, die sich diebisch darüber freuten, nun ein Tri-Band-Handy benutzen zu können, das mit einer amerikanischen Nummer funktionierte. Sie machten sich einen Spaß daraus, damit die Kriminalbeamten, ihre Familien und ihre Kinder anzurufen und ihnen zu drohen.

Außerdem denke ich an jene andere, seltsame und bislang noch immer ungeklärte Geschichte: Das Flugticket der Pakistan Airlines, London–Islamabad, Flugnummer PK 757, am 8. Februar, also acht Tage nach Pearls Tod, auf den Namen Daniel Pearl gekauft, von jemandem, der bei der Kontrolle notwendigerweise Daniels Pass und ein Visum vorgezeigt haben muss.

»Dann wäre da Hypothese Nummer zwei«, fährt Tariq fort. »Wir sind im Grunde nicht sicher, ob die Hinrichtung Pearls tatsächlich geplant war. Außerdem glaube ich Sheikhs Erklärung, er habe am 5. Februar davon erfahren, als er Siddiqui aus Lahore anrief, um ihm die Anweisung zu geben, ›den Patienten zum Doktor zu bringen‹, worauf dieser geantwortet haben soll: ›Zu spät! Papa ist tot; wir haben bereits die Tomographie und die Röntgenaufnahmen gemacht.‹ Vielleicht ließ dies alles ins Schleudern geraten – die Tatsache, dass Pearl ohne Anweisung Omars und der Auftraggeber der Entführung hingerichtet wurde.«

Erneut dreht er sich zu mir um. Zum ersten Mal packt er mich heftig am Arm, eine derart absurde – und aufgesetzte – Intensität im Blick, dass ich glaube, er will damit zum Ausdruck bringen, wie sehr ihm dies nahe geht.

»Leider habe ich keine näheren Anhaltspunkte dafür, wer beschlossen hat, sich über die Anweisungen hinwegzusetzen. Ist es der harte Kern selbst, der ins Wanken gerät? Oder sind es andere Auftraggeber, die dazwischenfunken? Das ist oft so. Man glaubt bei einem Coup allein zu sein. In Wirklichkeit aber ist man zu zweit. Und der zweite deckt seine Karten auf und lässt einen im Regen stehen. Tut mir Leid, aber ich weiß darüber wirklich nichts.«

»In Ordnung«, sage ich und befreie mich aus seinem Griff. »Aber ich habe noch eine letzte Frage. Warum hat es sieben Tage gedauert, bis Omar an Ihre Kollegen ausgeliefert wurde? Brauchten die wirklich so lange für ihre Beratung?«

»Man muss zwei Dinge bedenken«, sagt Tariq, immer noch zu mir gewandt, jetzt ein schmieriges Taschkenter Grinsen im Gesicht. »Sie werden sich fragen, was für Dinge. Schön. Zunächst einmal ist dies keine einfache Geschichte. Stellen Sie sich nochmals die Panik vor, die diese Leute befällt, als sie begreifen, dass die Aufpasser den Kopf verloren und die Geisel getötet haben. In den Geheimdiensten herrscht Panik! Nun heißt es manipulieren, Verbindungen kappen, Spuren verwischen, die bis nach ganz oben führen könnten, Sheikh davon überzeugen, die Sache auf sich zu nehmen und nicht allzu viele Leute hineinzuziehen. Man will retten, was zu retten ist, und eine Inszenierung präsentieren, die auch den Amerikanern genehm ist. Und außerdem ...«

Tariq zögert erneut. Ich schaue zu Abdul hinüber, um zu sehen, ob Dollars ihn zum Weiterreden ermuntern könnten.

Doch darum geht es ihm nicht. Auf der Straße ist ein Streit entbrannt. Zwei Typen bedrohen sich im Licht eines Hauseingangs mit Glasscherben. Einen Augenblick lang ist der Polizist mit Tariq durchgegangen. Dann redet er weiter.

»Überlegen Sie doch: Fünf plus sieben ergibt zwölf – der Tag, an dem Musharraf in Washington eintraf. Zählen Sie noch zwei dazu, dann haben Sie den 14. Februar, an diesem Tag fand das allererste Verhör Omars statt. Und was passierte noch am 14. Februar? An diesem Tag wurde Musharraf von Bush empfangen, es war der letzte Tag seiner Reise in die USA.«

»Und das heißt?«

»Ich weiß es nicht. Ziehen Sie ruhig Ihre Schlüsse daraus. Hier haben wir einen Präsidenten, der eine nicht ganz einfache diplomatische Rolle spielt. Er diskutiert. Er verhandelt. Seine Hauptforderung – Wiederaufnahme der wegen unseres Konflikts mit Indien eingefrorenen Lieferung von F-16-Kampfflugzeugen – entspricht übrigens genau derjenigen, die auch die Entführer in ihren Kommuniqués stellen. Während der gesamten Verhandlung hält Musharraf still. Er hat sogar die Stirn, bei der gemeinsamen Pressekonferenz mit Bush zu erklären, er sei ›ziemlich sicher‹ dass Daniel Pearl ›noch am Leben‹ ist und dass ›seine Freilassung in greifbare Nähe gerückt ist‹. Erst als klar war, dass die Amerikaner nicht nachgeben werden, erst als es nichts mehr zu verhandeln gab, kam die Wahrheit ans Licht: der Name Omars, seine Verhaftung und der Tod des amerikanischen Journalisten. Ist das nicht seltsam?«

»Sehr sogar. Die Manipulation ist offensichtlich ...«

Tariq zuckt mit den Achseln – die typische Art eines Menschen, der alles gesagt hat und einen nun sich selbst überlässt. Wir sind wieder am Rand des Aurangzeb-Parks angelangt. Mir scheint, das Gewimmel am Straßenrand ist weniger dicht als zuvor. Er dreht sich ein letztes Mal zu mir um und streckt mir eine Hand hin, als freundschaftliche Geste. Sein Blick ist jetzt leer, abwesend.

»Passen Sie auf. Die Angelegenheit ist heikel. Ich kenne die Brüder. Ich weiß, wie die Mohajirs ticken. Und ich weiß, dass ihnen der Gedanke, dass sich nun schon wieder jemand in ihre Angelegenheiten mischt, überhaupt nicht gefällt – schon gar nicht, wenn es sich um einen Ausländer handelt. Gott schütze Sie.«

Ich hatte es vergessen: die seit der Geburt des Staates Pakistan bestehende Feindschaft zwischen den alteingesessenen Pandschabis und den Mohajirs, die 1949, als die Teilung erfolgte, zu Millionen aus Indien kamen. Sollte diese Rivalität etwa auch im Fall Pearl eine Rolle spielen? Ist es vorstellbar, dass das Oberkommando des Pandschab (im Unterschied zu dem, was Tariq glauben machen will, sind neunzig Prozent der ranghohen Offiziere und damit die wichtigsten Männer des ISI Pandschabis) hier ein willkommenes Mittel gefunden haben könnte, um Musharrafs Autorität ins Wanken zu bringen? Musharraf ist – was hier keiner vergisst – der wichtigste Mohajir und führt, als die Affäre publik wird, unter dem Vorwand, gegen die Islamisten vorzugehen, eine wahre Säuberungsaktion unter den Geheimdienstagenten durch, mit dem Ziel, die Position der Pandschabis im ISI empfindlich zu schwächen.

Sollte dies etwa der wahre Grund sein, weshalb Tariq uns treffen und mit uns sprechen wollte?

Es ist zu spät, um zu fragen. Unser Kontaktmann ist schon aus dem Auto gestiegen. Er ist ziemlich klein, was mir im Sitzen nicht aufgefallen war. Ein kleiner Mann mit breiten Schultern, der im Gedränge der Süchtigen verschwindet und Abdul und mich mit neuen Hypothesen zurücklässt.

Nehmen wir also einmal an, Omar ist tatsächlich, wie Tariq behauptet, ein Geheimdienstagent. Nehmen wir an, es sei so, als Erklärungsversuch für Omars Haltung während und nach seinem Prozess: Vielleicht liegt hier einer der Gründe für seine seltsame Fügsamkeit, die ja zur Folge hat, dass er für alle anderen bezahlen muss.

Die eigentliche Frage ist somit, wer ihn innerhalb der Geheimdienste instrumentalisiert hat, und zu welchem Zweck.

Dies führt zu zwei weiteren Folgerungen: Entweder hat Musharraf sein Land unter Kontrolle und wird jederzeit über die Arbeit der Geheimdienste auf dem Laufenden gehalten. In dem Fall hätte Tariq tatsächlich Recht: Musharraf weiß, als er in den USA weilt, wo Pearl gefangen gehalten wird; vor allem aber weiß er auch, dass Pearl bereits tot ist, als er der amerikanischen Presse gegenüber behauptet, er sei zuversichtlich, dass Pearl bald freikommt. Was den ersten Teil der Hypothese angeht, so könnte er durchaus stimmen. Man kann sich gut vorstellen, wie der gefürchtete Unterhändler, General Musharraf – überdies ehemaliges ISI-Mitglied – die Trumpfkarte von der Freilassung Pearls lange im Ärmel behält, um sie genau in dem Augenblick auszuspielen, der ihm selbst am geeignetsten erscheint. Was den zweiten Teil angeht, liegen die Dinge nicht so einfach. Man kann sich nur schlecht vorstellen, dass ein Staatschef, dem – Kampfflugzeuge hin oder her – an einer Allianz mit den Vereinigten Staaten gelegen ist, das Verbrechen noch mit Zynismus krönt. Es ist nicht zu begreifen, weshalb er, im Wissen, dass Pearl tot ist und es nur noch eine Frage von Tagen, wenn nicht gar Stunden ist, bis die Wahrheit herauskommt, eine letzte Lüge hinzufügt, die den Zorn seines Verhandlungspartners nur steigern wird.

Oder es könnte aber auch sein, dass Musharraf nichts unter Kontrolle hat und die Marionette seiner eigenen Geheimdienste ist. Der Mann, der offiziell damit beauftragt ist, ihn über die Entwicklung der Affäre zu unterrichten – übrigens habe ich erfahren, dass es just jener Hauptmann Cheema vom Innenministerium ist, mit dem ich mich über Omar unterhalten habe –, gibt ihm bewusst falsche Informationen. Vielleicht weiß dieser schwächliche Staatschef, dieser König ohne Krone und ohne Land, der bereits sechs Attentate überlebt hat und im August 2000 eine Reise nach Karatschi absagen musste, weil seine eigenen Sicherheitsbeamten sich außerstande sahen, seinen Schutz zu gewährleisten, vielleicht weiß er zwar, wo Pearl festgehalten wird, nicht aber, dass man ihn umbringen will oder dass dies bereits geschehen ist. Die Tatsache, dass er erklärt, aus gutem Grund von einer baldigen Freilassung des amerikanischen Journalisten überzeugt zu sein, seine Zuversicht, als er dies sagt, das politische Risiko, das er dabei eingeht – all dies spricht weniger für seine Doppelzüngigkeit als vielmehr für seine Unschuld. In dem Fall wäre die ganze Geschichte ein gigantisches Manöver der Geheimdienste oder zumindest eines Teiles davon, um einen Präsidenten, dessen neu geknüpften Beziehungen zum Westen man ablehnt und dessen Autorität man mit allen Mitteln untergraben will, lächerlich zu machen und in eine heikle Lage zu bringen.

In der Tat, was wäre besser geeignet, ihn zu diffamieren, als ihn »Pearl lebt« sagen zu lassen, wo man doch bereits weiß, dass dem nicht so ist?

Wie ließen sich die wahren Machtverhältnisse besser darstellen, als diesen Mann aller Welt – und vor allem den Amerikanern – als Hampelmann vorzuführen, der die Presse mit falschen Informationen füttert und unhaltbare Versprechungen macht, die man ihm erst suggeriert, um ihm dann im passenden Moment den Teppich unter den Füßen wegzuziehen?

Die Geheimdienste machen ihre eigene Politik in Kaschmir. Ebenso war es – und ist es vielleicht noch – in Afghanistan. Wahrscheinlich ist, dass dies auch für die Pearl-Affäre gilt und dass wir nun in eine neue Etappe des Machtkampfs zwischen dem Staat und dem Staat im Staat, nämlich den Geheimdiensten, eingetreten sind.

Zehn Tage vor der USA-Reise hat Musharraf seine große Antiterror-Rede gehalten, die ihm in den Augen halb Pakistans von Colin Powell diktiert wurde. In der Folge hat er zweitausend Dschihadis festnehmen lassen, zum größten Teil Mitglieder von Gruppen, die auf der Schwarzen Liste der USA stehen. Er hat die Schließung der Ausbildungslager im pakistanischen Teil Kaschmirs veranlasst. Im Zuge der Säuberungsaktionen setzte er einen als gemäßigt geltenden Mann an die Spitze der Geheimdienste, einen Vetreter des »laizistischen und kemalistischen« Flügels, seinen alten Freund Ehsan-ul-Haq. Die Entführung und anschließende Ermordung Daniel Pearls ist in diesem Zusammenhang als direkte Antwort des ISI auf Musharraf zu verstehen. Omar Sheikh, der einstige Londoner, der zum Gotteskrieger mutierte, wäre demnach von diesem, Musharraf feindlich gesinnten Zweig des ISI instrumentalisiert worden. Man kann sich gut vorstellen, dass die Botschaft verstanden wurde, denn im Zuge eines vagen und seltsamen Eides, sich aus terroristischen Aktionen herauszuhalten, ließ die Polizei die Hälfte der Mörder frei, die sie doch selbst verhaftet hatte.

Wer also regiert Pakistan?
Der Präsident oder die Geheimdienste?
Genau diese Frage wirft die Pearl-Affäre auf.
Genau diese Frage wirft ein Agent namens Omar auf.

5

Wenn der Mörder geständig wird

An einem Ort der Welt zweifelt niemand daran, dass Omar ein Agent des ISI ist: in Indien.

Selbstverständlich stelle ich alle Faktoren in Rechnung, stelle in Rechnung, welches Interesse die Inder daran haben, den Gedanken plausibel erscheinen zu lassen, der Mord an einem großen amerikanischen Journalisten könnte vom Todfeind Pakistan in Auftrag gegeben worden sein.

Und auch meine eigene Voreingenommenheit lote ich aus: Ich liebe Indien! Wie wunderbar wohl ich mich hier fühle, besonders nach Pakistan! Seit dreißig Jahren war ich nicht mehr hier, doch schon eine Stunde auf dem Connaught Circus, zehn Minuten im Ghandi Memorial, fünf auf dem Vogel-Markt von Chandni Chowk genügen, und eine Fülle Erinnerungen kehrt zurück, die in meinem Gedächtnis schlummerten und mir nun plötzlich wieder unglaublich deutlich präsent sind: das Sakko, das ich trug; die Frau, die ich liebte, ihr kleiner, sehr straffer Haarknoten; die Lichter eines Tempels, in dem wir heimlich schliefen; der Magier, der mich am ersten Abend auf dem Connaught Circus beim Geldwechseln um die Hälfte geprellt hatte, indem er beim Zählen durch geschicktes Falten aus einem Geldschein zwei machte – die Liebe zu Orten ist eine Liebe, die niemals stirbt!

Mir war es wichtig, die Affäre auch von indischer Seite zu beleuchten.

Ich traf mich mit Journalisten, Intellektuellen, Militärs a. D. und aktiven Militärs, Leitern von *think tanks*, diesen Denkfabriken nach amerikanischem Muster, die im Indien des neuen Millenniums Hochkonjunktur haben.

Unter Ausnutzung meines Ansehens, das ich hier dank meiner Vergangenheit in Bangladesch zu genießen scheine, habe ich erst im Innenministerium, dann beim RAW, dem hiesigen Pendant zum ISI, Termine mit Personen bekommen, die nicht nur die Affäre Pearl verfolgt haben, sondern auch die Akte Omar.

So fand ich mich im Herzen Neu-Delhis in einem Mini-Pentagon wieder, bestehend aus einer Reihe bunkerartiger Gebäude, gesichert wie Festungen und durch wahre Mauern aus Sandsäcken und Beton geschützt gegen regelmäßig von den muslimischen Fundamentalisten angedrohte Selbstmordanschläge. Von morgens bis abends eilten dort Männer und Frauen geschäftig durch die Flure, westlich gekleidet und weniger wie Spione anmutend als wie Bedienstete einer Hochschulbehörde.

»Ein Buch über Pearl?«, fragte mich Sudindrah Datta, Assistent des Generaldirektors des RAW, dreißig Jahre alt, mit kantigem Kiefer, wie ein Sportlehrer wirkend, der mich in einem riesigen, kargen Büro empfängt, ohne Akten, unmöbliert bis auf einen Tisch, eine Couch und einen Stuhl, über den er sein Jackett gehängt hat, dazu eine alte, laut keuchende Klimaanlage und das Hin- und Hergehen der Sekretärinnen aus dem Nebenzimmer. »Das ist interessant. Wir wissen, dass Sie seit langer Zeit ein Freund dieses Landes sind. Aber erzählen Sie erst mal. Sie kommen doch wohl gerade aus Pakistan ... Wie geht es den Durchgedrehten?«

Einen langen Tag verbringe ich in diesem so bizarren Universum, von dem ich mir nie hätte träumen lassen, es einmal aus erster Hand kennen zu lernen. Einen ganzen Tag, um in verstaubten, maschinengetippten Dokumenten nach dem übersehenen Detail zu fahnden, das alles verändert, nach dem entscheidenden Beweis, nach der Lüge, die eine andere entlarvt, nach dem Spalt, der aufklafft über einem Geheimnis, das sich seinerseits auftut und ein noch tieferes Geheimnis zum Vorschein bringt, nach dem vergessenen Namen, nach dem Wort, das einem das Land des Verbrechens offenbart.

Und am Ende des Tages habe ich drei außerordentliche Dokumente mit einer Reihe von Informationen gefunden, die mit Sicherheit noch nie aus den betreffenden Archiven geholt wurden.

Dokument Nr. 1 – das ungewöhnlichste, vielleicht spannendste, selbst wenn es mit meinen Nachforschungen in keinem direkten Zusammenhang steht: dicht getippt, ohne Zeilenzwischenräume und in der überzogen nüchternen Sprache, wie sie der Polizei auf der ganzen Welt zu Eigen ist, die Kopie des Vernehmungsprotokolls von Masood Azhar, dem künftigen Chef der Jaish und damals bereits einer der meistgesuchten Terroristen, nach seiner Festnahme im Sommer 1994 in Kaschmir.

Es steht darin kein Wort über Omar Sheikh, seinen Schüler. Dafür gibt es eine genaue Beschreibung der Beziehungen zwischen den diversen Gruppen, aus denen sich die islamistische Bewegung Pakistans in jenen Jahren zusammensetzt – ein intimer Einblick in die Spaltungen, durch die die Organisationen immer wieder von neuem entzweit werden. Das Dokument berichtet von den Reisen dieses unermüdlichen Agitators eines Dschihad, dessen Bestimmung es ist, den Erdball erst mit roter Glut zu überziehen und dann dem Gesetz des Islam zu unterwerfen. Es ging nach Albanien, Kenia, Sambia und Großbritannien. Wie bemerkenswert frei sich Masood Azhar in London bewegt, das, wie man entsetzt entdeckt, damals schon der wahre Brückenkopf des Terrorismus in Europa war. Wie er sich zu korpulent findet – »I am a too fatty person« –, um eine umfassende militärische Ausbildung zu absolvieren. Wie er dies wieder gutmacht durch die Leitung von Zeitungen – wie beispielsweise *Sadai Mujahid* –, die im ganzen Land Propaganda für die Sache der Dschihadis machen. Seine Kampagne für den Abzug des pakistanischen

Kontingents aus der multinationalen Friedenstruppe in Somalia. Sein Glaube an ein Pakistan, das seinem Namen, »Land der Reinen«, noch Ehre machen wird, und zwar durch Feuer und Schwert. Kurz, ein eindringliches Porträt dieses heiligen Mannes – denn Masood stellt sich dar als fromme Seele, mit dem Koran in der einen und der Maschinenpistole in der anderen Hand. Und dann ist im Protokoll von seinen Schwierigkeiten die Rede, ein Visum für Bangladesch und Indien zu erhalten, wie er mithilfe der pakistanischen Regierung und des Geheimdienstes einen perfekt gefälschten portugiesischen Pass auf den Namen Wali Adam Issa zugeschoben bekommt.

Gut, Omar mag nicht namentlich genannt werden. Doch Masood ist sein Meister; zusammen wurden sie auf dem Flughafen von Kandahar befreit. Deshalb ist nicht auszuschließen, dass er zu denen gehörte, die gemeinsam mit Omar Dannys Entführung geplant haben. Auch drängt sich der Gedanke auf, dass Omars Mentor, einer der möglichen Planer der Affäre Pearl, über ausreichende Kontakte zum Geheimdienst verfügt, um sich binnen weniger Stunden einen Pass fälschen zu lassen, der, so steht es im Protokoll, selbst die erfahrensten indischen Grenzer täuscht.

Dokument Nr. 2 – Omars Vernehmungsprotokoll nach der Entführung von Rhys Partridge, Paul Rideout, Christopher Morston und Bela Nuss, den englischen und amerikanischen Touristen, die er 1994 in Neu-Delhi kidnappt.

Er kommt gerade aus Bosnien. Er hat die mehrwöchige Militärausbildung im Lager von Miran Shah hinter sich. Er gehört zu all den Quasi-Söldnern des Dschihad, die zusahen, wie die Kriege in Bosnien und Afghanistan endeten, ohne jemals richtig daran teilgenommen zu haben, und nun auf der verzweifelten Suche nach einer neuen »edlen Sache« sind, für die sie eintreten können. Palästina, dessen Führer im Begriff sind, nach dem Abkommen von Oslo mit dem israelischen Satan zu paktieren? Tschetschenien, wo die russische Armee ihren ersten Eroberungskrieg – manche sagen: Vernichtungskrieg – führt? Die Philippinen vielleicht, wo die Gruppen der Abu Sayyaf dabei sind, sich einen Namen zu machen? Nein. Wie viele andere Pakistanis seiner Generation entscheidet er sich für Kaschmir, die zwischen Pakistan und Indien umstrittene Provinz, in der die pakistanischen Terrorgruppen mit Unterstützung des Geheimdienstes seit bald vierzig Jahren einen Guerillakrieg führen.

»In Indien selbst gibt es auch Aufgaben«, hat ihm einer erklärt, den er im Protokoll Maulana Abdullah nennt, ein führender Dschihadi, Mitglied der Harkat-ul-Mudschahidin, dem er in den afghanischen Lagern begegnet ist. »Es gibt den Kampf in Kaschmir selbst. Es gibt den militärischen Widerstand gegen die Besatzer. Aber auch im Hinterland der indischen Armee gibt es Arbeit, in Delhi. Du verfügst über die doppelte Staatsbürgerschaft, die pakistanische und die englische. Du kannst sogar auf deinen pakistanischen Pass verzichten und in London ein Visum für Indien beantragen, das man dir im Handumdrehen erteilen wird. Du bist genau die Sorte Mann, die wir brauchen. Wir erwarten dich.« Und so findet er sich am 26. Juli 1994 im Holiday Inn von Neu-Delhi wieder – in der Stadt, die auch ich gut gekannt habe, aber fünfundzwanzig Jahre früher, im Jahr seiner Geburt –, und zwar mit einem klaren Auftrag: Ausländer entführen und in Geiselhaft nehmen, um sechs Führer der Harkat-ul-Mudschahidin freizupressen, die in indischen Gefängnissen einsitzen, darunter Masood Azhar.

Omar schildert bis ins kleinste Detail seine Serie von Entführungen. Man sieht ihn die Stadt durchstreifen wie ein brünstiges Tier, auf der Suche nach Opfern. Er beschreibt eine Strategie, die in der Tat sehr genau der entspricht, die er acht Jahre später bei Daniel Pearl anwendet: wie er sich zunächst das Vertrauen des Opfers erschleicht; ein Haus in einem abgelegenen Teil der Stadt beschafft, in Saharanpur; den Kauf eines Fotoapparats; die Ketten; bis hin zur Inszenierung der Fotos, die er an die Presse schickt und die ich zu sehen bekommen habe – Revolver an der Schläfe der Geiseln, die aktuelle Ausgabe einer Tageszeitung als Hintergrund, das Szenario ist also, dies zumindest ist festzuhalten, gut einstudiert! Und dann, im Laufe des Berichts, drei Hinweise, die den Verdacht nähren, die gesamte Operation wäre ohne tätige Mithilfe der pakistanischen Botschaft in Delhi nicht durchzuführen gewesen.

Da ist das Haus, die Tatsache, dass er es kauft und nicht anmietet. Omar nennt den Preis, hundertdreißigtausend Rupien. Mit welchem Geld? Woher stammen die hundertdreißigtausend Rupien?

Da sind die Waffen. Es wird der Tag genannt, an dem Yusuf, sein Komplize, sich mit ihm in einem Park in der Nähe der Jama Masjid trifft, mit einer Plastiktüte, in der sich zwei Pistolen befinden. An diesem Tag, etwas später, bringt er auch eine AK-47 und zwei Granaten ins Versteck. Meine Gesprächspartner versichern mir, und ich glaube ihnen, dass es unmöglich ist, eine AK-47, Granaten und Pistolen ohne diplomatische Hilfe nach Indien einzuführen.

Und dann vor allem dieses Geständnis auf Seite vierzehn des Protokolls. Omar kommt darin auf seine militärischen Ausbildungen in Afghanistan zurück. Er schildert seine beiden Aufenthalte, 1993 und 1994, in den Lagern von Miran Shah und Khalid Bin Walid. Er erläutert detailliert, wie er geschult wird in der »Handhabung von Pistolen, Revolvern, Sturmgewehren, Maschinenpistolen vom Typ AK-47, LMG und GPMG, von Panzerfäusten«. Er erzählt, wie er eine Reihe richtiger »Techniken« erlernt, nämlich »Vorbereitung von Hinterhalten, Handhabung von Granaten, Minen, Sprengstoff, das Leben im Untergrund, die Kunst der Beschattung, der Tarnung, des nächtlichen Ortswechsels«. Und in einem Nebensatz gibt er die Namen seiner beiden Ausbilder an, der beiden Männer, denen er alles verdankt, weil sie ihm auf diesen Gebieten alles beigebracht haben: Subedar Saleem und Subedar Abdul Hafeez, beide, wie er präzisiert, ehemalige Angehörige der »SSG« – mit anderen Worten, der »Special Services Groups«, der Eliteeinheiten des ISI!

Dokument Nr. 3 – das Tagebuch, das Omar zu Beginn seiner Haft in den indischen Gefängnissen geschrieben hat und in dem er noch detaillierter die Serie von Entführungen schildert, die ihn dorthin geführt haben, wo er sich befindet.

Die Pakistanis, die von der Existenz dieser Aufzeichnungen wissen, geben immer wieder zu verstehen, dass es sich nur um eine Fälschung handeln kann, ausgedacht und geschrieben von der indischen Polizei. Wo hatte man bislang von einem Terroristen gehört, der im Gefängnis ein Tagebuch beginnt, inklusive einer Chronik des eigenen Lebens? Dennoch ist es möglich. Ich habe in meinem Leben genug miterlebt, um zu wissen, dass sämtliche Geheimdienste dieser Welt zu fast allem fähig sind, wenn es um gezielte Desinformation geht. Doch im vorliegenden Fall glaube ich nicht daran. Warum sollte ein Mörder kein Tagebuch führen? In der indischen Presse wurden Auszüge daraus veröffentlicht; selbst in pakistanischen Zeitungen war von »Omars Tagebuch« die Rede.

Ich habe die Aufzeichnungen selber zu Gesicht bekommen, indem ich den *record's room* der Strafkammer beim Gerichtshof in Neu-Delhi aufsuchte, im Patiala House, wo das rund fünfzigseitige Originalmanuskript aus den Archiven geholt und mir in Kopie ausgehändigt wurde. Gleich auf den ersten Seiten habe ich seine Handschrift wiedererkannt, nur wenig weiterentwickelt seit der Schulzeit. Die Annahme einer Fälschung würde hierbei nur in Anlehnung an eine andere, wenig wahrscheinliche Hypothese Sinn machen, die aber dennoch von pakistanischen Hardlinern immer wieder aufgebracht wird: dass Omar an dem Betrug beteiligt gewesen sei, weil er sich Indien verbunden fühlt. Genauer, weil ihm während der Gefängnisjahre in Uttar Pradesh und dann im Tihar Jail von den Indern der Kopf gewaschen wurde. Seither arbeitet er für sie. (Haben nicht einige Beobachter, vor allem eine Zeitung aus Pittsburgh, sogar in Betracht gezogen, Omar sei ein Agent der CIA, eingesetzt bei der Jagd auf Bin Laden?)

Was einem auf diesen rund fünfzig Seiten als Erstes auffällt, ist im Übrigen die Handschrift selbst. Oder besser gesagt, *die* Schriften. Auf den ersten Seiten ist sie noch schön, mit runden, wohl geformten, regelmäßigen Buchstaben und säuberlichen Ausstreichungen. Ab Seite dreizehn oder vierzehn verfällt die Schrift zusehends, sie wird kleiner, weniger leserlich, neigt sich leicht nach rechts, während sie bis dahin ganz gerade war. Die Buchstaben wirken unvollendet, »g« und »y« ähneln sich, »d« und »l« sind kaum noch zu unterscheiden, eine Schrift wie von einem Fünfjährigen, die noch schlechter wird auf den letzten Seiten, die die Lebenschronik sowie knappe biografische Angaben zu seinen Eltern und Angehörigen enthalten, zuletzt noch Schriftproben und Unterschriften, gewiss angefertigt auf Geheiß der Gefängnisleitung. Auf den letzten zehn Seiten fällt mir stark die Unbeholfenheit der Schrift auf, die nurmehr ein Gekrakel ist. Auch hier, wie auf seinen Fotos, ist Omar jemand, der in kürzester Zeit das Alter wechseln kann. Auch hier die seltsame Fähigkeit, sich zu spalten, mehrere Personen auf einmal zu sein. Geschickt versucht Omar es, je nach Maßgabe der Umstände eine Verwandlung zu vollziehen. Und nun diese ihrer Identität so unsichere Handschrift … So sehr ich den vermeintlichen Lehren der Graphologie, dieser vermeintlichen Wissenschaft, sonst misstraue, in diesem Fall fällt es schwer, ihren Versuchungen zu widerstehen.

Als Zweites erstaunt die Sprache. Der Stil ist äußerst reduziert, häufig dominiert eine kindische Erzählweise. Manche Wendungen des früheren Schülers der Forest School und Absolventen der London School of Economics klingen merkwürdig, unerwartet: »Female partner« statt »girl friend«, »member of the public« statt »someone in the street«, oder »I clasped« statt »I shook« his hand, »I espyed« Siddiqui, wo er ganz simpel »I saw« oder »I spotted« hätte schreiben können.

Eine Botschaft? Falls ja, welche, adressiert an wen, und welchen Inhalts? Oder auch sein Hang zur Schwülstigkeit, fast zum Manierismus. Könnte das ein sprachliches Äquivalent zu der Arroganz sein, die ich auf seinen Jugendfotos bemerkt habe?

Interessant ist in den Aufzeichnungen auch die Darstellung des außerordentlichen Dilettantismus der Geiselnehmer, zu denen Amin, Sultan, Osman, Farooki, Salahuddin, Nasir und Siddiqui gehören. Und die fieberhafte Suche nach Opfern – wie unbeholfen man sich ihnen zu nähern versucht! Es passieren Fehler, beispielsweise der Fahrer des Lieferwagens, der, wie ihm zu spät auffällt, nicht mit ihnen betet und bei dem Omar nicht mehr sicher ist, ob er ihm trauen kann. Dann ist da die unglaubliche Geschichte von Akhmir, dem israelischen Hünen, der sofort in die Falle tappt und den Omar um zwei Uhr morgens zum Haus im indischen Ganda Nala bringt, das als Gefängnis vorgesehen ist: »Bist du wahnsinnig!«, ruft der Chef, als er durch den Vorhangspalt diesen viel zu großen, kräftigen, bedrohlichen Burschen erblickt. »Du lieferst uns alle ans Messer! Bring diesen Israeli sofort zurück ins Hotel!« Es werden widersprüchliche Anordnungen gegeben, dazu kommen permanente Improvisationen, die Telefonnummern, die nicht stimmen, die Presseagenturen, Zeitungen, Botschaften, bei denen sich, als man ihnen das Schreiben mit den Forderungen schicken will, herausstellt, dass man nicht die richtigen Adressen hat. Bei der *Hindustan Times* will Omar den Brief persönlich abgeben – doch der Chefredakteur ist nicht da. Da sind einerseits Furcht erregende Mörder, die das Herz der zeitgenössischen Terrormaschine bilden. Und andererseits sind es totale Stümper.

Und dann existiert da der Chef, der als Einziger namenlos bleibt, dessen rätselhafte Gestalt aber die Seiten des Tagebuchs beherrscht. Mal nennt Omar ihn »Big Man«, mal »Shah Sahab« (der Name, den er acht Jahre später Gilani geben wird, in seinen E-Mails an Danny). Und dann auch (zwar nicht hier, aber in einem anderen Vernehmungsprotokoll, das ich ebenfalls einsehen konnte) »Shaji«. Ganz am Schluss des Tagebuchs, in einer ihm gewidmeten Notiz, nennt er ihn »Chef der Mission« oder schlicht »Kommandant«. Und in der Rubrik »Persönlichkeit« schreibt Omar, dass dieser »Big Man« zwar »launenhaft« sei, aber »eine hervorragende Führernatur«. Jedenfalls sieht Omar in ihm den eigentlichen Boss der Gruppe. Den Strategen. Es ist der Mann, der die Order ausgibt, sich auf Amerikaner zu konzentrieren oder, falls sich keine Amerikaner finden, auf Engländer oder Franzosen. Der Mann auch, der die Liste mit Militanten aus Kaschmir erstellt, deren Freilassung man im Austausch gegen die vier Geiseln fordern wird. Der Taktiker, der, um Spuren zu verwischen, beschließt, den Namen der vier, auf die man es wirklich abgesehen hat, noch andere, eher unwichtige hinzuzufügen. Der Schatzmeister. Derjenige, der über den Kauf des Hauses oder des Lieferwagens entscheidet und darüber wacht, dass die Gruppe, für den Fall, dass die Sache schief läuft, über ausreichend Mittel verfügt, um ihren Rückzug zu organisieren. Der Mann schließlich, der Kontakt zu Islamabad hält und, wenn es um Geld geht wie auch um alles Übrige, laufend verkündet: »Ich rufe Islamabad an ... ich habe mit Islamabad gesprochen ... in Islamabad ist man einverstanden, dass ... die Anweisungen aus Islamabad lauten ...« Omar stellt noch heraus, dass er im Juli unter dem Namen Zubair Shah und in Begleitung von Maulana Abdullah, genau dort, in Islamabad, erstmals diesem strengen, unterkühlten Mann begegnet ist, der ihm gegenüber jedoch – wie Omar in seinem Tagebuch festhält – ziemlich »väterlich« auftrat.

Wer also ist dieser Shah Sahab? Warum wird sein Name nie genannt? Und weshalb hält er es als Einziger der Entführer für geboten, sein Gesicht zu verhüllen, als er die Geiseln besucht? Omar schreibt: »Shah Sahab verschleiert sich.« Als ich die Exgeisel Rhys Partridge später dazu befrage, erinnert er sich der Ankunft einer Person, die alle »den Kommandanten« nannten, mit einer protzigen Uhr am Arm und »einem Geschirrhandtuch um den Kopf gewickelt«. Für die Inder ist die Sache klar: der Tonfall, die Art und Weise, sich alle naselang auf Islamabad zu berufen, all dies deutet auf einen hochrangigen Agenten hin – höchstwahrscheinlich General Zahir ul-Islam Abbasi, in dem Jahr pakistanischer Militärattaché in Indien, der nach seiner Rückkehr 1996 in einen Putschversuch verwickelt war, vor ein Kriegsgericht gestellt und verurteilt wurde, 2001 aber wieder auf freien Fuß kam und zu einem der gefeierten Redner der Harkat-ul-Mudschahidin, Harkat ul-Jihad al-Islami und Lashkar-e-Toiba avancierte. Für mich liegen die Dinge nicht ganz so einfach, und zwei Details im Tagebuch machen mich stutzig. Der Umstand, dass der »Big Man« mindestens einmal – am Tag, als Akhmir, der Israeli, dort hinkommt – im Haus von Ganda Nala übernachtete, mit Sultan, Nasim und Farooki: Hätte ein Militärattaché wie Abbasi so etwas getan? Hätte dieser den dürftigen Komfort dieser Notunterkunft akzeptiert? Hinzu kommt der Umstand, dass Omar nach eigener Aussage bei zwei Anlässen, am Tag seines Besuchs bei den Geiseln, aber auch, als die Briefe an die Presse aufgesetzt werden, die Worte Shah Sahabs ins Englische übersetzen musste: Wäre ein Diplomat darauf angewiesen? Hätte der die Briefe nicht selbst verfassen können? Grundsätzlich jedoch, bei der Auffassung, Shah Sahab sei ein Geheimdienstler, ist den Indern, glaube ich zumindest, zuzustimmen. Etwaige Zweifel daran räumt ein Wort ganz am Schluss des Tagebuchs aus. Unter der Rubrik »frühere Verbindungen« steht die schon erwähnte Abkürzung »SSG«, Shah Sahabs »einstige Kontakte« sind die Harkat ul-Jihad al-Islami, die Hisb-e-Islami, aber auch die »SSG« selbst, die »Special Services Groups«, die Eliteeinheiten des ISI also – ähnlich wie bei Subedar Saleem und Subedar Abdul Hafeez, den beiden Ausbildern im Lager von Miran Shah.

Die Inder teilen mir ganz en passant mit, nach seiner Verhaftung sei das Honorar für Omars Anwalt von einem Chef des ISI bezahlt worden, gedeckt von der pakistanischen Botschaft in London.

Sie legen mir eine Liste vor, in der alle Besuche aufgeführt sind, die Omar im Gefängnis von den diversen Botschaftsattachés – vor allem Militärattachés – erhielt.

»Wie das?«, frage ich. »Sein Freund Peter Gee hat mir doch erzählt, für Omar wäre der britische Konsul zuständig gewesen?« – »Na eben«, erwidert Datta. »Ihr Omar war ja Brite, Untertan Ihrer Majestät, saß also im selben Boot wie der Cannabis schmuggelnde Musiker; nur hat er die meisten Besuche von den Pakistanis erhalten. Hier sind die Beweise, hier ist das Besuchsregister.«

Außerdem erklären sie mir, er sei sechs Jahre später, im Frühjahr 2000, als er nach seiner Befreiung in Kandahar nach Pakistan zurückkehrt, an der Grenze von einem Oberst des ISI in Empfang genommen und in ein *safe house* gebracht worden, wo mit seinem Briefing begonnen wurde.

»Hier ist also ein Mann«, führt Datta aus, »der seine Freiheit einem ungewöhnlich brutalen Akt der Luftpiraterie verdankt. Alle Zeitungen der Region und sogar weltweit waren voll mit Fotos von Masood Azhar und dem armen Passagier, der wenige Stunden vor ihrer Befreiung auf grausame Weise enthauptet wurde. Masood Azhar, kaum wieder im Lande, hält eine Kundgebung nach der anderen ab, gründet seine Jaish-e-Mohammed, präsentiert sich im Presseclub von Karatschi und spaziert in allen Städten Pakistans frei herum, umgeben von einer regelrechten Privatarmee von Turbanträgern. Omar Sheikh dagegen, statt in Afghanistan zu bleiben, statt sich in den Jemen, den Irak oder nach Nordkorea abzusetzen, statt unterzutauchen, lässt sich wieder in der Mohni Road nieder, in seinem Haus in Lahore, heiratet, bekommt Nachwuchs und gibt seinerseits Pressekonferenzen. Wie lässt sich diese Dreistigkeit erklären, diese Straffreiheit, ohne hier von Anfang an eine aktive Mitwirkung der beiden Regierungen Pakistans zu vermuten, der sichtbaren und der unsichtbaren?«

Ich bekomme eine Note zu Gesicht – ohne sie aber mitnehmen zu dürfen –, die einen Bericht des FBI aufgreift: 0300 94587772, Omars Handynummer. In der Note werden alle von diesem Anschluss aus getätigten Anrufe zwischen Juli und Oktober 2001 zurückverfolgt. Unter den angerufenen Nummern ist auch die Nummer von General Mahmoud Ahmad, der bis kurz nach dem 11. September Generaldirektor des ISI war.

Mohan Menon, Leiter der Abteilung »Auswärtige Beziehungen« beim RAW, liefert mir eine Interpretation zu einer Serie von Bekennerschreiben, die nach Pearls Entführung an die Presseagenturen gemailt wurden. Was merkwürdig ist, erläutert Menon, ist nicht das plötzliche Auftauchen dieser »Bewegung für die Wiederherstellung der Souveränität Pakistans«, von der es in den USA hieß, sie sei der pakistanischen Polizei unbekannt. Denn sie war keineswegs unbekannt! Eben diese Gruppe hatte sich schon im Oktober zur Entführung von Joshua Weinstein alias Martin Johnson bekannt, dem Kalifornier, der, wie Daniel Pearl, als CIA-Agent bezichtigt wurde und auf dem Foto, das der Presse zugeschickt wurde, von zwei Vermummten flankiert wird, die eine AK-47 auf seinen Kopf richten, während er eine pakistanische Zeitung aktuellen Datums in den Händen hält. Nein. Interessant ist die unterschiedliche Form der Schreiben selbst. Es gibt insgesamt drei. Das Letzte, das Entsetzliche wurde abgeschickt am Freitag, dem 1. Februar, von einer Internetadresse (antiamericanimperialism@hotmail.com), die der Polizei zunächst unbekannt war: »Pearl ist tot ... Bush kann seine Leiche auf den Friedhöfen von Karatschi finden.« Polizisten durchkämmten daraufhin hektisch zwei Nächte lang die über zweihundert Friedhöfe der Stadt. Dann die Botschaft vom Tag davor, dem 30. Januar, als Pearl schon tot ist oder es bald sein wird, die ein Ultimatum von vierundzwanzig Stunden, keine Stunde länger, stellt: »Ihr werdet uns nie finden«, heißt es da in von

Fehlern strotzendem, unverständlichem Englisch. »Ihr werdet uns nie finden, denn wir sind unter dem Meer, in den Ozeanen, in den Hügeln und Gräbern; ihr habt einen Tag, um unsere Forderungen zu erfüllen – danach wird nicht nur Pearl exekutiert, sondern es wird nie mehr ein amerikanischer Journalist einen Fuß auf pakistanischen Boden setzen – Allah ist mit uns! Er beschützt uns!« Schließlich ist da noch das erste Schreiben, vom Tag nach Pearls Entführung, abgefasst in perfektem Englisch, orthografisch einwandfrei, abgeschickt von der Internetadresse kidnapperguy@hotmail.com, gesendet an das *Wall Street Journal* und andere Presseorgane: »Daniel Pearl«, so die Kernaussage, »wird unter unmenschlichen Bedingungen gefangen gehalten; diese Bedingungen entsprechen aber lediglich dem Los, das die auf Kuba von der amerikanischen Armee gefangen gehaltenen Pakistanis zu erdulden haben. Verbessert das Los unserer Landsleute, erfüllt unsere Forderungen, dann wird auch Pearl automatisch besser behandelt.« Darunter folgte eine Liste von Forderungen (die auch, wie eine makabre Signatur, am Schluss der drei Minuten und sechsunddreißig Sekunden des Enthauptungsvideos zu lesen sind, in weißen Buchstaben auf schwarzem Grund): Recht auf einen Anwalt für alle nach dem 11. September verhafteten Pakistanis; Rückkehr der von der amerikanischen Armee auf dem Stützpunkt Guantanamo auf Kuba inhaftierten afghanischen und muslimischen Gefangenen nach Karatschi, wo sie einen ordentlichen Prozess erhalten sollen; Freilassung Abdul Salam Saifs, des früheren Taliban-Botschafters in Islamabad; und schließlich das Problem der F-16-Kampfflugzeuge, deren Lieferung 1998 vom Kongress als Reaktion auf die pakistanischen Atomversuche eingefroren wurde und deren Freigabe seither eine Hauptforderung des Militärapparats im Lande bildete. Wo hat es das je gegeben, fragt mich Menon, dass Terroristen Botschafter und F-16-Flugzeuge verlangen? Wer sind diese Dschihadis, die im Stil einer generalstabsmäßigen Pressemitteilung schreiben? Wo sind die Allah Akbars, die Hasstiraden gegen die Ungläubigen und die zionistische Verschwörung, mit denen die Botschaften der Dschihadis sonst immer gespickt sind? Es gibt noch einen weiteren Bericht. Ich sitze im Büro von A. K. Doval, heute Leiter des Intelligence Bureau, vor neun Jahren aber, zum Zeitpunkt der Entführung der Indian-Airlines-Maschine, Angehöriger der Delegation, die Masood Azhar, Mushtaq Zargar und Omar Sheikh für den Austausch nach Kandahar in Afghanistan brachte. Das gekaperte Flugzeug steht dort, erklärt er mir, mit dem Bleistift in der Hand einen Punkt auf seinen Schreibtisch setzend. Unseres, von Delhi aus kommend, ist hier gelandet, in der Nähe des Flughafengebäudes. Aber ihres steht im hintersten Bereich der Rollbahn. Ansonsten ist der Flughafen von Kandahar verlassen. Die Taliban, sobald sie entdeckt haben, dass wir als Sozialarbeiter und Krankenpfleger verkleidete Spezialkommandos dabeihaben, postieren längs der Rollbahn zwei Panzer, Raketenwerfer und eine Hand voll Scharfschützen, aber auf uns gerichtet, nicht auf die Luftpiraten. Auf der anderen Seite der Bahn, links, steht ein kleines Gebäude, in dem sich Erik de Mul und die anderen Vertreter der UNO aufhalten, die allerdings wegen fehlender Urdu-Kenntnisse stark in ihren Möglichkeiten eingeschränkt sind. Dann ist hier, gleich daneben, eine Offiziersmesse, in der wir mit unseren Walkie-Talkies Posten beziehen, um an Stelle der UNO-Leute die Verhandlungen mit den Luftpiraten zum Abschluss zu bringen, die so oder so nur mit uns reden wollen. Es ist kalt. Die Anspannung ist extrem. Keiner wagt sich zu rühren. Jeden Moment sind wir darauf gefasst, dass eine der Gruppen, die Taliban oder die Luftpiraten, die Nerven verliert. Einmal sieht einer meiner Scharfschützen durch sein Zielfernrohr, wie in der Flugzeugtür ein Turbanträger mit einer Geisel auftaucht, herumschreit und mit seinem Messer herumfuchtelt. »Soll ich schießen?«, fragt mein Scharfschütze. Schließlich haben wir, etwas weiter weg, ein drittes Gebäude, in dem drei hochrangige Offiziere des ISI sitzen, ebenfalls mit Walkie-Talkies ausgerüstet. In dieser Situation passieren drei außergewöhnliche Dinge.

Erstens: Als die Luftpiraten vergessen, ihre Funkgeräte abzuschalten, hören wir die Stimmen der Leute vom ISI und stellen fest, dass die ihnen Anweisungen geben, was sie tun, was sie uns antworten, wie sie taktieren sollen.

Zweitens: Als es endlich zu einer Übereinkunft gekommen ist und wir Sheikh, Azhar und Zargar zum Flugzeug bringen, um den Austausch durchzuführen, kommen nicht die Luftpiraten heraus, sondern die Leute vom ISI, um in ihrem Auftrag die Identität der drei Austauschhäftlinge zu verifizieren.

Drittens: In dem Moment der Übergabe, als die Offiziere vom ISI die Häftlinge in Empfang nehmen – da sehe ich, wie der, der ihr Chef zu sein scheint, Omar Sheikh umarmt. Ich höre, wie er ihn beim Vornamen nennt und zu ihm sagt: »So, wieder in Kandahar! Wie ich mich freue, dich wiederzusehen!« Doval schaut mich durch seine runde Intellektuellenbrille an, seine Augen funkeln: »Ist ein besserer Beweis für das stille Einverständnis zwischen Omar und dem Geheimdienst denkbar?«

So sieht der indische Standpunkt aus.

Ich stelle ihn dar, das wiederhole ich, als das, was er ist: der Standpunkt eines Staates, der sich im Krieg gegen einen Erbfeind befindet und auf allen Ebenen agiert.

Nicht auszuschließen ist, dass ich möglicherweise von Doval und Datta über diesen oder jenen Punkt, mit diesem oder jenem Dokument etwa, manipuliert wurde, wie es mir bei pakistanischen Gesprächspartnern auch passiert sein könnte: So läuft das Spiel, darüber bin ich mir im Klaren.

Doch letzten Endes passt das alles gut zusammen, die Beobachtungen machen Sinn.

Von Delhi aus gesehen ist Omar Sheikh ein Agent. Und zwar schon sehr lange, ungefähr seit seiner Zeit an der London School of Economics.

Er gehört zu den fähigen jungen Leuten, die der pakistanische Geheimdienst von der Universität weg für ihre Interessen anwirbt.

Hier könnte auch der Schlüssel zu dieser sonderbaren, spurlosen Reise nach Bosnien liegen, die mich so irritiert hatte und deren Route ich sorgsam, aber ohne Erfolg zu rekonstruieren versucht habe.

»Too ill to accompany them into Bosnia«, schreibt Omar jetzt auf Seite sechsunddreißig seines indischen Tagebuchs, zu krank, um die Mission des Convoy of Mercy, der aus England aufgebrochen war, um Jablanica zu versorgen, bis ans Ziel zu begleiten. Mit andern Worten: Omar bestätigt in diesem Dokument die Version von Asad Khan, dem Organisator des Konvois! Doch könnte es nicht auch sein, dass hier eine glaubhafte Biografie erfunden wurde? War Omar nicht schon längst vom ISI rekrutiert worden?

Ich sage nicht, dass Omar *nie* nach Bosnien gereist ist.

Ich schließe nicht aus, dass Saquib Qureshi, sein Studienfreund, nicht *ebenfalls* Recht hatte, als er mir sagte, er könnte eine zweite Reise, ohne den Convoy of Mercy, auf den Balkan unternommen haben.

Und diese Reise wird mir übrigens später, lange nach meinem Aufenthalt in Indien, in einem Interview vom 6. Februar 2003 bestätigt, das Omar vom Gefängnis aus *Takbeer,* einer islamistischen Wochenzeitung in Urdu, gegeben hat. Er schildert es in diesem so, als hätte er alles *miterlebt,* »serbische Angriffe« gegen muslimische Dörfer, »zu Asche verbrannte Frauen und Kinder«, eine »verkohlte Kinderhand auf einem Teppich«, »aufgetürmte Babybeinchen«, »Leichenhaufen«.

Ich behaupte einfach, dass es in Omar Sheikhs Biografie eine bosnische Legende gibt, deren Funktion darin besteht, das kaum ehrenwerte Abenteuer eines jungen Mannes mit dem Nimbus edler Beweggründe zu schmücken, den das Schicksal zum Geheimagenten machte.

Ich behaupte, bei diesem bosnischen Zwischenspiel verhält es sich genauso wie mit der Art und Weise, wie er im Nachhinein und gegen alle Tatsachen Peter Gee erzählt, er sei ein verfolgter Muslim gewesen, ein Opfer, dem alltäglichen Rassismus der Engländer ausgesetzt: Hier fand eine Bemäntelung, eine rückwirkende Rechtfertigung statt.

Bosnien ist keine rätselhafte Leerstelle, kein in Vergessenheit geratener Teil seines Lebens. Im Gegenteil: Die Geschichte ist eine Lüge, eine geschickte Erfindung, eine Konstruktion, um als Täuschungsmanöver zu dienen.

6

Im Zimmer des Dämons

Omar, ein Agent des ISI.
Das Kind von Deyne Court Gardens, der Musterschüler, Saqibs Freund, der brillante Student, dem in England und Europa eine glänzende Zukunft vorausgesagt wird, kurz, der Sohn aus gutem Hause, der zur Bestie des Staates wird, zum Hund des Krieges pakistanischer Machthaber, zum Mörder – in Islamabad werde ich die letzten Belege für diese spektakuläre Kehrtwendung finden.
Wir schreiben Oktober 2002.
Zum dritten Mal halte ich mich in der pakistanischen Hauptstadt auf.
Zum dritten Mal bemühe ich mich, die Spur dieses Mannes wiederzufinden, den alle hier anscheinend am liebsten vergessen würden.
Denn letzten Endes haben die Inder Recht!
Wie kann ein Vorbestrafter, der wegen Entführung verurteilt und durch eine andere Entführung befreit wurde, sich hier, auf diesen weitläufigen, von Militärangehörigen wimmelnden Prachtstraßen, derart frei bewegen?
Wie kann dieser Mann, der in Anbetracht dessen, was er für die Zukunft plant, ebenso wegen einstiger Verbrechen, eigentlich untertauchen müsste, sich hier so ungezwungen bewegen, ohne alle Vorsichtsmaßnahmen, unter Missachtung sämtlicher Regeln – Beschattungsabwehr, nur sichere Wege auswählen, Wechsel der Aufenthaltsorte, Verkleidungen –, die für Männer der Dunkelheit sonst unumgänglich sind, Terroristen inbegriffen?

So etwas mag noch für Karatschi angehen, wo seit langem schon nichts mehr unter Kontrolle ist. Auch für Lahore, wo er ein schönes Haus bewohnt, im Januar ein Fest zur Geburt seines Kindes gibt, die Größen der Stadt empfängt und von ihnen empfangen wird, die Clubs frequentiert, die auch sie frequentieren, also zu derselben gehobenen Gesellschaft gehört, da kann man den Misstrauischen entgegenhalten, dass er in Lahore, dem Stammsitz seiner Familie, zu Hause ist und hier sein Revier hat.

Aber Islamabad!

Das potemkinsche Dorf der Macht!

Die Schaltzentrale, der Kopf des Staates und seiner Handlanger!

Wie ist es zu erklären, dass er sich in Islamabad bewegen kann wie ein Fisch im Wasser?

Wie kann ein gesuchter Mann seelenruhig bei »Mr. Books« ein Buch über die Flugzeugentführung von Kandahar bestellen, in dieser Buchhandlung, die sich, wie man weiß, nur einen Steinwurf vom Sitz des ISI entfernt befindet, an der Khayaban i-Suharawardy Road?

Hier haben wir einen Mann, der bereits fünf Jahre in indischer Haft gesessen hat, wegen einer Reihe Verbrechen von der Art, die er wieder begehen wird; einen Dschihadi, der im Verdacht steht, bei dem Sprengstoffanschlag auf das Parlament von Jammu-Kaschmir in Srinagar verwickelt gewesen zu sein, ferner in den Granatenangriff am 13. Dezember 2001 auf das Parlament in Neu-Delhi sowie in die Operation vom 22. Januar, am Vortag von Pearls Entführung, gegen das amerikanische Kulturzentrum in Kalkutta; einen Wiederholungstäter, um dessen Auslieferung, wie wir heute wissen, Washington einige Wochen zuvor, im November, ersucht hatte – als Grund wurde die Entführung von 1994 angegeben, da eines der Opfer, Bela Nuss, ein Amerikaner war, sodass die US-Botschafterin in Pakistan, Wendy Chamberlain, persönlich vorstellig wurde, um seine Verhaftung zu fordern; jemanden, der nicht nur zu den gefährlichsten, sondern auch zu den meistgesuchten Männern des Planeten gehört. Wer mag da glauben, dass dieser Mann sich ohne entsprechende Beziehungen, das heißt, ohne Verbindungen zum Geheimdienst des Landes, in dieser Weise vollkommen unbehelligt bewegen kann?

Ich überdenke noch einmal Omars arrogante Erscheinung, die ich auf den Fotos gegen Ende seines Prozesses beobachtet habe.

Ich überdenke noch einmal Omars Antwort, als FBI-Agenten ihn im Februar fragen, ob er Verbindungen zum ISI habe: »Zu diesem Thema äußere ich mich nicht; ich möchte nicht, dass meiner Familie etwas zustößt.« Ob er Reue empfinde: »Nur wegen des Kindes; ich habe selbst ein Kind von zwei Monaten. Beim Gedanken also, dass Pearl zu der Zeit selbst werdender Vater war, empfinde ich schon ein wenig Reue.« Dann noch diese Antwort, die mir in Washington wiedergegeben wird und bei der er schallend gelacht haben soll: »Auslieferung, sagen Sie? Glauben Sie wirklich, ich könnte ausgeliefert werden? Ich bitte Sie, Gentlemen! Sie träumen wohl! Drei oder vier Jahre, wenn's hochkommt, hier, in Pakistan! Dann komme ich wieder frei.« Annähernd ist dies derselbe Wortlaut wie im *Newsweek*-Artikel vom 13. März 2002.

Ich überdenke noch einmal den Artikel von Kamran Khan in der *News*, der damals für so viel Wirbel gesorgt hatte und Omars Verbindungen zu General Mohammad Aziz Khan aufdeckte, seit 8. Dezember 2001 Vorsitzender des Generalstabskomitees der Streitkräfte. Stimmt es tatsächlich, dass er im Juli Musharraf und Aziz ins Hauptquartier der Lashkar-e-Toiba in Muridke, im Umland von Lahore, begleitet hat? Stimmt es, dass er Aftab Ansari kannte, den Mafioso, und dass diese Verbindung vom ISI abgesegnet war?

Ich denke noch einmal an die ungeheuren Geldmengen, mit denen er in den Tagen vor der Entführung jonglierte und bei denen ich nicht glauben kann, dass sie nur von Perfect Fashions stammen.

Ich denke daran, was über die Person Mohammad Adils bekannt ist, einen der drei Verschwörer der Zelle Nr. 2, der sich um die Formulierung und Versendung der E-Mails gekümmert hat: Dieser ist ein Polizist in Karatschi, einstiges Mitglied einer Antiterroreinheit, früherer Geheimdienstoffizier, also direkt dem ISI verbunden.

Ich denke daran, was Musharraf der US-Botschafterin antwortet, die ihm gerade das Gesuch der USA nach Auslieferung Omars vorgetragen hat: »Lieber würde ich ihn mit eigenen Händen aufknüpfen, als ihn ausliefern.« Rachegelüste? Zorn? Hass, der ihn jäh übermannt, weshalb er bereit ist, ihn mit eigenen Händen zu töten? Bestimmt. Doch fällt es schwer, aus diesem spontanen Ausbruch nicht auch herauszuhören, dass alles unternommen werden müsste, um einen öffentlichen Prozess zu vermeiden, der die undurchsichtigen Verbindungen zwischen Omar und dem ISI ans Licht bringen könnte?

Ich denke an den Bericht des Taxifahrers, der behauptet, Omar zum Hotel Akbar gefahren zu haben, und dessen Aussage ich eingeholt habe: Unterwegs werden sie an einem Kontrollposten angehalten, die bewaffneten Soldaten – Musharrafs proamerikanischer, antiterroristischer Eifer befindet sich damals auf dem Höhepunkt – lassen ihn aussteigen, er muss sich mit hinterm Kopf verschränkten Armen an die Wand stellen, wird gefilzt. Doch als Omar an der Reihe war, seine Papiere vorzuzeigen, scheint ein Wort zu genügen, vielleicht auch ein Dokument, das er ihnen vor die Nase hält, worauf die Soldaten ihn verwirrt passieren lassen: »Kein Problem, Sie können weiterfahren.«

Ich denke noch einmal an Saquib, den Freund aus London, an eine kleine Episode, die mir damals gar nicht besonders aufgefallen war. Aber jetzt, im Lichte dessen, was ich nun weiß ... Die Geschichte spielt im April 1996. Saquib hat sein Studium beendet, arbeitet inzwischen für eine große Bank – die

HSBC, glaube ich – und befindet sich auf Geschäftsreise in Pakistan. Eines Tages bei einem Abendessen in Islamabad im Hause eines Vize-Admirals, an dessen Namen er sich nicht mehr erinnert, sitzt er neben einem Kommandanten, der als Angehöriger des ISI bekannt ist und zu ihm sagt: »Sie waren an der London School of Economics? Gratulation! Vielleicht kennen Sie ja Omar. Vielleicht waren Sie ja im selben Jahrgang wie er.« Er spricht von Omar, nicht von Omar Sheikh, bloß Omar, als gäbe es nur einen, als würde man in Islamabad nur ihn kennen, als wäre er jedenfalls ein guter Bekannter des Kommandanten.

Und dann überdenke ich sein erstes Treffen mit Danny, am 11. Januar, zwölf Tage vor der Entführung also, im Hotel Akbar in Rawalpindi. Wie soll man sich eigentlich dieses Hotel Akbar vorstellen? Warum hat Omar gerade diesen Ort gewählt? Und weshalb ist noch nie jemand auf die Idee gekommen, sich dort einmal näher umzusehen und ein Stündchen oder, warum nicht, eine Nacht in dem Zimmer zu verbringen, in dem der Kontakt zustande gekommen ist?

Ich mache mich auf zum Hotel Akbar.

Ich verlasse Islamabad und seine Villenviertel.

Ich fahre über die von großen, prunkvollen Häusern gesäumte Aga Khan Road, die wie die meisten Prachtstraßen dieser so künstlichen Stadt wirkt, als sei sie geradewegs einem Gemälde von de Chirico entsprungen.

Ich komme vorbei an dem Einkaufszentrum »Supermarket«, wo es belebter zugeht. Zwischen Geschäften für Fotozubehör, Parfümerien, einem Buchantiquariat, einem Händler für Konica-Kameras befindet sich der Buchladen »Mr. Books«, in dem Omar seine Bücher kaufte.

Ich erreiche die Murree Road, Hauptverkehrsader von Rawalpindi, zunächst frei und zügig befahrbar, dann, sobald man in die Stadt kommt, dicht bevölkert, verstopft: im Schritttempo fahrende Autos, farbenfrohe Busse mit Trauben von

Kindern, die sich an den Leitern festklammern, die zum Dach hochführen, brechend volle Sammeltaxis, die immer noch eine Möglichkeit finden, neue Fahrgäste aufzunehmen, ein Pferdekarren, Frauen mit Kopftüchern, nicht in Burkas, nein, mit unverschleierten, unter den Kopftüchern lächelnden Gesichtern – Rawalpindi, stelle ich fest, ist der einzige Ort, an dem ich Frauengesichter zu sehen bekomme. Ich entdecke große Stoffgeschäfte, eine Reihe von Juwelierläden, dann mehrere Drugstores, bei denen, argwöhne ich, im großen Stil auch mit Drogen gehandelt werden dürfte, die Schilder der Habib Bank, von Honda- und Suzuki-Händlern, Bettler, Bruchbuden, kleine Seitenstraßen, in denen die Lepra der Elendsviertel zu erahnen ist. Direkt gegenüber dem English Language Institute ist das Schild der Jammu and Kashmir Liberation Front angebracht, und dann, am Ende der Murree Road, rechts, am Eingang zur Altstadt, dort, wo die Häuser in Ockertönen das für alle alten pakistanischen Städte typische koloniale Aussehen annehmen, der Park Liaquat Bagh, sehr grün, voll leuchtend bunter Blumen. Der Platz davor ist menschenleer, hier finden seit der Unabhängigkeit die großen Kundgebungen der Stadt statt. Und dann, gegenüber vom Liaquat, etwas zurückgesetzt, eingezwängt zwischen einer Knabenschule und dem Khawaja's Classic Hotel Executive, die mit dunkelgrün lackierten Balkonen versehenen Fenster des Hotel Akbar.

Am Eingang – eine bizarre (und recht unmenschliche) Gepflogenheit mittlerer Hotels in Pakistan – begrüßt ein Zwerg die von der Reise erschöpften Gäste und soll sie mit seinen Grimassen aufheitern.

»Ist bei Ihnen ein Zimmer frei?«

Der Zwerg lacht ausnahmsweise nicht. Er schaut mich misstrauisch an, ohne zu antworten, äußerst überrascht offenbar, einen Fremden vor sich zu sehen, und gibt mir Zeichen, mich an den Empfangschef, rechts hinter ihm, zu wenden.

»Hören Sie: Ist bei Ihnen ein Zimmer frei?«

Misstrauen auch beim Mann an der Rezeption, der, als wäre mein Hereinkommen an sich schon ein aggressiver Akt, hinter seinem Tresen einen Schritt zurückweicht. Er ist um die vierzig, westlich gekleidet, glatt rasiert, mit leicht aufgedunsenem Gesicht und dichtem Haarwuchs. Ist es Aamir Raza Qureshi, der Empfangschef, der am 11. Januar Dienst hatte? Hat er Omars Zimmerreservierung aufgenommen und später auch Danny empfangen? Vorläufig halte ich es für wenig ratsam, danach zu fragen.

»Man hat mir in Frankreich von Ihrem Hotel erzählt. Wegen der Aussicht auf den Liaquat Bagh.«

Der Mann nimmt meinen Pass entgegen. Und bedeutet mir, immer noch mit zusammengepressten Lippen, als ginge es ihm überhaupt nicht um Gäste, mit einem Wink, in der etwas abseits gelegenen Lobby Platz zu nehmen, in der Polsterhocker und niedrige Glastische auf Elefantenfüßen aus bunter Fayence herumstehen.

An einem der Tische hört ein merkwürdig aussehendes Kind, zerlumpt, ganz schrumpelig, mit braunen Flecken auf der Stirn, mit Malen auf und schaut mich an.

An einem anderen sind fünf bärtige Turbanträger in schmuddeligen weißen Gewändern versammelt, sie betrachten mich argwöhnisch.

Überhaupt sitzen um sämtliche Tische bärtige Männer mit nicht besonders freundlichen Gesichtern, die abrupt ihre Gespräche unterbrechen und mich unverhohlen feindselig anstarren.

Hinter uns der kleine, stillose, sehr düstere Raum, der als Restaurant dient und wo, wie ich weiß, Omar bei Pearls Eintreffen gerade sein Abendessen beendete: Der Raum ist mit rund vierzig Gästen voll besetzt, serviert wird pakistanische und chinesische Küche.

Überall Teppiche aus braunen Kunstfasern, passend zu den Vorhängen, und bis zur Decke reichende Wandteppiche – überall ein Geruch nach abgestandenem Essen, nach schimmeligem Abfall und Zigarettenrauch, von dem die Luft förmlich zum Schneiden dick ist.

Der Rezeptionist hat sich in das enge Büro neben dem Empfang zurückgezogen und telefoniert, postiert von einem Hotelbediensteten und einem Küchenjungen, die zu ihm getreten sind und ebenfalls sehr neugierig wirken, sich mit den Ellenbogen anstoßen und albern kichern.

Hin und wieder schaut der Empfangschef zu mir, mit seltsam undurchsichtigem Blick, der durchaus drohend gemeint sein könnte. Zwischendurch blättert er in meinem Pass. Vor allem aber scheint er sehr aufmerksam darauf zu lauschen, was ihm am anderen Ende der Leitung gesagt wird. Nach zehn Minuten kommt er widerwillig, fast verärgert, auf mich zu.

»Welcher Stock?«

Widerstrebend erklärt er mir, dass die Preise unterschiedlich sind – sechshundert Rupien im ersten und zweiten Stock, in den Etagen darüber, wo die Zimmer kürzlich renoviert worden sind, das Doppelte. Ich verlange ein Zimmer im vierten Stock; und so lande ich, wenn schon nicht in Omars Zimmer (Nummer 411, das aber vergeben ist, sagt man mir), so doch wenigstens gegenüber auf demselben Flur.

Der Unterschied ist, dass mein Zimmer auf den Liaquat hinausgeht und ich durchs Fenster die Jungen sehen und hören kann, die eben aus der Knabenschule kommen, und, etwas weiter weg, die Kinder des Viertels, die mit behelfsmäßigen Schlägern, Bällen aus Lumpen und aus Backsteinen aufgestapelten Zielmarken im Park Kricket spielen.

Der Unterschied ist, dass Zimmer 411, der Ausrichtung des Flurs nach, auf die andere Seite hinausgehen dürfte, auf einen Hof, vielleicht sogar auf eine fensterlose Mauer – es dürfte ruhiger sein, weniger laut, aber auch, was vermutlich der Hintergedanke war, isolierter vom übrigen Hotel und, sollte es Probleme geben, ohne Kontaktmöglichkeit nach außen, ohne die Möglichkeit, um Hilfe zu rufen.

Abgesehen davon dürften die Zimmer sich gleichen:

Das Holzbett ohne Kopfkissen, mit der Bettdecke im Wandschrank.

Der identische Geruch nach einem billigen Waschmittel in den Laken.

Der gleiche graue, nach Urin stinkende Teppich, nur noch staubiger als der im Erdgeschoss.

Die gleiche mannshohe schwarze Resopalverkleidung an den Wänden, an der gegenüber vom Fenster ein Aquarell hängt, das, wie beim Anwalt Khawaja, die schneebedeckten Berge von Srinagar zeigt. Unter der Zeichnung ein kleiner Fernseher, postiert auf einer Minibar, der – welch unerhörter Luxus! – die Kabelsender der Gegend zu empfangen scheint.

An dem Tisch mit der bunten Plastikdecke haben sie sich Club-Sandwiches, Limonade und eisgekühlten Kaffee aufs Zimmer bestellt, und später, nach Einbruch der Dunkelheit, als das Gespräch lebhafter wurde und sich langsam ein Klima des Vertrauens einstellte, weitere Sandwiches und nochmals kalten Kaffee.

Danny sitzt dort, auf dem Bett, sein Notizbuch aufgeschlagen auf den Knien.

Asif, der Kontaktmann, der das Treffen arrangiert hat, lässt sich auf dem Boden nieder, den Rücken an die Tür gelehnt.

Omar weilt auf dem einzigen Stuhl, vor ihm auf dem Tisch stehen Dannys Diktafon und Asifs Kassettenrekorder.

Zunächst ist er befangen. Ausweichend. Er schafft es nicht, Danny direkt anzusehen, und unterstreicht seine Antworten mit ausholenden, verlegenen Gesten. Er fühlt sich unwohl. Mag es am fehlenden Bart liegen, an diesem neuen Kinn, völlig glatt und schutzlos, an das er sich erst wieder gewöhnen muss. Und dann dieser schmale, aber ein wenig weiche Mund, der ihm heute Morgen im Spiegel so seltsam vorkam und, so fürchtet er, Verdacht erregen könnte ... Aber wie absurd das ist! Eigentlich wollte er sich doch ein unverdächtiges Äußeres zulegen, und jetzt fragt er sich, ob ihn nicht gerade dieses nackte Gesicht verraten wird! Aber nein. Danny vertraut ihm. Er hat so seine Art zuzuhören, vertiefend nachzuhaken, die Antwort abzuwarten, erschöpfend alle Facetten abzuklopfen, um dann auf ein Detail zurückzukommen, von dem aus er die Befragung neu fortsetzt. Danny hat diese ihm ganz eigene Art, mit angehaltenem Atem zu lauschen, wenn der andere redet, oder ihn, im Gegenteil, durch stetes Nicken zu ermuntern, ihn fast wie ein Dirigent zu begleiten. Überhaupt: Danny und die Musik! Danny und seine Geige! Diese Fotos von ihm beim Geigespielen, die mir in diesem Moment einfallen. Dannys Intensität nimmt Omar die Befangenheit. Und so beschließen die beiden Männer bald, die Sakkos abzulegen und die Handys auszuschalten. Sie beginnen eine vierstündige, offene Unterhaltung über die Jaish-e-Mohammed, die Lashkar-e-Janghvi, die Harkat-ul-Mudschahidin, die Lashkar-e-Toiba, Gilanis Sekte, über diesen ganzen Nebel islamistischer Organisationen, die in Pakistan wie Pilze aus dem Boden schießen und deren Beziehungen untereinander Danny brennend interessieren.

In der Nacht finde ich kaum in den Schlaf. Ich bin hier, um dieses Hotel von innen zu erleben, so weit wie möglich, in der Hoffnung, hier ein Zeichen zu finden. Ich weiß nicht welches, aber ein Zeichen, das weder den Ermittlern noch den Journalisten aufgefallen ist – aber ich habe größte Schwierigkeiten, das gestehe ich, für mich eine Normalität herzustellen.

Ein Wust von Fragen spukt mir durch den Kopf: Welche Gedanken hatte Pearl? Wie waren seine Reaktionen? Wurde Pearl wie ich empfangen, mit demselben Misstrauen? Oder waren die Leute am Empfang und in der Lobby von Omar vorab eingeweiht und folglich also Komplizen? Hat Danny Verdacht geschöpft? Hat er sich auch gefragt, an was für einem merkwürdigen Ort er hier gelandet war? Musste Omar sich erklären? Sich rechtfertigen? Wie hat sich überhaupt ihr erster Kontakt abgespielt? Haben sie sich über London und Los Angeles unterhalten? Über Kinder? Ihre Frauen? War der

Mann vom Zimmerservice derselbe kleine Bärtige, gekleidet in einer Dschellaba, dessen schlenkernder Gang von einem verkürzten Bein herrührt? Hat er, wie bei mir, zwei Stunden gebraucht, um endlich aufzutauchen?

Die immer gleichen Zweifel setzen mir zu, nagen an mir und nehmen, weil es Nacht ist, horrende Ausmaße an: Wer waren die Männer da unten? Warum hat der Empfangschef so sehr gezögert, mir ein Zimmer zu geben, obwohl das Hotel nicht ausgebucht ist? Woher kommen in einem halb leeren Hotel diese Schritte, als würden Leute leise die Treppe hochschleichen, dieses Quietschen alter Bettgestelle im Nebenzimmer, diese geflüsterten Gespräche vor meiner Tür? Sind es überhaupt Gespräche? Oder eher ein Geröchel? Schmerzenslaute? Geräusche von Möbeln, die umhergerückt werden? Warum dieses Gefühl, nicht allein zu sein? Bespitzelt zu werden, hier in meinem Zimmer? Und wenn dieses Hotel Akbar nun gar kein normales Hotel ist?

Am nächsten Tag, als ich meine Rechnung begleiche, erhalte ich ansatzweise eine Antwort auf meine Fragen.

Vor mir verlangen einige Männer, die ich am Vortag gesehen habe, ebenfalls die Rechnung – nur zeigen sie eine Karte vor, die ihnen, begleitet von einer Formel, die sie alle wiederholen und die ich nicht verstehe, anscheinend Anspruch auf eine Ermäßigung einräumt.

In der Lobby sitzen wieder Männer zu fünft oder sechst um die niedrigen Tische herum, sie wirken ärmlich, nicht so, als hätten sie hier ein Hotelzimmer gebucht. Offenbar Stammgäste, die sich aufwärmen und aus großen Bechern heißen Tee mit Milch schlürfen, der ihnen serviert wird.

Im Restaurant sind über Nacht die Tische umgestellt worden, es sieht dort jetzt aus wie in einem Klassenzimmer. Ungefähr dreißig weitere, ähnlich abgerissen aussehende Bärtige hören gebannt einem Mann in Militäruniform zu.

Allmählich begreife ich, dass ich und vor allem Pearl in einem Hotel gelandet sind, das als Anlaufstelle für militante

Kämpfer aus Kaschmir dient, die für ihre Ziele unterwegs nach Karatschi sind.

Später erfahre ich, dass die Kämpfer aus Kaschmir hier Anspruch auf verbilligte Zimmer im dritten und vierten Stock haben und morgens kostenlos Tee trinken dürfen.

Aber neben den Bewaffneten und scheuen Bauern, die sich ein wenig aufwärmen wollen, verkehren im Hotel Akbar noch wesentlich wichtigere Leute, denen enge Beziehungen zum Geheimdienst des Landes gemeinsam sind: beispielsweise der Journalist Ved Bhasim aus Jammu oder der propakistanische indische Politiker Bzaz, engagierte Vertreter in der Kaschmir-Frage, Abdul Ghani Lone, ein anderer prominenter Kaschmiri, der hier die Hochzeitsgäste seines Sohnes Sajjad einquartierte. Schließlich all die großen Dschihad-Führer, die hier, vor der jüngsten Verbotswelle, mit dem Wissen des ISI ihre Pressekonferenzen abhielten.

Kurz, der Ort, den Omar für sein erstes Treffen mit Danny gewählt hat, ist ein Ort, an dem der Geheimdienst sich nahezu wie zu Hause fühlt. Das Hotel Akbar ist in Wahrheit gar kein übliches Hotel, weil es vom ISI kontrolliert, fast geleitet wird.

Ich kenne drei Hotels dieser Art in Pakistan. Mit Sicherheit gibt es noch mehr. Das Sangam in Muzaffarabad. Das Margalla in Islamabad, zwei Kilometer von der französischen Botschaft entfernt. Und dann das Hotel Akbar, das, wie ich herausgefunden habe, einem Kaschmiri namens Chaudhary Akbar gehört, aber als eine der Adressen des ISI in Rawalpindi fungiert.

Alles deutet in dieselbe Richtung.

Von der Organisation des Verbrechens bis hin zur Biografie der Täter, von Omars eigener Vergangenheit bis hin zu der mancher seiner Komplizen, von Indien nach Pakistan, von Lahore nach Islamabad, von den Hintergründen der Flugzeugentführung von Kandahar bis hin zu denen dieses Hotels

Akbar, alles deutet auf die direkte, enge Verwicklung des pakistanischen Geheimdienstes hin.

Die Psychologie hilft da nicht weiter.

Ja, Mariane hatte Recht, in diesem Stadium ist nicht mehr ersichtlich, was die Analyse der Psyche Omar Sheikhs an dieser Beweislage noch zu ändern vermöchte.

Daniel Pearl wurde entführt und ermordet von islamistischen Gruppen, die mit Sicherheit von einem Flügel des Geheimdienstes manipuliert wurden – von der radikalsten, gewalttätigsten, antiamerikanischsten unter all den Cliquen, die sich die Kontrolle des Geheimdienstes streitig machen. Es ist nicht zu leugnen, dass diese Gruppierung während der gesamten Affäre agiert hat, als fühlte sie sich in Musharrafs Pakistans äußerst heimisch.

Dieses Verbrechen ist keine Randnotiz, kein Mord ohne Grund, kein unkontrollierter Akt fanatischer Fundamentalisten, sondern ein Staatsverbrechen, gewollt und gedeckt vom pakistanischen Staat. Aldo Moro hat einst in dem erschreckenden Brief an seine Frau Noretta zum Ausdruck gebracht, dass sein Blut auf Cossiga, Zaccagnini und Zizola zurückfallen würde. Bei Daniel Pearl handelt es sich um ein »Staatsmassaker«, das paradoxerweise ein mit den USA und dem Westen befreundetes Land – Pakistan – schwer belastet, einen Verbündeten im Kampf gegen die »Achse des Bösen«, ein Mitglied der Antiterrorkoalition.

So lautet meine, Ende Oktober 2002, vorläufige Schlussfolgerung dieses Buches.

So sieht, zum damaligen Stand der Recherche, meine erste, beängstigende Entdeckung aus.

VIERTER TEIL *Al-Qaida*

1

Rückkehr zum Haus des Verbrechens

Aber damit hörten die Enthüllungen noch längst nicht für mich auf.

Den sonderbarsten und aufschlussreichsten Aspekt dieser Geschichte sollte ich erst offenbaren.

Wir schreiben November 2002.

Zum vierten Mal halte ich mich in Pakistan auf.

Diesmal ganz offiziell, mit Visa, Stempel, Besuch beim Botschafter in Paris und einem Termin beim Innenminister in Islamabad, dem ich zumindest teilweise die Karten auf den Tisch legen muss: »Ich schreibe einen Roman über den Tod von Daniel Pearl, ja, ja, seien Sie unbesorgt, einen Roman – das ist bei uns in Frankreich üblich, sich etwas auszudenken auf der Basis der Wirklichkeit.«

Außerdem habe ich mir bei dieser Reise in den Kopf gesetzt, so viele Verantwortliche wie möglich persönlich aufzusuchen. Seit meiner Ankunft habe ich um Treffen mit allen und jedem ersucht, der mit der Angelegenheit zu tun hatte: von Musharraf bis hin zum vierten Polizeisergeanten in Lahore.

Ich will deren Version kennen lernen. Will wissen, welche Gründe sie zu der Annahme veranlassen, Omar könnte ein indischer Agent sein. Frage danach, ob ich seine Vernehmungsprotokolle einsehen könnte? Die Inder haben sie mir gezeigt – wollen Sie hinter den Indern zurückstehen?

Warum liefern Sie Omar Sheikh nicht an die Vereinigten Staaten aus? Haben die USA Sie wirklich so dringend um Auslieferung ersucht, wie diese behaupten? Welche Seite ist hier die zurückhaltendere?

Ich bin gespannt auf die Begegnungen. Und während ich ruhig abwarte, wieder mit Abdul, beschließe ich, einige Punkte, die bei meinen vorangegangenen Nachforschungen im Dunkeln geblieben waren, erneut zu bedenken, vor allem den Anfang, in gewisser Weise den Ausgangspunkt. Ohne recht zu wissen, warum, ohne die geringste Vorstellung, was mir dort noch zu entdecken bleibt, beschließe ich, zu dem Grundstück zurückzukehren, wo die sterblichen Überreste von Daniel Pearl gefunden wurden und wohin ich mich bei meinem ersten Pakistan-Aufenthalt begeben hatte. Tatsächlich möchte ich dort einer Person nachspüren, von der in der pakistanischen Presse zu Beginn der Affäre viel die Rede war, die jedoch seither vollständig in Vergessenheit geraten zu sein scheint: Ich meine den Eigentümer des Grundstücks, des Hauses, des gesamten Komplexes, wo sich das Drama abgespielt hat – den Milliardär Saud Memon.

Wer ist Saud Memon?

Warum treffen sich die Terroristen in seinem Haus?

Bis zu welchem Grad ist er in die Logistik des Verbrechens verwickelt?

Und wie kommt es, dass niemand, weder in Pakistan noch anderswo, sich um seine Zeugenaussage zu bemühen scheint?

Erste Überraschung: Saud Memon ist unauffindbar.

Da mir der Zutritt zu Gulzar-e-Hijri diesmal verwehrt ist, bitte ich Abdul, sich dort einmal unauffällig umzusehen. Der Ort, berichtet er mir, befindet sich in genau demselben Zustand wie bei meinem Besuch im Mai, weder Memon noch Angehörige von ihm waren seither dort gesehen worden. Das große Haus am Rand des Anwesens steht leer, ist verlassen – dieselben geschlossenen Fensterläden, dasselbe rostige Vorhängeschloss am Eisentor, die von Quecke überwucherte Fassade.

Daraufhin studiere ich in der Polizeidirektion von Sindh die Vernehmungsprotokolle eines Schwagers, der in der benachbarten Madrassa unterrichtet, wie auch die seiner insgesamt drei Brüder, die von den Rangers Ende Mai in ihrem Haus in Nazimabad zum Zwecke der Befragung verhaftet wurden: Keiner scheint die geringste Ahnung zu haben, an welchem Ort Saud sich heute aufhält. Trotz der rabiaten Methoden, die meines Wissens unter solchen Umständen zum Einsatz kommen, hat man keinem mehr entlocken können als ein »Nein, ich weiß nichts, ich habe Saud seit letztem Mai nicht mehr gesehen, vielleicht ist er in Dubai, oder Riad, oder Sanaa, oder sogar London, er verfügt über so viele Beziehungen auf der Welt, so viele Beziehungen«. Ich mag mich irren, aber vor mir liegt die Beschwerde, die Najama Mehmood, die Ehefrau eines der Brüder, beim Obersten Gericht eingereicht hat, um gegen die »ungesetzliche Inhaftierung« ihres Gatten zu protestieren – und ihre Beteuerungen, dass Saud Memon tatsächlich verschwunden sei, kommen mir aufrichtig vor.

Ich fahre selbst nach Peschawar, dieser Stadt von dreieinhalb Millionen Einwohnern mit Verbindung zu den Stammesgebieten, die wie eine Schleuse zwischen Pakistan und Afghanistan sind und sich im Wesentlichen der Kontrolle durch die Zentralgewalt entziehen. Man hatte uns zugesteckt, Saud Memon halte sich nicht weit von dort versteckt, in einer Madrassa in der Provinz Nord-Waziristan. Ein Lehrer an der Madrassa in der Nachbarschaft des Memon'schen Hauses hatte erklärt: »Diese Pearl-Affäre hat ihn schwer mitgenommen. Man braucht sich ja nur vorzustellen, das Ganze hat sich auf dem Grund und Boden des Memon-Clans abgespielt, sozusagen unter seinem Dach. Das hat ihn tief erschüttert, und deshalb hatte er den Wunsch, sich zurückzuziehen, um in Vergessenheit zu geraten.« In Peschawar selber scheint niemand nur die geringste Vermutung äußern zu können, wo er sich aufhält. Nirgends habe ich die kleinste Spur entdeckt, dass er in dieser Stadt war. Dieser von Gewissensbissen geplagte Milliardär, der seine Seele Gott anvertraut – so das öffentliche Bild –, scheint den Boden der Stadt nicht berührt zu haben. (Allerdings ist es Bin Laden in der zweiten Dezemberwoche 2001 gelungen, mit einer Leibgarde von fünfzig Mann in die Stadt zu kommen, ohne, wie es scheint, die Aufmerksamkeit der Behörden zu erregen.)

Mit Saud Memon haben wir einen Mann, der, so viel steht fest, zu den Wohlhabenden von Karatschi gehört. Einen Mann mit weit reichendem Einfluss – der Memon-Clan beherrscht, wie jedermann mir bestätigt, einen Teil der Geschäftswelt im Pandschab –, dessen Kommen und Gehen, Tun und Treiben im Prinzip allen bekannt ist. Einen Unternehmer, der – wie übrigens auch Omar Sheikhs Vater – eine ordentliche Textilexportfirma leitet, zu der ein Lager in einem anderen Gebäudekomplex in Gulzar-e-Hijri gehört, ganz in der Nähe des Foltergrundstücks. Dieser Mann ist verschwunden. Spurlos, mit Frau und Kindern. Er hat sich in Luft aufgelöst wie irgendein kleiner Statist – wie Mussadiq und Abdul Samad, die beiden nicht identifizierten Mitglieder der Entführungszelle, wie Hyder, alias Mansur Hasnain, von dem die beiden letzten Anrufe am 23. Januar nachmittags kamen, dessen Familie, man erinnert sich, der Polizei gegenüber behauptet hatte, er sei jüngst »nach Jammu-Kaschmir eingeschleust worden«. Wie Arif, alias Hashim Qadeer, der angeblich an die afghanische Front wollte.

Die nächste Überraschung.
Ich sitze im Büro des Polizeichefs im Innenministerium von Sindh.
Der groß gewachsene, eitle, schnurrbärtige Mann in Uniform mustert mich misstrauisch und scheint sehr auf seine Ehre bedacht.
»Schildern Sie mir«, fordere ich ihn auf, »den berühmten Antiterroreinsatz Ihrer Kräfte vom 11. September 2002, bei dem Sie zehn Jemeniten verhaftet haben, darunter Ramzi Binalshibh. Schildern Sie mir die Ankunft der Rangers an jenem Morgen, vor dem Wohnblock im Defence-Housing-Viertel. Die Erstürmung und dann die Kapitulation der Ver-

brecher. Wie hat sich das alles abgespielt: Haben die Amerikaner Ihnen geholfen? Waren es amerikanische Agenten, die Ramzi und seine Getreuen ausfindig gemacht haben? Amerikanische Abfang- und Abhörsatelliten? Die CIA? Das FBI?«
Er reagiert gekränkt. »Warum immer die Amerikaner? Meinen Sie, wir sind nicht in der Lage, unsere eigenen Antiterroreinsätze durchzuführen? Mit der CIA hat die vorliegende Angelegenheit nichts zu tun. Die Vorarbeit wurde vom pakistanischen Geheimdienst geleistet. Hören Sie zu ...«

Und er berichtet mir, wie alles zwei Tage zuvor mit der Zerschlagung eines Dokumentenfälscherrings im Badurabad-Viertel angefangen hat, der al-Qaida-Kämpfern mit falschen Papieren die Ausreise erleichtern sollte; wie man von dort einem Schieber auf die Spur gekommen ist, der nicht nur auf gefälschte Papiere spezialisiert war, sondern auch auf den Export illegaler Arbeitskräfte nach Riad, Kinder von elf oder zwölf Jahren, zusammengesucht in Karatschi und Dakka, um als Jockeys bei den Kamelrennen an den Stränden von Dubai eingesetzt zu werden, und last, but not least, von al-Qaida-Kämpfern, die über die Meerenge von Oman in die Emirate, den Jemen und andere Länder des Nahen Ostens geschleust wurden. Dieser Mann, so sagt er, bildete das eigentliche Ziel des Antiterroreinsatzes vom 11. September. Ihn wollten wir schnappen, eher noch als Ramzi Binalshibh oder den ominösen Khalid Sheikh Mohammed. Er nennt sich selbst »Mister M.«, und dieser »Mister M.« ist übrigens kein anderer als Saud Memon.

Diese Aussage des Polizeichefs passt nicht zu dem Bild, das ich mir gemacht habe.

Sie intendiert, sich eine richtige Ermittlung vorzustellen, keine Komödie, wie ich annahm, mit Verdachtsmomenten, Zeugen, einer langwierigen Verfolgung von Beschuldigten, Fortschritten und am Schluss dem Sturm auf den Unterschlupf der al-Qaida im Defence-Housing-Viertel.

Wesentlich ist aber die Einschätzung von Saud Memon.

Dieser Mann scheint keineswegs der rechtschaffene Kaufmann zu sein, dessen Gutgläubigkeit von einer Bande Terroristen missbraucht wurde, die sich auf einem seiner Grundstücke eingenistet hatte. Es scheint, dass wir es hier mit einem Menschen zu tun haben, der zwei Gesichter zeigt, der wesentlich komplexer und mysteriöser ist als seine Standesgenossen in der Handelskammer von Karatschi glauben mögen: Der Im- und Export von Textilien dient als Deckmantel, dahinter verbirgt sich ein finsterer, beunruhigender Abgrund, der zu der Vermutung Anlass gibt, dass es weder zufällig noch ohne sein Wissen geschah, als sich Dschihadis in seinem Haus einquartierten, um Daniel Pearl zu ermorden.

Mir fällt dazu ein, was Abdul herausgefunden hatte, als er das Grundstück in Gulzar-e-Hijri nochmals aufsuchte: Das Anwesen wurde, wie viele der umliegenden Besitztümer, vor fünfzehn Jahren erworben, begünstigt durch ein Steuerbefreiungsgesetz für »in die Landwirtschaft reinvestierte Industrie- und Handelsgewinne«. Nur hat man dort nie auch nur Ansätze von einer Bewirtschaftung gesehen. Die landwirtschaftliche Bestimmung des Grundstücks ist, Zeugen zufolge, nie über das Stadium von wild wachsenden Akazien und Bambus hinaus gediehen. Es sollte anderen, unendlich weniger redlichen Zwecken dienen, als Anlaufstelle für Kidnapper. Schon lange vor Pearl diente es als Gefängnis für Entführte. Das war der Service von Saud Memon: Möblierte Räumlichkeiten zu vermieten für Dschihadis in Not. Hier zeigt sich ein Milliardär inmitten der islamistischen Mordindustrie von Karatschi.

Und dann die dritte und letzte Überraschung: der Al-Rashid Trust, dem Memon als einer der Geschäftsführer vorsteht. Von diesem gibt es Verbindungen zum Grundstück.

Al-Rashid ist eine pakistanische Organisation, die sich zur Aufgabe gesetzt hat, bedürftigen Muslimen überall auf der Welt zu helfen.

Es gibt die All-Party Hurryiat Conference, den United

Jehad Council, den Markaz al-Dawah al-Irshad mit Sitz in Lahore – also eine Menge mehr oder weniger bekannter und einflussreicher Wohltätigkeitsverbände. Und es gibt Al-Rashid, die wichtigste dieser NGOs, die im ganzen Land mit der Erhebung der berühmten »Zakat«, der »islamischen Steuer« beschäftigt ist. Sie verteilt Gelder, um Anliegen muslimischer Menschenrechtler zu unterstützen: So flossen in den Kosovo im Jahr 2002 umgerechnet fünfunddreißigtausend Dollar. Kaschmir wird in großem Umfang unter die Arme gegriffen, ebenso Tschetschenien, wohin sie über ihre Kanäle in den letzten beiden Jahren siebenhundertfünfzigtausend Dollar für Nahrungsmittel und medizinische Versorgung befördert hat. In Afghanistan rühmt sie sich, im ganzen Land ein Netz von Bäckereien zu unterhalten, das in der Lage ist, jeden Tag fünfzigtausend Männer, Frauen und Kinder mit Brot zu versorgen. Kostenpunkt: vier Millionen Dollar jährlich. Daneben hat sie Nähmaschinen für die Kriegswitwen angeschafft, Informatik-Ausbildungszentren für die Jugendlichen in Kandahar aufgebaut, ferner sorgte sie für die Einrichtung moderner Kliniken in Ghazni, Kandahar und Kabul sowie in Pakistan, verschenkte Opferschafe zum Id-Fest. Ist nicht Wohltätigkeit die erste Pflicht derjenigen, die auf Allahs Weg wandeln?

Wenn man jedoch etwas genauer hinschaut – wenn man die offizielle Website der Vereinigung aufsucht, ihre Register prüft und in Rawalpindi einen ihrer »Freiwilligen« befragt –, stößt man auch hier auf äußerst beunruhigende Einzelheiten.

Zunächst wäre da das Gründungsjahr des Trusts: 1996. Es ist das Jahr, in dem die Taliban in Afghanistan an die Macht kamen.

Man muss sich auch nur den Kontext anschauen, in dem sich der Trust engagiert. Im Fall Tschetschenien geht das Geld an Sheikh Omer Bin Ismail Dawood, einen der Fundamentalistenführer, die Präsident Aslan Maschadow die Autorität streitig machen. In Kaschmir fließen die Mittel an besonders fanatische und verbrecherische Terror- und Kampforganisationen. Und was die Brotverteilung in Afghanistan anbelangt, die berühmten einhundertfünfundfünfzig Bäckereien, die in den Jahren 2000 und 2001 vom Welternährungsprogramm (WFP) übernommen wurden, weil sich diese Organisation zurückziehen wollte: Da verschweigt der »Jahresbericht« des Trusts, dass der Rückzug des WFP damit zu tun hatte, dass keine Frauen in den Bäckereien arbeiten durften. In diesem Punkt kam es damals zu einer unverhohlenen Kraftprobe zwischen den westlichen NGOs und den Taliban-Machthabern. Die Politik der NGOs bestand in der Aussage: »Erleichtert die Lage der Frauen, lasst sie arbeiten und leben, und wir werden die Hilfe fortsetzen.« Die Intervention des Trusts, der an die Stelle des WFP trat und seine Bäckereien übernahm, war eine demonstrative Geste, um die Position und Ideologie der Taliban zu stützen.

Nicht außer Acht zu lassen sind die Lokalitäten des Trusts. Wie alle großen NGOs unterhält er Büros, Lager, und es gibt, natürlich auch Adressen, an welche die freundlichen Spender ihr Geld senden mögen. In einer Zeitungsanzeige des Trusts vom 24. November 2001 wird eine Adresse angegeben, an die Spenden zugunsten der »afghanischen Opfer des US-Terrorismus« entrichtet werden können. Gleichzeitig unterstützte die Jaish-e-Mohammed-Partei diese Anzeige, deren humanitäre Berufung nicht sogleich ins Auge fiel. Das weist auf den Umstand hin, dass der Trust in vielen mittleren Städten, in Mansehra, Mingora, Chenabnagar, selbst in Großstädten wie Lahore, Rawalpindi oder im afghanischen Jalalabad seine Büros (und damit vermutlich seine Angestellten, die Strukturen der Spendenbeschaffung, sogar seine Konten) möglicherweise mit dieser Partei teilt. Wohlweislich wird ausgeklammert, dass der Al-Rashid Trust (wie viele islamische NGOs dieser Art, deren wohltätige Bestimmung häufig nur ein Deckmantel ist – aber nur selten hat man, wie hier, einen offenkundigen Beweis) nicht nur ideologische, sondern auch strukturelle Verbindungen, organisatorischer und finanzieller

Natur, zu einer Terrororganisation unterhält, die wiederum mit al-Qaida vernetzt ist. Die Leute des Trusts behaupten, diese Verbindungen seien nach dem 11. September gekappt worden. Mein Gesprächspartner nennt mir zur Überprüfung sogar die Kontonummern (1697 und 1342-0) der Jaish bei der Allied Bank von Karatschi sowie Inhaber (Khadri Mohammad Sadiq und Bahsud Ahmad) der Konten. Nur ist die Anzeige nach dem 11. September geschaltet worden.

Auch sollten die Zeitungen des Al-Rashid Trusts nicht vernachlässigt werden. Es gibt eine Tageszeitung in Urdu, *Islam*, und eine Wochenzeitung, die *Zarb-e-Momin*, die, ebenfalls in Urdu, immer mittwochs erscheint, in zwei Versionen, gedruckt und im Internet. In Pakistan und Afghanistan werden von *Zarb-e-Momin* hundertfünfzigtausend Exemplare wöchentlich gedruckt (eine weitere Ausgabe, in Englisch, erscheint unter dem Namen *Dharb-i-Momin*). Diese Wochenzeitung war bis zum Jahr 2001 das Zentralorgan der Taliban-Machthaber. Seit ihrem Sturz ist sie eine der Betätigungsstätten – zusammen mit der *Al-Hilal*, die stärker mit der Harkat-ul-Mudschahidin verbunden ist, und der monatlich erscheinenden *Majallah Al-Dawa* – all jener Schreiber, die wehmütig dem schwarzen Orden der Taliban nachtrauern. Und in dieser *Zarb-e-Momin* schließlich veröffentlicht jemand wie Masood Azhar, Chef der Jaish, geistiger Mentor Omars und hoher Würdenträger in der Sekte der Mörder, seit acht Jahren seine Traktate aus dem Gefängnis – und nicht etwa in der *Jaish-e-Mohammed*, dem offiziellen Organ seiner Partei. Was erneut die Frage nach dem humanitären Zusammenhang aufwirft. Ist es Aufgabe einer NGO, jeden Mittwoch Mordaufrufe gegen Juden, Hindus, Christen, Westler zu veröffentlichen?

Ein Blick auf die Finanzen. Diese sind selbstredend undurchsichtig, wie bei den meisten NGOs, ob islamisch oder nicht, weshalb sehr schwierig aufzuschlüsseln ist, welche Gelder des Al-Rashid Trusts von Privatpersonen oder aus Ländern des Mittleren Ostens, aus Pakistan, Südafrika oder Indonesien stammen. Fest steht jedoch, dass der Al-Rashid Trust Auslandsguthaben einer gewissen Anzahl terroristischer Organisationen verwaltet, darunter der Jaish und der Lashkar-e-Toiba. Auch weiß man, dass der Trust bis November 2001, das heißt bis zum Sturz der Taliban, in den afghanischen Niederlassungen der Habib Bank systematisch Gemeinschaftskonten mit einer anderen NGO führte, der Wafa Khairia, die von Bin Laden selbst gegründet wurde, mithilfe arabischer Fonds, zum Zeichen der Dankbarkeit für die ihm erwiesene Gastfreundschaft seitens Mullah Omar und seiner Getreuen. Eine karitative Organisation im Zentrum des Verbrechens? Leute, deren einzige Sorge, wie sie beteuern, den Bedürftigen gilt, sollen die sich im Bunde mit Strukturen der al-Qaida befinden? Merkwürdig ...

Bestürzend ist auch die Tatsache, dass Al-Rashid in den Jahren 2000/01 militärische Ausbildungscamps in Afghanistan organisiert, dass der Gründer des Trusts, Rashid Ahmed, operative Funktionen innerhalb dreier terroristischer Gruppierungen einnimmt, die in Terrorakte in Kaschmir und zunehmend auch in Pakistan verwickelt sind: in der Harkat-ul-Mudschahidin, in der Edara ul-Rashid und natürlich in der Jaish. Übrigens ist es Rashid Ahmed, der Masood Azhar zum »Emir« der Taliban in Kaschmir ernennt, und er ist es, der Anfang 2000 in den Zeitungen des Trusts zwei Millionen Rupien Belohnung für jeden aussetzt, der nachweisen kann, einen Ungläubigen, der sich der Tötung eines Märtyrers schuldig gemacht hat, »in die Hölle geschickt« zu haben. Nur zur Erinnerung führe ich hier noch die Enthüllungen der *Washington Times* vom 6. November 2001 an, die belegen, dass der Trust seit Jahren an einem gigantischen Waffenschmuggel an die Taliban beteiligt war: über den Hafen von Karatschi eingeschleuste leichte und mittelschwere Waffen, die unter den Planen von offiziell Mehl und Hilfsgüter befördernden Lastwagen verborgen über Quetta nach Kandahar geschafft wurden, wo sie an die internationalen Milizen der Kämpfer Allahs verteilt wurden – humanitäre Hilfe für das Paramilitär.

Für mich ist klar: Al-Rashid ist ein Rädchen innerhalb der al-Qaida.

Und daraus ist folgender Schluss zu ziehen: Pearl ist in einem Haus gefoltert und anschließend verscharrt worden, das einer pseudo-karitativen Organisation gehört, die Bin Laden als Tarnung dient.

2

Die Moschee der Taliban

Das Religionsseminar von Binori Town.

Die große Madrassa, Hort sunnitischer, vor allem den Lehren der Deobandi folgender Geistlichkeit, an der eine Reihe Taliban-Würdenträger ausgebildet wurde und in der Omar eine der allerletzten Nächte vor der Entführung zugebracht hat.

Schon lange habe ich den Wunsch, diesen Ort einmal zu betreten.

Ich habe ein Gesuch bei der Botschaft eingereicht: abgelehnt.

Bei der Polizei: ebenfalls abgelehnt. Die Madrassa, hieß es, läge mitten im Viertel der schiitischen Minderheit von Karatschi, die sich im offenen Krieg mit den Sunniten befindet. Sicherheitsprobleme wurden genannt, Risiken eines Anschlags aufgeführt. Genau hier, mitten im Herzen der Stadt, an der Ecke Jamshed Road und Jinnah Road, wurde Maulana Habibullah Mukhtar, Vorsteher der Moschee, vor einigen Jahren mit vier Begleitern aus nächster Nähe von einem schiitischen Extremistenkommando vom Motorrad aus niedergeschossen.

Ich habe es selbst versucht, als Tourist, der bei Besichtigung der Gegend an der großen Moschee vorbeikommt – ich durfte sie nicht betreten, wurde abgewiesen.

Schließlich sprach ich Abdul darauf an. »Schlag's dir aus dem Kopf!«, bekam ich zur Antwort. »Hermetisch abgeriegelt! Noch nie ist, soweit ich weiß, ein westlicher Journalist hineingelangt! Man muss Pakistani sein, wenn möglich einen Religionslehrer kennen oder für eine Zeitung in Urdu arbeiten, die Teil der Dschihad-Bewegung ist, ansonsten kannst du das vergessen.«

Am Ende gab ich es auf, in die Moschee zu gelangen. Jedes Mal, wenn ich an den hohen Mauern vorbeikam, an der gepanzerten Tür, den rostbraunen Eisengittern, konnte ich nur spekulieren über die geheimnisvolle Welt, die sich dahinter verbirgt, und über die Gründe, die Omar veranlassten, zweimal vor dem Verbrechen hierher zu kommen. Doch dann kam der Morgen des 24. November 2002, an dem der große Umzug der Schiiten zum Gedenken an den Tod des vierten Imam Ali stattfindet. Wie jedes Jahr kommt es dabei zu Tumulten im Viertel, was mir paradoxerweise zu der Gelegenheit verhilft, auf die ich gewartet habe.

Die Flut der Gläubigen ergießt sich über die Jamshed Road. Die Geschäftsleute haben ihre Eisengitter herabgelassen. Längs der Prachtstraße hat ein Polizeikordon, Gewehr bei Fuß, Posten bezogen. Auf den Gehsteigen brennen Autoreifen. Wie so oft bei Kundgebungen der Schiiten fügen die erregtesten Teilnehmer sich blutende Wunden im Gesicht und am Körper zu. Die anderen, langhaarige, hochrote Derwische mit wildem Blick, brüllen Mordparolen gegen ihre sunnitischen Nachbarn, unterbrechen plötzlich die Slogans und psalmodieren undeutliche Litaneien, in denen, wie man mir sagt, von Blut die Rede ist, von Rache und Märtyrertum. Unser Auto steckt fest. Die Menge begreift, dass ich Ausländer bin und fängt an, an dem Wagen herumzurütteln. Ein Mann mit schweißüberströmtem Gesicht und Schaum auf den Lippen, der frenetisch seine eigenen Parolen herausstößt, droht mit einem Stein vor meiner Fensterscheibe. Ich steige aus. Und nutze die aufbrandende Gewalt als Vorwand, mich von meinem Fahrer, von Abdul und auch von meinem »offiziellen« Begleiter, den das Ministerium mir wegen der Unruhen an diesem Tag zugewiesen hat, ohne viel Aufhebens zu entfernen. Ich winde mich durch das Gedränge bis zur Gokal Street, einer

Seitenstraße. Meinen abgelaufenen Diplomatenpass in der Hand, verlange ich Durchlass von den ziemlich nervösen Polizeiposten, die eine Mauer zwischen der Kundgebung und den etwa hundert Sunniten zu bilden versuchen, die gerade aus der Madrassa gekommen sind und ihrerseits mit erhobener Faust antischiitische Parolen brüllen. Die Polizisten lassen mich durch, und unversehens finde ich mich vor der Madrassa wieder, vor dem Tor der Südseite.

»Was wollen Sie?«, fragt mich ein kleiner, beleibter Mann mit leichtem Kropfansatz und Mondgesicht, aus dem riesengroße Augen mich argwöhnisch betrachten, wahrscheinlich eine Art Vorsteher der Madrassa.

Im Innenhof hinter ihm sehe ich eine Gruppe bewaffneter Männer, ihren Turbanen nach zu urteilen, Mullahs. Sie sind schwerer bewaffnet als die Polizisten – seltsam für eine Madrassa …

»Ich bin französischer Diplomat«, sage ich und weise meinen Pass und eine der Visitenkarten vor, die ich mir völlig illegal zurzeit meiner Mission in Afghanistan habe anfertigen lassen: »Bernard-Henri Lévy, Special Representative of the French President.« »Ich bin Diplomat und möchte Mufti Nizamuddin Shamzai sehen, den Vorsteher des Seminars.«

Der Mann prüft die Karte genau. Blättert im Pass herum. Mustert mich. Schaut wieder in den Pass. Hinter mir plärrt ein Lautsprecher: »Übe keine Selbstjustiz, kehre in die Moschee zurück.« Vor mir sehe ich den Anführer der Mullah-Patrouille, der mit der Kalaschnikow in der Hand näher getreten ist, bereit, jederzeit einzugreifen. Jeden Moment bin ich darauf gefasst, dass man mich rauswirft – denn Diplomat oder nicht, Ungläubigen ist ja der Zutritt verboten. Aber liegt es am Pass? An der Karte? Daran, dass ich mich nicht als Journalist vorstelle? Am allgemeinen Chaos? Jedenfalls gibt der kleine Bursche mir ein Zeichen, ihm in den Innenhof zu folgen, der größer ist, als ich dachte, und wo sich schon eine Gruppe von Gläubigen eingefunden hat, die mich neugierig beäugen. Weiter geht es in einen kargen Warteraum, in dem sich außer Flechtmatten und einem in der Ecke lehnenden Moped nur ein alter Mann befindet, der bei unserem Eintreten ruckartig aus dem Schlaf hochfährt.

»Setzen Sie sich«, sagt der Wächter. »Ich bin gleich zurück.«

Damit entfernt er sich mit meinem Pass in der Hand, leicht watschelnd, wie ein Hanswurst, während mich jetzt die angehenden Ulemas durchs Fenster beobachten – sehr jung die meisten, mit Flaum auf den Oberlippen, aufgeregt darüber, einen Ausländer zu sehen, drängelnd, einander mit den Ellenbogen stoßend, unter prustendem Gelächter, schwarz-weiße Kuffiyas, eine Art Schal um die Schultern, zweifelsohne Jemeniten.

Nach fünf Minuten kommt der Mann zurück. Ernst. Verlegen. Voll Ehrerbietung für den fremden Gast.

»Mufti Nizamuddin Shamzai kann Sie nicht empfangen. Auch Doktor Abdul Razzak Sikandar nicht. Aber dafür ein Assistent des Doktors.«

So sonderbar es auch scheinen mag, meine List ist aufgegangen. Und so brechen wir auf, er mit seinem Pinguingang voraus, ich hinter ihm, ins Innere der Verbotenen Stadt von Karatschi.

Wir wenden uns zunächst nach links, wo wir auf eine Reihe kleiner Läden stoßen, eine Eskimo-Eisdiele, die Bäckerei »Master cakes« und schließlich das »Café Jamia«, fensterlos und düster, in dem sich Dutzende armer Teufel um große Teller Reis beugen, offenbar Studenten. In einer Ecke sitzt ein älterer Mann, ein bärtiger Hüne, dem mich der Wächter anvertraut.

Diesem Bärtigen folge ich in die entgegengesetzte Richtung, der Weg ist schlecht gepflastert, links davon erstrecken sich eine Reihe von Räumlichkeiten, anscheinend Seminarräume. Hier hocken junge Leute, ins Studium vertieft, offenbar aus der gesamten arabisch-islamischen Welt, Jemeniten, aber auch

Asiaten, Afghanen, Pakistanis natürlich, Usbeken, Saudis mit ihrer dunkleren Hautfarbe, und ganz hinten in einer der Kammern erblicke ich flüchtig einen hellhäutigen Mann mit langen grauen Haaren, der allein mit gesenktem Blick dasitzt, ein Europäer, wie mir scheint.

An der eigentlichen Moschee sind wir nun vorbeigekommen. Wir biegen rechts ein, in einen von kümmerlichen Bäumen beschatteten Hof mit einem Springbrunnen. Das Becken ist von Schimmelpilz zerfressen, schon seit langer Zeit fließt hier kein Wasser. Weiterhin entdecke ich kunstvoll gearbeitete, aber halb verfallene Säulen mit arabischen Inschriften und einem daran befestigten Lautsprecher. An einer Mauer lehnen Motorräder, einige Geländefahrzeuge stehen herum, vermutlich Dienstwagen der Würdenträger der Madrassa. Wir kommen nun an einem etwas tiefer gelegenen Raum vorbei, in dem ich niemanden sehe, außer einem weiteren Europäer, wenigstens ist das eine Vermutung von mir.

Am Ende des Weges öffnet sich ein großer, klosterartiger Raum, dessen Wände ein Fries eingemeißelter Inschriften ziert, gewiss Koranverse. Dort erblicke ich, an der Wand gegenüber der Tür, umstrahlt von grünlichem Licht, dessen Quelle ich nicht zu bestimmen vermag, das riesige, stilisierte Porträt eines Mudschahid, der eine seltsame Ähnlichkeit mit Bin Laden aufweist.

Anschließend durchqueren wir einen Verwaltungskomplex und die Unterkünfte für Schüler und Lehrer: schäbige Wohnblöcke, ähnlich den unfertigen Bauten mit unverputzten Stahlträgern, denen ich im Maghreb und im Nahen Osten so oft begegnet bin, aber auch freundlichere, die an zwei- bis dreistöckige Bauernhäuser erinnern, mit Innenhof und ringsum verlaufenden Galerien, von denen aus man in die Zimmer gelangt.

Auffällig ist, mit Ausnahme des Bin-Laden-Klosters, die Schlichtheit der Räumlichkeiten – Zimmer ohne Schatten oder Geheimnis, schmucklose Decken, Wäsche, die zum Trocknen über den Geländern der Galerien hängt.

Die Abfolge von Wegen und Höfen, die sich alle ähneln, erzeugt mit der Zeit den Eindruck eines Gewirrs, eines wahren Labyrinths, aus dem ich nur mit Mühe wieder allein herausfände. Es wäre nicht einfach, von hier zu fliehen.

Und dann sind da die Scharen von Gläubigen, die im Gras sitzen, im Gänsemarsch oder Hand in Hand unterwegs sind oder auf den Galerien vor den Zimmern frische Luft schnappen. Manche wirken tatsächlich wie Studenten – in Gedanken versunken, konzentriert und ohne mir, anders als jene von eben, die geringste Beachtung zu schenken. Andere erinnern mehr an Soldaten – harter Blick, lange Haare, Drillichwesten, mit rauen, gebräunten Gesichtern, Bergbewohner aus Kaschmir. Ich zähle mindestens fünf von ihnen, die bewaffnet sind und das nicht verheimlichen – eine weitere Merkwürdigkeit dieses eigenwilligen »Seminars«, wo es ganz normal scheint, eine Kalaschnikow mit sich zu führen. Dreitausendfünfhundert Internatsschüler, heißt es, leben in Binori Town. Mir scheinen es sehr viel mehr zu sein. Und noch etwas fällt auf: die Stille, oder vielmehr dieses leise, gedämpfte Murmeln. Es gibt ein dumpfes und unablässiges Hintergrundgeräusch, als gelänge es den Stimmen nicht, sich zu individualisieren.

»Ich sehe gar keine Kinder«, sage ich, um unser Tempo etwas zu verlangsamen, um mehr sehen zu können. »Sind Madrassen nicht für Kinder bestimmt?«

Der Hüne dreht sich mit dem Oberkörper misstrauisch um, marschiert aber dabei weiter. In gutem Englisch antwortet er: »Fragen Sie den Doktor. Ich bin nicht befugt, Ihnen Auskunft zu geben.«

»Was wird denn hier gelehrt? Können Sie mir wenigstens sagen, welche Art Unterricht in dieser Madrassa erteilt wird?«

»Der Koran wird hier gelehrt. Wie überall in den Madrassen.«

»Gut. Aber was noch?«

Abrupt bleibt der Bärtige stehen. Er scheint ebenso empört wie verblüfft über meine Frage.

»Ich verstehe nicht, was Sie meinen.«

»Soweit ich weiß, steht nicht alles im Koran ...«

»Nein. Aber es gibt noch die Hadithe, die Worte und Handlungen des Propheten.«

»Und sonst?«

»Was, und sonst? Was wollen Sie denn noch außer den Hadithen und dem Koran?«

Diesmal wirkt er erbost. Sein Gesicht, sein Bart beben vor Zorn. Bestimmt sucht er gerade eine Erklärung dafür, weshalb zum Teufel man an einem solchen Ort einem Kerl Zutritt gewährt, der zu der Frage fähig ist, ob es noch andere Bücher außer dem Koran gibt. Diese Pause nutze ich dazu, einen Blick ins Innere von zwei weiteren Räumen zu werfen, deren Türen halb offen stehen. In dem einen sehe ich, wie als Antwort auf meine erste Frage von eben, eine Runde von Imamen, sehr jung und bartlos – es sind Kinderimame. In dem anderen Gemach sitzt ein Dutzend älterer Männer an Holztischen. Sie tragen lange weiße Gewänder, schwarze Sakkos, auf dem Kopf die weiße oder rot-weiß karierte Gutra, gehalten von dem doppelten Ring, wie er bei den Beduinen und Saudis üblich ist. Obwohl es nicht zu einem Ort fundamentalistischer Frömmigkeit passt, bin ich fast sicher, auf den Tischen Computer zu sehen.

»Was wissen Sie über den Koran?«, insistiert er argwöhnisch, als wollte er mich testen.

»Ich habe ihn gelesen.«

»Auf Arabisch?«

»Nein, auf Französisch.«

Das ist nun wirklich zu viel für ihn. Er zuckt die Achseln, offensichtlich überfordert von der Absurdität eines Korans in Französisch.

»Sie befinden sich«, erklärt er nun tonlos, »in der Jamiat Ulumi ul-Islameya Binori Town – der islamischen Universität von Binori Town.«

Und dann, als genügte diese Antwort, um die Debatte zu beenden, geht er weiter, quer über einen verlassenen Hof, der totenstill ist, bis auf ein rhythmisches Geräusch aus der Ferne, wie ein langsamer, alter Tanz, wo mich am anderen Ende des Hofes ein schlohweißer Imam erwartet, mit hagerem Hundekopf und traurigen Augen, tiefen Falten unter den Wangenknochen, gefurchtem Gesicht. Er übernimmt nun die Führung, eine ziemlich steile Treppe hinauf, wobei er sich an das in die Wand gehöhlte Geländer klammern muss, über einen Gang geschlossener Truhen. Schließlich leitet er mich in einen kleinen Raum, ähnlich den anderen, in dem mich, auf dem Boden sitzend, sehr fromm aussehend, der Assistent von Doktor Abdul Razzak Sikandar erwartet.

Der Assistent ist um die fünfzig. Schwarzer Bart, eine weite weiße Dschellaba, vollkommen fleckenlos, eine Kappe auf dem Kopf. Tiefe, wohlklingende Stimme. Graue, starre Augen. Stattlich. An der Wand hinter ihm ist ein Regal aufgestellt, auf dem um die zwanzig blutrot eingebundene Bücher stehen. Vor ihm auf einem niedrigen Tisch aus poliertem Holz liegt der Koran und direkt daneben meine Visitenkarte.

»Sie sind Franzose?«, fängt er das Gespräch an, ohne mich anzusehen.

Ich nicke.

»Frankreich ist großzügig zu uns. Wir erhalten Spenden aus der Schweiz, aus Deutschland, Saudi-Arabien, England, Amerika. Aber auch aus Frankreich. Viele Spenden sogar. Bei Ihnen leben viele gute Muslime. Das ist hervorragend.«

Langes Schweigen. Ich wage nicht zu fragen, welche Art Spenden er genau meint.

»Und Ihre Religion?«

Wie oft ich das auch höre, wie oft sie mir diese Frage auch stellen, ich kann mich nicht daran gewöhnen. Auch dieses Mal gelingt es mir kaum, den aufkommenden Brechreiz zu unterdrücken. Doch hier darf ich mir das noch weniger anmerken lassen als sonst.

»Atheist. Bei uns in Frankreich gibt es viele Atheisten.«

Er verzieht das Gesicht.

»Sie wissen, dass Nicht-Muslimen das Betreten der Madrassa verboten ist?«

»Ja, aber als Atheist ...«

»Das stimmt. Das Verbot gilt für Juden und Kreuzfahrer.«

Dann, etwas leiser, wie zu sich selbst, den Blick immer noch auf das Tischchen geheftet (auf den Koran? auf meine Visitenkarte?):

»Aber behaupten Sie nicht, dass die Pakistanis die Christen nicht mögen. Das stimmt nicht. Wir haben im Prinzip nichts gegen die Christen, wir glauben auch, dass Jesus Christus nicht gestorben ist, nur dass Allah ihn vom Kreuz genommen und zu sich ins Paradies geholt hat. Bald wird er zurückkehren, um uns bei der Eroberung der Welt zu begleiten, so steht es im Koran geschrieben.«

Er zuckt mit den Schultern. Dann nimmt er die Karte, vorsichtig, mit spitzen Fingern, als würde es sich um etwas leicht Widerliches handeln. Seinem Tonfall entnehme ich, aber das mag ein Irrtum sein, ein leises Misstrauen (womöglich der Name, Lévy, der ihm trotz allem zu denken gibt):

»Und Sie sind Sondergesandter des französischen Präsidenten?«

Ich bejahe es.

»Dann sagen Sie Ihrem Präsidenten, wir in Pakistan wissen die französische Haltung zu schätzen. Übermitteln Sie ihm auch unsere Entschuldigung. Sagen Sie ihm, das pakistanische Volk bittet um Entschuldigung für die jüngsten Anschläge, bei denen Franzosen ums Leben gekommen sind, die hier waren, um unserem Land zu helfen.«

Spontan denke ich: Wer sich entschuldigt, klagt sich an. Besser könnte man nicht ausdrücken, dass die Islamisten allgemein – und vielleicht speziell die von Binori Town – hinter der jüngsten Welle antiwestlicher Anschläge stecken, vor allem jenem vor dem Sheraton. Als könnte er meine Gedanken lesen, setzt der Assistent hinzu:

»Sagen Sie Ihrem Präsidenten auch, dass es ein Irrtum war, ein unseliger Irrtum. Die Leute, die das getan haben, handelten im guten Glauben; sie dachten, es seien Amerikaner.«

»Kann ich daraus schließen, Mr. Mullah, dass Sie wissen, wer hinter dem Selbstmordanschlag vor dem Sheraton steckt?«

Er zögert keine Sekunde lang.

»Verbrecher. Leute, die wir aus tiefstem Herzen verurteilen. Der Islam ist eine friedliebende Religion.«

»Wenn die Drahtzieher, die Leute, die meinem Land so viel Böses zugefügt haben, hierher kämen, würden Sie sie zurückweisen?«

»O nein! Wir weisen niemanden zurück. Alle Menschen sind unsere Brüder.«

»Und Bin Laden? Ich habe eben im Vorbeigehen ein Porträt von Osama Bin Laden gesehen. Ist er hier gewesen? Würden Sie ihn aufnehmen, wenn er herkäme?«

Der Assistent runzelt die Stirn. Und schaut zum ersten Mal in meine Richtung. Aber es ist ein leerer Blick, der über mich hinwegzugleiten scheint.

»Osama ist nur ein Muslim. Ob er hier war oder nicht, geht niemanden etwas an. Stellen Sie nicht diese Frage. Sie sind nicht dazu befugt.«

»Trotzdem. In Islamabad habe ich gehört, der Großmufti Ihrer Madrassa, Nizamuddin Shamzai, sei letztes Jahr mit Mufti Jamil zur Hochzeit von einem von Bin Ladens Söhnen gereist. Ist das möglich?«

»Stellen Sie nicht diese Frage«, wiederholt er, etwas leiser. »Sie sind nicht dazu berechtigt.«

Ich weiß, dass Nizamuddin Shamzai, dieser heilige Mann, zurzeit der amerikanischen Bombardierung Afghanistans persönlich die Rekrutierung von Freiwilligen beaufsichtigt hat – angefangen bei seinen beiden eigenen Söhnen. Diese gingen über die Grenze, um auf Seiten der Taliban zu kämpfen.

Ich weiß, dass er schon im August 2001, als die Amerikaner Druck auf Pakistan auszuüben begannen, die ausländischen al-Qaida-Kämpfer in ihre Heimatländer zurückzuschicken, dem Innenminister mit dem geballten Zorn Allahs und der Gruppen, die sich auf ihn berufen, gedroht hatte, um diesen »Verrat« zu verhindern.

Schließlich kenne ich die zahllosen Aufrufe zum Dschihad, die aus Binori stammen, in denen dieser Mann – immer noch Nizamuddin Shamzai, den Mullah Omar als seinen Guru betrachtete – die Amerikaner, die Inder, die Juden, den Westen allgemein verfluchte. Abdul hat mir eine seiner Fatwas übersetzt, abgedruckt in *Jasrat*, der Tageszeitung der Harkat in Urdu, in der er Ende 1999 über die Amerikaner sagt, es sei erlaubt, »sie zu töten, sie auszuplündern, ihre Frauen zu versklaven«.

Der Assistent des Doktor Abdul Razzak Sikandar beobachtet mich. Und in diesem Blick spüre ich eine leise Feindseligkeit, die eben noch nicht da war und mich zu einer Einlenkung veranlasst.

»Diese Frage stelle ich nur, weil Sie selbst gesagt haben, dass der Islam eine friedliebende Religion ist.«

»Das stimmt«, erwidert er, ein wenig besänftigt, doch noch immer unruhig.

»Osama ist Ihrer Auffassung nach also ein Mann des Friedens?«

»Ich sage es Ihnen noch einmal, Osama ist ein guter Muslim. Er ist unser Bruder. Er fürchtet niemanden außer Allah. Er mag Fehler begangen haben. Aber wenn er unterscheidet zwischen *Dar al-islam* (Haus des Friedens), das alle Muslime der Welt in sich vereint, und *Dar al-harb* (Haus des Krieges), der nicht-islamischen Welt, hat er Recht, das ist auch unsere Position.«

»Gut. Aber konkret gesehen: Ist er ein Mann des Friedens oder ein Mann des Krieges?«

Wieder entdecke ich Verärgerung. Wieder ein scharfer Blick. Die Stimme zittert unmerklich. Hinter dem Assistenten des Doktors lauert der Dschihadi.

»Der Krieg gegen die Ungläubigen ist kein Krieg, er ist eine Pflicht. Seit dem amerikanischen Angriff auf Saudi-Arabien, dann auf Afghanistan, ist es die Pflicht aller Muslime auf der Welt, den Dschihad gegen Amerika und die Juden zu führen.«

»Warum die Juden?«

Verblüffung. Wie der Bärtige von vorhin scheint der Assistent über die Frage irritiert zu sein. Er greift abermals nach meiner Karte. Legt sie wieder hin. Er breitet die Hand auf dem Koran aus, als sei er verunsichert und hoffe, durch den Kontakt zum Buch die Antwort zu finden.

»Weil sie die wahren Terroristen sind. Und weil sie ihren Kreuzzug auf dem Boden Palästinas und Afghanistans führen. Selbst hier, in Pakistan, haben sich zionistische Agenten eingeschlichen. Warum, glauben Sie wohl, beugt sich die Regierung ihrem Diktat? Sie müsste ihr Vertrauen in Gott setzen. Doch sie fügt sich dem Diktat der Juden.«

Werde ich jetzt »mein« Thema anschneiden? Wage ich es? Ich spüre, ich habe fast schon zu viel gesagt, dennoch will ich nichts unversucht lassen.

»Hat man deshalb den amerikanischen Journalisten Daniel Pearl umgebracht? Weil er Jude war? Haben Sie eine Meinung zu diesem Fall, der auch in Frankreich für viel Aufsehen gesorgt hat?«

Die bloße Nennung des Namens Pearl löst eine äußerst sonderbare Reaktion aus. Erst sackt er in sich zusammen, zieht den Kopf zwischen die Schultern, drückt die Ellenbogen an sich und ballt die Fäuste, als würde er attackiert werden und wollte so wenig Angriffsfläche wie möglich bieten. Dann richtet er sich mit seinem massiven Körper auf und streckt die Arme zu mir aus – die Geste eines Predigers, der zu überzeugen sucht, wie auch die eines Mannes, der zum Schlag ausholt. Schon eigentümlich, denke ich, als ich ihn plötzlich so groß vor mir stehen sehe, mich überragend: Diese pakistanischen Aktivisten haben etwas Riesiges, Selbstgefälliges, Selbstzufriedenes – kein bisschen wirken sie wie die Hungerleidergestalten der in Bedrängnis geratenen Mörder, die ich in Afghanistan gesehen habe.

»Wir haben keine Meinung dazu!«, stößt er nach einer langen Pause mit seltsam gekünstelter Stimme hervor. »Wir denken nichts über den Tod dieses Journalisten! Der Islam ist eine friedliebende Religion. Das pakistanische Volk ist ein friedliebendes Volk.«

Nach dieser Erklärung gibt er dem alten Imam einen Wink, der, mir unverständlich, das gesamte Gespräch über zugegen war und in einer Ecke des Raums gestanden hat – es ist an der Zeit, mich zurückzubegleiten.

Auf dem Rückweg sehe ich eine halb unter einem Strauch verborgene große Falltür, die, wie ich vermute, in ein Kellergeschoss führt.

Ich erhasche einen Blick in einen Raum, die Bibliothek der Madrassa, wie mir mein Führer stolz erklärt: zwei Metallregale von mittlerer Höhe, die Fächer halb leer.

Ich komme an einem Gebetsraum mit gefliestem Boden vorbei, in dem zwei große Porträts prangen, fraglos Allama Yussuf Binori und Maulana Mufti Mohammed, die Gründer des Seminars.

In einem anderen Raum erblicke ich ein Porträt von Juma Namangani, jenem früheren Rotarmisten, der sich zum Führer der »Islamischen Bewegung Usbekistans« wandelte und dann Oberbefehlshaber der arabischen al-Qaida-Truppen war, bis er im November 2001 beim amerikanischen Bombardement von Kunduz umkam.

Porträts in einer Madrassa?

Ein, wenn schon nicht Personenkult, so doch zumindest Bilder- oder Ikonenkult an einem Ort, an dem die Darstellung des menschlichen Gesichts im Prinzip als Entweihung gelten müsste?

Ich würde gern fragen, wie sich diese Flut von Bildern mit dem Bilderverbot vereinbaren lässt. Aber ich halte lieber den Mund.

Ich verspüre nur einen dringenden Wunsch: diesen Ort endlich zu verlassen und zurückzukehren, wenn es sein muss, in den schiitischen Straßenaufruhr, zu den Derwischen, dem Gebrüll, der Masse hysterischer, blutender Gläubiger, den Drohungen – mir scheint das fast beruhigend, wenn man gerade aus dem Haus des Teufels kommt.

Meine Fragen stelle ich auch anderen Gesprächspartnern, beispielsweise dem Verantwortlichen eines westlichen Nachrichtendienstes, der mir dann einige der noch fehlenden Puzzleteile liefert.

Hier, in Binori Town, verkündete Anfang 2000 Masood Azhar zusammen mit Mufti Nizamuddin Shamzai, jenem heiligen Mann, den ich nicht treffen konnte, der aber über die Moschee herrscht, die Gründung der Jaish-e-Mohammed. Hier wird in Anwesenheit und mit dem Segen der höchst geachteten Ulema des Landes die Organisation öffentlich aus der Taufe gehoben, die die al-Qaida mit Elitebataillonen versorgen sollte.

Als sich einen Monat später, im März, das Problem stellt, wem die Besitztümer der Harkat-ul-Mudschahidin, aus der die Jaish hervorgegangen ist, zustehen, als zwischen ihm, Azhar, und Fazlur Rahman Khalil, dem Mann, der nach seiner indischen Haft die Führung der Harkat übernommen hat, der große Streit entbrennt, der die islamistische Bewegung von Karatschi in Aufruhr versetzt (wem stehen die Büros der Harkat zu? Die Geländewagen? Die Waffen? Die *safe houses*?), wird wiederum in Binori Town, unter Leitung desselben Nizamuddin Shamzai, eine Versammlung weiser Männer zum Zwecke der »harkam«, der Schlichtung, einberufen, in deren Verlauf entschieden wird, dass alles Hab und Gut bei der Harkat verbleiben soll, gegen Zahlung einer finanziellen Entschädigung an die Jaish. Binori als Gericht! Binori als Schiedskammer für die internen Konflikte der nebulösen al-Qaida!

Im Oktober 2001, als die Amerikaner ihre militärische und

politische Offensive starten und sich in Karatschi das Gerücht verbreitet, die Jaish könnte möglicherweise auf die Liste terroristischer Organisationen gesetzt werden, tritt wiederum Nizamuddin Shamzai auf den Plan. Von der Basis Binori aus entwirft er den juristisch-politischen Rahmen einer neuen Organisation, deren Kommando er sogleich übernimmt. Dadurch ermöglicht er es der Tehrik al-Furqan, an die Stelle der verbotenen Gruppe zu treten, ihre Vermögenswerte, Bankkonten, Karteien und Aktivitäten zu übernehmen. Binori ist Drehscheibe politisch-finanzieller Machenschaften. Der geistliche Vorsteher eines der größten Seminare der Welt ist der Strohmann einer Organisation von Mördern.

Als nach dem Fall Kabuls im November 2001 die besiegten Truppen Bin Ladens aus Afghanistan fliehen, als die Überlebenden der pakistanischen Miliz dem Kreuzfeuer der Nordallianz und der amerikanischen Bomber zu entkommen versuchen, strömen Angehörige der Harkat-ul-Mudschahidin und der Harkat ul-Jihad al-Islami zurück nach Kaschmir; andere, beispielsweise Mitglieder der Lashkar-e-Toiba, flüchten sich in die Stammesgebiete im Norden, nach Gilgit und Baltistan, und die brutalsten Kämpfer, aus der Lashkar-e-Janghvi und der Jaish-Organisation kommend sowie aus einer Untergruppe der Harkat, der Harkat-ul-Mudschahidin al-Almi-Universal, finden Unterschlupf in Karatschi, vor allem in Binori.

Befinden diese sich noch dort? Habe ich eine Stunde im Refugium der verlorenen Soldaten Bin Ladens zugebracht?

Ist das die Botschaft der Porträts, die ich gesehen habe?

Wiederum von Binori aus, mit einem Umweg über Bangladesch, tritt die berüchtigte Audiokassette vom 12. November 2002 ihre Reise zum Fernsehsender Al-Dschasira in Qatar an, auf der Bin Laden an die Terroranschläge von Djerba, im Jemen, in Kuwait, auf Bali und in Moskau erinnert und zu weiteren Anschlägen aufruft, nicht nur gegen Bush, sondern auch gegen seine europäischen, kanadischen und australischen

Verbündeten. Ist das Band in einer Moschee aufgenommen worden? Binori Town, umfunktioniert zur logistischen Propagandabasis von al-Qaida? Von dieser Hypothese gehen die amerikanischen, indischen und britischen Geheimdienste aus. Warum der Weg über Bangladesch führte, wissen sie nicht. Bis zu welchem Punkt der ISI in die Operation verwickelt ist, ebenso wenig. Dass aber die Kassette hier in diesen Verliesen des terroristischen Vatikan produziert wurde – daran hegen sie keinen Zweifel.

Und schließlich hat sich Osama Bin Laden angeblich selbst mehrfach in Binori aufgehalten. Der meistgesuchte Terrorist der Welt, der globale Staatsfeind Nummer eins, der Mann, auf den ein Kopfgeld von fünfundzwanzig Millionen Dollar ausgesetzt ist, dieses Phantom, von dem man nicht einmal weiß, ob es noch lebt oder nur noch seinen Namen und seine Legende überdauert, soll sich also hier, mitten im Zentrum von Karatschi, aufgehalten haben, direkt vor der Nase und dem Bart der pakistanischen Polizei. Infolge einer schweren Verwundung im Jahr 2002 soll er Probleme mit dem Sprechen gehabt haben – was eine mögliche Erklärung seines Schweigens in den letzten Monaten wäre – und entsprechend medizinischer Behandlung bedurft haben.

Binori als Krankenhaus. Binori als von keiner staatlichen Autorität angetasteter heiliger Bereich, wohin ohne Strafandrohung Militärärzte geeilt seien, um ihn zu behandeln. Noch von anderen Madrassen ist die Rede. Akora Khattak ist mir mehrfach genannt worden. Erwähnt wurde auch, wie schon im Herbst 2001, kurz vor dem 11. September, als Osama Bin Laden Nierenbeschwerden plagten, ein Militärhospital in Peschawar oder Rawalpindi (*Jane's Intelligence Digest* vom 20. September 2001, »CBS News« vom 28. Januar 2002). Die seriösesten Quellen aber, meine hervorragend unterrichteten Gesprächspartner, berichten mir von Binori als dem Ort, der die höchste Unantastbarkeit besitzt.

In der Bar des Sheraton, dem einzigen Ort der Stadt, an dem ein Muslim ein Bier trinken oder sich ein Sandwich während des Ramadan servieren lassen kann, treffe ich wieder mit Abdul zusammen. Spöttisch fragt er: »Und, war niemand da im Haus des Teufels?«

Gereizt antworte ich: »Der Teufel ist nie zu sprechen. Er ist überall, nur nicht bei sich. Das Lachen des Dämons erhebt sich, sobald man fort ist. Aber trotz alledem ...«

Ja, trotz alledem habe ich in Binori Town möglicherweise gar nichts gesehen.

Ich weiß immer noch nicht, was Omar am 18., 19. und 21. Januar 2002 in Binori Town getan oder gesucht hat.

Aber ich weiß ein wenig mehr über diese Madrassa.

Ich weiß, dass dieser Ort der Meditation und des Gebets, an dem er unbedingt eine seiner letzten Nächte vor der Entführung verbringen wollte, ein Hauptquartier von al-Qaida im Herzen Karatschis ist.

Ich weiß, ich spüre, dass sich dort eine Art zentraler Reaktor befindet, der Maschinenraum der Organisation – mitten in Pakistan, wenige hundert Meter vom amerikanischen Konsulat entfernt, eine Taliban- oder Post-Taliban-Enklave, wohin sich die grausamsten Krieger aus Afghanistan zurückgezogen haben.

Und was ist, wenn die Spur Omar Sheikhs eigentlich über Afghanistan verläuft?

Um mit meinen Nachforschungen voranzukommen, ist es an der Zeit, nach Afghanistan zu reisen.

3

Das Geld des Dschihad

Zwischenlandung in Dubai.
Ich bin unterwegs nach Afghanistan, lege aber einen Zwischenstopp in Dubai ein.
Mit dem Hintergedanken, en passant vielleicht die Spur von Saud Memon wiederzufinden.
Und mit der Absicht, Informationen über die Finanzen, Netzwerke, Machenschaften und Funktionsweise von al-Qaida zu sammeln.
Noch immer befinden wir uns am Jahresende 2002, zu Beginn der Debatte, ob der Krieg gegen den Irak notwendig ist oder nicht.
Ich gehöre zu denen, die die Existenz der nachgesagten Verbindungen zwischen dem Regime Saddam Husseins und der Organisation Bin Ladens – mit denen die USA den Krieg rechtfertigen – bezweifeln.
Ich gehöre zu denen, die – trotz des offenkundig verbrecherischen Charakters dieses Regimes – stärker für die Rivalität der beiden Männer empfänglich sind, für ihr Wetteifern um das höchste Emirat, als für die Möglichkeit eines Bündnisses zwischen ihnen.
Außerdem habe ich meine Meinung seit meinen nach dem 11. September dargestellten und veröffentlichten »Reflexions sur la guerre« nicht geändert, in denen ich die al-Qaida als eine NGO des Verbrechens beschrieb, ein kaltes Ungeheuer ohne Staat, eine Organisation radikal neuen Typs, die, um zu florieren, sich nicht an welchen Leviathan auch immer anlehnen muss, und schon gar nicht an den Irak.

Und so bin ich hier, fest entschlossen, an der einen oder anderen Front voranzukommen, der meines Buches oder der allgemeinen Debatte, in dieser Stadt, die ich ein wenig kenne, da mich die Wechselfälle früherer Untersuchungen in den letzten Jahren mehrmals hierher geführt haben.

Das erste Mal anlässlich des Krieges in Bosnien, weil hier in Dubai einige der wenigen Händler ansässig waren, die das Wagnis eingingen, sich über das Waffenembargo gegen die Armee Izetbegovic' hinwegzusetzen. Im Winter 1993/94 war ich nach Ankara, aber auch nach Dubai gereist, um über die Möglichkeiten zu recherchieren, wie dieses Embargo umgangen werden konnte.

Dann wieder 1998, nach meinem Aufenthalt bei Kommandant Achmed Massud im Pandschir-Tal: General Fahim, sein Geheimdienstchef, hatte mir erklärt, die Drehscheibe zur Unterstützung der Taliban für ihre gesamte Logistik befinde sich in den Emiraten, und in Sharjah, dem Nachbaremirat, zwanzig Kilometer entfernt. Meine Nachforschungen begann ich bei zwei dort ansässigen Luftfahrtgesellschaften, der Air Cess und der Flying Dolphin, die im Zentrum der Affäre agierten. Die eine belieferte Mullah Omar mit in Einzelteile zerlegten Kampfflugzeugen, die andere sicherte seinen Nachschub an Waffen und bisweilen, Hand in Hand mit der Ariana, der afghanischen Fluglinie, an »ausländischen Freiwilligen«.

Schließlich war ich im Jahr 2000 in Dubai, anlässlich meiner Reportagen über die vergessenen Kriege, insbesondere über die Kriege in Afrika: Ich stellte gerade meinen Bericht über Angola fertig und versuchte, die Belieferung der UNITA mit Raketen und Waffen nachzuzeichnen. Dabei war ich zu meiner großen Überraschung wieder auf die Air Cess und ihren zwielichtigen Chef gestoßen, den früheren KGB-Major Victor Bout, dessen Flugzeuge weiterhin in sämtlichen Kriegsgebieten Afrikas und besonders in den von Jonathan Savimbi kontrollierten Regionen Angolas den teuflischen Tausch von Waffen gegen Diamanten sicherten.

Ich befinde mich also hier in der Stadt, in einer Welthauptstadt, in der das meiste Geld gewaschen wird, ein nicht zu kontrollierender Umschlagplatz für alle dubiosen Machenschaften des Planeten – aber auch, hier mag ein Zusammenhang bestehen, der offensten, verrücktesten, in mancher Hinsicht freiesten Stadt der arabisch-muslimischen Welt. Natürlich kenne ich die Grenzen dieser Freiheit; ich kenne den Fall von Touria Tiouli, jener Französin, die im Gefängnis landete, weil sie es im Oktober 2002 wagte, nach einer Vergewaltigung öffentlich zu klagen.

Nichtsdestotrotz bereitet mir die Stadt viel Freude mit ihrem Größenwahnsinn und ihrer gigantischen Manie fürs Überzogene, Künstliche und Utopische; sie ist ein nahöstliches Hongkong oder arabisches Las Vegas, auch mit ihrem ganzen Kitsch, den Wolkenkratzern am Strand und idiotischen Unterwasserrestaurants, den Gebäuden aus Glas und Stahl, den Inseln in Palmenform, dem eisblauen Himmel, den ich so sonst nur in Mexiko gesehen habe.

Ich erneuere meine Verbindungen aus der Zeit meiner drei Untersuchungen.

Ich nehme wieder Kontakt mit einem Angestellten im Ministerium für Zivilluftfahrt auf, der mir damals erzählt hatte, wie in manchen Nächten alte Iljuschins, die längst nicht mehr zum Fracht- oder Passagiertransport zugelassen waren, in entlegenen Zonen des Flughafens mit mysteriösen Frachten beladen wurden, am Zoll und der Polizei vorbei.

Ich treffe mich mit einem Freund wieder, Sultan B., Mitarbeiter einer arabischen Bank, der einen wie kein Zweiter durch den Dschungel der Finanzkreisläufe zu lotsen versteht, wo zur Undurchsichtigkeit von Offshore-Konten noch die ebenso undurchsichtige »Hawala« hinzukommt, jenes System mündlicher Verrechnungen und Überweisungen, so alt wie der Handel selbst, das per definitionem keine Spuren hinterlässt.

Und wenn ich auch nichts über Memon herausfinde, wenn der Herr der Folterorte auch der große Unsichtbare in dieser Affäre bleibt, mache ich über die al-Qaida und ihre Finanzen einige Entdeckungen – und eine davon wird mich auf gänzlich unerwartete Weise zum roten Faden dieses Buches zurückführen.

Erste Beobachtung. Das nach dem 11. September auf Druck der Amerikaner erfolgte Einfrieren verdächtiger Konten wirkt, von Dubai aus gesehen, wie eine gewaltige Farce. Es erfolgte zu langsam, zu angekündigt und beinhaltete zu viele Probleme (und sei es nur wegen der Schreibweise der arabischen Namen) mit der Identifizierung der Inhaber.

»Stell dir vor«, erklärte mir Sultan, »eine englische Bank erhält ein amerikanisches Rundschreiben mit der Aufforderung: ›Frieren Sie das Konto von Mr. Miller ein, wohnhaft in London‹. Besser noch, stell dir vor, da steht, ›Mr. Miller oder Mr. Miler, oder auch Mr. Mailer, das wissen wir nicht so genau‹. Was machst du dann? In Anbetracht der Tatsache, dass es in London Tausende Mr. Mailers gibt, und noch mehr Mr. Millers, wie findest du da den Richtigen? Genau vor dieser Frage standen wir hier, als das FBI uns Listen von Mr. Mohammeds, oder Mohammads, oder Ahmeds, oder Maulanas zugeschickt hat; ich übertreibe kaum ...« Hinzu kommt noch, sagt er, das Problem der Pseudonyme. Und das der muslimischen Hilfsorganisationen, die die Gelder des Verbrechens und der Wohltätigkeit geschickt vermischt hatten. Dazu die Verlegenheit der westlichen Banken selbst, die, da sie vor dem 11. September keinen größeren Anlass zum Misstrauen hatten, ohne ihr Wissen in diese Machenschaften verstrickt waren. »Weißt du«, berichtet Sultan weiter, »dass Mohammed Atta bis zum Schluss hier im Emirat ein offenes Konto geführt hat, in einer Niederlassung der City Bank? Weißt du, dass Marwan al-Shehhi, der Pilot des zweiten Flugzeugs, im Juli 1999 in der Filiale der HSBC das Hauptkonto eröffnet, mit dem er bis kurz vor dem Anschlag operierte? Was hältst du von der Tatsache, dass er und die anderen, manchmal mit falschen Papieren, bis zu fünfunddreißig Konten – davon vierzehn allein bei der Sun Trust Bank – bei großen amerikanischen Banken eröffnen konnten? Kurz, die Bilanz fällt katastrophal aus. Die Terrororganisationen hatten allemal Zeit, ihr Geld in Sicherheit zu bringen. Rate mal, wie viel Geld am Tag der Beschlagnahme noch auf den Konten der Harkat-ul-Mudschahidin war: 4742 Rupien, siebzig Dollar! Auf dem Konto der Jaish-e-Mohammed, die ja flugs umgetauft wurde in Al-Furqan, wobei übrigens niemand auf die Idee kam, auch die Konten der neuen Organisation einzufrieren: neunhundert Rupien, also zwölf Dollar! Auf dem des Al-Rashid Trusts, wo das Vermögen der Taliban wie auch der Lashkar-e-Toiba deponiert war: 2,7 Millionen Rupien, vierzigtausend Dollar – was wiederum in Anbetracht der Bedeutung des Trusts, wie ein Witz anmutet. Rate, wie viel Geld auf dem Konto von Ayman al-Sawahiri beschlagnahmt wurde, dem Ägypter, der, wie du weißt, einer der Finanziers von al-Qaida war: 252 Dollar! Das Vermögen der al-Qaida, ihr Kriegsschatz, eingeschrumpft auf 252 Dollar, man glaubt zu träumen!«

Zweite Beobachtung. Die Ressourcen von al-Qaida. Alle tun immer so, als seien al-Qaida und Bin Laden ein und dasselbe. Alle, der Westen wie auch die arabische Welt, betrachten es als gesichert, dass sich die Terrororganisation aus der Schatulle des saudischen Milliardärs und seiner Familie finanziert. Diese Vorstellung ist natürlich ein wichtiger Bestandteil der Propaganda dieses Mannes. Das Klischee des Sohnes aus gutem Hause, der sein immenses Vermögen auf dem Altar der arabischen Vergeltung opfert, trägt maßgeblich zu seiner Legendenbildung bei. Denn was könnte seiner Popularität förderlicher sein als dieses altbekannte Bild – es ist übrigens zum Teil angelehnt an das unserer roten Milliardäre von einst, an das romantischer Geldgeber der Weltrevolution, wie Hammer und

Feltrinelli – des rebellischen, verfemten Sohnes, des Asketen, des Erben, der beschließt, seine Besitztümer den Verdammten dieser Erde und Allah zu widmen? Leider nur entspricht es nicht der Wahrheit. Al-Qaida – das merke ich in Dubai – ist schon lange kein selbstgenügsamer Familienbetrieb mehr. Sondern eine Mafia. Ein Trust. Ein gigantisches, den gesamten Erdball umspannendes Netz der Gelderpressung, aus dem Osama Bin Laden selbst, weit davon entfernt, sich zu entäußern, Nutzen zog und immer noch zieht. Das reicht von banaler Schutzgelderpressung bis hin zur Steuer auf Glücksspiele wie bei der Mafia von Macao. Von der in Afghanistan abgezweigten Steuer auf den Drogenhandel bis hin zu ausgeklügelten Finanzbetrügereien, die fast nicht nachzuweisen sind, weil sie nicht auf Diebstahl, sondern auf Kreditkartenfälschung beruhen. Da gibt es die jungen Finanzcracks vom Schlag Omar Sheikhs, die sich meisterhaft auf die Kunst verstehen, den Westlern die Schlinge zu verkaufen, in der sie am Ende baumeln, mithin die Waffen des kapitalistischen Westens, auch seine Untugenden, um sie gegen ihn zu wenden. »Kennst du diese Finanzoperation?«, fragt mich Sultan. »Sie besteht im Verkauf einer Aktie, die du nicht besitzt, die aber eine Bank dir gegen Kommission leiht und die du etwas später zum Marktpreis zurückkaufst, wenn der Zeitpunkt gekommen ist, sie an die besagte Bank zurückzugeben. Also angenommen, das Wertpapier steht bei einem Kurs von 100, du aber hast guten Grund zu der Annahme, dass der Wert auf 50 fallen wird. Angenommen, du weißt zum Beispiel, dass ein Anschlag gegen das World Trade Center bevorsteht, der zu einem Börsensturz führen wird. Also leihst du dir die Aktie, verkaufst sie sofort zum Marktpreis, der noch bei 100 steht, und sobald der Anschlag sich ereignet und, wie vorhergesehen, deine Aktie auf 50 fallen lässt, kaufst du für 50 zurück, was du eben erst für 100 verkauft hast, und streichst seelenruhig die Differenz ein. Entwickelt wurde diese Strategie von englischen und amerikanischen Banken, aber wir hier in Dubai haben sie sehr bald aufgegriffen. Ich kenne eine Bank, die diese Art Operation zwischen dem 8. und 10. September durchgeführt hat, mit den großen Wertpapieren des Dow Jones, im Auftrag von Börsenmaklern mit Verbindungen zu Bin Laden – mir ist eine Bank namentlich bekannt, die durch den Handel mit Putoptionen, so nennt sich das, von achttausend United-Airlines-Aktien am 7. September, und dann noch tausendzweihundert American-Airlines-Aktien am Morgen des 10., dazu beigetragen hat, dass der Anschlag sich selbst finanzierte.« Welche Bank ist das? Sultan schweigt. Aber am nächsten Tag gibt er mir die Übersetzung eines Interviews mit Bin Laden, abgedruckt am 28. September 2001 im *Ummat*, einer Urdu-Tageszeitung aus Karatschi: »Al-Qaida verfügt über viele modern gesinnte, gut ausgebildete junge Menschen, die die Schwachstellen im westlichen Finanzsystem kennen und sie auszunutzen wissen. Diese Schwachstellen sind wie eine Schlinge, die das System erdrosselt.« Damit ist alles gesagt.

Dritte Beobachtung. Vielmehr eine Aussage. Sie stammt von Brahim Momenzadeh, einem liberalen saudischen Anwalt, der mich im obersten Stock eines Gebäudes aus Glas und schwarzem Marmor empfängt, in einem futuristisch anmutenden Büro mit Blick aufs Meer. Er ist mir als internationaler Experte für undurchsichtige und raffinierte Finanzmanöver empfohlen worden.

»Der Islamismus ist ein Geschäft«, erklärt er mir mit einem Lächeln, das mir bedeuten soll, über diese Erkenntnis müsste ich nun verblüfft sein. »Das sage ich nicht nur infolge meines Berufs oder weil ich hier, in diesem Büro, zehnmal am Tag Beweise dafür zu sehen bekomme, sondern weil es eine Tatsache ist. Die Leute verstecken sich hinter dem Islamismus. Sie benutzen ihn als Paravent und sagen: ›Allah Akbar! Allah Akbar!‹ Aber wir hier kennen die Wirklichkeit. Wir sehen die Übereinkünfte und Absprachen, die sich dahinter abspielen und die auf die eine oder andere Weise in unsere Hände gelangen. Wir erstellen die Unterlagen. Wir arbeiten die Verträge aus. Und ich kann Ihnen versichern, den meisten ist Allah in Wahrheit völlig egal. Sie schließen sich dem Islamismus an, weil er, vor allem in Pakistan, nichts anderes ist als eine Quelle der Macht und des Reichtums. Das trifft besonders auf die zu, die ein Vermögen mit ihren Wohlfahrtsvereinigungen machen und zugleich hier ansässige Scheinfirmen haben. Und nehmen Sie jetzt nur die Jungen in den Madrassen. Die sehen die Reichen, die in Saus und Braus leben. Die sehen all die Maulanas, die in Geländewagen herumfahren, sich fünf Frauen nehmen, ihre Kinder auf gute Schulen schicken, die wesentlich besser als die Madrassen sind. Die haben den Mörder Ihres Pearl vor Augen, Omar Sheikh. Als er aus indischer Haft freikommt und nach Lahore zurückkehrt, was stellen die Nachbarn fest? Dass er gut gekleidet ist. Dass er einen Landcruiser hat. Dass sich zu seiner Hochzeit die hohen Tiere der Stadt einfinden. Sie schließen daraus, dass der Islam ihm nützt, dass er die Ursache seines Erfolgs ist, die Triebfeder seines Aufstiegs – sie wissen, dass er ein gutes Mittel ist, sich den Schutz der Organisationen und der Mächtigen zu verschaffen. Glauben Sie mir, in Pakistan werden die wenigsten aus Überzeugung oder Fanatismus zu Islamisten! Sie suchen bloß eine Familie, eine Mafia, von der sie sich Schutz in diesen schwierigen Zeiten erhoffen. Und da bietet sich die Lösung von allein an. So simpel ist das.«

Ist es wirklich so einfach? Und kann die Ideologie, der Fanatismus so leichthin außer Acht gelassen werden? Ich weiß es nicht. Dies ist jedenfalls die Ansicht eines Geschäftsmannes aus Dubai, der Irrsinn unserer Zeit betrachtet von der arabischen Hauptstadt des Geldes aus. Sind die jungen Männer des radikalen Islamismus verrückt nach Geld? Sind sie die *golden boys* des Dschihad?

Vierte Beobachtung. Das Geld der Selbstmordattentäter. In Sri Lanka war ich einer einstigen, nun ausgestiegenen Kämpferin der tamilischen Tiger, der *Liberation Tigers of Tamil Eelam*, kurz LTTE, begegnet, die in der Ideologie des Selbstmordanschlags geschult war und mir Einblick in die gedanklichen Mechanismen gewährte, die bei diesem Wagnis am Werk sind. Außerdem hatte ich in Ramallah ein Treffen mit einem palästinensischen Vater, der Verbindungen zur Hisbollah hatte. Dieser Mann, das ist hinzuzufügen, ist nicht repräsentativ für das Denken palästinensischer Familienväter. Er hatte mir gesagt, wie glücklich und stolz er sei, zu wissen, dass einer seiner Söhne sich für den antijüdischen Dschihad opfern würde. »Das ist eine Ehre«, hatte er mir erklärt, »aber auch eine Chance für uns alle. Steht nicht im Koran geschrieben, dass eine Familie, die Allah einen Märtyrer schenkt, sich automatisch sechzig Plätze im Paradies sichert?« Hier in Dubai sammle ich nun detailliertere Informationen. Hier habe ich dank Sultan und seiner guten Kenntnis der komplexen Mechanismen den Eindruck, die ökonomische und finanzielle Kehrseite des Opfertums kennen zu lernen.

Der al-Qaida-Kämpfer hat einen Preis, verrät er mir: zwischen zweitausendfünfhundert und fünftausend Rupien (fünftausend und achttausend, falls es sich um einen Ausländer, das heißt Araber, handelt). Der Preis für das Werfen von Granaten liegt bei hundertfünfzig Rupien je Granate (bei guten Resultaten gibt es eine Prämie). Ein Anschlag gegen einen indischen Armeeoffizier in Kaschmir wird vergütet mit zehntausend Rupien aufwärts, bis zu dreißigtausend Rupien (der Preis variiert je nach Dienstgrad des Opfers). Und auch der Selbstmordattentäter hat seinen Tarif, der im Voraus ausgehandelt wird, zwischen ihm, der Organisation und der Familie, mit dem Ziel, den Hinterbliebenen annähernd akzeptable Lebensbedingungen zu sichern: fünftausend Rupien, manchmal zehntausend, monatlich, das aber lebenslang, vertraglich festgelegt und, wenn der Vertrag gut verhandelt ist, gekoppelt an den Inflationsindex beziehungsweise kalkuliert in harten Devisen.

Da gibt es den Fall des afghanischen Familienvaters, der als Flüchtling in der Umgebung von Dubai lebt und nach dem

Tod zweier seiner Kinder im November 2001 in Tora Bora eine Geldsumme erhielt, mit der er eine Metzgerei eröffnen konnte. Den Fall jenes völlig verschuldeten Jemeniten, der sich von einem Tag auf den anderen, nach der Abreise seines Sohnes mit unbekanntem Ziel, wie durch Zauberhand von all seinen Verpflichtungen befreit sah und nach Sanaa zurückkehren konnte. Es gibt Orte, nicht direkt Banken, aber etwas mehr als Wechselstuben, mithin Anlaufstellen für künftige Selbstmordattentäter, um dort Bewerbungsunterlagen auszufüllen, als würde man ein Bauspardarlehen unterzeichnen. Und Stiftungen, wie die Shuhda-e-Islam Foundation zum Beispiel, die 1995 von der pakistanischen Jamaat-e-Islami gegründet wurde, deren Aufgabe darin besteht, sich nach der »Opferung« der Mörder ihrer Familien anzunehmen. Das absolute Grauen sind für mich aber die Madrassen, in denen mit dem vollen Einverständnis der Familien die künftigen Selbstmordattentäter ausgebildet, oder vielmehr dazu dressiert werden.

Wird hier das Martyrium im Rahmen eines allgemeinen Programms zur Unterstützung bedürftiger Familien geplant? Der Selbstmordanschlag als Mittel zum sozialen Aufstieg? Eine Lebensversicherung?

Und dann schließlich die letzte Beobachtung – die wichtigste. Nach Durchsuchung der Wohnungen, Verstecke und abgestellten Autos der Luftpiraten konnte das FBI, erzählt mir Sultan, bis zum August 2000 einige der Überweisungen zurückverfolgen, die den finanziellen Grundstock der Operation bildeten: Nach übereinstimmenden Schätzungen sollen es 500 000 Dollar, vielleicht 600 000 gewesen sein – eine beträchtliche Summe, verglichen mit den 20 000 oder 30 000 Dollar, die der erste Anschlag auf das World Trade Center acht Jahre zuvor gekostet hatte. Die Ermittler haben sich dabei auf eine dieser Überweisungen konzentriert, möglicherweise ist es die erste, datiert vom August 2000. Sie wurde von einer großen

Bank in den Emiraten aus getätigt und ging auf das erste Konto, das Mohammed Atta nach seiner Hamburger Zeit in den USA eröffnete: hunderttausend Dollar, angewiesen von einer geheimnisvollen Person, die zwei Monate zuvor, von Qatar kommend, in Dubai eingetroffen war, mit einem saudischen Pass auf den Namen – so Sultan – Mustafa Muhammad Ahmad. Bei der Rückverfolgung dieser hunderttausend Dollar, bei dem Versuch, irgendwie ihre Spur und Geschichte zu rekonstruieren, haben die Ermittler vier Entdeckungen gemacht:

1. Vom amerikanischen Konto Mohammed Attas aus wurden in den Monaten nach der Eröffnung eine ganze Reihe kleinerer Überweisungen – 10 000 Dollar, manchmal weniger – auf ein knappes Dutzend Unterkonten getätigt, die unter den Namen seiner Komplizen größtenteils bei der Sun Trust Bank in Florida eröffnet worden waren.

2. Das auf den Unterkonten eingetroffene Geld wurde an Geldautomaten dieser Banken in bar abgehoben, in Bündeln à hundert, zweihundert oder dreihundert Dollar. Soll nicht auch Abdul Aziz al-Omari, Gefährte Attas auf dem Flug der American Airlines, in der Nacht vom 10. auf den 11. September, wenige Stunden vor der Operation, am Geldautomaten einer Bank in Portland, Maine, von der Überwachungskamera bei einer Geldabhebung gefilmt worden sein?

3. Am nächsten Tag, dem 11. September, werden von Atta, aber auch von Marwan al-Shehhi und Walid al-Shehri, zwei weiteren Entführern des ersten Flugzeugs, das von Boston aus startet, an Mustafa Ahmad, den Urheber der umfangreichen ersten Überweisung, jeweils 4000, 5400 und 5200 Dollar zurücküberwiesen – insgesamt also 14 600 Dollar, die Summe der für die Mission nicht verbrauchten Spesen, die äußerst genau, wie bei allen guten Geheimdiensten, an den zentralen Agenten der Hauptverwaltung zurückerstattet werden.

4. Mustafa Ahmad, der die ganze Zeit in Dubai war, nimmt diese Restbeträge in Empfang, überweist sie auf das Konto

einer pakistanischen Bank und nimmt noch am selben Tag, dem 11. September, ein Flugzeug nach Karatschi, wo er im Laufe des 13. September mit sechs Bargeldabhebungen das Konto komplett leert und dann spurlos verschwindet.

5. Mustafa Ahmad schließlich heißt in Wahrheit gar nicht Mustafa Ahmad, sondern Shaykh Saiid, oder auch Saeed Sheik, oder auch Omar Saeed Sheikh – mein Omar. Mit anderen Worten: Der Drahtzieher hinter Pearls Entführung war ...

Welche Wirkung diese Erkenntnis auf mich hat, brauche ich kaum zu sagen. Zunächst glaube ich dieser Aussage nicht. Der ehemalige Student der London School of Economics, der höfliche Engländer mit der Passion für Schach und Armdrücken, der Blumenliebhaber vom Aitchinson College, der gute Kamerad von der Forest School, der gemäßigte Muslim, der ohne Murren beim anglikanischen Morgengebet in der Kapelle assistierte, Omar also, nunmehr verstrickt in den 11. September – unmöglich! Absurd! Zu unglaublich, zu verrückt, zu schön, um wahr zu sein! Wo doch die früheren Freunde schon kaum hinnehmen mochten, dass Omar in den Mord an Daniel Pearl verwickelt sein könnte! Wo doch Saquib Qureshi und die anderen ihren Augen und Ohren nicht trauen wollten, als sie ihren guten Kumpel, ihren Bruder im Fernsehen in der Rolle des Kopfabschneiders präsentiert bekamen! Was würden sie sagen, wenn sie jetzt dies erführen? Was werden sie denken, wenn sie lesen, dass dieser treue Kamerad, der sich während der »Bosnien-Woche« an der LSE gemeinsam mit ihnen den Fundamentalisten widersetzt hatte, der nach außen nur als Muslim kenntlich war, weil er in die Pubs, in denen die Turniere im Armdrücken stattfanden, stets eine Flasche Milch mitbrachte, nicht nur an den Schalthebeln, sondern an der Kasse des größten Terroranschlags aller Zeiten saß?

Ich wollte wissen, woran ich bin.

Ich habe mich an die Behörden der Emirate gewandt: »Was sagt Sheikh Abdullah bin Zaid al-Nahayan, Informationsminister der Vereinigten Arabischen Emirate, dazu? Was sagen die Finanz- und Bankbehörden des Landes dazu?«

Ich bin nach Neu-Delhi zurückgekehrt, um diejenigen zu befragen, die mir schon die Vernehmungsprotokolle und Tagebuchaufzeichnungen des Häftlings von 1994 zugänglich gemacht hatten, und habe ihnen die Frage gestellt: »Sehen Sie Sheikh Omar in dieser Funktion? Hat er das Format dazu? Kennen Sie Leute, die in der Lage sind, die These von der Identität zwischen Ahmad und Omar zu bestätigen oder zu entkräften?«

Und dann bin ich schließlich nach Washington gereist, am 2., 3. und 4. Februar 2003, um dort die Archive einiger großer Medien zu durchforsten (CNN, MBC, *Washington Post, New York Times*) und die Verantwortlichen zu treffen, denen ich die beste Kenntnis der Materie zuschreibe (Ann Korky im State Department, Bruce Schwartz im Justizministerium und noch einige andere).

Aus diesen Nachforschungen, vor allem aus meinen Gesprächen in Washington, gewinne ich vereinzelte Eindrücke, die mir jedoch keinen endgültigen Schluss erlauben. Dennoch sind sie derart beunruhigend, dass ich sie so ungeordnet darlege, wie sie sich eingestellt haben.

1. Der 11. September hat, um es gleich zu sagen, noch andere Finanziers gehabt als jenen Mustafa Ahmad (alias Omar Sheikh – oder auch nicht). Neben der mysteriösen Überweisung vom Sommer 2000 hat es noch weitere gegeben, wiederum auch an Mohammed Atta. Es gab beispielsweise Mamoun Darkazanli, einen syrischen Geschäftsmann, der von deutschen Banken aus operierte und dessen Beitrag zu dem Anschlag – mindestens zwei Überweisungen, vom 8. und 9. September 2000 – vermutlich größer war.

2. Was die Identität von Mustafa Ahmad anbelangt, zu der Frage, wer sich hinter dieser Person verbirgt, sind noch andere Hypothesen im Umlauf. John Riley und Tom Brune haben hinter Mustafa Ahmad das Pseudonym eines gewissen Shaykh

Saiid entdeckt, den sie als einen der »Finanzdirektoren« Bin Ladens identifizierten (was an sich der Omar-Hypothese noch nicht widerspricht), der wiederum, berichten die beiden weiter, nach dem Anschlag auf die US-Botschaft in Tansania von der Polizei in Daressalam erst festgenommen, dann aber sehr rasch auf freien Fuß gesetzt wurde (und das passt nicht mehr, denn dies war 1998, als Omar in indischer Haft saß). Dazu gibt es die Hypothese der Associated Press, die am 18. Dezember eine Meldung verbreitet, in der steht, Mustafa Ahmad heiße in Wahrheit Sheikh Saiid, oder auch Sa'd al-Sharif, oder auch Mustafa Ahmad al-Hisawi oder Al-Hawsawi, und sei ein dreiunddreißigjähriger Saudi, Schwager und Finanzminister Bin Ladens, zu dessen Zirkel er seit den Jahren im Sudan gehört (und von dem man im Übrigen weiß, dass er in Dubai ein Konto für einen der anderen Terroristen, Fayez Rashid Ahmed alias Hassan al-Qadi Banihammad, eröffnet hat, der später an Bord des zweiten Flugzeugs war, der United Airlines 175).

3. Noch komplizierter wird das Problem, weil es noch eine *zweite* Überweisung in Höhe von hunderttausend Dollar gibt, die zweifelsfrei mit Omar in Beziehung steht, bei der aber nichts darauf hindeutet, dass sie etwas mit dem 11. September zu tun hat. Die Überweisung wurde Anfang August 2001 getätigt, ein Jahr also nach der Überweisung an Mohammed Atta. Zu einer Zeit, als die Finanzierung des Anschlags aller Wahrscheinlichkeit nach schon geregelt war. Der künftige Mörder Daniel Pearls schrieb dem Mafioso Aftab Ansari, er würde es schätzen, wenn dieser hunderttausend Dollar für einen »guten Zweck« spenden würde. Am 19. August setzt er erneut einen Brief an Aftab Ansari auf, um ihn zu informieren (*Times of India*, 14. Februar 2002), dass »das überwiesene Geld nun weitergeleitet« worden sei. Weitergeleitet an wen? Für welchen Zweck? Niemand weiß es. Nichts deutet darauf hin, ich wiederhole es, dass diese Überweisung mit dem Anschlag auf die Türme in New York zusammenhängt. Um die beiden Überweisungen zu verwechseln, reicht es, an die von 2001 zu

denken, wenn man über die von 2000 spricht, und auf die eine das zu übertragen, was man von der anderen weiß; es reicht, zu übersehen, dass es nicht nur eine Überweisung, sondern zwei gegeben hat, und zu sagen: »Die hunderttausend Dollar von Omar? Aber ja, das ist doch die Überweisung vom August 2001, bei der nichts darauf hindeutet, dass sie mit al-Qaida zu tun hat«, um daraus zu schließen, dass Ahmad Ahmad ist (erste Überweisung), Omar Omar (zweite Überweisung) und Ahmad nicht Omar (was es zu beweisen galt – aber ist das die Wahrheit?). Außerdem gibt es nicht nur Namensverwechslungen, sondern auch solche finanzieller Art, Dollars, die sich ausgeben für andere Dollars. Maskiertes Geld. Im Land der wechselnden Identitäten ist es das Geld, das, wie üblich, die entscheidende Verkleidung liefert.

4. Die Hypothese, nach der Ahmad gleich Omar wäre, wurde, wie ich jetzt erst feststelle, gleich nach dem Anschlag in Umlauf gebracht, nur dass Omar damals noch nicht der Omar der Pearl-Affäre war und sein Name niemandem etwas sagte. So in dem CNN-Bericht vom 6. Oktober, dem Tag des Attentats auf das Regionalparlament von Kaschmir, in dem deutlich gesagt wird, dass »Omar Saeed« und »Mustafa Ahmad« ganz bestimmt »ein und dieselbe Person« seien und dass diese Person ohne »die Entführung der Indian Airlines-Maschine im Dezember 1999«, durch die ihre Freilassung erpresst wurde, »noch im Gefängnis« wäre. So auch in einem anderen, wiederum von CNN zwei oder drei Tage später ausgestrahlten Bericht, in dem die Journalistin Maria Ressa Mustafa Ahmad als jungen Pakistani von achtundzwanzig Jahren beschreibt, ehemaliger Student der London School of Economics, der Ende 1999 aus indischer Haft befreit wurde, mithilfe einer Flugzeugentführung, die frappierende Ähnlichkeit mit den Entführungen vom 11. September aufweist. Ebenso in dem am 13. Oktober in *The Hindu* in Neu-Delhi erschienenen Artikel von Praveen Swami, der eine Note des deutschen Geheimdienstes erwähnt, welche »die Überweisung von hunderttau-

send Dollar« Ahmad Omar Sayed Sheikh zuschreibt, ein »enger Partner« von Masood Azhar, dem Führer der Jaish-e-Mohammed. Nach dem Mord an Danny wird die Information nochmals aufgegriffen. *Time Magazine* und Associated Press zum Beispiel nehmen am 10. Februar 2002 an, der Mörder Daniel Pearls könnte zur Finanzierung des 11. September beigetragen haben. Eine ungeheuerliche Hypothese, die vom europäischen Standpunkt aus gesehen völlig unglaublich anmutet. Aber weder das State Department noch das Justizministerium noch die großen Medien von Washington und New York scheinen sie für unwahrscheinlich oder absurd zu erachten.

5. In zwei großen amerikanischen Zeitungen finde ich die Information wieder, die mir die Inder geliefert hatten, dass der Chef des pakistanischen Geheimdienstes, General Mahmoud Ahmad, in die Finanzierung des Anschlags verwickelt war. Wir erinnern uns der *Times of India* vom 9. Oktober sowie des *Daily Excelsior* vom 10. zufolge geschah es »auf Betreiben von General Mahmoud Ahmad«, dass der rätselhafte »Ahmad Umar Sheikh« seine berüchtigten hunderttausend Dollar »auf elektronischem Wege dem Luftpiraten Mohammed Atta transferiert« hat. Und das *Wall Street Journal* schreibt am 10. Oktober 2001: »Die amerikanischen Behörden bestätigen, dass eine Überweisung von hunderttausend Dollar durch Ahmad Umar Sheikh an Mohammed Atta auf Geheiß von General Mahmoud Ahmad erfolgt ist.« Die *Washington Post* vom 18. Mai 2002 geht noch weiter: »Am Morgen des 11. September frühstückten Goss und Graham (Vorsitzende der Geheimdienstausschüsse von Kongress und Senat) mit einem gewissen pakistanischen General, Mahmoud Ahmad, der kurze Zeit später von der Spitze des pakistanischen Geheimdienstes geschasst werden sollte. Er leitete eine Institution, die Beziehungen zu Osama Bin Laden und den Taliban unterhielt.« Und, noch unglaublicher, ich stoße in Karatschi in der *Dawn* vom 9. Oktober auf eine dieser mir so vertrauten Kurzmel-

dungen, die, sobald sie durch die Maschen der Zensur geschlüpft sind, dementiert oder vertuscht werden: »Der Direktor des ISI, General Mahmoud Ahmad, wurde abgesetzt, nachdem Ermittlungen des FBI eine glaubhafte Verbindung zwischen ihm und Omar Sheikh hergestellt haben, einem der drei anlässlich der Entführung der Indian-Airlines-Maschine ausgetauschten Militanten.« Weiter heißt es: »Aus unterrichteten Quellen wird verlautet, der amerikanische Geheimdienst könne belegen, dass Sheikh auf direkte Weisung General Ahmads handelte, als er hunderttausend Dollar auf das Konto Mohammed Attas überwies ...« Mit anderen Worten, die Hypothese zielt nicht mehr ab auf Omar als Finanzier des 11. September, sondern auf Omar als Befehlsempfänger des ISI. Denkbar ist demnach nicht nur eine Verbindung Omars zur al-Qaida, sondern mittels Omar, dem plötzlich eine noch größere Dimension zukäme, eine geheime Absprache zwischen al-Qaida und dem ISI, die gemeinsam auf die Vernichtung des World Trade Center hinarbeiteten. Für den indischen Geheimdienst steht diese Vernetzung außer Zweifel. In Neu-Delhi habe ich die Entschlüsselung der SIM-Karte von Pearls Mörder gesehen, die für den Sommer 2000, also zurzeit der Überweisung, wiederholte Anrufe bei General Mahmoud Ahmad belegen. Das FBI bedient sich selbstverständlich einer etwas diplomatischeren Sprache: Aber in Washington treffe ich Leute, die mir halb amtlich bestätigen, dass die vom RAW entschlüsselte Handy-Nummer – 0300 94587772 – in der Tat Omar gehörte, dass die Liste der von diesem Handy getätigten Anrufe jener entspricht, die man mir gezeigt hat, und dass, falls Omar sich auch als Urheber der Überweisung entlarven sollte, schwerlich zu bestreiten wäre, dass er mit dem Wissen des Chefs des ISI gehandelt hat.

6. Zwei Fragen stellen sich, eigentlich drei, die uns immer weiter in den Strudel der Hypothesen und Wahrheiten hineinziehen. Da ist jene nach der Verbindung zwischen unserem Omar und dem anderen Ahmad, dem vom ISI: Sie ist vom

indischen Geheimdienst nahezu als gesichert nachgewiesen. Sie ist für mich gar nicht weiter verwunderlich, denn wie ich bereits gezeigt habe, war Omar tatsächlich ein Mann des pakistanischen Geheimdienstes und damit ein Agent Ahmads. Dann jene nach der Identität von Omar und dem ersten Ahmad, der die Überweisung vom September 2000 getätigt hat: Falls sie sich bestätigt, würde sie die Persönlichkeit Omars in einem neuen Licht erscheinen lassen – als Agent des ISI und der al-Qaida. Und dann schließlich die zusehends unausweichlicher werdende Frage nach der Mitverantwortung des pakistanischen Geheimdienstes oder einer Clique innerhalb des Abwehrsystems hinsichtlich des Angriffs auf Amerika und der Zerstörung der Twin Towers. Angenommen nämlich, die Antwort auf die erste Frage lautet Ja, und wenn wir auch die zweite Frage mit Ja beantworten müssten, dann drängt sich der Gedanke auf, der Anschlag vom 11. September wäre – zumindest teilweise – von Geheimagenten eines offiziell »befreundeten« Landes gewollt und finanziert worden, das Mitglied der Antiterror-Koalition ist und den Vereinigten Staaten logistische Hilfe sowie seine Geheimdiensterkenntnisse zur Verfügung gestellt hat.

Diese drei Fragen standen natürlich im Vordergrund meiner Gespräche in Washington. Die amerikanische Antwort auf die erste Frage lautete, wie schon erwähnt, Ja. Ein Beweis ist das Mobiltelefon, das den Kontakt zwischen Omar und dem Chef des ISI belegt. Die Antwort auf die zweite Frage fiel weniger eindeutig aus. Es gibt zwei Dokumente, sagte man mir, die die Identifikation Omars ermöglichen: die Anklageschrift von Zacarias Moussaoui, die ich nicht kenne; dann das Videoband einer Überwachungskamera, das Mustafa Ahmad am 11. September um 13.15 Uhr beim Betreten einer Bank in Dubai zeigt, wo er die in den vorangegangenen Tagen von Atta über Filialen der Western Union zurücküberwiesenen Gelder abholt – dieses Band bekomme ich zwar nicht zu sehen, aber ich glaube zu verstehen, dass es tatsächlich bestätigt, was von der Presse unablässig behauptet wurde, nämlich dass Ahmad und Omar identisch sind. Und was endlich die dritte Frage anbelangt, bezüglich einer möglichen pakistanischen Mitverantwortung für den Anschlag vom 11. September, die bleibt im Amerika von George Bush und Donald Rumsfeld das große Tabu: Denn ein doppeltes Ja, das Eingeständnis, dass Ahmad gleich Omar ist *und* der Urheber der Überweisung, das hieße, eine Mitverantwortung des ISI für den Anschlag anzuerkennen. Liefe das nicht darauf hinaus, das gesamte Gebäude der US-Außenpolitik von Grund auf infrage zu stellen, die damals bereits dem Irak die Rolle des Erzfeindes zuwies, Pakistan dagegen die eines Verbündeten?

Bleibt für mich noch das Wesentliche. Bleibt noch der Mord an Daniel Pearl, für den ich nun einen dritten Grund (nach Saud Memon, nach Binori Town) habe, anzunehmen, dass er von al-Qaida in Auftrag gegeben worden sein könnte.

Die Person Omars ist von Schwindel erregender Komplexität.
Das Obskure dieser Figur ist nicht zu fassen.
Ein doppelter, ein dreifacher Boden tut sich auf.
Und immer wieder gibt es eine neue Falltür, die sich unter unseren Füßen öffnet.
Die Windungen des Bösen sind unendlich.
Es sei denn, dieser Schwindel wäre nur der des Ermittlers, der über die Windungen recherchiert. Es sei denn, er würde seinerseits von dieser Matrix verschlungen, davongetragen auf dieser Rutschbahn des Bösen. Bin ich im Taumel eines Mysteriums, das sich am Ende selbst auflösen wird? Ich weiß es nicht.

4

Im Herzen der Finsternis

Ich hatte viele Gründe, nach Kandahar zu reisen, in den Süden Afghanistans.

Dort landete das Flugzeug der Indian Airlines, das Ende 1999 pakistanische Dschihadis der Harkat-ul-Mudschahidin entführt hatten. Die hundertfünfundfünfzig Passagiere wurden gegen die Freilassung Omars, Masood Azhars und Mushtaq Zargars aus dem Gefängis ausgetauscht.

Omar kehrte nicht direkt, sobald er auf freiem Fuß war, nach Pakistan zurück – im Gegensatz zu seinen beiden Mitstreitern. Vielleicht, um dem Taliban-Staat Tribut zu zollen, der mit seinem Entgegenkommen gerade Omars Befreiung ermöglicht hatte. Jedenfalls blieb er einige Monate im Land der »Religionsstudenten«.

Ich weiß – aus der Lektüre seines »Gefängnistagebuchs« –, dass Omar in den Jahren 1993/94, im Anschluss an seine Reise nach Bosnien und zu der Zeit, als sich der gnadenlose Kampf zwischen Massud und seinen fundamentalistischen Feinden anbahnte, bereits in zwei Ausbildungslagern trainiert hatte: Eines davon liegt in der Nähe von Miran Shah, in den pakistanischen Stammesgebieten, das andere in Khalid bin Walid, auf afghanischem Territorium.

All dies geht mir durch den Kopf, als ich kurz vor Jahresende 2002, unter größtmöglicher Diskretion, ohne den Umweg über Kabul und ohne mich bei der Botschaft zu melden, weil das dieser Reise und den Recherchen, die ich mir vorgenommen habe, einen unnötig offiziellen Anstrich gegeben hätte, auf dem Flughafen der ehemaligen Hauptstadt der Taliban lande.

In meinem Kopf geistert eine Idee herum, eine fixe Idee, möchte ich sagen. Immer wieder Omar. Omar mehr denn je. Ich will herausfinden, ob sich die Verbindung Omar Sheikhs zur Organisation Bin Ladens bestätigen lässt oder nicht. Beweise finden, oder nicht, die, falls es sie gibt, nur hier, in dieser Stadt, die auch einst Hauptstadt der al-Qaida war, existieren können. Ich will ergründen, ob ich in Dubai nur geträumt habe. Ausfindig machen, ob ich mich bloß im Dickicht der unendlichen Hypothesen verstrickt habe oder ob wir es wirklich mit einer dieser Figuren mit mehreren Gesichtern zu tun haben, die, wie Oswald, wie andere, wie so viele große, mythenbeladene Spione aus der Zeit des Kalten Krieges sich tatsächlich in immer neuen Erscheinungsformen zeigen und, sobald man sie im Zentrum eines Rätsels wähnt, sogleich in einem noch umfassenderen Rätsel auftauchen, in dem das erste sich präzisiert – oder auflöst.

Den ersten Tag verbringe ich mit der Suche nach einer Pension, die auch Ausländer aufnimmt.

Am nächsten Tag kehre ich, da ich nicht weiß, wo ich anfangen soll, zum Flughafen zurück, der heute unter amerikanischer Kontrolle steht. Trotzdem gelingt es mir, einen Angestellten ausfindig zu machen, der schon vor zehn Jahren, zur Zeit der Entführung, dort arbeitete und mir im Großen und Ganzen den Bericht A. K. Dovals, des Mitarbeiters des indischen Geheimdienstes, bestätigt.

Auf gut Glück suche ich die scheußliche, halb bonbonrosafarbene, halb pistaziengrüne Hollywood-Villa am Stadtrand auf, die Mullah Omar sich nach eigenen Wünschen hatte erbauen und ausstatten lassen: Stuckverzierungen und Radaranlagen, kitschig-skurrile Türmchen, Schlafzimmer im Rokoko-Stil und Luftabwehrgeschütze, riesige, pompöse Wandmalereien, auf denen sich Darstellungen des künftigen Lebens in einem erträumten Afghanistan voller Talsperren und Autobahnen, mit eher bukolischen Szenen abwechseln, die das Leben im Paradies versinnbildlichen.

Ich irre umher zwischen der Id-Moschee, den Trümmern des Ministeriums zur Förderung der Tugend und der Verhinderung des Lasters, den zusehends zahlreicher werdenden Musikgeschäften, dem kleinen Stadion nicht weit vom Markt, in dem die Taliban jeden Sonntag Wettkämpfe abhielten. Nicht selten tauchte dort auch der mit getönten Scheiben versehene Pajero SUV des obersten Führers der Taliban auf, der, wenn er guter Laune war, das Spiel von seiner persönlichen Leibgarde bestreiten ließ, wie ein moderner Nero (der Legende zufolge kam er mitunter sogar allein ins Stadion, zu Fuß – da niemand sein Gesicht kannte, konnte er sich dort inkognito aufhalten).

Doch Omars Spur aufzunehmen, des Einzigen, auf den es mir in Wahrheit ankommt, bereitet mir die größte Mühe.

Ich suche einen religiösen Führer auf, dessen Adresse man mir in London gegeben hat, aber er erzählt mir von einem anderen Omar Sheikh, zwar auch Pakistani, aber ansonsten sind sie nur identisch in ihrem Namen.

Ich begebe mich zur Haqqania-Madrassa, die, wie ich gehört habe, in jenen Jahren eine der Anlaufstellen für die pakistanischen »Brüder« war, die wegen des Dschihad ins Land kamen. Aber auch dort kann sich überhaupt niemand an ihn erinnern.

Ich treffe mich erneut mit Mohammed Mehran, einem Intellektuellen, dem ich im Vorjahr während meiner Mission in Afghanistan begegnet war, einer der besten Kenner der arabischen und pakistanischen Ausbildungslager, in denen sich auch Omar als junger Student aufgehalten hatte. Und obwohl Mohammed mit unerschöpflichen Einblicken in die Struktur dieser Lager und die dort vermittelte Ausbildung aufwartet, obwohl er stundenlang meine Fragen nach ihrer Funktionsweise beantwortet, hat er mir zum speziellen Fall Omar Sheikhs kaum Erhellendes mitzuteilen.

Überall wittere ich seine Spur – und kann sie doch nirgends finden.

Bei jedem Schritt spüre ich seine Gegenwart – aber sie bleibt schattenhaft.

Ich weiß, dass sich dort, im Gewirr enger Gassen, der Schlüssel zu seinem Geheimnis und zu seiner al-Qaida-Verbindung verbirgt – aber nichts verrät mir, woran ich diesen Schlüssel, falls er auftauchen sollte, erkennen könnte.

Kurz, die Untersuchung kommt keinen Schritt voran.

Zum zweiten Mal, wie schon in Bosnien, mache ich die enttäuschende Erfahrung, weder Spuren noch Zeugen zu finden.

So vergehen drei Tage.

Ich verbringe sie mit Lesen, Nachdenken, Streifzügen durch die Basare, Träumen, ich lausche dem Ruf des Muezzin, der mir (ist es nur Einbildung?) aggressiver vorkommt als bei meinen früheren Besuchen, lese noch mal die Novelle »Les amants de Kandahar« von Comte de Gobineau, warte, verliere die Geduld, warte weiter. Und dann, da ich schon mal warten muss, nutze ich die Zeit zu dem Versuch, mir vorzustellen, wie Omars Leben in Miran Shah und in Khalid bin Walid ausgesehen haben mag, damals, als er zum ersten Mal hier war und seine beiden militärischen Lehrgänge absolvierte. Denn immer noch ist da das Rätsel, das uns am unerklärlichsten scheint: Wie konnte aus dem netten Engländer ein fanatischer heiliger Krieger und Verbrecher werden?

Gewiss, ich habe keine Augenzeugen. Niemanden, der mir sagen könnte: »Ich habe Omar in Miran Shah und Khalid bin Walid gekannt, so war er damals.« Aber dafür erinnere ich mich an die Schilderungen Mohammeds und an bruchstückhafte Mitteilungen, die Omar gegenüber Peter Gee, Rhys Partridge und den anderen Geiseln aus der Zeit in Indien geäußert haben soll. Auch vertraue ich auf meine inzwischen erworbene Kenntnis dieses Menschen. Denn darauf kommt es an, einen Menschen zu verstehen, in der Lage zu sein, ihn sich in Situationen vorzustellen, über die man so gut wie nichts weiß. Und mit der Zeit habe ich das Gefühl, allmählich immer mehr von Omar zu wissen.

Wie ist die geografische Lage der militärischen Trainingsstätten von Khalid bin Walid und Miran Shah? Diese Lager ähneln sich alle, hat Mohammed mir erklärt, sind nach demselben Muster angelegt. Sie liegen inmitten grüner Talmulden, umgeben von schroffen, schneebedeckten Bergen. Im Sonnenlicht sieht man gleißende Hallen aus dünnem Blech. Zelte. Eine Moschee. Dann ein weitläufiger Platz, auf dem man sich zum Gebet und zum Exerzieren versammelt. Das Bild an der Wand meines Zimmers im Hotel Akbar hatte ein solches Lager dargestellt. Khalid bin Walid jedoch, in dem Omar sein zweites Training hatte, zeichnete sich durch eine Besonderheit aus. Mohammed kannte dieses Lager am besten, weil er noch dort war, kurz bevor die Amerikaner es dem Erdboden gleichmachten. Es besaß einen zusätzlichen Platz, etwas kleiner als der Hauptplatz, auf dem sich regelmäßig Familienangehörige der Kämpfer trafen, um gemeinsam die Ekstase über den Opfertod zu teilen, bisweilen neue Ehen unter den Überlebenden zu schließen und so eine Art heilige Gemeinschaft von Heldeneltern zu bilden. Hierher kamen sie auch, im Allgemeinen mit ihren Kindern, wie ins Theater, um zuzuschauen, wie die heiligen Krieger ihnen den Tod vorspielten, ihren Ruhm nachinszenierten. Krieg und Theater. Verbrechen und Darstellung des Verbrechens. Eine bukolische und zugleich asketische Atmosphäre. Sattgrün und düster. Schauspieler und Märtyrer. Allah Akbar. Omar ist dort.

Alltag in diesen Lagern. Die Tage. Die Nächte. Ich versuche mir Omars Nächte in Khalid bin Walid vorzustellen. Im Detail. Immer im Detail. Denn darin, wie üblich, spielt sich alles ab, drückt sich alles aus. Wie schläft er? In einem Bett? Auf einer Matte? Auf der Erde? Im Schnee oder auf den Kieseln? Allein? Mit den anderen? Die Antwort: auf Matten, manchmal sogar auf nacktem Boden, unter einem Baum, draußen bei Regen, sicherlich ohne Kopfkissen, ohne Laken, ohne Decke, bei Kälte in Socken, an die anderen gedrängt, wie Sardinen, um sich zu wärmen. Terror und Brüderlichkeit. Die Seligkeit der endlich gefundenen Gemeinschaft. Die Erfahrung des Kollektivs, die feuchte Ausdünstung der Menschen, ihr übel riechender Atem, der Werdegang eines Menschen namens Omar, der keineswegs leidet unter den Flöhen und Wanzen, unter der Kälte, dem Zusammengepferchtsein der Leiber, den sich vermischenden Atemzügen, der stinkigen menschlichen Materie, sondern tiefste Freude darin findet. Falls sein Problem, wie Peter Gee mir sagte, wirklich in der verweigerten Zugehörigkeit bestand, falls er tatsächlich insgeheim davon träumte, seiner schmerzlichen Einsamkeit in London zu entrinnen, dann war er mit Khalid bin Walid gut bedient, hier in der Hölle, also dem Paradies.

Die Tage in Khalid bin Walid. Was wurde dort gegessen und getrunken? Die Frage mag frivol erscheinen. Nicht so für Omar. Omar mit seiner anfälligen Gesundheit. Omar mit seinem Körper eines verweichlichten Europäers. Omar, der nicht nach Bosnien einreisen konnte, weil die Reise ihn erschöpft und schließlich krank gemacht hatte. Und Omar, dem im Lager zuvor, in Miran Shah, wohin er direkt von London aus gereist war, ein ähnliches Missgeschick zugestoßen war. Die Schüsseln voll halb garem Reis. Das verdorbene Fleisch, das man, zusammen mit den anderen, mit Fingern von großen Tellern isst. Das hundertmal erhitzte Öl. Schlechtes, fauliges Wasser. Saure Milch. Wenig Obst. Der Dreck in den Küchen. Überhaupt allgegenwärtiger, permanenter Schmutz. In Miran Shah zieht sich Omar eine Vergiftung zu, die ihn niederwirft. Fieber. Delirium. Trockene, ganz geschwollene Zunge. Der schweißgebadete Körper, der völlig schlappmacht. Er muss im Bett liegen, falls überhaupt von Bett die Rede sein kann, während die anderen bei den Übungen sind. Omar, der ausgezogen war, um ein ruhmreicher heiliger Krieger zu werden, erkrankt nach einundzwanzig Tagen, am Ende der Grundausbildung zum Dschihadi, und muss schleunigst nach Lahore zurückkehren (zu seinem Onkel Rauf Ahmed Sheikh, Richter am Obersten Gerichtshof von Lahore, oder zu seinem Großvater – keine Ahnung). Er muss sich jämmerlich gefühlt haben, das zarte Pflänzchen.

Was macht Omar, als er krank wird? In Solin, in Kroatien, war es einfach. Er blieb im Bett. Wartete. Bis der Convoy of Mercy ihn nach Abschluss seiner Mission wieder einsammelte, um ihn zurück nach London zu transportieren. Aber dort? In Miran Shah gab es meines Wissens weder Ärzte noch Schwestern. Weder Pflege noch Medikamente. Diese Armee, die Armee der Dschihadis, der heiligen Krieger, der Soldaten Gottes, ist meines Wissens die einzige Armee der Welt, in der niemand sich um die Gesundheit, die körperliche Verfassung der Soldaten schert. Für die Rekrutierung gelten zum Beispiel auch keine Altersbeschränkungen. Musterungsausschuss? Fehlanzeige. Achtzigjährige Greise dürfen ebenso wie Kinder antreten. Und zwar Kinder, die, nebenbei bemerkt, zehn Jahre, zehn Monate, zehn Tage alt sein können – es gibt Mütter, die ihr Neugeborenes gleich nach der Geburt in ein Lager bringen! Es gibt sogar regelrechte Kinderkrippen für die dem Dschihad geweihten Säuglinge! Kurzum, eine Krankenstation existierte nicht in Miran Shah, auch nicht in Khalid bin Walid. Das nächste Krankenhaus befindet sich in Muzaffarabad, zweihundert Kilometer weit weg, dort werden die im Kampf Verwundeten versorgt. Marschier oder stirb, nur darum geht es. Omar stirbt in Miran Shah aber nicht, er kehrt nach Pakistan, nach Lahore zurück.

Die Struktur der Tage und Nächte in Miran Shah und Khalid bin Walid. Was Omar aufgefallen sein muss, da bin ich sicher, ist die Ereignislosigkeit: Fünf Gebete ergeben noch keinen

Rhythmus, ebenso wenig wie drei Mahlzeiten einen Tag ausmachen. Die scheinbare Unbeweglichkeit und Zähigkeit der Zeit wird Omar mit Sicherheit beunruhigt haben. Erstes Gebot der dschihadistischen Zeit: so tun, als würde nichts geschehen. Der erste Schock für Omar als Dschihadi: Diese Zeit, die nicht mehr vergeht, dieses reine Verstreichen der Zeit, diese von Begebenheiten, von Gedanken freie Zeit. Omar liest nicht mehr. Denkt nicht mehr nach. Er ist eingespannt in die Mechanik der Tage, in die Repetitivität der kollektiven Gesten und des Überlebens. Nach dem Rausch der Gemeinschaft folgt die Leere. Er wird zum Analphabeten. Sein Geist verarmt. Amnesie. Gehirnwäsche?

Zurück zum Zeitplan, gültig für sämtliche Lager: erstes Gebet vor dem Morgengrauen. Dann Rezitation aus dem Koran, auf Arabisch. Dann Vortrag des Emirs oder eines durchreisenden Ulemas über eine Frage der Doktrin, einen Ausspruch des Propheten, es folgen Suren, eine Seite aus dem »Kitabul Jihad«, dem »Buch des Dschihad«, von Abdullah Bin Mubarak, jenem Korangelehrten, der die Aussagen des Propheten Mohammed über den Heiligen Krieg zusammengestellt hat. Erst jetzt – um acht Uhr – Frühstück. Erst dann – ab neun Uhr – militärische Übungen. Mittagsgebete. Mittagessen. Mittagsruhe. Nachmittagsgebete. Übungen. Nächste Indoktrinationsstunde: die Kriege Mohammeds, das Leben seiner Gefährten, sein heiliges Antlitz, warum es nur Einen gibt. Schließlich wird die Abscheulichkeit der Videospiele, der Drogen, dieser Actionfilme mit Stallone und anderen, die Omars Verhältnis zur Gewalt so entscheidend geprägt haben, an den Pranger gestellt. Es sind nun bestimmte Arbeitsdienste zu erledigen. Gebet in der Abenddämmerung. Weitere Koran-Rezitation. Weiterer Vortrag über den Dschihad, den Kampf auf dem Weg Allahs, wie auch über den Qital, die Allah gemäße Kunst des Tötens, über die heiligen Werte des Islam – Brüderlichkeit, Gemeinschaft, Ummah –, wie auch über den Materialismus des modernen Lebens und die moralische Dekadenz des Westens (die in Europa gängige Unfähigkeit der Söhne, ihre Väter zu lieben, die der Väter, ihre Söhne zu lieben, die der Brüder, ihre Brüder zu lieben, wie die Brüder in der islamischen Welt einander lieben – man sieht es ja an diesem Lager). Letztes Gebet. Nachtruhe.

Bilanz: Fünf Gebete, dazu vier oder fünf Indoktrinationen. Und demgegenüber zwei, vielleicht auch drei, militärische Trainingseinheiten (Handhabung einer Kalaschnikow, der RPG-7, von Granaten, Gewehren, Panzerfäusten und, Spezialität von Khalid bin Walid, von ferngezündeten Minen). Sieht so tatsächlich ein »Ausbildungslager« aus? Funktionieren so die gefürchteten Camps der al-Qaida? Könnte es sein, dass dem Religiösen in Khalid bin Walid größeres Gewicht zukommt als dem Militärischen? Dass das Minarett über das Gewehr gebietet? Der Ulema über den Emir? Und zählt bei den heiligen Kriegern das »heilig« mehr als der »Krieger«? Ich denke, ja. Im Westen wird das kaum berücksichtigt, und doch sieht so die Realität aus. Es kommt in den Camps weniger darauf an, den Dschihad zu führen, als daran zu glauben, dass der Dschihad ebenso sehr eine religiöse Pflicht ist wie eine militärische, wenn nicht sogar mehr. Mit anderen Worten: Die Befreiung Kaschmirs oder Palästinas ist nur ein Ausgangspunkt, fast ein Vorwand.

Das ist auch das Erste, was Omar bei seiner Ankunft erfasst. Im Grunde ist das seine Chance. Es ist die Karte, die er ausspielen wird. Es ist die einzige Erklärung für den Titel »Ausbilder«, mit dem er sich im Tihar Jail vor seinen Mithäftlingen aus Bangladesch und Pakistan brüsten wird, und bei dem ich mich lange gefragt habe, wie ein Städter wie er ihn wohl erlangen konnte. Nie wäre Omar im Lager Khalid bin Walid »Ausbilder« geworden, wenn der militärischen Dimension dort ein deutlich größeres Gewicht zugekommen wäre als der religiösen.

Nebenbei bemerkt: Wurden die Koran-Lesungen auf Arabisch abgehalten? Ja, aber in Khalid bin Walid sprach niemand Arabisch. Die Sprache im Paradies ist nicht Arabisch, sondern Urdu, Pandschabi oder Kaschmiri, die Mundarten der Analphabeten, die das Lager in Serie produziert. Nur in den Camps der Lashkar-e-Toiba erhalten die Kämpfer ein wenig Unterricht in Lesen und Rechnen, dazu werden ihnen Grundkenntnisse in Englisch und Arabisch vermittelt. In den Lagern, die unter Kontrolle der Deobandi-Organisationen stehen (damals die Harkat, heute die Jaish-e-Mohammed) und die die Zöglinge der großen Madrassen von Peschawar und Karatschi (Akora Khattak, Binori Town) ausbilden, passiert das nicht, also auch nicht in Khalid bin Walid. Das Zuhören hat bei den Fundamentalisten immer schon Vorrang vor dem Sprechen, bloßes Dabeisein zählt mehr als Verstehen.

Ich stelle mir nun diese vielen Männer jeden Alters vor, die sich vor Tagesanbruch auf dem großen Platz vor den Hallen versammelt haben. Ich stelle mir vor, wie sie verzückt einem Text lauschen, von dem sie nicht ein Wort verstehen. Omar? Er kann bestimmt Arabisch. Hatte er nicht in seinem Vernehmungsprotokoll angegeben, dass er Englisch, Urdu, Pandschabi, Französisch und Arabisch spreche? Omar versteht also genug Arabisch, um den Koran-Lesungen folgen zu können. Ich möchte sogar wetten, dass dies die einzige intellektuelle Aktivität ist, die er beibehalten wird. Und ich vermute, seine Arabischkenntnisse trugen auch zu seiner Überlegenheit gegenüber seinen Kameraden, seinen Gefährten bei – deswegen erlangte er möglicherweise »Befehlsgewalt« über die einfachen Bauern, die nur Urdu oder Kaschmiri sprachen.

Was bedeutet im Übrigen »Ausbilder«? Wie sieht die Hierarchie in einem Lager wie Khalid bin Walid aus? Welche Rangordnung besteht überhaupt in der Armee des Dschihad? Welche Befehlsstruktur? Gibt es Dienstgrade? Welche genau? Und welcher Status kommt dabei Omar zu? In der heiligen Armee gibt ist es nur einen einzigen Dienstgrad, den Emir. Das einzige Gesetz, dem sich alle unterwerfen, ist das des Emirs. Jede Gruppe hat einen Emir. Dem Emir, und nur ihm allein, ist alle Macht vorbehalten, ohne jede Diskussion, ohne Frage (ausgenommen er selbst, der zur Klärung von Fragen die Jirga einberuft, eine Versammlung weiser Männer). Folglich gibt es im Dschihad ebenso viele Emire, wie es Gruppen gibt. Einziges Problem: Was ist eine Gruppe? Ab wann, ab wie viel Mann, kommt eine Gruppe zustande? Hundert? Zehn? Zwei? Theoretisch gilt in Pakistan und Afghanistan, dass bereits zwei heilige Krieger eine Gruppe bilden können. In der Praxis ist anscheinend ein Durchschnitt gängig – Mohammed Mehran hat mir von acht Lehrern und Ausbildern auf rund fünfzig heilige Krieger berichtet. Wie also verhält es sich in Khalid bin Walid? Welche Art Emir war Omar dort? Ein kleiner oder ein großer Emir? Mit Befehlsgewalt über hundert, zehn oder zwei Kämpfer? Über das gesamte Lager oder nur über seinen Bettnachbarn? Keine Ahnung.

Omar ein frommer, gewissenhaft betender Gläubiger? Das wäre für alle, die ihn kennen, eine ziemliche Überraschung. Asad Khan wunderte es, ihn auf der Reise nach Bosnien nicht häufiger beten zu sehen. Rhys Partridge erlebte, mit welcher Unverfrorenheit Omar den koranischen Status des »Reisenden« ausnutzt, um sich um seine Gebete zu drücken. Die Idee Gottes hatte in seinem Leben offenbar immer einen bescheidenen Stellenwert eingenommen (in Peter Gees Worten: »Er glaubt an die Unsterblichkeit der Seele wie daran, dass ein Ei ein Ei ist«). Es fällt schwer, sich Omar fromm vorzustellen. Habe ich mich um Gott verdient gemacht oder nicht? Nächte, in denen er im Geiste seine guten und schlechten Taten Revue passieren lässt – das passt nicht zu ihm. Und trotzdem … In Khalid bin Walid bleibt einem keine Wahl. Es herrscht dort eine eiserne religiöse Disziplin. Mit Bestrafung und Züchtigung derer, die nicht am kollektiven Gebet teilgenommen haben. Omar hält es also wie alle. Er passt sich an. Er fügt sich. Wegen einer Glaubenskrise? Oder wegen des erstmals im Leben erfahrenen Zugehörigkeitsgefühls und des damit verbundenen Gehorsams? Oder nur aus Zynismus und in dem Bewusstsein, dass man in Khalid bin Walid nur so nach oben kommt?

Die Vergangenheit. Wie geht Omar mit seinen Erinnerungen um? Wie lebt er dort, inmitten dieser Ungebildeten, mit seiner westlichen Herkunft? Das Wissen, die Fertigkeiten, zu denen er Zugang hatte, sind sie ein Trumpf oder eine Sünde? Muss er sich ihrer entledigen, und wenn ja, wie? Sie verheimlichen? Hat man bei den Gotteskriegern noch das Recht auf ein Gedächtnis, oder muss man, wie bei den Roten Khmer in Kambodscha und den schwarzen Tigern in Sri Lanka, den einstigen Menschen in sich abtöten, damit er von der Krankheit der Vergangenheit genesen kann? Bestimmt liegt hier das gleiche Schema wie bei den Tigern und den Roten Khmer vor. Bestimmt gilt die Vergangenheit als Sünde, die Erinnerung als schändlich. Der Dschihadi gilt nach seiner Ausbildung als rein, neu geboren, makellos. Vergib mir, Allah, für diese Vergangenheit! Vergib mir, was unzulänglich war. Allerdings vermute ich, Omar bildet eine Ausnahme und vereint, wie alle Dschihadis seines Rangs, beides in sich: Er hasst und liebt den Westen, er verbirgt seine Fähigkeiten und benutzt sie zugleich, er verleugnet sie, stellt sie aber in den Dienst seines Kampfes. Omar schließt sich der einhelligen Vorstellung an, das Wissen sei die Wurzel aller Sünden, und wendet dieses Wissen zugleich gegen die, auf die es zurückgeht. So gerissen, wie ich Omar einschätze, hat er mitsamt seinem Zynismus im neuen Gewand überlebt. Es ist die Versuchung, sich unter den Dschihadis, seinen Brüdern, Einfluss zu sichern. So zumindest sehe ich es.

Dasselbe gilt, denke ich, für die selbstmörderische Seite des Dschihadismus. Wohl wahr, nicht alle Dschihadis sind Selbstmordattentäter. Der Koran, wenn man ihn sorgfältig liest, besonders die Suren, in denen die Hölle als Ort beschrieben wird, an dem die verdammte Seele dazu verurteilt ist, die Umstände ihrer letzten Augenblicke auf Erden unzählige Male zu durchleben und zu wiederholen, verbietet den Selbstmord – eindeutig. Und ich glaube, der heilige Krieger hat noch bei den aussichtslosesten Missionen die Pflicht, sich eine Chance zu lassen, sich bis zum Äußersten gegen das Schicksal zu wehren, alles zu unternehmen, um mit dem Leben davonzukommen und dem Tod zu entrinnen. Das Martyrium hat nur seine Gültigkeit, wenn es wie wahnsinnig begehrt und zugleich verzweifelt abgewehrt wurde. Um Gott gefällig zu sein, darf man sich vor allem nicht anmaßen, eine Entscheidung zu treffen, die nur Ihm zusteht.

Ich kenne das Paradox des Selbstmordattentäters, der sich im Islam und gegen alle Sitten buchstäblich dazu gezwungen sieht, einen Selbstmord als natürlichen, gewaltsamen Tod zu tarnen. Aber trotzdem. Unzweifelhaft gibt es bei diesen Männern ein Verlangen, nach dem Tode zu trachten, die Tag für Tag zu Allah zu beten und ihn anzuflehen, sie gnädig zu sich zu rufen. Was ist mein Fehler?, betet der überlebende Dschihadi. Welches Vergehens habe ich mich schuldig gemacht, dass du, mein Gott, zögerst, mich zu empfangen? Ich kenne das Elend älterer Dschihadis. Das seelenlose Gesicht eines Vierzigjährigen, der spürt, dass ihn der Tod, trotz seiner Gebete, vergessen hat.

Und Omar? Sein Platz in diesem Theater? Wie hat man sich den jungen, wachen Omar inmitten dieses übersteigerten Opfer- und Sühnekults vorzustellen? Nun ja, zynisch wohl. Fraglos bewandert im nihilistischen Jargon. Vielleicht auch angeberisch, mit dem Anspruch, wie damals beim Armdrücken, der Beste zu sein, das heißt, einer der Auserwählten – höchstes Privileg bei den Dschihadis! Dieses ist nur wenigen vorbehalten! Einem Artikel über den Krieg in Kaschmir entnehme ich, dass es in Pakistan fünf- bis sechshunderttausend für den Dschihad geschulte Krieger gibt, aber nur einige tausend aktive Kämpfer! Ich behaupte, Omar wird zu einem der Auserwählten, dem die Auszeichnung und das Recht zuteil wird, die Grenze zu überschreiten und zu kämpfen. Ansonsten aber ist bei ihm ein solider Überlebenswille ausgeprägt.

Omars Kameraden? Er hat keine.

Omars Sexualität? Sie ist wie bei allen in diesen Camps. Wie bei Mohammed Atta, dessen Abscheu vor Frauen so weit ging, dass er testamentarisch festlegte, Frauen dürften sich nicht seinem Grab nähern und nicht ohne Handschuhe an der Waschung seiner Genitalien mitwirken. Eine verkappte Homosexualität. Vielleicht auch ausgelebt. Oder auch gar keine Sexualität, weil das Vergnügen eine Sünde ist und der Geschlechtsverkehr mit einer Frau einzig der Fortpflanzung dient. Zu der Zeit hat Omar, wenn ich allen in London gesammelten Aussagen Glauben schenke, wahrscheinlich noch nie mit einer Frau geschlafen. Zu der Zeit hat Omar noch nie einen Wunsch ernsthaft verfolgt, der mit einer Frau zu tun hatte. Und da anzunehmen ist, dass sich auch nie etwas ergeben hat, weder im Lager, noch bei seinem Onkel in Lahore, noch später im Gefängnis, ist wohl davon auszugehen, dass er mit neunundzwanzig Jahren, als er Sadia kennen lernt, seine spätere Ehefrau, noch Jungfrau ist. Ein Schlüssel zu Omars Psychologie? Eine Erklärung seines Rätsels? Die Asexualität und der dazugehörige Wille zur Reinheit als mögliche Wurzeln der Moral und Religion des fundamentalistischen Verbrechens? Frustration und morbides Streben nach dem Absoluten als doppelte Parameter unter extremen Bedingungen? Vielleicht.

Existieren Bilder von Omar aus dieser Zeit? Fotos? Nur in den Lagern der Lashkar-e-Toiba ist das Fotografieren verboten. Also habe ich gesucht. Mich umgehört. Sicherlich gibt es irgendwo Fotos. Ich habe keine gefunden.

Omars Familie? Der geliebte Vater, die vergötterte Mutter, die beide in London geblieben sind und über die er gegenüber Abdul Rauf sagte, der ihn damals in Split als Erster für den Heiligen Kampf anzuwerben versuchte: »Ich würde nie etwas gegen ihren Willen tun. Sie entscheiden über alles. Es bedarf ihrer Einwilligung, bevor ich heiliger Krieger werden kann«? Es gibt keinen Kontakt mehr zur Familie. Der Dschihadi ist jemand, der für sich das Recht beansprucht, zweiundsiebzig Auserwählte zu benennen – entsprechend der Anzahl von Jungfrauen, die ihn im Paradies erwarten –, die ihm in den Himmel nachfolgen dürfen. Vielleicht glaubt Omar ja daran. Vielleicht empfindet er es als seine Verantwortung, Saeed, Qaissia und Awais zu sich zu holen, wenn er ins Paradies kommt.

Wechseln Dschihadis den Namen? Natürlich. Um von der Bildfläche zu verschwinden, unsichtbar zu werden, unauffindbar, um unterzutauchen. Sie benötigen zur Tarnung Decknamen. Aber auch aus religiösen Gründen. Decknamen sind ein Syndrom der Gefährten des Propheten. Man wechselt den Namen, wie man konvertiert. Der neue Name wird als Wiedergeburt verstanden. Der Namenswechsel ist einer der Initiationsriten, die den Eintritt in den Dschihad markieren. Omar tauscht also den Namen, wie die anderen, aus religiöser Pflicht. Und ich kenne alle Namen Omars. Ich kenne siebzehn Pseudonyme. Bis auf diesen einen, der so entscheidend ist. Sein geheimer Name?

So weit bin ich nun. Ich bewege mich im Reich der Rekonstruktionen und Spekulationen über die dunkelste Zeit in Omars Leben. Zum wiederholten Mal unterhalte ich mich mit Mohammed: Glaubst du, Omar konnte schießen? Wie bedeutsam war die Homosexualität in diesen Lagern? Hat er möglicherweise nie gekämpft? Mit anderen Worten, ich bin dabei, mein Porträt von ihm abzurunden, weitere Pinselstriche und

Details hinzuzufügen – ohne aber, das merke ich wohl, dabei mit meinem Hauptanliegen, seiner Verbindung zu al-Qaida, auch nur einen Schritt voranzukommen. Immer wieder gehe ich seine Biografie durch, verliere mich in Fragen ohne Antworten, höchstens unnützen Antworten – bis mir eines Morgens der Einfall kommt, mit dem ich im Grunde hätte beginnen sollen: Gul Agha Sherzai – der pittoreske und Furcht einflößende Gouverneur von Kandahar. Wäre es nicht am einfachsten, Gul Agha Sherzai einen Besuch abzustatten, diesem alten Bekannten aus der Zeit meines *Rapport* aus Afghanistan und im Übrigen Herr über Kandahar? Ist das nicht auch heute wieder der beste und, so oder so, einzig verbleibende Weg?

Ich mache mich auf zum Palast.

Dabei spreche ich Stoßgebete, dass niemand auf die fatale Idee gekommen ist, ihm die wenig schmeichelhaften Seiten unter die Nase zu reiben, die ich ihm damals im *Rapport* zugedacht hatte.

5

Bin Ladens Lieblingssohn

Offenbar nicht.

Der Gouverneur erinnert sich nur noch dunkel an unsere Begegnung.

Anscheinend entsinnt er sich unserer wilden Autofahrt durch die Straßen seiner schönen Stadt. »Zeigen Sie mir, Herr Gouverneur, dass Sie bei Ihren Mitbürgern so beliebt sind, wie Sie behaupten!« Worauf er, getroffen durch meine Worte, damals seine Leibgarde, seine Motorradeskorte und eine Gefolgschaft neuer BMWs mit den von Kugeln durchsiebten getönten Scheiben mobilisierte, um mit mir eine Rundfahrt durch Kandahar zu unternehmen – bei jedem Stopp spurteten seine behelmten Infanteristen in die eingeschüchterte Menge und brachten, mit Reitgerten oder Revolvern in der Hand, eine Schar verängstigter Kinder dazu, mitzukommen und sich über den Kopf streichen zu lassen.

Gul Agha verwechselt dieses trostlose Bad in der Menge mit Beliebtheit. Vor drei Monaten wurden er und sein »Freund« Hamid Karsai, der Präsident von Afghanistan, Opfer eines Attentats. Sie überlebten. Jetzt lüftet er seine an einen Operettengeneral gemahnende Schirmmütze. Unter lautem, fast brüllendem Gelächter, als führte er eine Zirkusnummer vor, zeigt er mir sein linkes Ohr, wulstig und leicht schwärzlich: »Schauen Sie sich das an! Hat Gul Agha nicht ein Glück? Der Schuss ging ganz schön knapp vorbei, was? Welche Kaltblütigkeit, Sie erinnern sich!«

Von dem vernichtenden Porträt aber, das ich nach meiner Rückkehr nach Frankreich von ihm gezeichnet habe, von seinem konturlosen Gesicht, den seelenlosen Augen, der näselnden wie erkälteten Stimme, den ständig zu einem idiotischen Grinsen verzerrten Lippen, seiner in die viel zu neue Uniform gezwängten Gestalt eines General Alcazar, seiner zu roten Orden, des zu schwarzen Schnauzbarts, seiner zu hohen Schirmmütze und der allzu gestärkten Epauletten, der niedrigen Stirn, die gern entschlossen gewirkt hätte und doch nur eine voll gefressene Dummheit zum Ausdruck brachte, seinen furchtbaren, absurden Wutausbrüchen, seiner Vorliebe für Pistazien, die er während unseres Gesprächs unaufhörlich, nahezu mechanisch verspeiste, seiner Habgier, ist ihm anscheinend, zum Glück, nichts zu Ohren gekommen.

»Herr Gouverneur, ich suche Sie auf, weil ich mich für einen Mann interessiere, der Ende der achtziger Jahre hier war.«
»Ach, die achtziger Jahre ... Das ist lange her, die achtziger Jahre«, sagt er und grabscht nach der Hand voll Pistazien, die sein Adjutant gerade von der Schale befreit hat, und schiebt sich sämtliche Kerne auf einmal in den Mund.
»Es handelt sich um einen Feind Afghanistans. Denken Sie zurück an unser Gespräch letztes Jahr, als Sie mir sagten, die Pakistanis seien die Feinde Ihres Landes. Nun ja, dieser Mann ist Pakistani ...«
»Ja, ich erinnere mich«, brummt er argwöhnisch. Dann packt ihn jäh der Zorn, aber nur wegen eines Stückchens Pistazie, das sich zwischen seinen Zähnen eingeklemmt hat. Wutentbrannt staucht er den Adjutanten zusammen.
»Ich bin überzeugt, Herr Gouverneur, dass dieser Mann, der heute in pakistanischer Haft sitzt, hier in Afghanistan eine Militärausbildung absolviert hat. Und ich bin überzeugt, er hat hier in der Gegend noch Helfer und Mittelsmänner.«
Gul Agha wirkt zufrieden jetzt. Es ist ihm gelungen, das Pistazienstück zu entfernen, also ist er zufrieden und lächelt mich an, was ich auf gut Glück auch als Einladung deute, fortzufahren.

»Dieser Mann war im Camp Khalid bin Walid.«

»Ich erinnere mich ...«, wiederholt er. »Ich erinnere mich ...«

Gul Agha hängt nun zusammengesunken über dem Tisch. Seine Augen sind halb geschlossen, die Stimme ist heiser, weshalb er kaum zu verstehen ist. Ich habe Angst, er schläft gleich ein. Sogar bei den Pistazien bedient er sich nur noch lustlos.

»Es ist wichtig, Herr Gouverneur. Sehr wichtig. Die französische Regierung legt größten Wert darauf, dass ...«

Ein Wunder! Bei den Worten »französische Regierung« ist er, weiß der Himmel warum, auf der Stelle hellwach. Er rückt die Schirmmütze gerade, fixiert mich, fast zu aufmerksam, als würde er mich durchschauen.

»Das Geld«, sagt er. »Ich hoffe, Sie haben das Geld!«

Welches Geld? Wovon redet er? Ich erfahre es nicht. Denn da, ohne eine Antwort oder Frage abzuwarten, richtet er sich auf, nimmt Haltung an, bellt dem sogleich strammstehenden Adjutanten einen Befehl zu, packt mich am Arm und zerrt mich bis zur großen Treppe des Palastes, wo aufbruchsbereit eine Motorradeskorte wartet. Dort aber überlegt er es sich anders, brüllt seinem aufgeschreckten Gefolge einen weiteren Befehl zu, stolpert, läuft hochrot an, nimmt mich wieder am Arm, kehrt um und bringt mich im Laufschritt zum Büro zurück, wo er mitten im Raum wie ein Tölpel stehen bleibt, als wüsste er nicht mehr, was er tun wollte. Gleich darauf taucht ein äußerst magerer kleiner Mann mit glänzenden schwarzen Augen auf, der an ein Insekt erinnert und es als Einziger zu wagen scheint, ihn direkt anzusehen.

»Amin ist Verantwortlicher bei unserer Polizei«, erklärt Gul Agha etwas gefasster und mit widersinnig sonorer Stimme, als würde er dem Mann einen Orden verleihen wollen. »Stellen Sie Ihre Fragen. Alle Fragen. Amin ist hier. Er wird sie Ihnen beantworten.«

Damit lässt er sich wieder in seinen Sessel sacken und langt nach den ersten Pistazien, die sein atemloser Adjutant ihm von neuem ohne Schale zu präsentieren beginnt.

Amin hatte mich um zwei Tage Zeit gebeten. Versprechen konnte er nichts. Er erklärte: »Die einstigen Zeiten sind vorbei. Das Afghanistan von heute ist ein neues Afghanistan. Eine Chance aber haben wir, die Taliban legten Wert auf Ordnung, sie haben alles aufgeschrieben.«

Am Morgen des zweiten Tages hält ein Wagen des Gouverneurs, angeführt von einer Motorradeskorte in Paradeuniformen, vor meiner Pension und bringt mich unter lautem Gehupe und mit Blaulicht ans andere Ende der Stadt, zu einem um einen Hof herumgruppierten Gebäudekomplex, bei dem ich nicht genau weiß, ob es sich um ein Nebengebäude des Gouverneurpalastes handelt oder um eines der Polizeizentren von Kandahar.

Amin wartet bereits, umgeben von zwei Mitarbeitern, in einem Zimmer, in dem ein opulentes Frühstück angerichtet ist.

»Wir haben ihn möglicherweise gefunden«, sagt er zu mir. »Saeed Sheikh Omar. Geboren 1973 in London. Bis 1994 doppelte Staatsangehörigkeit. Gibt seine pakistanische Staatsangehörigkeit im Januar 1994 auf. Ist er das?«

Über den Tisch schiebt er mir ein altes Schwarzweißfoto entgegen, vielmehr die Fotokopie eines Fotos. Trotz seiner Jugend, trotz des schwarzen Turbans, der an die Funktionäre des Ministeriums zur Förderung der Tugend und der Verhinderung des Lasters erinnert, trotz des schwarzen Kajalstrichs am unteren Augenlid, der ihn wohl härter wirken lassen soll, kriegerischer, erkenne ich Omar auf Anhieb.

»Also ja«, fährt er dann fort. »In dem Fall haben wir was. Trinken Sie rasch Ihren Tee. Und dann kommen Sie.«

Amin, seine Mitarbeiter und ich steigen in einen neuen Toyota, das Abschiedsgeschenk von Major Fox und den amerikanischen Spezialeinheiten, wie er mir erklärt. Und los geht's, wieder in Begleitung einer Motorradeskorte in schweren Stiefeln, nach Wazir Akbar Khan, ins Wohnviertel der Stadt, unweit vom früheren pakistanischen Konsulat – zu einem einsam gelegenen, zweistöckigen Haus, bescheiden und offensichtlich unbewohnt, aber bewacht von bewaffneten Soldaten, als handelte es sich um das Grab eines Heiligen oder den Schrein, in dem der Mantel des Propheten aufbewahrt wird.

Drinnen sind, fast wie in einem Museum, Objekte auf Regalen aufgereiht: ein in Zeitungspapier eingeschlagenes Flughandbuch, Korane, pakistanische Pässe, Videokassetten, mehrere Bündel hektografierter Dokumente, Flugblätter vermutlich, in Arabisch und Urdu, Fotos tschetschenischer Kämpfer, ein Buch über Anthrax, an der Wand ein gerahmter Pilotenschein sowie eine Karte mit den amerikanischen Stützpunkten in Saudi-Arabien und am Golf. Wir befinden uns, erläutert Amin, in einem der im November 2001 entdeckten Häuser von al-Qaida, von denen man bis heute nicht weiß, ob es sich um wahre Fundgruben oder nur um bewusst gelegte Köder handelt, da die eigentlichen Geheimnisse von al-Qaida, die wesentlichen Archive mit den Namen der schon in den USA ansässigen Bin-Laden-Kader, bereits nach Jalalabad gebracht worden waren. Dieses Gebäude aber war unabhängig davon eines der Gästehäuser für ausländische Kämpfer, also vielleicht auch für Omar, der sich nachweislich dreimal in Afghanistan aufgehalten hat.

Erstmals 1994. Im März. Vielleicht noch im April. Omar hat seit einigen Monaten seine erste Schulung hinter sich, in dem Camp nahe bei Miran Shah, in den pakistanischen Stammesgebieten, mit dem Namen Salam Fassi. (Es existiert anscheinend heute noch, denn auf seiner Flucht aus Tora Bora im Januar 2002 soll dort Abu Subeida, der Stellvertreter Bin Ladens, Station gemacht haben, bevor er dann weiterreiste nach Faisalabad.)

Und war Omar in Khalid bin Walid tatsächlich als »Ausbilder« dort? Ist das wirklich wahr? Ja, wirklich. Dazu befugt, seinerseits eine »Istakbalia« zu leiten, eine vierzigtägige Grundausbildung? Ja, ohne Zweifel.

Auch das bestätigt der Polizist, dass es in Khalid bin Walid besonders auf die »intellektuelle« Schulung der Kämpfer ankam. Die Handhabung von Kalaschnikows und anderer Waffen, gut. Nahkampftechniken, sicherlich. Die Kunst, Kehlen vorschriftsgemäß durchzuschneiden und fern gezündete Sprengungen durchzuführen, gewiss. Aber auch die Kunst der Tarnung und Verkleidung, der Information und Desinformation, der Irreführung feindlicher Agenten standen hoch im Kurs. Und dann gab es noch ein ganz auf die Einschleusung von militanten Kämpfern und möglicherweise Selbstmordattentätern in die Welt der »Ungläubigen« ausgerichtetes Programm. Dabei wurde über das Leben im Westen unterrichtet, über westliche Ernährung und Kleidung, wie man den Aufenthaltsort wechselt, wie man sich polizeilicher Überwachung entzieht, wie man ein guter Muslim bleibt, wie man betet, ohne Verdacht zu erregen – lauter Fragen, auf die Omar seiner Biografie wegen wohl wertvolle Hinweise zu geben wusste.

Kurzum. Er bleibt dort vierzig Tage, ohne krank zu werden, um rund dreißig junge Rekruten aus Pakistan in der Kunst des Dschihad zu schulen. Der Student der Statistik, der Schachspieler, der in London sagte, er spiele so, wie Julius Cäsar seine Schlachten schlug, hat seiner früheren Welt endgültig den Krieg erklärt. Hier macht er aber auch, Amin zufolge, die Bekanntschaft, die sich am folgenschwersten auf seinen weiteren Lebensweg auswirken wird. Er trifft seinen Meister, seinen schwarzen Engel, den Mann, der ihn nach Indien mitnehmen wird, um Touristenentführungen von ihm organisieren zu lassen, und der infolge einer Ironie des Schicksals selbst wenig später im Gefängnis landet, sodass Omar seine erste Geiselnahme durchführen muss, um ihn freizupressen: Masood Azhar. Auf Inspektionsreise durch die Camps der Gegend wird er sofort, mit dem Gespür eines Mafiapaten, das all diesen Würdenträgern des Dschihad zu Eigen ist, auf den jungen, viel versprechenden Ausnahmerekruten aufmerksam. Natürlich.

Omars zweiter Aufenthalt in Afghanistan ist im Januar 2000, nach der Flugzeugentführung und seiner Freilassung aus der Gefängnishaft.
Omar ist ein Star. Er ist so bedeutend, dass eine der aktivsten Islamistengruppen Pakistans, unterstützt vom Geheimdienst, eine schwierige, kostspielige, international riskante, aber gleichzeitig medienwirksame Operation durchführt, um seine Freilassung zu erwirken. Denn die Luftpiraten hatten, wie in Kandahar allgemein bekannt ist, zunächst wesentlich umfassendere Forderungen gestellt. Sie verlangten die Freilassung einiger Dutzend »inhaftierter Kampfgenossen«. Sie verkündeten, erst ab »zweihundert Millionen Dollar« einlenken zu wollen. Doch im Lauf der Woche rückten sie nach und nach von allen Forderungen ab, bis auf eine – seine Freiheit, dazu die von Masood Azhar und Mushtaq Zargar. Welch ein Privileg! Was für eine Ehre! Und, für den unbekannten Dschihadi, welch eine Bestätigung seiner Bedeutung!
Gleich nach seiner Ankunft wird er von Mullah Omar höchstpersönlich empfangen. Der ihn, versteht sich, in Kontakt bringt mit den anderen in der Stadt ansässigen Ausländern und, über diese, mit Bin Laden. Man unterhält sich über Kaschmir. Der Pakistani berichtet dem Saudi vom heroischen Kampf des kaschmirischen Volkes gegen die indische Besatzung und bittet ihn um Unterstützung. Er erklärt ihm auch, wie er, der ehemalige Student der London School of Economics, das koranische Verbot der »Riba«, der »Vermehrung durch Zinsen« sieht, mit anderen Worten, die Mechanismen des Finanzkapitalismus. »So einfach ist das nicht«, legt er dar. »Sure 2, Vers 275 lässt sich auch anders lesen: Man kann ein guter Muslim sein und dennoch die Methoden der Ungläubigen gegen sie selbst anwenden ...« Der Saudi beobachtet ihn. Die seltene Mischung von Glauben und Bildung, Fanatismus

und Fachwissen dürfte ihn ziemlich beeindrucken. Und er sieht sofort, welchen Nutzen er aus einem glühenden Dschihadi ziehen kann, der zugleich ein Kenner der Finanzwelt ist, Elektronik- und Internetexperte sowie ein guter Analytiker der westlichen Welt und ihrer Mechanismen.

Bin Laden ist misstrauisch, könnte ich mir denken. Davon sagt Amin nichts – aber ich denke mir, ein Mann wie Bin Laden muss Vorsicht walten lassen, bevor er einen jungen Mann in seinen Zirkel aufnimmt, der sechs Jahre in indischen Gefängnissen gesessen hat und, durchaus möglich, zum feindlichen Agenten umgedreht worden sein könnte. Also werden Nachforschungen über seinen Fall angestellt. Er wird diskret getestet. Kann er Arabisch? Und bemüht er sich, das zu verbergen? Kann er Hindi? Persisch? Führt er verdächtige Telefonate? Beteuert er nicht eine Spur zu eifrig – der klassische Fehler – seinen Abscheu vor den USA und England? Hat man es etwa mit einem neuen Ali Mohammed zu tun, diesem jungen Ägypter, der in den neunziger Jahren im Auftrag der CIA in die arabischen Terrororganisationen eingeschleust wurde? Aber die Überprüfungen fallen offenbar zufrieden stellend aus. Denn es scheint, als würde der Brite adoptiert.

Manche vermuten, erzählt Amir, Omar wird zu einem Mitglied der Madschlis al-Schura, des politischen Rates von al-Qaida. Eine andere Theorie besagt, er sei zuständig für die Kontakte mit den großen Verbündeten außerhalb Afghanistans – die iranische Hisbollah, die Nationale Islamische Front (NIF) im Sudan. Eines weiß Amin dagegen sicher, und der indische Geheimdienst wird es mir später bestätigen, nämlich, dass er mit klar umrissenen Aufgaben beim Aufbau der Logistik der Organisation betraut wird.

Zum Beispiel ist er derjenige, der die Websites von al-Qaida konzipiert, ins Netz stellt und absichert.

Er entwickelt ein Kommunikationssystem, das es einer obskuren, abgekapselten, rückständigen Sekte ermöglicht, sich der Welt zu öffnen, Stimmen von Freund und Feind zu empfangen, ihr eigenes Netz zu knüpfen, ihre Fatwas wie auch ihre geheimen Botschaften zu verbreiten.

Und schließlich gehört er zu denen, die sich, achtzehn Monate vor dem 11. September, zu der Zeit, als die Organisation mit der Planung der Operationen beginnt, die ihr zu globaler Dimension verhelfen werden, mit ihren Finanzen befassen und dazu beitragen, sie mit den nötigen Mitteln auszustatten: Zusammen mit anderen handelt er den Kauf der Grundstücke aus, auf denen sich später die Ausbildungslager von Khalden, Derunta, Khost, Siddiqui und Jihad Wal befinden. Er klügelt ein raffiniertes System aus, das al-Qaida eine noch umfassendere Beherrschung des afghanischen Opiumhandels ermöglicht. Er sichert die Verbindung zu saudischen NGOs wie der Islamic Relief Agency, deren Büro in Dublin seit den Anschlägen gegen die US-Botschaften 1998 in Tansania und im Sudan zu Bin Ladens wichtigen Kapitalbeschaffern zählt. Und dann installiert er im Gästehaus in Kandahar ein Büro mit einem Computer, der es ihm ermöglicht, ständig über die Börsen der Welt auf dem Laufenden zu sein: London, Tokio, New York, Frankfurt. Handelt er damals schon mit Putoptionen? Spekuliert er wie ein junger virtuoser Börsianer auf Baisse, um sechs Monate später mit den Folgen des 11. September Gewinne zu erzielen? Sein ganzes Know-how stellt Omar in den Dienst der Organisation, die den totalen Krieg gegen den amerikanischen Kapitalismus vorbereitet.

»Wir befinden uns im Winter 2000«, schließt Amin. »Vielleicht auch im Frühjahr 2001. Bin Laden hat, wie Ihnen bekannt sein dürfte, in der Person Mamduh Mahmud Salims, der im September 1998 in der Nähe von München festgenommen wurde, seinen bevorzugten Finanzchef verloren. Jedenfalls übernimmt er, Omar Sheikh, zu dem Zeitpunkt offenbar diesen Posten. Ja, wir fragen uns sogar, ob diese Personalentscheidung nicht schon früher getroffen wurde, ob die Organisation nicht möglicherweise schon während seiner Gefängnisjahre in Delhi auf ihn aufmerksam wurde und folglich hinter der Flugzeugentführung steckt, mit der er befreit wurde. Aber war das nicht die Harkat? Es ist doch allgemein bekannt, dass die Harkat für die Entführung die Verantwortung übernommen hat, oder nicht? Ja. Aber das passt durchaus zusammen. Die Harkat ist ein Teil der al-Qaida ... Der ISI? Sie fragen sich, ob der ISI nicht auch an der Operation beteiligt gewesen sein könnte? Das weiß ich nicht. Eine heikle Frage. Sie werden verstehen, dass ich dazu lieber nichts sagen möchte ...«

Amin äußert sich nicht weiter dazu. Aber während ich ihm zuhöre, sehe ich deutlich die Perspektiven, die diese Hypothese eröffnet – ich sehe die Konfiguration, die sich hier etabliert hat und, mehr noch, meine Entdeckungen in Dubai bestätigt: Omar, befreit von al-Qaida *und* dem ISI; Omar, sehr bald Agent sowohl der al-Qaida *als auch* des ISI; Omar als frühes Bindeglied zwischen *beiden* Organisationen.

Und dann schließlich 2001, September 2001. Omar ist nach Pakistan zurückgekehrt. Seit achtzehn Monaten führt er das Leben eines Nabobs in Lahore, gefällt sich nebenbei aber auch in großen, edelmütigen Reden über das Elend, das er dort vorfindet, die in Mülltonnen wühlenden Bettler, die ihm das Herz zerreißen, den Egoismus seiner Standesgenossen, ihre Seelen aus Stein. Er erfreut sich des wachsenden Prestiges, das ihm seine Erfahrungen erst in Bosnien, dann in Kaschmir, die Jahre in indischer Haft und jetzt auch seine Zeit in Afghanistan einbringen. Er trifft sich mit alten Freunden. Er besucht seine früheren Lehrer vom Aitchinson College, die ihn ebenfalls als Star, beinahe als Helden ansehen – »Aber ja ... diese Narbe ... dieser leicht gekrümmte Arm ... es stimmt also, diese Drecksinder haben ihn brutal angeschossen, am Tag, als sie ihre Geiseln befreiten ... Armer Omar! Tapferer Sheikh ...« Seine Kontakte mit den Taliban und den Leuten von al-Qaida verbirgt er nicht, im Gegenteil, er prahlt damit, rühmt sich ihrer. Von neuem erliegt er seinem alten Hang zum zwanghaften Lügen und erfindet die verrücktesten Geschichten. Den einen erzählt er, in dem Gefecht von Taloqan habe er mit eigenen Händen den Renegaten Massud umbringen müssen, diesen Verräter des Islam, Schande über ihn. Anderen, dass er Zeuge der berühmten Szene war (die sich in Wahrheit zwanzig Jahre früher ereignet hat), als Mullah Omar sich, mitten im Getümmel eines anderen Kampfes, das verwundete Auge selbst herausgerissen hat. Und soweit ich weiß, ist das sogar einer der Gründe für die wachsende Entfremdung zwischen ihm und Masood Azhar: Der eine hält wohl die Zeit für gekommen, sich von seinem Mentor zu emanzipieren und sich selbst einen Namen zu machen; der andere ist es leid, mit anhören zu müssen, wie sein junger Schüler ihm und den Kadern der Jaish, mit Schilderungen seiner imaginären Heldentaten und der Folter durch die indische Polizei auf die Nerven geht – »Sie haben mich gezwungen, meine Pisse zu trinken, meine Scheiße zu fressen ...«

Dann erfolgt der Anschlag auf das World Trade Center. Die amerikanischen Vergeltungsmaßnahmen gegen Afghanistan stehen bevor. Omar ist sofort wieder Feuer und Flamme. Er sagt: »Dort sind meine Brüder. Die größte Macht der Welt droht mit Angriffen auf meine Brüder – mein Platz ist an ihrer Seite, ich muss nach Afghanistan.« Und gibt weiter zu verstehen: »Jeder Mensch, so lehrt der Koran, kommt auf die Welt, um eine Aufgabe zu erfüllen. Manche Aufgaben sind bescheiden, andere groß. Meine ist es, in der großen Armee Allahs zu dienen.« Und so trifft er in der ersten Oktoberwoche wieder in Kandahar ein, im Gästehaus der Ausländer, wo man sich auf den Heiligen Krieg vorbereitet.

Man sieht ihn wieder bei Mullah Omar.

Erneut wird er von Bin Laden empfangen, der ihm neue Finanzaufgaben überträgt (namentlich den Kontakt zu einer Falschgelddruckerei in Muzaffarabad, im besetzten Kaschmir, das er besser kennt als jeder andere und wo er weiter über solide Verbindungen verfügt). Er für seinen Teil hat Bin Laden

Bücher von »Mr. Books« mitgebracht (eine vierbändige, in Beirut verlegte Anthologie über die Strategie der arabischen Eroberungskriege, ein Buch über den Krieg in Palästina von Rifaat Sayed Ahmed, veröffentlicht von einem Kairoer Verlag, einige Wirtschaftshandbücher).

Er steht in Verbindung mit Tajmin Jawad, dem Geheimdienstchef Mullah Omars, der Anfang November zum Verbindungsoffizier Bin Ladens ernannt wird und außerdem Beziehungen zum ISI hat.

Er trifft Mullah Akhtar Usmani, den Oberbefehlshaber der Talibanstreitkräfte in der Region, und wird von ihm mit einer verkürzten Ausbildung eines Haufens junger Rekruten beauftragt, die gerade aus Pakistan eingetroffen sind.

Er trifft Qari Saifullah Akhtar, Anführer der Harkat ul-Jihad al-Islami und enger Berater Mullah Omars, der ihn bald auf der Flucht begleiten wird, aber diesen seltsamen, gebildeten Burschen misstrauisch beäugt, der so ganz anders ist als die Maulhelden, die den Großteil seiner Truppen stellen.

Ein Toyota steht ihm zur Verfügung. Er hat seine eigene Leibgarde. Er lebt inmitten von Mobiltelefonen, Computern und anderem Schnickschnack.

»Wissen Sie, wie Bin Laden ihn jetzt nennt?«, fragt Amin mich. »Ich werde es Ihnen sagen. *My favoured son.* Oder *my special son.* In kurzer Zeit ist er zu einer der wichtigsten Personen in der kleinen Gesellschaft von Fremden in Kandahar aufgestiegen, zum spirituellen Sohn des Chefs, und das weiß er auch.«

Folglich ist er im Oktober, als die amerikanische Offensive beginnt, in der Taliban-Hochburg, an vorderster Front, an der Seite einiger tausend Kämpfer, die aus der gesamten Region um Kandahar und vor allem aus Pakistan herbeigeströmt sind. Selber gekämpft hat er anscheinend nicht. Aber er ist dort. Er teilt das Schicksal seiner »afghanischen Brüder«. Und er gehört zu denen, die die Kapitulation von Talibantruppen aushandeln, als diese von Mudschahidin-Streitkräften des künftigen Präsidenten Afghanistans, Hamid Karsai, eingekreist waren.

Wie er aus Afghanistan herauskommt, weiß ich nicht.

Der Umstand, dass er schon Anfang Dezember wieder in Lahore auftaucht, bereit für die Entführung Daniel Pearls, beweist, wie leicht seine Evakuierung war. Er gehört nicht zu den einfachen Fußsoldaten, die erst Usbekistan und Tadschikistan durchqueren, manchmal sogar den Umweg über Tschetschenien einschlagen mussten, bevor sie, gejagt von amerikanischen Spezialeinheiten, zurückkonnten, um Zuflucht in Waziristan und Buner, den pakistanischen Stammesgebieten, zu suchen.

Die Tatsache, dass das Abenteuer ein so rasches und glimpfliches Ende nimmt, dass er offensichtlich dieser afghanischen Hölle, diesem Feuerhagel entkommt, also die dazu erforderlichen Beziehungen, das System von Gefälligkeiten mobilisieren konnte, um wie durch Zauberei wieder in seinem Garten in Lahore sitzen zu können, all dies belegt seinen besonderen Status, sowohl innerhalb des pakistanischen Bataillons als auch im pakistanischen Staat und seinem Überwachungsapparat. Das ist bekannt.

Was dagegen noch nicht bekannt war, ist sein Platz innerhalb der al-Qaida. Was ich mir nur schwer vorstellen konnte, selbst nach Dubai und der Entdeckung seiner möglichen Rolle bei der Finanzierung des 11. September, war der Status, den er in der Umgebung von Bin Laden einnahm.

Daniel Pearls Mörder hat nicht nur Verbindungen zur al-Qaida. Er ist dieser Sekte nicht bloß in loser Gefolgschaft verbunden wie zahllose Muslime auf der ganzen Welt. Er ist der »Lieblingssohn« des Chefs. Ein Mann, der in der Kommandozelle von al-Qaida eine verantwortliche Position innehatte. Er ist eine Hauptfigur in dem Kräftemessen, zu dem die neuen Barbaren die Demokratien herausfordern. Und so offenbart sich endlich die wahre Dimension der Affäre Pearl.

6

Böse Vorzeichen für den Ermittler

Wieder zurück in Karatschi, nach Dubai und Kandahar.

Die Frische in der Luft, wie bei einsetzendem Sturm, salzig und schneidend, die mich wie immer daran erinnert, dass das Meer nicht weit ist.

Der Atem der Stadt unter meinen Fenstern, Kindergeschrei, Gehupe, Freud und Leid bunt gemischt, ganz in der Nähe des Village Garden – seltsam, wie meine Schritte mich jedes Mal, wie einen Liebenden, an diesen Ort zurückführen.

Morgen ist Weihnachten.

Dann ist es dreihundertachtundzwanzig Tage her, dass Daniel Pearl ermordet wurde.

Und erstmals seit Beginn meiner Nachforschung spüre ich, wie das Klima rauer wird.

Neulich Morgen ein Anruf von meinem Verlag, um mir mitzuteilen, dass die pakistanische Botschaft in Paris um eine Ausgabe von »Indes rouges« gebeten hat, meinem ersten Buch, das Anfang der Siebziger erschienen ist.

»Und weiter? Was haben Sie geantwortet?«

»Nichts, wir wollten erst grünes Licht von Ihnen.«

»Auf jeden Fall sage ich Nein. Die Sache muss verschleppt werden. Sagen Sie, das Buch ist vergriffen. Rufen Sie beim Auslieferer an, er soll behaupten, das Buch ist nicht vorrätig, falls die versuchen, direkt über ihren Buchhändler zu bestellen. Solange ich in Pakistan bin, ist es besser, wenn die das Buch nicht in die Finger bekommen.«

Ich merke, dass man sich am anderen Ende der Leitung

fragt, ob ich nicht langsam unter Paranoia leide. Aber ich weiß, dass dieses Land verrückt ist und unter dem Auge eines Geheimdienstes lebt, der seinerseits vollkommen paranoid ist.

Jude zu sein ist schon nicht besonders günstig.

Sich für Daniel Pearl zu interessieren ist ebenfalls kein Pluspunkt.

Doch dass alle herausfinden, dass ich obendrein, wenn auch in einer fernen Zeit, Verfasser eines Buches war, das, wie man in weniger als fünf Minuten feststellen kann, der pakistanischen Politik jener Epoche zuwiderlief, das würde alles nur noch komplizierter machen.

Doch die Botschaft hat nicht rein zufällig angerufen.

Es muss also Leute in Karatschi und Islamabad geben, die ins Nachdenken geraten sind und nun gezielt Erkundigungen anstellen.

Ikram Seghal beispielsweise, Dannys Freund, Inhaber der größten privaten Sicherheitsfirma des Landes: Er empfängt mich neulich mit den Worten, seine Mutter sei aus Bangladesch und er freue sich, einem Franzosen die Hand schütteln zu dürfen, der in seiner Jugend dieses großartige Land kennen gelernt hat ...

Jener andere Mann, am Vortag, beim Abendessen im Haus eines Verwaltungsbeamten: Wie er sich, als er vom Tisch aufstand, plötzlich zu mir neigte und mir seinerseits ins Ohr flüsterte: »Es freut mich, Ihre Bekanntschaft gemacht zu haben. Man sagt mir, Sie hätten als junger Mann in Bangladesch gekämpft ...«

Der Mann ist – wie übrigens Seghal – in Ordnung.

Ein Industrieller aus Lahore, prowestlich, liberal.

Doch wie soll man in diesem Land wirklich wissen, wer wer ist?

Wie soll man sicher sein, die Leute spielen kein doppeltes, dreifaches Spiel?

Gesichter, die erst freundlich sind und plötzlich verdächtig wirken ... Dieser Journalist, dem man vertraut und über den man auf Umwegen, in einem Gespräch, erfährt, dass er mit der Tochter eines Generals verheiratet ist ... Ein weiterer, der bei einem anderen Abendessen den starken Mann markierte, große Reden schwang, in den Raum hinausposaunte, dass Mohammed Ali Jinnah, der Gründer Pakistans, in zweiter Ehe mit einer Nicht-Muslimin verheiratet war, und weiter sagte: »Unsere Freunde sollten uns also nicht allzu sehr mit ihrem islamistischen Eifer verrückt machen, was?« Der Gastgeber dieses Abends, wohlwollend, beflissen, fragte mich besorgt, ob ich auch daran gedacht hätte, meinen Computer zu verschlüsseln, bloß keine kompromittierenden Notizen im Papierkorb liegen zu lassen. »Ein Beispiel«, bemerkte er im Tonfall eines neuen Freundes, der einen in die Geheimnisse eines gefährlichen Landes einweiht, »Sie dürfen in Ihren Aufzeichnungen nie ›der Geheimdienst‹ schreiben, nie! Schreiben Sie ›die Bösen‹, oder ›Islamabad‹, oder ›die Widerlinge‹, oder was Sie wollen, aber niemals ›der Geheimdienst‹.« Dieser Freigeist also, dem ich Glauben schenke, über den mir Abdul aber am nächsten Tag verrät, dass er selbst eine hohe Position im Geheimdienst bekleidet!

Man müsste Polizist sein, um sich in diesem Labyrinth zurechtzufinden.

Man müsste Semiotiker sein, oder Hermeneutiker, in diesem Land, in dem alles Zeichen ist.

Und im Augenblick steht fest, dass ich soeben eine deutliche Botschaft erhalten habe: Mein Buch über Bangladesch, das ich in den Tiefen der Geheimdienstarchive verschollen wähnte, ist sichtlich wieder aufgetaucht.

Am Vortag erhielt ich in meinem Hotel, das im Prinzip niemand kennen konnte, da ich versuche, die Unterkunft jeden Abend zu wechseln, einen sonderbaren Anruf: »Hallo? Mr. Lévy? Ich bin hier unten, in der Lobby. Ich bin Journalist bei der englischsprachigen *Zarb-e-Momin*. Ich würde Sie gern sehen. Ich komme hoch ...«

Ich zog es vor, nach unten zu gehen.

Ungläubig hakte ich zuvor nach: »*Zarb-e-Momin*, wirklich? Die Zeitung der Dschihadis?« Ich bin nach unten in die Lobby geeilt – hastig, weil es ein ganz kleines Hotel mit nur zwei Etagen war und ich ihm nicht die Zeit lassen wollte, zu mir hinaufzugelangen.

Der Mann war sonderbar, mit unstetem Blick, süßlicher Stimme und bartlosem, aber erst kürzlich rasiertem Kinn voller Schürfwunden.

Auf dem Tisch seine Zeitung, die englische Ausgabe, aufgeschlagen. Links sah ich das Foto eines in Kaschmir gefallenen »Märtyrers«, mit einem Brief seiner Mutter, die beteuert, wie stolz und glücklich sie über ihren Sohn ist; rechts ein Foto, welches das »Blutbad« in Palästina illustrieren soll, den von Israel verübten »Völkermord«; und dazu ein Leitartikel, der den Mord an Juden, an allen Juden, überall auf der Welt, zu einer »heiligen Pflicht« erklärt, die »Allah gefällt« – das Programm der Zeitung ist klar.

Der frisch Rasierte zeigt auf einen alten Kassettenrekorder, der bereits läuft.

Ein kunterbuntes Sammelsurium von Kassetten liegt um das Gerät herum, es mutet fast absurd an.

Über die Schulter geschlungen trägt er eine Ledertasche, deren Gurt er fest umklammert hält.

Wer sind Sie?, frage ich ihn. Woher wissen Sie, dass ich hier wohne? Ein Interview? Sie wollen wirklich ein Interview für die *Zarb-e-Momin*? Für die Kulturseiten? Ist das ein Scherz? Ein Irrtum? Wie mögen wohl die »Kulturseiten« einer Zeitung aussehen, deren Daseinszweck darin besteht, die dschihadistische Weltsicht zu verbreiten?

Worauf er antwortet, ja, er weiß wohl, wer ich bin. Die Pakistanis sind nicht dumm, wissen Sie, die lesen auch die internationale Presse, warum also sind Sie so überrascht? Sie irren sich, was diese Zeitung betrifft! Verwechseln Sie sie vielleicht mit der *Voice of Islam*, der Monatsschrift der Lashkar?

Wissen Sie nicht, dass die *Zarb* eine große Leserschaft erreicht und diese Leserschaft sich für französische Philosophie interessiert? Als er mir also dies alles erklärt und mit komplizenhaftem Blick hinzufügt: »Nur eine Bedingung allerdings: Wir können das Interview nicht hier führen. Hier treibt sich die Polizei herum, die leider zwischen der *Voice of Islam* und der *Zarb* nicht unterscheidet. Ach! Wo ist sie hin, die glückliche Zeit der Allianz zwischen Militär und Mullahs? Tatsächlich habe ich Sie aufgesucht, um Sie mitzunehmen in ein sicheres Haus, wo wir ungestört sind und wo Sie, was den Gegenstand Ihrer Suche anbelangt, noch eine Menge interessanter Dinge erfahren können«, erwidere ich, »Nein danke, entweder hier oder gar nicht – und wieso läuft überhaupt Ihr Kassettenrekorder für nichts und wieder nichts, das ist doch idiotisch?«. Worauf er mir entgegnet: »Dann also nicht, das ist schade, denn hier geht es nicht. Man hat mich wirklich gebeten, Sie dorthin zu führen.« Achselzuckend packt er Kassettenrekorder und Zeitung wieder ein (aber in eine Plastiktüte, nicht in die Ledertasche, die er die ganze Zeit über weder öffnet noch ablegt) und erhebt sich mit viel sagendem Lächeln, von dem ich nicht zu sagen wüsste, ob es aufrichtige Enttäuschung ausdrückt, Bedauern über die fehlgeschlagene Provokation, oder etwas anderes – aber was?

Jedenfalls hat man mich entdeckt, das steht außer Zweifel.

Und zwar entdeckt als das, was ich bin, und nicht als das, was ich zu sein vorgebe. Auch das scheint mehr als deutlich.

Ebenfalls am Vortag in Lahore ein zumindest befremdliches Gespräch mit Irfam Ali, einem Polizeichef im Bundesstaat Pandschab.

Da ich nun schon entdeckt bin und meine Vorhaben eher harmloser Art sind (Dokha Mandi aufsuchen, wo Omars Familie herstammt, mir Omars Haus in der Altstadt anschauen, vielleicht noch die große Moschee, die er aufzusuchen pflegte), habe ich es vorgezogen, mit offenen Karten zu spielen und gleich nach meiner Ankunft offiziell in dem bescheidenen, leicht schmuddeligen Büro vorstellig zu werden, voll verstaubter Aktenordner auf Metallregalen, in dem aber alle heiklen Vorgänge landen.

Ich tische ihm die übliche Geschichte auf.

Ich erkläre ihm, wie allen anderen: ein Roman ... Pearl und Omar ... diese beiden sich ergänzenden Figuren ... sie sind wie Tag und Nacht ...

Speziell für ihn füge ich hinzu: »Ich bin hier, um die Gerüche, die Atmosphäre der Heimatstadt von Omars Vater aufzunehmen. Es ist doch hochinteressant, nicht wahr, die Geschichte dieses diabolischen, einstmals faszinierenden Menschen, der die wichtigsten Jahre seiner Jugend in dieser Stadt verbracht hat, die ich persönlich so liebe. Eine Stadt mit vielen Blumen, dem satten Grün der Rasenflächen und den so reizvollen Bauten aus der Kolonialzeit ...«

Mein Gegenüber ist ein Mann mit Quadratschädel und kleinen Äuglein, der, während ich rede, unablässig die fleischigen Pranken zusammenlegt, wie um eine Nuss zu knacken. Dann und wann, wenn die Erregung am größten ist, greift er nach einer langen, zopfartigen Haarsträhne, die ihm ins Genick hängt, und legt sie sich über die Glatze, wo sie jedoch sofort wieder hinabrutscht. Er unterbricht mich in meinen Ausführungen und hebt zu einem langen Plädoyer an: »Ich sehe nicht, wie Sie das behaupten können, Omar ist immer noch einnehmend, immer noch faszinierend. Menschen ändern sich nicht einfach so, Mr. Lévy. Omar ist ein Mann, der tut, was er sagt, und sagt, was er tut, der für seine Prinzipien kämpft und seinen Ideen treu bleibt. Respektieren Sie das nicht? Ist so jemand ein Krimineller?« Dazu ergeht sich der Polizeichef in einer wahnwitzigen, fast grotesken und vor allem entsetzlichen antisemitischen Tirade, bei der ich mir kaum vorstellen kann, dass sie ihm einfach so einfällt, zufällig, ohne eine Ahnung, wer ich bin und wie ich das aufnehmen könnte.

»Hören Sie zu«, eifert er sich zornig. »Und unterbrechen

Sie mich nicht, hören Sie einfach zu. Omar ist zum Tode verurteilt worden, und es liegt mir fern, eine Justizentscheidung zu kommentieren oder gar zu kritisieren. Doch wer hat in dieser Sache letzten Endes mehr Schuld: derjenige, der die Tat ausgeführt hat, oder derjenige, der mit seiner Haltung alles getan hat, um sich in Schwierigkeiten zu bringen? Merken Sie nicht, wie Mr. Pearl Omar provoziert hat, wie er ihm nachgestellt hat, wie er alles verdient hat, was ihm am Ende zugestoßen ist? Das ist etwas sehr Jüdisches. Eine Form von jüdischem Masochismus. Nein, bestreiten Sie das nicht. Es gibt typisch jüdische Eigenschaften, das weiß jeder. Sicher, in Europa gehört es zum guten Ton, das zu bezweifeln. Aber Leugnen nützt nichts, wenn die Beweislast erdrückend ist. Schauen Sie sich um. Hören Sie sich um. Angenommen, wir lassen die körperlichen Merkmale außer Acht, gut. Aber die moralischen Eigenarten? Diese Wesenszüge, die die Geschichte allen Völkern der Welt aufprägt, also ganz besonders den Juden? Sie werden einwenden, gewisse Züge können mehreren Völkern gemeinsam sein. Auch dies gestehe ich Ihnen zu. Geschäftssinn etwa, das Wuchertreiben, das haben Juden und Hindus unbestreitbar gemeinsam. Aber diese Falschheit, das lügnerische Geschick … Und wie sie Hitlers Völkermord erfunden haben, um ihre Schandtaten besser verbergen zu können. Wem nützt das Verbrechen eigentlich? In meinem Beruf geht man davon aus: Es gibt immer jemanden, dem das Verbrechen nützt, also wem? Bei diesem Verbrechen weiß doch jeder, dass es Hitler nicht genützt hat. Und jeder weiß, dass es Scharon enorm nützlich ist. Gut, dass Scharon den Holocaust verübt hat, will ich nicht behaupten. Manche meinen, Amerika befindet sich in der Hand der Juden, und die Juden wiederum in der Hand des Teufels! Ich bin kein Antisemit! Aber überlegen Sie mal, wie praktisch das ist. Folgen Sie meiner Argumentation. Je mehr vom Holocaust gesprochen wird, desto weniger ist die Rede vom Blutbad in Palästina. Je häufiger einem diese gefälschten Fotos weinender jüdischer Kinder vorgeführt werden, desto weniger kümmert man sich um das Gemetzel im Irak und in allen anderen muslimischen Ländern auf der Welt.«

Der Polizeichef scheint hoch zufrieden mit seiner Argumentation. Immer öfter, geradezu rhythmisch, wiederholt er die Marotte mit der einzelnen Strähne, die er sich von hinten über die Glatze streift, wo sie nie länger als einen kurzen Augenblick hält. Aber das macht nichts, wieder greift er danach, streicht sie nach vorn, sie rutscht zurück, wieder geht das Spiel von vorne los. Es macht mich fast wahnsinnig. Am liebsten würde ich zu ihm sagen: »Hören Sie doch endlich mit dieser Strähne auf! Haben Sie immer noch nicht kapiert, dass das nie halten wird?« Aber nein. Er wirkt so selbstzufrieden. Und angestachelt. Nur flüchtig überfliegt er eine Notiz, die ihm gebracht wird. Hört dem Offizier kaum zu, der ihm ein grausames Verbrechen in einem Vorort von Lahore meldet. Lacht schallend und schlägt sich vor Vergnügen auf die Schenkel, als er die »gefälschten Fotos« der jüdischen Kinder erwähnt.

»Augenblick!«, fährt er fort, plötzlich hochrot im Gesicht und an den Schreibtisch geklammert, als hätte er Angst, vom Stuhl zu fallen. »Ich bestreite nicht, dass die Juden auch gelitten haben. Die Pakistanis sind gute Menschen, solche Dinge bestreiten sie nicht, sie nehmen Anteil. Aber eine Frage nur: Warum hat dieses Volk, das zu leiden gelernt hat, nicht zu lieben gelernt? Nachdem die ganze Welt an ihrem Bett war und ihnen heute zu Füßen liegt, warum haben sie kein Mitleid mit anderen, mit den verfolgten Muslimen in Palästina, im Irak, in Jammu-Kaschmir? Kurz, das alles soll nur besagen, dass dies der Schlüssel zur Affäre Pearl ist. Versetzen Sie sich in Sheikh hinein. Er sieht diese Bilder von massakrierten Palästinensern. Er weiß, dass Israel ein Splitter in der muslimischen Erde ist. Und da trifft er auf einen Israeli ... Wie, ›kein Israeli‹? Ha! Entschuldigung, aber ja ... Pearl hatte eine israelische Mutter, einen israelischen Großvater. Für mich ist das schlüssig.

Jemand, der eine israelische Mutter und einen israelischen Großvater hat, ist objektiv ein Israeli und hat sich daher für die israelischen Verbrechen zu verantworten. Das ist ganz logisch. Versetzen Sie sich also in Sheikhs Lage. Er trifft einen Israeli, der die Pakistanis provoziert, weil er sich in ihre Angelegenheiten einmischt. Wir mischen uns nicht in israelische Angelegenheiten ein. Das würde uns nie einfallen, und im Übrigen mischt man sich überhaupt nicht in anderer Leute Angelegenheiten ein. Pearl aber tut genau das. Das geht Sheikh gegen den Strich. Er kann es nicht mehr mit ansehen, wie dieser Kerl überall herumwühlt, hinterlistige Fragen stellt. Denn auch das ist etwas typisch Jüdisches, Hinterlist … Wie? Aber ja. Ein Blick in die Geschichte genügt. Es gab einen englischen Minister, einen Juden namens Balfour, der 1918 die Entscheidung traf, dass in Palästina ein jüdischer Staat errichtet würde. Und zwar genau dreißig Jahre später, verstehen Sie, auf den Tag genau, also 1948, das ist bewiesen. Ist das etwa keine Hinterlist? Beweist das nicht, was ich Ihnen sage? Gut. Sheikh hat also genug davon. Es geht ihm wie uns allen. Die ganze Zeit sehen wir, wie neugierige Juden herkommen, um ihre großen Nasen in unsere pakistanischen Angelegenheiten zu stecken, und jetzt auch noch in die Affäre Pearl. Nur, dass Omar mutiger ist als wir. Er hat Prinzipien. Und die verfolgt er konsequent. Also entführt er den Juden. Aber noch mal: Wer trägt denn die größere Verantwortung, der Entführer oder der Entführte?«

Er sieht mich starr an. Sein Blick ist auf einmal böse, das Lächeln giftig. Sein leicht geöffneter Mund wirkt zugleich brutal und schlaff. Ein letztes Mal greift er nach der Strähne und streicht sie sich über die Glatze. Sein Atem geht pfeifend.

»Aber übrigens, Mr. Lévy, ich hoffe, ich habe Sie nicht verletzt. Zumindest hoffe ich, Sie sind kein Jude. Es war mir ein Vergnügen, mit Ihnen zu philosophieren.«

Ich bin noch ganz benommen, traue meinen Ohren nicht, schwanke zwischen Hass und Mitleid, dem Wunsch, laut loszulachen und dem, mich zu erkennen zu geben. Und ich sage: »Ich hoffe, Sie sind kein Muslim, denn der Islam ist eine große Religion, die die Menschen des Buches respektiert.«

Anderntags diese äußerst merkwürdige Begegnung mit Asif Farooqi in Islamabad, Daniel Pearls Kontaktmann.

Ihn wollte ich schon seit mehreren Monaten treffen.

Seine Adresse war sogar die erste, die ich gleich zu Beginn in Erfahrung brachte. Bisher hatte er eine Zusammenkunft immer abgelehnt. Allen Mittelsleuten, die ihn für mich kontaktierten, gab er stets dieselbe Antwort: »Es ist zu schwer, zu schmerzlich. Ich fühle mich so schuldig, verstehen Sie. War ich nicht letzten Endes derjenige, der Danny und Sheikh miteinander bekannt gemacht hat?«

Einmal hatte ich ihn sogar am Handy. Die Nummer hatte ich selbst gewählt, ohne Abduls Vermittlung. Und ich war auf einen höflichen, aber sonderbar verlegenen, beinahe ängstlichen Mann gestoßen: »Ich bin nicht allein stehend, das müssen Sie verstehen, ich habe Frau und Kinder. Nach Omars Prozess wurde mir gesagt: ›Der Fall ist erledigt, von jetzt an darf darüber nicht mehr gesprochen werden.‹ Also nein, ich kann mich nicht mit Ihnen treffen. Lassen Sie mich in Ruhe, ich bitte Sie …«

Ich hatte ihm eine lange E-Mail geschickt, mit Fragen, die ich ihm stellen wollte: »Wie war Danny? Wie hat er sich bei Reportagen verhalten? War er unvorsichtig, leichtsinnig oder mutig? Wie waren die letzten Wochen? Der letzte Tag? War er anders, an diesem Tag? So was spürt man doch, nicht wahr? Man weiß, dass man die Gefahrenzone betritt, und hat auch Danny das gespürt? Hat er das gewusst?« Aber als Antwort schickte er nur zwei knappe Zeilen, um mir nochmals mitzuteilen, er hätte versprochen, nie mehr darüber zu reden, und er würde sich an sein Versprechen halten.

Doch an diesem Tag klingelt mein pakistanisches Handy, und ebendieser Farooqi ist dran: »Ich habe noch mal nachgedacht, wir können uns verabreden, wenn Sie wollen.« Zu meinem großen Erstaunen schlägt mir nun der Mann, der es sich zur Regel gemacht hatte, nie wieder über Danny zu reden, ein Treffen noch am selben Abend vor, im Wohnviertel von Islamabad: »Da lebe ich nicht, nein, da habe ich nur mein Büro bei der japanischen Nachrichtenagentur Jiji. Hier lernte ich auch Danny kennen. Ich dachte, damit könnte ich Ihnen einen Gefallen tun.« Und da sitzt mir nun Farooqi gegenüber, allein, denn der japanische Mitarbeiter der Agentur verschwindet sofort bei meinem Eintreffen. (Bei meiner Ankunft kam es mir vor, aber ich möchte es nicht beschwören, als hätte ich gegenüber dem Büro ein Auto mit ausgeschalteten Scheinwerfern stehen sehen, in dem Leute saßen.) Äußerlich ist Farooqi ein vernünftig wirkender junger Mann mit rund gefasster Brille, fünfundzwanzig, vielleicht dreißig Jahre alt, schlank, leicht rundliches Gesicht mit nachgiebigem Kinn und voll aufrichtiger Traurigkeit, als er von den schönen Momenten erzählt, die er mit Danny und Mariane verlebt hat.

Ja, ja, er hat nachgedacht, er ist mir gern behilflich. Und überhaupt hat er alle Zeit der Welt. Schließlich hat man nicht alle Tage Gelegenheit, nicht wahr, am Buch eines Schriftstellers mitzuwirken. Stellen Sie alle Fragen, die Sie interessieren, ich werde Ihnen so gut wie möglich antworten.

Nur drängt sich mir nach halbstündigem Gespräch ein unangenehmer Eindruck auf.

Unaufhörlich irrt er sich bei Einzelheiten.

Die Daten sind nicht richtig (das Treffen im Hotel Akbar datiert er auf den 13. Januar statt auf den 11. Januar), auch die Namen (Bukhari statt Fazal Karim), die Orte (Dannys Gefängnis sei in Sohrab Goth gewesen, sagt er, dabei weiß ich doch, dass es weiter weg war, am Super Highway, in Gulzar-e-Hijri). Er schreibt der Lashkar etwas zu, das zur Harkat ul-Jihad al-Islami gehört, oder der Harkat ul-Jihad al-Islami etwas, das zur Sipah-e-Sahaba gehört. Andererseits bombardiert er mich gezielt mit spezifischen Informationen (da ist der Brigadegeneral Ijaz, Omars freiwillige Aufgabe acht Tage vor seiner Verhaftung). Verstohlen blickt mich Farooqi immer wieder an, um zu sehen, einzuschätzen, wie ich mich verhalte, ob ich mich aufrege, protestiere oder gleichgültig bleibe.

Zunächst korrigiere ich noch. Ich sage: »Moment! Lahori ist doch Chef der Lashkar, nicht der Jaish!«, oder: »Ich weiß schon, wer Brigadegeneral Ijaz ist, ich bin ihm in Lahore begegnet.«

Und dann besinne ich mich plötzlich. Ich frage mich, ob das nicht nur lauter Fallen sind, in die ich soeben tappe, oder Köder, und ob ich nicht besser jede Reaktion vermeiden sollte. Also lasse ich ihn reden. Ich spüre, worauf er hinauswill, wenn er mit gespielter Naivität die »drei Buchstaben« erwähnt oder die Namen Memon oder Khalid Sheikh Mohammed ins Spiel bringt und mich im Visier hat, ob ich staune oder nachhake, ob ich Notizen mache oder nicht, ob ich den Informierten spiele, der schon Bescheid weiß. Ich unterlaufe seine List, indem ich immer in heiklen Momenten aufstehe, um zu telefonieren, pinkeln zu gehen oder an den Schreibtisch nebenan zu treten, um die über den Bildschirm laufenden Meldungen zu lesen.

Tatsächlich drängt sich mir der Gedanke auf, dass Asif Farooqi womöglich weniger hier ist, um mit mir zu reden, als um mich zum Reden zu bringen. Bald verfestigt sich in mir die Vorstellung, dass er in das Treffen nur eingewilligt hat, um herauszufinden, wie weit ich bin, was ich weiß, in welchen Bereichen ich mich umtue.

Handelt Farooqi im Auftrag? Ist er dienstlich hier? Das wäre ein weiteres schlechtes Zeichen. Ein weiterer Beweis dafür, dass niemand mehr auf meine Geschichte von dem Roman hereinfällt.

Und dann schließlich dieser bizarre Vorfall, dessen Bedeutung mir zunächst nicht ganz klar war, der mir aber schließlich rückblickend wie eine Bestätigung all dieser einzelnen Eindrücke vorkommt.

Diesmal hatte die französische Botschaft in Islamabad für mich einen Termin mit Hamid Mir vereinbart. Ich wollte ihn anfangs nicht unbedingt treffen. Früher war er Chefredakteur der *Ausaf*, der Urdu-Tageszeitung von Islamabad, eines der führenden Presseorgane in Pakistan, heute ist er dabei, einen privaten Fernsehsender auf die Beine zu stellen.

Hamid Mir ist eine Persönlichkeit. Er ist Bin Ladens Biograf. Seit Jahren ist er der einzige Journalist, der ihn interviewen durfte. Zum Beispiel im März 1997. Dann im Mai 1998. Und wenn auch mancher in Pakistan Zweifel anmeldet, weniger an der Authentizität seines letzten Interviews im November 2001 als selbst an seiner Schilderung der Umstände, unter denen das Treffen stattfand – man habe ihm die Augen verbunden und ihn dann in einen Kofferraum bugsiert, eine Story wie aus einem Agentenroman –, belegt die Geschichte doch einmal mehr, dass er eines der bevorzugten Sprachrohre des Herrn der al-Qaida ist.

Schon aus diesem Grund muss ich Hamid Mir treffen. Ich will mit ihm über all das reden. Ich will ihn ebenso über Omar ausfragen, den er, wie ich irgendwo gelesen habe, kennen gelernt hat und als labil, geistig gestört und gefährlich einschätzte. Und ich möchte ihn über sein Treffen mit Danny am Tag der Entführung befragen, oder am Tag davor, oder sogar noch früher, das wäre zu prüfen, aber was soll's, das ist nur ein Detail. Das Wichtigste ist, dass er die einzige bekannte Person ist, die sie beide, das Opfer und den Henker, gesehen hat. Und zwar innerhalb eines so kurzen Zeitraums. Für mich ist das Gold wert!

Ich parke also ein paar Minuten vor zwölf vor den Räumlichkeiten von Geo TV, dem neuen Fernsehsender in Urdu, den Hamid Mir mit einigen Kollegen aufzieht.

Vor dem Gebäude steht eine Gruppe von fünf Männern, einer in einer Dschellaba, die anderen in einem pyjamaähnlichen Aufzug, dem Salwar Kameez. Die Männer beobachten mich, wie ich näher komme.

Etwas weiter weg, aber nicht allzu weit, stehen drei weitere Männer, glatt rasiert, anscheinend Leibwächter oder Polizisten, die sich mit gezogener Waffe Respekt erheischen.

Sie alle sind offensichtlich wegen mir hier, denn kaum bin ich an den Stufen angelangt, die zum Eingang führen, steuert der Mann in der Dschellaba auf mich zu, nimmt mich am Arm und führt mich wortlos, ganz schnell, kaum dass ich protestieren kann, die Treppe hinab ins Untergeschoss, während die anderen, Bärtige und Uniformierte, uns eilig folgen.

Im Untergeschoss dann treffe ich auf einen Burschen, der mich mit verbissener Miene filzt, die Visitenkarte in Empfang nimmt, die ich ihm reiche, in einem Büro am Ende des Flurs verschwindet und nur wenige Sekunden darauf wieder auftaucht: »Mr. Mir ist nicht da. Mr. Mir hat keine Zeit, Sie zu sehen. Mr. Mir sagt, er hat keine Kenntnis von diesem Termin mit Ihnen. Mr. Mir verlangt, dass Sie auf der Stelle gehen.«

Worauf Bärtige und Leibwächter mich wieder am Arm nehmen, ohne meinen Einwänden Gehör zu schenken oder das maschinengeschriebene »Memo« auch nur eines Blickes zu würdigen, das ich aus der Tasche gezogen habe und auf dem wirklich und wahrhaftig dieser Termin mit Hamid Mir festgehalten ist, mich zur Treppe lotsen und unerbittlich zurück auf den Gehsteig befördern, direkt vor mein Auto.

Das Ganze ist sehr schnell gegangen.

Sofort rufe ich Hamid Mir an, dessen Handynummer man mir vorsichtshalber aufgeschrieben hat. Er meldet sich beim ersten Klingeln.

»Mr. Mir?«
»Am Apparat.«
»Ich bin ...«
»Ich weiß.«
»Ich bin hier, direkt vorm Eingang. Hier muss ein Missverständnis vorliegen.«

»Es liegt kein Missverständnis vor.«
»Doch, wir haben einen Termin, Punkt zwölf, und ...«
»Ihre Botschaft teilte mir gerade mit, Sie wollen, dass ich für Sie ein Treffen mit Gilani arrangiere. In dem Fall gibt es kein Gespräch. Ich weigere mich kategorisch, Sie zu sehen. Ich habe Ihnen nichts zu sagen.«
»Aber nein, hören Sie, das kann die Botschaft Ihnen unmöglich gesagt haben, es war nie die Rede davon, Sie um einen Kontakt zu Gilani zu bitten.«
»Doch, doch! Genau das hat Ihre Botschaft gesagt. Nein, ich habe Ihnen nichts mitzuteilen. Bemühen Sie sich nicht weiter um ein Treffen mit mir, es ist aussichtslos.«

Die Botschaft – dessen vergewissere ich mich sogleich – hat natürlich nie von einem Kontakt zu Gilani gesprochen.

Hamid Mir – das fällt mir rückblickend auf – hat laut gesprochen, in den Raum hinein, mit einer Schroffheit, die sich nur dadurch erklären lässt, dass er nicht allein war und die Anwesenden von seiner Entschlossenheit überzeugen wollte.

Wen? Unwichtig. So ist es nun mal, schon wieder. Ich ziehe es vor, nicht weiter zu insistieren.

In Karatschi regnet es. Unter meinen Fenstern höre ich den Ruf des Lumpensammlers, der sich in den des Muezzin mischt. Morgen ist Weihnachten. Ich denke an Pearls letztes Weihnachtsfest. Ich denke an Mariane und daran, wie traurig das Jahresende diesmal für sie sein muss. Wer hat mir erzählt, dass sie die Feiertage auf Kuba verbringen wollte, mit dem kleinen Adam? Bestimmt sie. Notgedrungen sie. Und ich bin hier, auf ihrer beider Spuren, dem Schweif des furchtbaren Kometen folgend, während die schlechten Zeichen sich häufen.

Natürlich gilt es, sich vor Überinterpretationen zu hüten.

Vorsicht vor der Falle, die hier wie überall darin bestünde, Bedeutung zu vermuten, wo es keine gibt, und einem Vorfall übermäßiges Gewicht beizumessen. Aber gleichzeitig ...

Gleichzeitig komme ich nicht umhin, mich über die Häufung all dieser Vorfälle in so kurzer Zeit zu wundern.

Die Türen, die sich schließen oder, im Gegenteil, auftun, aber auf noch verdächtigere Weise ... Die winzigen Provokationen ... Die dubiose wie durchsichtige Interview-Geschichte mit Hamid Mir ... Es drängt sich der Verdacht auf, zwischen all dem besteht ein Zusammenhang. Es soll mir damit eine Botschaft übermittelt werden.

Welche Botschaft?

Dass ich durchschaut bin, kein Zweifel.

Dass niemand mehr hier sich über die wahre Natur meiner Nachforschungen hinwegtäuschen lässt, auch das steht außer Zweifel.

Gut. Wir werden ja sehen. Einstweilen bin ich über den Weg, den ich seit einem Jahr zurückgelegt habe, nicht unzufrieden.

Ich ging davon aus, dass Omar zweifellos schuldig war, zu Recht verurteilt. Ich konnte aber den Gedanken nicht völlig ausschließen, dass er womöglich zu klein war für ein so großes Verbrechen – und dass die Fokussierung auf seinen Namen möglicherweise dem Zweck diente, von anderen, größeren Namen abzulenken. Ähnlich wie das Oswald-Syndrom nach der Ermordung Kennedys. Das ewige »Er kann es nicht allein gewesen sein ... hinter ihm müssen mächtigere Kräfte am Werk sein ...«, wie Norman Mailer es beschrieb.

Heute, Ende 2002, beim jetzigen Stand meiner Nachforschungen, weiß ich, dass dem nicht so ist. Omar ist kein Kleinkrimineller, kein Strohmann, kein kleiner Fisch, sondern ein maßgeblicher Schuldiger, ein Fürst im Reich des Bösen, der sich im Zentrum einiger der finstersten Mächte unserer Zeit befindet. Ich weiß, dass dieser Name, Omar Sheikh, keineswegs zu denjenigen zählt, die man in den Vordergrund rückt, um zu verhindern, dass andere genannt werden. Sein Name ist von ungleich größerer Bedeutung, als ich mir in meinen verwegensten Spekulationen auszumalen wagte. Statt zu verschleiern, beschwört er alles herauf, was im Lexikon des modernen Todes an Furcht erregenden Familiennamen verzeichnet ist. Ich weiß, dass man sich bei Omar in Gegenwart einer ganz neuen Konfiguration des Verbrechens befindet. Omar Sheikh, wenn ich diesen Namen ausspreche, verkörpert sich darin die Synthese von ISI und al-Qaida – das ist die Wahrheit.

FÜNFTER TEIL *Die Suche nach der Wahrheit*

1

»Ein junger Bursche ohne kollektive Bedeutung«

Die Frage lautet also: Warum?
    Warum al-Qaida? Warum gerade noch ISI und jetzt al-Qaida? Warum haben sich beide zusammengetan, ihre Kräfte gebündelt, um einem einzigen Menschen eine Falle zu stellen?
    Nicht dass diese Kräftebündelung etwas Überraschendes an sich hätte.
    Eine meiner zentralen Thesen ist, dass eine derartige Verbindung im Leben und in der Politik Pakistans etwas ganz Normales ist. Es existiert eine Achse, ein durchaus blutiges Band zwischen den beiden Kräften, die dieses Land dominieren, wobei niemand sagen kann, welche der beiden die Oberhand hat. Aber die Austauschbarkeit ihrer Verbrechen und Machtstrukturen, die spiegelbildliche Art, wie sie miteinander verknüpft sind, sodass man sie oft verwechselt, ist zum Kennzeichen Pakistans geworden. Aus diesem Grund ist das Land so gefährlich geworden.
    Es ist einfach, sich hinzustellen und zu sagen: Hier haben wir es mit einer beabsichtigten Vertauschung der Rollen, einer unablässigen Folge von wechselseitigen Hinweisen zu tun. Sucht man den ISI, stößt man auf al-Qaida, sucht man al-Qaida, stolpert man über den ISI. Die Bärtigen sind im Grunde genommen Agenten, die Agenten dagegen Bärtige ohne Bart und Turban. Aber schwieriger wird es, wenn man den konkreten Beweis antreten soll: Wird das Hotel Akbar nun eigentlich von den einen oder von den anderen geleitet? Brigadier Ijaz, Shah Sahab, Saud Memon, Masood Azhar – sind dies nun Männer der Geheimdienste oder von Bin Laden? Khalid

Sheikh Mohammed, für wen arbeitete er wirklich und wer hat ihn im letzten Moment fallen gelassen? Aber fragen reicht nicht aus. Wichtig wäre es, diese große Allianz tatsächlich operieren zu sehen.

Es ließen sich unzählige Beispiele für eine Zusammenarbeit anführen. Man könnte auf die Manipulierung der Taliban durch die Geheimdienste hinweisen. Oder auf den Fall von Hamid Gul, ISI-Boss zu Zeiten des Krieges gegen die Sowjetunion, der, gleich nachdem er abgesetzt worden war, jegliche Zurückhaltung vergaß und, als wäre eine Last von ihm gefallen, sich in den Dienst des Dschihads stellte und der in den letzten Jahren keine Gelegenheit ausließ, seine innige Verbundenheit zu Bin Laden, zu Mullah Omar, zum Dschihad zu beteuern. Man könnte Mahmoud Ahmad zitieren, zum Zeitpunkt des 11. September stellvertretender Leiter des ISI, von dem ich nicht sagen kann, ob er die Überweisung von hunderttausend Dollar an Mohammed Atta im Auftrag des ISI absegnet oder sie zu Ehren des Dschihad veranlasst hat. Man könnte erneut Ahmad ins Feld führen, der Hand in Hand mit dem Vorsteher von Binori Town die Delegation Geistlicher anführt, die Mullah Omar davon überzeugen soll, dass die einzige Chance, den Krieg in Afghanistan abzuwehren, in der Auslieferung Bin Ladens besteht. Doch seine Botschaft übertrifft noch den eifrigsten Dschihad, und es scheint, als habe er das Feuer eher noch angefacht, als es zu löschen. Man könnte darauf verweisen, dass die westlichen Geheimdienste ebenso wie Islamabad wissen, dass die erste Amtshandlung des frisch ernannten Generalstabschefs, Mohammad Aziz, am Tag nach seiner Ernennung ein Treffen mit den Verantwortlichen aller Gruppierungen ist, die die »Armee des Islam« bilden und von denen einige, wie etwa die Jaish, von den Amerikanern auf die Schwarze Liste derjenigen Organisationen gesetzt wurden, die in Verbindung zur al-Qaida stehen. Des Weiteren ließe sich die persönliche Rolle anführen, die Aziz – im Prinzip ein laizistischer Offizier – 1998 bei der Lancierung der Harkat-ul-Mudschahidin spielt. Dennoch ist dies das erste Mal – unabhängig der tatsächlichen Hintergründe –, dass die beiden Organisationen aufeinander treffen, gemeinsame Sache machen, jeweils sämtliche Kräfte mobilisieren, um diesmal kein Land (Afghanistan), keine Weltmacht (die USA) und auch kein Symbol (die Nationalversammlung Kaschmirs in Srinagar, das Parlament von Neu-Delhi) zu zerstören, sondern einen Menschen (Daniel Pearl).

Sicher, es hat Fälle gegeben, bei denen Journalisten in Pakistan von Agenten des ISI entführt wurden, die im Verdacht standen, Mitglieder der al-Qaida zu sein: Husain Haqqani (vom *Indian Express*), Najam Sethi (von der *Friday Times*), Ghulam Hasnain (*TIME Magazine*). Doch keiner von ihnen wurde ermordet.

Direkt vor dem amerikanischen Krieg in Afghanistan gab es den Fall des Abdul Haq, der, ebenfalls allein, ins Landesinnere geschickt wurde, um die Kapitulation einiger Paschtunen-Stämme auszuhandeln, und in einen Hinterhalt geriet, von dem man bis heute nicht weiß, ob dahinter die pakistanischen Geheimdienste steckten, die ausländischen Kämpfer Bin Ladens, die Taliban – oder alle drei. Aber es passierte direkt vor Kriegsbeginn, der Mord an Haq war ein militärischer Akt.

Vergleichbar mit Pearl wäre vielleicht der Fall Massud. Auch er schlägt sich allein durch. Heute bestehen immer weniger Zweifel, dass seine Ermordung das gemeinsame Werk von ISI und al-Qaida war. Doch Massud war ein politischer Anführer. Obwohl alle sich von ihm abgewandt hatten, war er eine Schlüsselfigur im Schachspiel der damaligen politischen Auseinandersetzungen. Er war schwach, so gut wie entwaffnet, doch es gab, zwei Tage vor dem 11. September, ein beträchtliches strategisches Interesse, die Nordallianz ihres Führers zu berauben und Massud zu töten.

Daniel Pearl aber war ein Niemand. Demnach war er, zumindest scheint es so, weder ein politisches Ziel noch ein militärisches Druckmittel. Er war unbewaffnet. Ungefährlich. Er fühlte sich weder zum Märtyrer noch zum Helden berufen. Er war, wie das berühmte Motto in Sartres »Der Ekel« lautet, welches von Céline übernommen wurde, »ein junger Bursche ohne kollektive Bedeutung ... ganz einfach nur ein Individuum«, der mit ansehen musste, wie sich ohne ersichtlichen Grund diese kolossale Doppelmaschinerie in Bewegung setzte. Es gibt da etwas an dieser enormen Verschwörung, die sich gegen ein bedeutungsloses, nur für sich selbst stehendes Individuum richtet, das mir, je mehr ich darüber nachdenke, umso rätselhafter erscheint.

Die politischen Philosophen haben über das Geheimnis nachgesonnen, warum man »gegen diesen Einen« ist.
  Der Sündenbock, das Sühneopfer verweist auf einen Unschuldigen, weil die Masse, die Meute lediglich die eigene Unschuld beteuern will.
  Meine Generation (die des antitotalitären Kampfes) machte in der UDSSR und anderswo die Bekanntschaft jener ganz auf sich gestellten Männer, ohne Gemeinschaft oder Partei, außerstande, eine alternative Ansicht über den sozialen Korpus zu formulieren, dem sie unterworfen oder von dem sie in manchen Fällen auch getrennt waren – meine Generation kannte diese Individuen in großer Zahl, jedoch gewissermaßen nur isoliert, ohne ihre tatsächliche Gefährlichkeit ermessen zu können: Das waren die »Dissidenten«, wie wir sie nannten. Doch es war etwas beinahe Unzutreffendes an dieser Bezeichnung; sie suggerierte irgendeinen Verstoß, wo es um einen Umsturz der bestehenden Machtverhältnisse ging. Vor allem aber war es erschreckend zu sehen, wie diese riesigen Staats- und Parteimaschinerien so viel Energie darauf verwandten, Gegner mundtot zu machen, die sie zuerst doch mit solchen Mühen vorgeführt, ja förmlich aufgebaut hatten.
  Außerdem wurden wir Zeugen eines tropischen Gulags: Kuba. Männer wurden verurteilt, ins Gefängnis geworfen und

hingerichtet, aus nichtigen, zuweilen absolut mysteriösen Gründen. Auf der anderen Seite ein juristisch-politischer Apparat (die »Ideologie aus Granit«, wie Solschenizyn sie nennt), der seine enormen Kräfte mobilisiert, um wider alle Vernunft die Ächtung der internationalen Gemeinschaft in Kauf nimmt. Die kubanische Gesellschaft war gleichsam eine immense, auf den Kopf gestellte Pyramide, die mit ihrem ganzen Gewicht auf ihrer Spitze ruhte oder auf einigen einzelnen Köpfen: einem Gefolterten oder Gelähmten, einer erstickten Seele, einem Dichter, Homosexuellen, Katholiken oder eben einem Kubaner.

Wäre Daniel Pearl demnach das amerikanische Gegenstück zu einem Solschenizyn? Ein Einzelkämpfer, ein absurdes und zugleich notwendiges Opfer?

Vielleicht. Es besteht jedenfalls kein Zweifel darüber, dass wir hier eine äußerst merkwürdige Situation vor uns haben.

Und dann ist da noch etwas.

Wir haben ja nach und nach die Protagonisten dieser Geschichte kennen gelernt.

Sie tauchten im Verlauf der Untersuchung auf und fügten sich schließlich in das Bild des Verbrechens ein.

Es gibt aber ein Detail, das ich bislang verschwiegen habe – vielleicht, weil es mir selbst erst jetzt klar geworden ist. Bei einer genaueren Betrachtung der Lebensläufe von Omars Komplizen – nimmt man nur die Namen der Gruppe oder des Anführers, dem jeder Dschihadi den Treueeid geschworen hat – wird deutlich, dass diese siebzehn Menschen keiner bestimmten Gruppierung angehören, auch nicht zwei verschiedenen, sondern allen Organisationen der islamistischen Bewegung in Pakistan.

Normalerweise steht hinter jedem Verbrechen eine bestimmte Gruppe.

Die Lashkar-e-Toiba ist beispielsweise verantwortlich für das Attentat vor dem Sheraton.

Die Jaish-e-Mohammed für die Granaten- und Bombenanschläge auf die Bushaltestelle in Kupwara oder auch den Markt von Chadoura in Kaschmir.

Die Harkat-ul-Mudschahidin für das Attentat auf das amerikanische Konsulat in Karatschi.

Die Harkat-ul-Ansar, die spätere Harkat-ul-Mudschahidin, für die Entführungen von Touristen in Kaschmir Ende der neunziger Jahre.

Manchmal, wie im Fall des Anschlags vom 13. Dezember 2001 auf das Parlament in Neu-Delhi, schließen sich zwei Gruppen zusammen, in diesem Fall Jaish und Lashkar. Doch das kommt nur selten vor. Sehr selten. Diese Organisationen hassen sich gegenseitig. Sie bekriegen sich untereinander ebenso, wie sie den gemeinsamen Feind bekriegen. Denken wir etwa daran, wie Fazlur Rahman Khalil und Masood Azhar Anfang 2000 um die Aufteilung der Geldwerte und Immobilien im Zuge der Trennung stritten. Denken wir an das Spiel, das der ISI selbst betreibt, und an die Energie, die er darauf verwendet, damit die einzelnen Gruppen nicht vereint, sondern möglichst gespalten werden, umso das Erstarken einer Gruppe zu verhindern, die sich dann seinem Einfluss entziehen könnte. Des Weiteren ließe sich die Jamiat-ul-Ulema e-Islam anführen, die sich, unterstützt vom Geheimdienst, in drei ganz eng verwandte, ideologisch nicht zu unterscheidende Gruppen aufspaltet, welche sich in der Folge nur umso erbitterter bekämpfen: die JUI-F von Fazlur Rahman, die JUI-S von Sami-ul-Haq und die JUI-Q von Ajmal Qadri. Jeder für sich also. Eine Logik des Klüngels, des Schismas, der Verbrechen unter Freunden, der Rivalitäten unter Brüdern, der gegenseitigen Denunziationen. Zur absoluten Regel wird demnach der permanente, heftige Wettbewerb zwischen Organisationen, die zwar dieselben Ziele verfolgen, sich aber auch (im Falle Dubais) dieselben Finanzquellen streitig machen. »Ein Verbrechen, eine Gruppe« lautet der Grundsatz, gegen den nur in ganz seltenen Fällen verstoßen wird, wenn die Umstände es zwingend vorschreiben. Das großartige Verbrechen im Namen des Dschihad ist gleichsam ein seltener Rohstoff, der um keinen Preis mit dem feindlichen Bruder geteilt wird.

Hier aber ...

Ja, das Seltsame an diesem Verbrechen ist just die Unmöglichkeit, es dieser oder jener Organisation zuzuschreiben. Seine Besonderheit in der Geschichte des pakistanischen oder Bin Laden'schen Terrorismus liegt darin, dass hier ansonsten verfeindete Gruppen gemeinsame Sache gemacht haben.

Hyder alias Imtiaz Siddiqui alias Amjad Hussain Farooki, alias Mansur Hasnain ist Mitglied der Harkat ul-Jihad al-Islami.

Arif, alias Mohammed Hashim Qadeer, kommt von der Harkat-ul-Mudschahidin.

Adil Mohammad Sheikh, der Polizist, Suleman Saquib und Fahad Naseem, seine Cousins, die drei Mitglieder jener Zelle, die beauftragt war, die Fotos zu scannen und sie dann per E-Mail an das *Wall Street Journal* und die Agenturen zu schicken, gehören zur Jaish.

Akram Lahori ist Chef der Lashkar, zu der sich auch Fazal Karim und Bukhari zählen.

Asif Ramzi, Lahoris Gehilfe bei der Affäre Pearl, ist der Boss der Qari Hye, die allerdings eine Art Filiale der Lashkar darstellt.

Abdul Samad ist den wenigen Informationen, die es über ihn gibt, zufolge Mitglied der Tehriq e-Jihad, einer kleinen, 1997 von Abtrünnigen der Harkat gegründeten Gruppe.

Memon kommt vom Al-Rashid Trust.

Die Jemeniten von der Islamischen Armee Aden.

Omar hat seine eigene Gruppe: die Nationale Bewegung zur Wiederherstellung der pakistanischen Souveränität.

Mithin: Alles, was Rang und Namen hat, ist hier versammelt, als handelte es sich um ein Parlament des pakistanischen Islamismus.

Es ist ein Syndikat von Verbrechern, das sich erst um den lebenden Körper Daniel Pearls, dann um seine Leiche schart, wie es dies noch bei niemand anderem getan hat.

Auf der einen Seite ist da dieser verletzliche, ganz auf sich gestellte Mensch, der nur sich selbst repräsentiert.

Auf der anderen Seite steht dagegen der ISI plus al-Qaida – und dazu jetzt auch noch das vollzählige Syndikat des Dschihadismus.

So etwas hat die Welt noch nicht gesehen.

Eine einzigartige Konstellation für einen in diesem Genre einzigartigen Mord.

2

Der Mann, der zu viel wusste

Eine erste Erklärung springt ins Auge. Pearl war Journalist. Einfach nur Journalist. Und er war es in einem jener Länder der Erde, in denen es am wenigsten angeraten ist, Journalist zu sein, und in dem alle Journalisten ständig in Todesgefahr schweben. Weil sie sich nicht unterordnen wollen und freie Menschen sind? Weil sie die ärgerliche Angewohnheit haben, Vorschriften zu missachten, und sich nicht anpassen können? Von wegen. Das wahre Problem ist vielmehr, dass sie eben nicht für freie Menschen gehalten werden, sondern für völlig abhängig. In der Vorstellung sowohl des einfachen Soldaten als auch des militanten, von heiligem Hass beflügelten Islamisten sind sie per definitionem Spione. Ein Reporter des *Wall Street Journal* und ein Agent der CIA unterscheiden sich in ihren Augen in nichts. Ein freier Journalist – das ist ein Widerspruch in sich. Ein Journalist, der nichts mit dem Geheimdienst, den »drei Buchstaben« seines Landes zu tun hat? Undenkbar. Ich weiß, wovon ich spreche. Ich selbst habe erfahren, wie außerordentlich schwierig es ist, sich über Pakistan zu informieren, ohne den Eindruck zu erwecken, man wolle spionieren. Jedes Mal, wenn ich während meiner letzten Reisen den Funktionären, den hohen und weniger hohen Beamten ihrer verrückten Polizei zu erklären versuchte, dass ich ein freier Geist sei und ungehindert recherchieren und nur die Wahrheit herausfinden wolle, jedes Mal bemerkte ich da ein misstrauisches Zusammenkneifen der Augen, ein erschrecktes Zusammenzucken, die unheilvolle Atmosphäre des Verdachts und der bösartigen Unterstellungen, die zu besagen schienen:

»Sprich weiter, du interessierst mich ... Wir wissen ganz genau, dass es so etwas wie einen freien Schriftsteller nicht geben kann ...« Ohne Zweifel musste Daniel Pearl deswegen sterben. Ohne Zweifel kamen die blutrünstigen Schwachköpfe, denen er sagte, er sei Jude, sogleich darin überein, er müsse Agent des Mossad oder der CIA sein. Aus diesem Blickwinkel betrachtet, macht ihn sein Tod zu einem Märtyrer für die Sache der Pressefreiheit. Sein Name fügt sich in die lange Liste all jener ein, die, ob von Pakistanis oder nicht, ins Gefängnis geworfen oder getötet wurden, damit die Presse und ihre Freiheit weiterleben können. Diese Würdigung Daniel Pearls ist zugleich eine Hommage an all jene, die nach ihm ihr Leben riskieren und – koste es, was es wolle – ihre Arbeit in Karatschi tun. In willkürlicher Reihenfolge seien hier (ohne Anspruch der Liste auf Vollständigkeit) genannt: Elizabeth Rubin, Dexter Filkins, Michel Peyrard, Steve LeVine, Kathy Gannon, Didier François, David Rohde, Daniel Raunet, Françoise Chipaux, Rory McCarthy. Sie alle – Vorbild für uns – legen den Finger auf Pakistans Wunden.

Eine zweite, plausible Erklärung ist die Tatsache, dass diese Geschichte in einem Land – einer Region? einer Welt? – spielt, die Washington seit dem Krieg in Afghanistan und im Vorfeld des Krieges im Irak zum Hort des Bösen, des Antichristen, des Satans erklärt hat. Daniel Pearl war Amerikaner ... Ein guter Amerikaner? Es gibt keine guten Amerikaner, denken und sagen die Mördersekten. Ein Gegner Bushs? Ein Demokrat, den die Stümpereien General Dostums und der amerikanischen Spezialeinheiten bei Mazar-e-Sharif schockierten? Wäre Danny noch am Leben, und sein Freund Daniel Gills in Los Angeles könnte dies sicher bestätigen, er wäre mit Sicherheit der Vereinigung Freidenkender beigetreten, die lieber zweimal hinsahen, bevor sie sich in den absurden Krieg des George W. Bush hineinziehen ließen. »Eben deshalb«, bekräftigen die Islamisten. »Das ist fast noch schlimmer. Das ist die ärgste List des

Teufels. Mit diesem Trick haben die Amerikaner bereits die arabische Nation zu entwaffnen versucht.« Aber er stand euch doch nahe? War Daniel Pearl nicht einer jener Amerikaner, die sich gegen Verallgemeinerungen wehren und Partei für die Unterdrückten ergreifen? »Vielen Dank. Wir haben es ja gesehen. Schließlich hatten wir acht Tage Zeit, um zu begreifen, dass dieser Dummkopf uns nicht einmal feindlich gesinnt war. Doch darum geht es nicht. Mit dem, was ein Amerikaner denkt oder nicht denkt, haben wir nichts zu schaffen, denn das Verbrechen ist nicht ein Gedanke, sondern Amerika selbst. Uns ist es egal, was man mit eurem Danny gemacht hat, denn Amerika, das ist kein Land, sondern eine Idee, oder vielmehr das Böse schlechthin, das Gestalt angenommen hat.« Nicht das, was Pearl dachte oder tat, wurde ihm zum Verhängnis, sondern das, was er repräsentierte. Wenn er in Gulzar-e-Hijri für schuldig befunden wurde, so nur wegen des einen, ontologischen Vergehens, geboren worden zu sein. Schuld ohne Verbrechen, eine ganz grundlegende, metaphysische Schuld … Ruft das keine Erinnerungen wach? Klingt da nicht die Stimme einer anderen Abscheulichkeit mit? Pearl starb in einem Land, in dem Amerikaner zu sein eine Sünde ist. Pearl wurde ein Opfer jenes schlimmen Übels namens Antiamerikanismus, der in den Augen dieser Neofaschisten – nichts anderes sind Fundamentalisten – einen Amerikaner als Abfall bezeichnet, als Untermenschen, den es auszuradieren gilt. Amerikaner gleich Dreckskerl. Amerika oder das Böse. Der alte, westliche Antiamerikanismus, der nun mit dem der Gottesfanatiker gekreuzt wird. Jener ranzige Hass der Anhänger Pétains, im Dritte-Welt-Look jener Verdammten der Erde. Ich habe dieses Buch in einem ganz bestimmten Moment beendet. In jenem Augenblick hatte ich den weltweiten Aufschrei im Ohr, der Amerika nicht zu einer geografischen, sondern zu einer geistigen Region werden ließ – und zwar zur schwärzesten, die man sich vorstellen kann. Lieber als Leibeigener unter Saddam leben, das ist immer noch besser als frei unter Bush, schallte es über den Erdball hinweg. Dabei konnte man, so wie ich, gegen den von Bush gewollten Krieg sein und diesen Lärm dennoch verabscheuungswürdig finden. Daniel Pearl ist daran gestorben.

Und dann gibt es noch einen dritten Grund. Pearl war Jude. Er befand sich in einem Land, in dem der Judaismus keine Religion und noch viel weniger eine Identität ist, sondern ein weiteres Verbrechen, eine weitere Sünde. Er war ein positiv eingestellter Jude. Ein Jude nach Art eines Albert Cohen oder Franz Rosenzweig. Er war stolz darauf, stand dazu. Einer seiner Kollegen erzählte mir, wie er in Peschawar, der Hochburg der Islamisten, zusammen mit einer Gruppe Journalisten nach seiner Religion gefragt wurde und ganz ruhig »Jude« antwortete, worauf die Umstehenden förmlich erstarrten. Er war Jude wie sein Vater. Wie seine Mutter. Er war Jude wie Chaim Pearl, einer seiner beiden Großväter, nach dem ja in Bnei Brak in Israel eine Straße benannt wurde. Aus dieser Perspektive ist er ganz ohne Zweifel ein Märtyrer des modernen Antisemitismus, eben desjenigen, der von Bnei Brak in Israel ausgeht und den Namen eines Juden automatisch mit dem verhassten Namen Israels in Verbindung bringt. Ohne dass auch nur ein einziges der alten Klischees hinterfragt würde, werden diese vielmehr auf den neuen politischen Führer übertragen und in ein neues System integriert, in dem bereits der Name Israel Synonym für das Schlimmste auf Erden ist und die Person eines Juden gleichgesetzt wird mit Verbrechen (Zahal), dem Genozid (so geschehen in Durban, und auch schon vorher, bezogen auf die Palästinenser-Massaker), mit trügerischem Verlangen (die Schoah als Lüge, die über die wahre Macht der Juden hinwegtäuschen soll). Von Durban bis Bnei Brak verläuft eine neue Spur des Hasses. Eine Art Sequenz führt von der Parole »Ein Jude, eine Kugel«, wie sie Vertreter verschiedener NGOs in Durban skandierten, bis hin zum Messer des Jemeniten, mit dem der Mord an Daniel Pearl vollzogen wurde. Daniel Pearl starb, weil er

Jude war. Daniel Pearl wurde Opfer eines Neo-Antijudaismus, der sich vor unseren Augen ausbreitet. Seit fünfundzwanzig Jahren warne ich davor. Einige von uns spüren und schreiben seit fünfundzwanzig Jahren, dass die Mechanismen zur Legitimation des Hasses sich in neuer Gestalt allmählich durchsetzen. Lange Zeit sagte der Pöbel: Die Juden sind hassenswert, weil sie Christus getötet haben (christlicher Antisemitismus). Lange Zeit hieß es: weil sie ihn erfunden haben (moderner, antikatholischer, heidnischer Antisemitismus), weil sie eine vollkommen fremde Rasse sind und diese Rasse ausgelöscht werden muss (Entstehung der Biologie, des Rassismus, des Hitlerismus). Nun, damit ist es heute vorbei. Immer seltener hört man jemanden sagen, er verachte die Juden im Namen Jesu Christi, des Antichristen oder der Reinheit des Blutes. Heute sehen wir mit an, wie sich eine neue Rechtfertigung herauskristallisiert, die – ein bisschen wie bei der Dreyfus-Affäre, aber auf einem anderen, weltweiten Level – den Hass auf die Juden mit einer Parteinahme für die Unterdrückten in Einklang bringt. Ein entsetzliches Szenario, welches vor dem Hintergrund einer Religion, dem Islam, der sich als Opfer sieht, die Transformation des Juden zum Henker vollzieht (auch dafür ist sich der Pöbel nicht zu schade, er schreckt vor keiner Niedertracht zurück und findet nichts dabei, den Juden von heute die Figur eines reinen Juden gegenüberzustellen), um den Mord an dem Juden, dem Knecht Bushs, zu legitimieren. Auch deswegen ist Daniel Pearl gestorben.

Dies also wären drei Erklärungen, die mich zufrieden stellen könnten.
Drei Gründe für den Mord an Daniel Pearl, von denen bereits jeder allein genügen sollte, um den Ausgang des Dramas zu erklären.
Doch genau das ist nicht möglich.
Nein, keiner dieser Gründe, so stichhaltig er für sich gesehen auch ist, vermag zu überzeugen.

Keiner von ihnen vermag zu erklären, weshalb es ausgerechnet dieser Jude ist, dieser amerikanische Journalist, den al-Qaida, der Geheimdienst und das komplette Syndikat am Morgen des 31. Januar 2002 zu töten beschlossen haben.

Und dies wegen eines Details, das mich seit fast einem Jahr nicht mehr loslässt: Daniel Pearl wird am 23. Januar entführt. Die Entführer wissen an diesem Tag bereits, dass er Jude, Journalist, Amerikaner ist. Sie sind sich an jenem Tag bereits über seine dreifache, hyperbolische Schuld im Klaren. Nun warten sie aber acht Tage nach seiner Entführung ab, bis sie sich am 31. Januar entschließen, ihn für diese dreifache Schuld zu bestrafen, was natürlich bedeutet, dass in diesen acht Tagen etwas geschehen sein muss – es ist also ein Detail aufgetaucht, das am 23. noch nicht vorhanden ist, wohl aber am 31., und das sie dazu bewegen wird, ihn zu töten.

Ich kenne die Einwände: Die Mörder erfuhren erst am 30. Januar in einem Artikel von Kamran Khan in den *News*, dass Danny Jude war – das neue Element wäre demnach sein Judaismus, über den sie bis dato nicht Bescheid wussten. Leider ist diese Theorie nicht haltbar. Jeder, der Danny kannte, wusste, dass dieser, insbesondere in Pakistan, niemals ein Geheimnis aus seiner Religionszugehörigkeit machte. Nicht eine Sekunde lang glaube ich, dass er es Omar gegenüber bei ihrem ersten Treffen im Hotel Akbar verschwiegen haben soll. Hat es Omar denn nicht selbst der Polizei gegenüber erwähnt? Und haben denn nicht Bukhari und Fazal während ihres Verhörs berichtet: »Omar rief uns an, um uns zu sagen: Da ist dieser Amerikaner, ein Jude ... Kommt schnell, den entführen wir ...«?

Oder auch dieser Einwand ist bekannt: Dannys Fluchtversuch sei es gewesen, der alles ausgelöst hat. Als er zum zweiten Mal versuchte zu fliehen, hätten seine Kerkermeister die Geduld verloren und beschlossen, der Sache ein Ende zu bereiten – das wäre demnach das neue Detail, das alles ins Rollen gebracht hätte. Wie sagten doch die FBI-Agenten, mit denen ich in Washington zusammentraf, über das Verhalten in einer solchen Situation: »Kein Fluchtversuch! Unter keinen Umständen!« Doch auch dies glaube ich nicht. Zum einen, weil diese Fluchtversuche alles andere als bewiesen sind. Vor allem die Geschichte mit der Kugel in Dannys Bein findet in keinem der gerichtsmedizinischen Berichte ihre Bestätigung. Zum anderen aber kann ich mir einfach nicht vorstellen, dass Bukhari, Lahori, Farooqi und die anderen so denken: Wir haben es hier wie gesagt mit den aus Karatschi stammenden Vertretern der wichtigsten Gruppen zu tun, mit der Krone des Dschihadismus, dies sind militante Leute, die keinen Spaß verstehen, es ist schließlich der pakistanische Zweig der al-Qaida – wer hielte da ein derart kindisches Verhalten für möglich? Wer wollte uns davon überzeugen, sie hätten sich gesagt: »Um ihn zu bestrafen, werden wir ihn jetzt töten?« Wie könnte man glauben, ein Mord dieser Tragweite, von Leuten dieses Kalibers ersonnen und in Auftrag gegeben, sei nur infolge der Laune eines verärgerten Bewachers ausgeführt worden?

Auch hat es geheißen, ich habe es selbst gehört: Das schlichte Verstreichen der Zeit ist schuld, das Untätigsein, die Ausweglosigkeit. Da hat man den Typen nun in Gewahrsam, man weiß nicht mehr, was man mit ihm anstellen soll, und so beschließt man einfach, ihn zu töten, ihn in zehn Teile zu schneiden und wieder zusammenzusetzen, das wäre doch das Einfachste ... Mag sein. Wie gesagt, alles ist vorstellbar. Nur ist dieses Szenario wenig wahrscheinlich. Vergessen wir nicht, es sind die Jemeniten, die, bis ins Kleinste informiert, den Mord ausgeführt haben. Zunächst musste der Beschluss gefasst werden, die Jemeniten kommen zu lassen. Man musste sie ausfindig machen, Kontakt zu ihnen aufnehmen, sie nach Gulzar-e-Hijri bringen und dann auch wieder hinausschleusen. Wie hätte man diese Reihe von Aufgaben quasi nebenbei erledigen können, aus einem Impuls der Wut und der Ungeduld heraus? Setzt man etwa derart viele Kräfte in Bewegung, wendet man so viel Energie auf, ohne zu überlegen, weil einem partout nichts Besseres einfällt oder weil man gerade entnervt ist?

Nein. Wie man die Sache auch dreht und wendet, man kommt unweigerlich zu dem Schluss, dass sich während dieser sieben Tage etwas anderes ereignet haben muss, als dass man dafür eine Laune des Augenblicks, einen missglückten Fluchtversuch oder einen Artikel von Kamran Khan verantwortlich machen könnte.

All dies passiert hinter verschlossenen Türen. Da sie, Danny und seine Entführer, in völliger Abgeschiedenheit leben und sieben Tage lang nichts anderes tun als reden, reden und nochmals reden, drängt sich die Überlegung förmlich auf, dass das, was zum Mord führte, sich nicht ereignet hat, sondern *gesagt* wurde, dass Danny etwas gesagt hat, das seine Bewacher zu der Überzeugung kommen ließ, er dürfe Gulzar-e-Hijri nicht mehr lebend verlassen.

Was könnte er ihnen gesagt haben? Was war so bedeutsam, dass es seine Kerkermeister bewog, drei professionelle Mörder einzuschalten, damit diese ihn umbrachten? Da ich nicht glaube, dass dies irgendetwas mit seinem Leben in Los Angeles, seinem Beruf oder auch seinen Ansichten über Pakistan, die Vereinigten Staaten oder die Welt zu tun haben kann, und da Pearl überdies daran gelegen war, die Zeit zu nutzen und mit seiner Arbeit fortzufahren, seine Kenntnisse der dschihadistischen Milieus, die er untersuchte, also noch zu vertiefen, kurzum, jene Menschen, in deren Hände er durch schicksalhafte Umstände nun einmal geraten war, zum Reden zu bringen, sehe ich erneut nur eine einzige Lösung.

Während er sie zum Sprechen brachte, taten sie dasselbe mit ihm.

Während er ihnen Fragen stellte, enthüllte er just durch diese Fragen einiges über sich selbst.

Er versuchte, ihnen die Wahrheit zu entlocken. Dabei waren sie es, ohne dass er sich dessen notwendigerweise bewusst war, die überprüften, wie viel er wusste, und die ihn demnach analysierten.

Es ist auch eine leicht abweichende, aber ebenso glaubwürdige Hypothese möglich: Als erfahrener Journalist wusste er genau, wie man den Leuten vertrauliche Informationen, Geständnisse und Einzelheiten entlockte. Sicherlich bekam er Dinge zu hören, die er sich nicht hätte träumen lassen und die ihm die anderen, vielleicht ohne es zu ahnen, und in jedem Fall, ohne es zu wollen, verraten hatten, nur um gleich darauf zu bereuen, so vertrauensselig gewesen zu sein.

Mit anderen Worten: Ich habe das Gefühl, dass im Laufe der Unterhaltungen, in den langen Nächten, in den Wortwechseln mit seinem Wärter Fazal Karim beispielsweise, deutlich wurde, dass der Häftling von Gulzar-e-Hijri entweder bereits viel zu viel wusste oder dass er seinen Kerkermeistern noch ein wenig mehr entlockt hatte – und es daher in beiden Fällen ausgeschlossen war, ihn mit diesen Geheimnissen in die Freiheit zu entlassen.

Danny starb, weil er zu viel wusste.

Ich bin davon überzeugt, dass er den Tod eines Journalisten starb – nicht nur wegen dem, was er war, sondern auch wegen dem, was er suchte, vielleicht bereits herausgefunden hatte und aufschreiben wollte.

Hatte Präsident Pervez Musharraf am Tag nach dem Mord nicht selbst in einem erstaunlichen Wutanfall davon gesprochen, Daniel Pearl sei »over intrusive« gewesen – habe also seine Nase in Dinge gesteckt, die ihn nichts angingen?

Hat sich Musharraf nicht verraten, als er in einer unter anderem in der *Washington Post* zitierten Rede vom 3. Mai 2002 zu erklären wagte: »Ein Mann der Medien sollte sich der Gefahren in gefährlichen Gebieten bewusst sein. Leider hat er sich zu sehr in den Fäden des Geheimdienstes verstrickt...«?

Dies ist meine Hypothese.

Dies ist meine Schlussfolgerung.

Die Frage, die sich demnach stellt, lautet: Was? Was hat

Pearl gefunden oder was war er dabei herauszufinden, das dann sein Todesurteil besiegelte? Was für ein Geheimnis war es, das ihn seine Bewacher unmöglich mitnehmen und aufschreiben lassen konnten?

Die Verbindung zwischen ISI und al-Qaida.

Die engen Beziehungen zwischen den beiden Milieus, so steht zu vermuten.

Ja, man darf davon ausgehen, dass er dieser heiligen Allianz auf der Spur war – und dass genau dies sein Fehler war.

Doch das allein besagt noch nicht viel.

Man tötet einen Menschen nicht aus dem einfachen Grund, weil er ganz allgemein Verbindungen zwischen einem Geheimdienst und einer Terroristenorganisation entdeckt.

Man setzt nicht so viele Hebel in Bewegung, um jemanden umzubringen, und schaltet auch kein ganzes Syndikat ein, weil ein Mensch eine These aufstellt, die die Geschichte eines Landes von einer anderen Seite her aufzäumt.

Die eigentliche Frage ist daher, was genau er herausgefunden hat und was daran neu war, sodass es sowohl die eine wie auch die andere Seite in Verlegenheit brachte.

Dies führt freilich ins Reich der Ungewissheit.

Hier werden die Zeugen rar, und wenn es überhaupt welche gibt, so schweigen sie oder geben Fehlinformationen.

Bislang hatte ich nur ein wenig mehr als Vermutungen – meine Quasi-Hypothesen.

Ich habe zwei, die sich deutlich voneinander abheben und dennoch nicht widersprechen.

Zunächst aber – eine Frage der Methode – sei eine letzte Abschweifung gestattet: Was tat Daniel Pearl in den Wochen, den Tagen und Stunden, die der Entführung vorausgingen? Was sah er, was las er, welche Artikel veröffentlichte er und woran arbeitete er? Mit einem Wort, es geht also um den roten Faden, das Webmuster, das – wie bei einem Teppich, den es in seinem Innersten zusammenhält – sehr wahrscheinlich die Erklärung für seinen Tod liefern wird.

3

Auf Pearls Spuren

Ich möchte nochmals meine Quellen anführen:
Da ist der Bericht Asif Farooqis, Pearls Kontaktmann in Islamabad, den ich in seinem Büro bei der japanischen Presseagentur getroffen habe.
Dann die Aussage Jamil Yusufs, des ehemaligen Geschäftsmannes, der nun Verbrecherjagd betreibt und zum Liaison Committee von Karatschis Citizen-Police übergewechselt ist.
Diejenige eines anderen Pakistanis, aus Peschawar, der mich darum bat, ihn nicht namentlich zu erwähnen, an dessen Glaubwürdigkeit zu zweifeln ich aber keinen Grund habe: Nennen wir ihn einfach Abdullah und nehmen wir an, es handele sich um eine Art Journalist, der manchmal unter seinem Namen für die pakistanische Presse arbeitet und anonym für Journalisten auf der Durchreise sein möchte.
Außerdem ein Memorandum, verfasst am 27. Januar 2002, also vier Tage nach der Entführung, von Mariane Pearl und Asra Nomani, Dannys Mitarbeiterin, die ihnen auch das Haus zur Verfügung gestellt hatte, in dem sie in Karatschi wohnten. Diese zwanzigseitigen, hastig geschriebenen Aufzeichnungen sollten dazu dienen, der Polizei zu einem Zeitpunkt, an dem niemand den tragischen Ausgang ahnen konnte, wichtige Hinweise für die Suche zu geben – dies ist eindeutig die präziseste und wertvollste Quelle.

Pearl war, wie wir wissen, bereits im Oktober nach Pakistan gekommen, zusammen mit Mariane, direkt vor Beginn der amerikanischen Angriffe in Afghanistan. Er bleibt zwei Monate. Während dieser Zeit schreibt er drei oder vier längere Artikel. Ende November ist er wieder in Bombay, wo er sozusagen seine Basis hat. Am 15. Dezember 2001 kehrt er endgültig nach Islamabad zurück.

Zu diesem Zeitpunkt ist er allein.

Mariane ist schwanger und möchte ein paar Tage länger in Indien bleiben.

»Wie traurig«, sagt ein pakistanischer Kollege zu ihm, ein Journalist beim *Dawn*, den er zusammen mit Asif in der Bar eines Grandhotels im Botschaftsviertel trifft, »bald ist Weihnachten, und Sie werden ohne Ihre Frau sein.« Mit einem Lächeln, doch ohne seinem Prinzip der Offenheit in dieser Frage untreu zu werden, erwidert er: »Ach, Weihnachten, ich bin kein Christ, wissen Sie, ich bin Jude. Mit Weihnachten haben die Juden nicht so viel am Hut.«

Zusammen mit Steve LeVine, Korrespondent für das *Wall Street Journal* in Alma Ata in Zentralasien und derzeit in Pakistan unterwegs, beginnt er mit ersten Recherchen über einen möglichen Transfer pakistanischen Atomwissens nach Afghanistan und zu den Taliban. Er ist insbesondere einer NGO auf der Spur, die vorgeblich auf humanitärem Gebiet tätig ist und sich zur Tarnung für landwirtschaftliche Entwicklungsprogramme einsetzt: Ummah Tameer e-Nau, deren Ehrenpräsident kein anderer als General Hamid Gul ist, der ehemalige Chef des ISI, auf dessen Namen ich seit einem Jahr häufig stoße. Außerdem geht er dem Fall eines pakistanischen Wissenschaftlers nach, der sich den Islamisten angeschlossen hat und im August Osama Bin Laden gesehen haben soll.

Am 23. oder 24. Dezember beginnt er ohne LeVine einem Schmuggel von Elektrogeräten von Afghanistan nach Pakistan nachzugehen. Er schlendert über den riesigen Karkhano-Markt in Peschawar, wo man afghanische Waren finden kann, aber auch so ziemlich alle Produkte, die eigentlich unter der Herrschaft der Taliban verboten waren, an denen sich diese nichtsdestotrotz, wie Pearl überrascht feststellt, bereicherten:

Gillette-Rasierer im Land der Bärtigen, Marlboro-Zigaretten, obwohl Rauchen doch untersagt war, Videokassetten aller Art und die neuesten Sony-Fernsehgeräte im Land des Bilderverbots und der radikalen Ikonoklastik! Was für ein Schwindel, denkt er sich und fügt als der sarkastische Journalist, der er durchaus auch sein kann, im Stillen hinzu: Was für ein gefundenes Fressen!

Am nächsten Tag beginnt er eine weitere, eine dritte Recherche über die fundamentalistischen Gruppen, die Musharraf gerade verboten hat, die aber immer noch in Kaschmir und, so vermutet er, in Lahore und Karatschi das Sagen haben. Aus diesem Grund fährt er nach Bahawalpur, wo er Masood Azhar interviewen möchte, den Chef der Jaish und, wie man sich erinnern wird, Freund, Lehrer und Förderer Omar Sheikhs. Masood wird jedoch vorher festgenommen, ebenso wie viele andere Kämpfer, deren Aufrufe zum antiamerikanischen Dschihad nicht in Musharrafs Konzept einer großen antiterroristischen Allianz passen. Nun muss sich Pearl mit dem Bruder zufrieden geben, den er insgeheim verdächtigt, an dem Attentat der Luftpiraten in Kandahar beteiligt gewesen zu sein. Er besucht auch die Büroräume der Jaish, die, obwohl sie im Prinzip verboten ist, weiterhin operiert und beinahe ebenso offenkundig wie zuvor Meetings organisiert und neue Mitglieder rekrutiert. Der Aufenthalt ist kurz, die Atmosphäre sehr angespannt. Nur sechsunddreißig Stunden bleibt er in Bahawalpur.

Am 27. Dezember, Pearls Artikel über den Nukleartransfer ist vor drei Tagen erschienen, erhält er den merkwürdigen Anruf eines Unbekannten, der behauptet, den Artikel gelesen zu haben und im Besitz eines Koffers mit nuklearen Materialien zu sein, die aus einem Labor in der Ukraine stammen und die er ihm oder seiner Zeitung für hunderttausend Dollar verkaufen würde. Danny ahnt, dass es ein Schwindel ist. Doch immerhin ist seine Neugier geweckt, sodass er sich Notizen macht. Seltsam, sagt er zu Asif, dass unser Artikel von vor drei Tagen ansonsten kein Aufsehen erregt hat. Vielleicht lag es am Datum, Heiligabend ... Oder lag es daran – seien wir ehrlich –, dass wir weniger zu bieten hatten als Seymour M. Hersh vom *New Yorker* (29. Oktober: »The risks to Pakistan's nuclear arsenal«), Douglas Frantz und David Rohde von der *New York Times* (28. November: »Two Pakistanis linked to papers on anthrax weapons«) oder Molly Moore und Kamran Khan von der *Washington Post* (12. Dezember: »Two nuclear experts briefed Bin Laden, Pakistanis say«)? Der Gedanke, weniger zu bieten zu haben als die *Washington Post,* die *New York Times* und der *New Yorker,* ärgert ihn. Es ärgert ihn umso mehr, weil er seit einigen Tagen ständig Mails von seiner Redaktion bekommt: »Setzen Sie sich in Bewegung! Finden Sie Informationen! Die Konkurrenz ist besser als wir! Wir müssen exklusiver sein!« Wetteifer, Rivalitäten. Information als Ware. Er beschließt, weiter zu recherchieren und nimmt – ohne LeVine – die Geschichte des Nukleartransfers wieder auf.

Am 31. Dezember kommt Mariane nach Karatschi.
Danny holt sie am Flughafen ab, freut sich wie ein kleiner Junge.
Am Neujahrstag fliegt das Paar nach Islamabad, wo er sich mit Asif trifft und sein übliches Guest House bezieht, das Chez Soi oberhalb der Murree Road.
In Islamabad startet er zusammen mit Asif eine vierte Recherche über einen Vergleich der Fernsehprogramme Indiens mit denjenigen Pakistans und über die Auswirkungen der jeweiligen Berichterstattung auf die Kultur des Krieges, der von beiden Ländern angeheizt wird: Wie wird Krieg dargestellt? Mit welchem Vokabular? Welche Gefühle werden angesprochen? Welche Bilder, welche Kommentare gibt es? Existiert in Anbetracht des Wettrüstens der beiden Nuklearmächte so etwas wie journalistische Verantwortung?
Am 6. Januar 2002 erscheint im *Boston Globe* ein Artikel über eine bislang wenig bekannte Figur des radikalen Isla-

mismus, Sheikh Mubarak Ali Shah Gilani, Führer der Sekte al-Fuqrah, der Richard Colvin Reid auf den Gedanken gebracht haben soll, das Flugzeug von Paris nach Miami mit einem Sprengsatz in seinen Schuhen zu besteigen. Auf diese Art von Aktionen will Pearl sein Augenmerk richten. Er will mit dieser Person sprechen, mit Gilani. Finden Sie jemanden, bittet er Asif, der Kontakt zu diesem Gilani hat! Sie müssen unbedingt jemanden finden, der uns zu ihm führen kann!

Am 7. Januar ruft Asif einen seiner Kollegen an, dessen Name seltsamerweise kaum in den offiziellen Untersuchungsberichten und, von wenigen Ausnahmen abgesehen, auch nur selten in den westlichen Zeitungen aufgetaucht ist: Zafar Malik, Journalist beim *Jang*. Diese Zeitung steht den dschihadistischen Gruppen nahe, die sich im bewaffneten Kampf in Afghanistan und in Kaschmir engagieren. »Ich hätte da vielleicht jemanden«, sagt er zu Asif, »der dem entsprechen dürfte, was Sie sich vorstellen. Er heißt Arif. Ich bin ihm vier- oder fünfmal begegnet. Das erste Mal vor einem Jahr in den Räumen der Harkat-ul-Mudschahidin in Rawalpindi. Ich kenne ihn nicht gut, aber vielleicht lässt sich ein Kontakt herstellen ...«

Zwei Tage später, am 9. Januar, hat Zafar Malik sein Ziel erreicht. Danny bestellt ein Taxi, das ihn vor dem Chez Soi abholt. In Begleitung von Asif fährt er die Pindhora Road entlang, die Islamabad mit Rawalpindi verbindet. An einer Kreuzung wartet ein etwa zwanzigjähriger, bärtiger Mann in der traditionellen Salwar Kameez. Arif stellt sich vor als Inhaber einer Schneiderei in Rawalpindi. Aber ja doch, sagt er zu ihnen, Gilani ... Er werde sie zu Gilani bringen, nichts leichter als das ... Er werde sie zu seinem Haus in Chaklala führen, am Stadtrand, ganz in der Nähe des Luftwaffenstützpunkts von Islamabad (da ist sie wieder, jene zugleich symbolische wie physische Nähe der beiden Welten: Islamismus und Dschihad auf der einen, ISI und die Armee auf der anderen Seite ...).

Gemeinsam fahren sie nun zu diesem Haus. Nur ist das

Haus bei ihrer Ankunft leider leer und der Besitzer hat sich, das berichten die Nachbarn, vor kurzem nach Chak Shazad verzogen, in ein anderes Viertel auf der anderen Seite der Stadt, dort hat er noch ein Haus, dessen genaue Adresse den Nachbarn aber nicht bekannt ist. Hat Gilani es mit der Angst zu tun bekommen? War er wegen des Artikels im *Boston Globe* beunruhigt, von dem man mittlerweile auch hier gehört hat? Oder wird hier schon die Falle für Danny aufgestellt?

Ebenfalls am 9. Januar ruft Danny zweimal, um 13.58 Uhr und um 15.34 Uhr Khalid Khawaja an, den ehemaligen ISI-Agenten und mutmaßlichen ehemaligen Piloten Bin Ladens, Ex-Mudschahid in Afghanistan und überzeugter Islamist. Mit ihm hat er sich gleich nach der Ankunft in Islamabad in seinem Büro getroffen. In Washington war Pearl gebrieft worden: »Der Typ ist gefährlich. In einer von der CBS gesendeten Erklärung hat er den Anschlag auf das World Trade Center gewissermaßen angekündigt. Aber er steckt voller Widersprüche und könnte dir weiterhelfen.« Pearl hatte ihn sofort nach seiner Landung in Pakistan aufgesucht. Zu seiner großen Überraschung verstehen sich die beiden ganz gut. Khawaja respektiert sogar den laizistischen Islamisten, Gilani, diesen Fundamentalisten ohne Bart, diesen Antiamerikaner, der die amerikanische Kultur dennoch völlig absorbiert und zu seinem Lebensmodell erkoren hat, was wie ein Spiegelbild all der Zwiespältigkeit wirkt, jener Hassliebe, die diese radikalste aller muslimischen Parteien für den Westen empfindet. Ihn also ruft Pearl nochmals an. Und da er gerade in dem Artikel im *Boston Globe* vom 6. Januar gelesen hat, dass er nicht nur mit Bin Laden befreundet ist, sondern auch mit dem berüchtigten Gilani, bittet er ihn: »Helfen Sie mir ... Ich will Gilani sehen ... Können Sie irgendwie, egal auf welche Weise, ein Treffen mit Gilani organisieren?«

Am 10. Januar, um 12.21 Uhr, ruft er nochmals Khawaja an. Das Gespräch ist kurz, 37 Sekunden. Über den Inhalt des Telefonats habe ich zwei Hypothesen. Erstens: Wieder einmal geht es um Gilani. Am Vortag hat er durch eine Quelle von Asif erfahren, dass Gilani mit einer Cousine von Khawajas Ehefrau verheiratet ist, von der er sich, obwohl er zwischenzeitlich noch andere Frauen heiratete, nie hat scheiden lassen. Er hat also erfahren, dass die Bande zwischen den beiden Männern noch enger sind, als im *Boston Globe* zu lesen stand. Daher ruft er den ehemaligen Bin-Laden-Piloten an und wiederholt: »Gilani ... Es ist äußerst wichtig für mich ... Die Redaktion sitzt mir im Nacken ... Ich muss mich vor meiner Abreise unbedingt mit Gilani treffen ...« Zweitens: Danny könnte auch die Frage gestellt haben, was es mit jenem mysteriösen Transfer nuklearer Technologie auf sich hat, über den Khawaja doch eigentlich unterrichtet sein müsste. Und wenn ich diese Überlegungen anstelle, dann wird ein ausgefuchster Profi wie Daniel Pearl es sich nicht nehmen lassen, sie zu stellen. Gehen wir also davon aus, er telefoniert mit Khawaja, um ein Gespräch zu vereinbaren, nicht nur über Gilani, sondern auch über Sultan Bashiruddin Mahmoud und Abdul Majid, die beiden Atomwissenschaftler, die am besten Bescheid wissen über die neuesten Techniken der Urananreicherung und über Plutonium. Ihnen hat die CIA im August Kontakte sowohl mit Bin Laden als auch mit einem seiner Gehilfen, dem Ägypter Ayman Zawahiri, nachgewiesen.

Während des Wartens widmet er sich seinem Untersuchungsgegenstand Nummer 4, der Kriegs- und Propagandakultur. Ebenfalls am 10. Januar trifft er sich mit Naeem Bukhari, einem mutigen unabhängigen TV-Produzenten und Namensvetter des Anwalts in Karatschi. »Sie sollten mal ein pakistanisches Fernsehteam begleiten«, sagt er zu Pearl. »Im Augenblick drehen sie eine Reihe von Clips zum Thema ›Was halten Sie von der derzeitigen Situation? Wie sehen Sie Ihre indischen Nachbarn? Finden Sie, Pakistan sollte mehr tun, deutlichere Worte wählen und härtere Maßnahmen ergreifen?‹ Ja, begleiten Sie ein Team und sehen Sie ihm bei der Arbeit zu.« Das tut Pearl auch. Den größten Teil des Tages verbringt er mit gezücktem Notizblock bei einem Fernsehteam. Die Art, wie der Journalist seine Fragen stellt, schockiert ihn – der Tonfall bestimmt bereits den Inhalt der Antwort. Brutal!, denkt er sich. Was ist das für ein Fernsehen, das seinem Publikum suggeriert: »Wie kann man sein Land lieben, wenn man seine Nachbarn nicht hasst? Ein guter Pakistani sollte sowohl die Juden als auch die Inder öffentlich anprangern.« Ist dies nicht auch eine Form, die Gemüter anzuheizen, ja, ein verkappter Aufruf zum Töten? Warum sagen sie nicht gleich, »hier spricht die Armee«?

Immer noch am 10. Januar, am Nachmittag, bekommt Asif, sein Kontaktmann, während sie auf einem Basar in Rawalpindi sind, einen Anruf von Arif, dem Mann, der sie am Vortag zu Gilanis leerem Haus geführt hat. Im Wesentlichen sagt Arif: »Dein Boss soll nicht die Hoffnung aufgeben! Ich bin an der Sache dran! Ich kenne jemanden, der in enger Verbindung zu Gilani steht und den Kontakt zu ihm herstellen wird.« Und dieser jemand, der angeblich Bashir heißt, ist in Wirklichkeit Omar Sheikh.

Am 11. Januar findet das große Treffen mit Bashir alias Omar statt. Taxi, wie zwei Tage zuvor. Treffpunkt an der Pindhora Road. Arif ist diesmal in Begleitung eines Freundes, bärtig wie er selbst, der sich während der gesamten Fahrt in Schweigen hüllt. Er wartet an derselben Kreuzung und bringt sie ins Hotel Akbar, Zimmer 411, wo Omar auf sie wartet. Es folgt die lange Unterredung, die dazu dient, Vertrauen aufzubauen. Die Club-Sandwiches. Der eiskalte Kaffee, der von dem kleinen Mann in der Dschellaba serviert wird. Jene seltsame, unwirkliche Atmosphäre, die er eigenartigerweise nicht erfasst hat oder die ihn, so er sie doch gespürt hat, nicht davon abbrachte, die Suche nach Gilani fortzusetzen.

»Seltsam, dieser Shabir«, sagt er dennoch beim Hinausgehen zu seinem Kontaktmann. »Warum sagst du Shabir?«, fragt Asif. »Er heißt Bashir, jedenfalls hat Arif das gesagt.« – »Nein«, entgegnet Pearl, »ich habe es genau gehört, er hat Shabir gesagt.« Sie haben beide Recht. Denn Omar hat sich beinahe verraten. Einmal sagt er Shabir, dann wieder Bashir. Am nächsten Tag versucht er, die Scharte wieder auszuwetzen und unterzeichnet eine E-Mail mit jenem eigentümlichen, für Pakistan sehr ungewöhnlichen Namen, der Pearls oder doch zumindest Asifs Aufmerksamkeit hätte erregen müssen: »Bashir Ahmed Shabir Chowdry.« Liegt der eigentliche Fehler also bei Asif?

Am 12. Januar geht Danny zum Schwarzen Markt in Rawalpindi. Mariane möchte gern einen CD-Player haben. Also kauft er einen und verlangt eine Rechnung. Aber nein!, erwidert der Verkäufer. Wie soll ich Ihnen eine Rechnung ausstellen, wo Sie gerade einen gestohlenen Gegenstand gekauft haben!? Dannys Verhalten macht die Runde, über den Markt hinaus, in ganz Rawalpindi – Danny, ein Mann mit Prinzipien, besteht auf seiner Rechnung, die pakistanischen Händler weigern sich hartnäckig, Mariane geht schließlich ohne CD-Player aus. Und so wird Recherche Nummer 2, wie Schmuggelgut seinen Weg von Afghanistan nach Pakistan findet, mit selbst erlebten Details angereichert ...

Vom Abend des 12. Januar bis zum 16. Januar ist er in Peschawar. Will er hinüber nach Afghanistan? Sucht er in den Gebieten der diversen Stämme die Spur der al-Qaida und ihrer Verbindung zu den paschtunischen Gangs? Ich glaube nicht. Daniel Pearl, das dürfen wir nicht vergessen, ist kein Kriegsreporter. Als man ihm im November anbot, nach Afghanistan zu reisen, entgegnete er: »Nein, das ist nicht mein Metier, ein Kriegsreporter braucht eine spezielle Ausbildung, und die habe ich nicht.« Warum sollte er seine Meinung geändert haben? Warum sollte er heute das tun, was er gestern nicht tun wollte? Warum sollte er den Helden spielen, wo er doch ein klar denkender Mensch ist? Nein. Ich glaube, es gibt zwei Gründe, weshalb er dort ist. Zum einen seine Recherche zum Thema Schmuggel. Oder zum anderen jene andere Frage, die ihn beschäftigte, die erst an diesem strategischen Ort wieder aufgenommen wird und erst hier ihre wahre Dimension für die Beziehungen zwischen Pakistan und Afghanistan enthüllen konnte, hier in Peschawar und Umgebung, die Frage, ob es stimmt, dass Mitglieder des ISI einen Transfer nuklearer Technologie zu Gunsten der al-Qaida organisieren.

Am 18. Januar kehrt er nach Islamabad zurück, wo er bis zum 22. Januar bleibt. Während dieser Tage bekommt er die diversen Mails von Bashir alias Omar, und während dieser Tage schnappt die Gilani-Falle zu. Asif findet Dannys Verhalten auf einmal merkwürdig, hektisch und ausweichend. Einmal euphorisch, dann wieder abwesend. Er verbirgt etwas, sagt sich Asif. Ihn danach zu fragen, hat keinen Sinn, denn es ist nicht zu übersehen, dass irgendetwas geschehen ist und dass Danny es ihm verheimlicht.

»Ich fahre nach Karatschi«, rückt Pearl schließlich heraus. – »Warum nach Karatschi? Was für ein seltsamer Einfall!« – »Weil ich dort das Flugzeug nach Dubai nehme, um dann in die USA weiterzufliegen.« – »Aber es gibt doch auch in Islamabad Flugzeuge! Warum musst du zuerst nach Karatschi?« – »Schön«, lenkt Danny schließlich ein, »ich habe etwas anderes dort zu tun. Ich werde mich mit Gilani treffen, aber das ist geheim.«

Asif fühlt sich plötzlich unwohl. Und er ärgert sich. Warum diese Geheimnistuerei? Warum sollen sie sich denn jetzt schon verabschieden, die Abreise war doch erst für in ein paar Tagen vorgesehen? Auch hatte er sich so sehr an diesen überschwänglichen, energiegeladenen Amerikaner gewöhnt, der ganz anders war als die Amerikaner, die er bis dahin kennen gelernt hatte. Aber da ist noch etwas. Schließlich war er es, der ihm diesen Arif vorgestellt hat, welcher ihn wiederum zu Bashir führte. Zum ersten Mal hat er einem Kunden einen Informanten vorgestellt. Das bereitet ihm Sorgen, beunruhigt ihn, macht ihm beinahe Angst – den Grund kann er aber in diesem Moment nicht nennen.

Am 22. Januar ist Pearl in Karatschi.

Einen Tag später trifft er sich um 11.30 Uhr mit Syed Zulfikar Shah von der Immigrationsbehörde am Flughafen. Dann, zwischen 12 Uhr und 13.15 Uhr, mit Brigadier Tariq Mahmoud, Direktor der zivilen Luftfahrtbehörde. In ihrem Memorandum erwähnt Mariane zwei Interviews, die Pearl mit ihm zum Thema Verbrechen im Internet geführt hat. Ich selbst habe mich mit Mahmoud getroffen. Natürlich war er sehr vorsichtig. Er hielt sich bedeckt, als er begriff, weshalb ich ihn in seinem Büro aufgesucht hatte. Doch dann haben wir uns unterhalten. Ich fragte ihn, worüber er mit dem ermordeten Journalisten gesprochen habe. Und ich habe das Gefühl, dass Danny sich für die Machenschaften von Richard Colvin Reid und damit indirekt für Gilani interessierte.

Der Rest ist bekannt.
Wir wissen, wie dieser 23. Januar zu Ende ging, in allen Einzelheiten. Zwischen 14.30 Uhr und 15.30 Uhr warnt ihn Randall Bennett, Sicherheitsbeauftragter bei der amerikanischen Botschaft, mittlerweile nach Madrid versetzt: »Geh nicht zu dem Treffen, die Sache ist nicht geheuer.« Aber Danny geht ins Marriott, zu Fuß. Um 15.30 Uhr ein Anruf bei Steph Laraich, Polizeichef beim französischen Konsulat, der nie erfahren hat, wie Pearl an seine Nummer kam, und der sich noch heute vorwirft, das Gespräch nicht selbst angenommen zu haben, um ihn ebenfalls zu warnen: »Vorsicht! Tun Sie das nicht! Oder sorgen Sie wenigstens für Begleitschutz, für einen Wagen, der Ihnen folgt.« Um 16 Uhr ein weiteres Telefonat, diesmal mit Asif, der in Islamabad geblieben ist und sich an einen ungewöhnlich ängstlichen Unterton in Pearls Stimme erinnert: »Ich frage mich plötzlich, ob es *safe* ist, sich mit Gilani zu treffen ...« Asif wollte weder eifersüchtig wirken noch als Miesmacher auftreten: »Gilani ist zwar wenig bekannt, aber dennoch eine Person des öffentlichen Lebens. Wenn du dich mit ihm an einem öffentlichen Ort triffst, sollte alles gut gehen. Denk aber an Mariane: Nimm sie nicht mit. Der öffentliche

Ort könnte nämlich eine Moschee sein, oder eine Madrassa. Es wäre nicht gut, wenn Mariane, europäisch gekleidet und noch dazu schwanger, dich dorthin begleitete ...«

Mit Mariane und Asra telefoniert Danny von 16 bis 17 Uhr. Dann geht er ins Internetcafé im Lakson Square Building, erneut auf den Spuren von Reid. Ein kurzes Telefonat mit Jamil Yusuf um 17.10 Uhr. Wenige Minuten später ein Treffen im Governor's House im Büro ebenjenes Yusuf. Auch er teilt ihm mit, er habe kein gutes Gefühl wegen der Verabredung im Village Garden um 19 Uhr. Ein kurzes Telefongespräch mit Asra, bei der das Abschiedsessen der Pearls stattfinden soll: »Fangt schon mal an ... Ich habe gleich noch ein letztes Treffen ... Dann komme ich ...« Schließlich das Village Garden, wo ihn Nasir Abbas mit dem Taxi absetzt und wo ihn, Punkt 19 Uhr, ein Wagen erwartet, möglicherweise gefolgt von einem zweiten, eskortiert von einem vorausfahrenden Motorrad.

Ziehen wir Bilanz. Daniel Pearl war während dieser vier oder fünf Wochen von zwei großen Fragen besessen, und ich wette, dass man in diesen beiden Richtungen suchen muss, um herauszufinden, weshalb er umgebracht wurde. Und diese beiden Fragen betreffen:

Den nicht fassbaren Gilani.

Den Nukleartransfer.

4

Die Mörder sind unter uns

Gilani.
Woher rührt diese Fixierung auf Pir Mubarak Shah Gilani? Warum ausgerechnet Gilani und nicht etwa Masood Azhar oder Ramzi Binalshibh oder auch Bin Laden, der sich in jenen Wochen zwischen Afghanistan, dem Gebiet der pakistanischen Stämme und möglicherweise Karatschi bewegt?
Wir haben Richard Reid erwähnt.
Wir haben erwähnt – Danny selbst hat es erwähnt –, dass der Mann, der mit Sprengstoff im Schuhabsatz von Paris nach Miami fliegen wollte, ein Schüler Gilanis war und dass Gilani ihm vielleicht den Befehl gegeben hatte, zur Tat zu schreiten. Außerdem wissen wir, dass er im Zuge seiner Nachforschungen über Richard Reid auf Gilani gestoßen war.
Doch spielt das wirklich eine Rolle?
Wäre Danny so weit gegangen, hätte er so viele Hebel in Bewegung gesetzt und so viel riskiert, wenn es nur darum gegangen wäre, den Weg eines Londoner Autodiebs nachzuzeichnen, selbst wenn aus diesem ein Terrorist wurde?
Kurz, wer ist dieser Mann, diese geheimnisvolle Person, den Pearl am letzten Tag seines Aufenthalts, unter Missachtung sämtlicher Sicherheitsregeln, die er selbst am besten kannte, unbedingt für ein paar klägliche Minuten interviewen wollte?
Bekanntlich hatte Moinuddin Haider, während meiner Reise im November Innenminister von Pakistan, behauptet, bis zu diesem Zeitpunkt noch nie von Gilani oder seiner Bewegung gehört zu haben, der Gruppe al-Fuqrah, wörtlich »die Armen«, oder genauer: »die Verelendeten«.

Hauptmann Javed Iqbal Cheema, ein Adjudant Haiders, der bei dem Gespräch anwesend war, präsentierte eine These, die mir auch kaum weiterhalf: »Was soll diese Geschichte mit den fünfzehn Hintermännern, die einen zu Gilani bringen? Als wir ihn festnahmen, sagte Gilani zu uns: ›Okay, Gentlemen, hier bin ich. Ich bin nicht im Untergrund, ich wäre der Erste, der sich freute, wenn ein Journalist ein Interview mit mir machen möchte. Mr. Pearl hat mich allerdings niemals angerufen.‹ Und da stelle ich, Hauptmann Iqbal Cheema, Ihnen die Frage: Warum hat Mr. Pearl Gilani niemals angerufen?« Ich konnte mir die Gegenfrage nicht verkneifen: »Mann, wenn es so leicht ist, Gilani zu interviewen, und Daniel Pearls einziger Fehler war, nicht höflich darum ersucht zu haben, dann frage ich Sie: Könnten Sie mir nicht behilflich sein und ein Interview mit Mr. Gilani vereinbaren?« Der Innenminister wurde dadurch sichtlich aus der Fassung gebracht.

Denken wir auch an die Episode mit Hamid Mir, dem Biografen und offiziellen Interviewer Bin Ladens, und an jene ebenso unglaubwürdige wie unfreundliche Art und Weise, auf die er ein von ihm bereits zugesichertes Treffen absagte, indem er mir eine Frage unterschob, die ich gar nicht gestellt hatte.

Ich habe die Untersuchung an diesem Punkt aufgenommen.

Ich habe sie sozusagen dort fortgesetzt, wo Pearl sie unterbrochen hatte.

Wie er fuhr ich nach Chaklala, in der Nähe des Luftwaffenstützpunkts von Islamabad, wo eigentlich jener geheimnisvolle Mann wohnen soll. Doch auch ich fand dort ein verschlossenes, leeres Haus vor, das überdies, nach Auskunft der Nachbarn, »an einen Kuwaiter« verkauft war, der dort »renovieren« wollte.

Ich fuhr auch nach Chak Shazad, wo ich mir sein anderes Haus ansah, jenes, das Asif, Arif und Danny vergeblich während ihrer Erkundungstour am 9. Januar aufgesucht hatten. Es ist bescheidener als das andere, ebenerdig, Mauern aus unverputztem Backstein, bemalte Holzgitter vor den Fenstern, doch ebenfalls leer, verlassen.

Schließlich fuhr ich nach Lahore, in die Altstadt, zu seinem so genannten richtigen Haus, das viel prächtiger, von hohen Mauern umgeben und wie eine Festung bewehrt ist. Außerdem ging ich zu der großen, prestigeträchtigen Madrassa, von der Danny so sehr beeindruckt war. In ihre Kuppel sind die Namen der ersten amerikanischen Schüler Gilanis eingraviert, die Anfang der achtziger Jahre konvertierten.

Ich habe mich mit Zafar Malik getroffen, dem Journalisten von der Zeitung *Jang*, der Danny und seinen Kontaktmann zu Arif gebracht hatte, welcher sie dann zu Gilani führen sollte.

Ich hatte ein Treffen mit einem der Schüler Gilanis, Sohn eines Händlers aus Rawalpindi, Wasim Yousouf, für den es eine Ehre bedeutete, Mitglied der al-Fuqrah zu sein, und der gern darüber Auskunft gab.

Und schließlich fuhr ich in die Vereinigten Staaten, wo man auf alle Spuren stößt, die zu diesem Mann und seiner Organisation führen ...

1. Zunächst fiel mir auf, dass Gilani Anführer einer kleinen, einer sehr kleinen und kaum bekannten Gruppierung ist. Sie hat nichts gemeinsam mit den großen dschihadistischen Organisationen, mit denen ich es bislang zu tun hatte und über die Pearl während seines Aufenthalts in Peschawar recherchierte. Nicht zu vergleichen mit Lashkar, Jaish-e-Mohammed, Harkat-ul-Mudschahidin und dergleichen, bei denen es sich um Massenorganisationen handelt oder die zu einer solchen werden möchten. Diese Gruppe hat demnach ganz andere inhaltliche Absichten und organisatorische Strukturen als jene großen Armeen, die sich um die Kontrolle der Märtyrer Allahs streiten. Ein paar hundert Mitglieder, vielleicht zweihundert. Das Wichtigste aber: Sie ist allein auf Lahore konzentriert, wo Gilani seinen Hauptwohnsitz hat, wo seine vier Frauen leben und wo er in der Madrassa unterrichtete. Gilani selbst gibt nur

wenig von sich preis. Er ist ein im Verborgenen lebender Mensch, der sich als direkten Nachfolger des Propheten sieht und dessen letztes Interview aus den neunziger Jahren stammt. Seine Organisation ist eine Sekte. Mit der Denkweise einer Sekte. Ihre Mitglieder sind Gläubige, die, wie in allen Sekten, ihren Namen ändern, wenn sie der Gruppierung beitreten (Richard Reid etwa wird zu »Abdul Rauf«, zu »Bruder Rauf«). Geführt wird die Sekte von einer Art Guru, dessen Wirken nicht mehr viel mit dem eines Nizamuddin Shamzai oder eines Masood Azhar gemein hat, jenen Massenpredigern, die in Anwesenheit der Presse und vor einer oft immensen Zuhörerschar den Dschihad verkündeten. Kein Wunder also, dass die pakistanischen Zeitungen, sonst so beredt, wenn es um all die anderen Organisationen geht, mit leeren Händen dastanden, als am Tag nach der Entführung der Name al-Fuqrah auftauchte. Und es erstaunt letztlich auch nicht, dass Innenminister Moinuddin Haider mir sagte, vor der Pearl-Affäre habe er so gut wie nie etwas von al-Fuqrah gehört.

2. Diese kleine Gruppierung, diese obskure, mysteriöse Sekte, hat nichtsdesto weniger, wie alle anderen auch, Verbindungen zum Geheimdienst. Vielleicht nicht zu Haider, wohl aber zum Geheimdienst. Sie ist der Polizei möglicherweise unbekannt, der unsichtbaren Macht des Landes aber mit Sicherheit verbunden.

Omar, der weiß, wovon er spricht, hat dies eindeutig zugegeben, als er sagte, Gilani habe, nachdem die Rangers ihn in seinem Haus in Rawalpindi verhaftet hatten, »dem Islam und Pakistan gedient«. Khalid Khawaja, der ehemalige Pilot Bin Ladens und Ex-Geheimdienstbeamte, der mich nicht empfangen wollte, warnte mich am Telefon vor Gilani und sagte zu mir, dass ich früher oder später zwangsläufig auf Gilani stoßen würde, denn der Chef der al-Fuqrah sei ein »Vulkan«: »Hüten Sie sich vor erloschenen Vulkanen, denn irgendwann explodieren sie.« Khawaja behauptete dies, wahrscheinlich um sich zu schützen, da er gleich nach der Entführung ins Visier des FBI geraten war. Ähnliches verbreitet Vince Cannistraro, ehemals verantwortlich für den Kampf gegen den Terrorismus bei der CIA. Im Fieber der ersten Nachforschungen verkündete er in seiner hölzernen Ausdrucksweise, Gilani sei »nicht zu fassen«, denn Gilani habe »im Leitungsteam seiner Organisation« mehrere »ehemalige hochrangige ISI-Beamte« sitzen. Und Gilani selbst hat bei seiner Festnahme durch die Polizei in Rawalpindi ganz genau das getan, was dem Polizisten Tarik zufolge alle verhafteten Dschihadisten tun: Er verwandelte sich auf der Stelle von einem verehrungswürdigen Führer zu einem in die Enge getriebenen Mafioso, der die Namen seiner Kontaktpersonen und einige andere Geheimnisse preisgab. Überdies erklärte er, er habe in den achtziger Jahren den ISI über das, was er während seiner damals häufigen Besuche in den USA sah und hörte, auf dem Laufenden gehalten. Dies sollte dazu führen, dass just der letzte Mann, zu dem Pearl vor seiner Entführung Kontakt hatte, der Mann, den er im Village Garden treffen wollte, innerhalb von drei Tagen freigelassen und nicht mehr belästigt wurde.

3. Wie die Mehrheit dieser islamistischen Organisationen, wahrscheinlich sogar noch in stärkerem Maß, ist auch Gilanis Gruppe mit Bin Laden verbunden. Gilani leugnet dies, seit er im Rampenlicht steht. Allerdings hat Khawaja einige Tage nach Pearls Tod George Crile, einem Reporter der CBS-News, gegenüber erklärt: »Osama hat in Pakistan keinen ihm derart eng verbundenen Schüler wie Sheikh Mubarak Gilani.« Vor allem aber ist da jener kanadische Fernsehbeitrag vom Dezember 1993, wo der Chef der al-Fuqrah beim großen »Gipfeltreffen des Terrorismus« zu sehen ist, zu dem Hassan el-Turabi, der Mann, der seinerzeit den Terror im Sudan bestimmte, geladen hatte. Afghanische und iranische Mullahs sind dabei, Mitglieder der Bewegungen George Habaschs und Nayef Hawatmehs, Vertreter der Hamas, des islamischen Dschihad,

der libanesischen Hisbollah. Alles, was Rang und Namen hat in der Welt des Terrorismus, hat sich versammelt. Gilani ist zu sehen, Hand in Hand mit einem damals beinahe unbekannten saudi-arabischen Unternehmer, einem Veteran des antisowjetischen Dschihad, Osama Bin Laden. Stimmt es, fragt der Journalist den Pakistani, dass die beiden Männer, die vor kurzem im Zuge einer Entdeckung geplanter antiindischer Attentate in Toronto festgenommen wurden, Schüler von Ihnen sind? Die Antwort ist eine unerträgliche Mischung aus Vorsicht und Unverschämtheit: »Auf einen von ihnen trifft es zu, er studierte auf unserer Schule in Lahore. Normalerweise aber kommen junge Leute von der Straße zu uns, hören auf zu rauchen, zu stehlen, die Zeit zu verplempern, sie werden zu anständigen Menschen …« Bin Laden knüpft zu diesem Zeitpunkt die ersten Maschen seines Netzes. Gilani ist ein Verbündeter, ein Weggefährte in New York – und vielleicht noch mehr.

4. Weshalb aber noch mehr? Gibt es etwa verschiedene Arten der Verbindung zu Bin Laden? Aber ja. Es gibt einen fundamentalen Unterschied, dem europäische Kommentatoren zu wenig Beachtung schenken. Es ist der Unterschied zwischen der al-Qaida im eigentlichen Sinn, nämlich einer rein arabischen, ja saudi-arabischen Organisation, die ein paar hundert Mitglieder zählt, welche direkt zu Bin Laden in Verbindung stehen, seinen persönlichen Schutz garantieren und in Afghanistan zusammen mit der Unterstützung einiger Algerier, Marokkaner, Palästinenser, Ägypter und vor allem Jemeniten die berüchtigte »Brigade 055« bildeten, die 1997 den Taliban bei der Erstürmung Mazar-e-Sharifs »ausgeliehen« wurde. Zum anderen ist da die Internationale Islamische Front für den Dschihad gegen die USA und Israel, also eine internationale Organisation, ein Zusammenschluss befreundeter Gruppen, die natürlich dem Anführer unterstehen, zum harten Kern aber auf Distanz gehalten werden – eine Art Komintern des Dschihadismus, mit zigtausend Kämpfern, die um ein Zentrum krei-

sen, das, so viel Modernität muss sein, kein Territorium mehr kennt. Nun ist Gilani kein Mitglied der Internationalen Front. Er gehört auch nicht direkt der al-Qaida an. Doch er hat im Verhältnis zu den Anführern der befreundeten Gruppen einen besonderen Status, der bedingt, dass er im Unterschied zu jenen auch nicht zur Komintern des Terrorismus zählt. »Pir Mubarak Schah Gilani ist ein Meister«, hatte mir Wasim Yousouf erklärt. »Selbst Osama verneigt sich vor Pir Mubarak Schah Gilani. Wussten Sie, dass Pir auf Urdu ›verehrter Meister‹ bedeutet?« Damit schien er auf eine Verbindung von spezieller Art anspielen zu wollen. Darauf, dass es eine Art ideologischen, wenn nicht gar politischen Einfluss Gilanis auf Osama geben könnte. Der Chef der al-Qaida ist ein Kriegsfürst. Ohne Zweifel ist er in finanziellen Dingen beschlagen. Ist er auch ein Ideologe? Ein geistlicher Führer? Ist er überhaupt ein versierter Leser des Koran? Diejenigen, die ihm nahe gekommen sind, bezweifeln es. All jenen, die sich eingehend mit den Reden des Gründers der al-Qaida und der Entwicklung seines Stils im Lauf der Jahre beschäftigt haben, wurde bewusst, dass der Meister selbst Meister hatte, bedeutende Souffleure, ideologische und politische Leitsterne, mehr oder weniger geheime Vordenker, die ihn zu dem gemacht haben, was er ist. Es sei hier auch an den beinahe grotesken Dialog mit seinem offiziellen Interviewer Hamid Mir erinnert, der – es ist November 2001 – im Zusammenhang mit dem Attentat auf die Twin Towers nach den Gründen für die Fatwa fragt, die er gegen die amerikanische Zivilbevölkerung ausgesprochen hat. Mir möchte von ihm wissen, wie die Lösung jener theologisch kniffligen Frage aussieht, dass es ja Amerikaner gibt, die zugleich Muslime sind und dennoch dem Angriff zum Opfer fielen. »Ich sehe, dass du mir eine Falle stellen willst«, fährt Osama ihn, aus der Fassung gebracht, an. »Ich werde dies mit meinen Freunden besprechen und dir morgen früh die Antwort geben.« Bekanntlich ist der Mufti Nizamuddin Shamzai, Vorsteher der Moschee von Binori Town, einer dieser »Freunde«. Bekanntlich war ein weiterer dieser heimlichen Meister Sheikh Abdullah Azzam, jener palästinensische Fundamentalist, der zu Beginn der achtziger Jahre in Peschawar das Alkifah Refugee Center gründet und bis zu seinem Tod 1989 als einer der Wiederbegründer eines unverfälschten transnationalen Dschihad gilt. Vielleicht ist Gilani ja ein weiterer dieser Meister, vielleicht wird dies in der kanadischen Dokumentation deutlich, wo der Anführer der al-Qaida so zurückhaltend und bescheiden neben dem Meister aus Lahore wirkt. Und vielleicht war dies eine der Hypothesen Daniel Pearls.

5. Was aber ist die Ideologie der al-Fuqrah? Und worin unterscheidet sie sich von den Ideologien der anderen dschihadistischen Organisationen? Ich möchte zwei Dokumente anführen. Das eine ist eine auf Arabisch verfasste Propagandaschrift, ein kleines Buch, das Gilanis Vision des Heiligen Krieges wiedergibt. Außerdem eine für die Gläubigen bestimmte Weltkarte, die mit »Die Vereinigten Staaten des Islam« überschrieben ist und eine durchgehende grüne Fläche mit einem grünen Banner in der Mitte zeigt, die sich über das gesamte Universum des Islam erstreckt, von den Philippinen und Westchina über den Vorderen Orient und die Türkei bis nach Westafrika. Noch interessanter als diese Karte ist jedoch eine zweite, auf der ebenfalls die »Vereinigten Staaten des Islam« abgebildet sind, allerdings »in zwanzig Jahren«: Nun ist der gesamte Planet grün eingefärbt – der letzte Ungläubige scheint verschwunden, die weltweite Ummah scheint Wirklichkeit geworden zu sein! Doch wichtiger noch ist das Buch, ein wahres Pamphlet, mit »Gedichten« des Meisters. Ich entdecke darin drei Hauptmotive. Da ist zunächst der Dschihad, die Lobpreisung des »Schnellfeuergewehrs«, welches die Stärke des »wahren Gläubigen« ausmacht, die Ermahnung »unseres Sheikh Gilani, bereit zu sein, das eigene Leben zu opfern«, die wehmütige Erinnerung an jene Zeiten, als die »Gotteskrieger« Europa in die Knie zwangen, sowie die Vorstellung, nach der

Auflösung der Sowjetunion werde es einen Dritten Weltkrieg geben, aus dem der Islam siegreich hervorgeht. Es folgt das Thema der »Reinheit«, die Idee, der Islam sei durch die allzu langen Handelsbeziehungen mit dem Westen »korrumpiert« worden, die Obsession einer Rückkehr – gegen den Widerstand aller »an die Zionisten und Kreuzfahrer verkauften« Häretiker – zu den Quellen des wahren Glaubens, die Vorstellung, dass diese Rückkehr nur mit Gewalt erfolgen könne. Schließlich eine weitere Thematik, die mir weniger typisch für den Islam erscheint. Es geht dabei um die »Kräfte des Bösen« oder die »niederen Kräfte«, die gewissermaßen eine unsichtbare Gegenwelt zu unserer sichtbaren Welt bilden, einen magischen Islamismus, einen esoterischen, schwarzen Islamismus, einen beinahe satanischen Islamismus, der den Amerikanern seit Beginn der neunziger Jahre damit droht, zahllose Tornados und schreckliche Erdbeben würden sie ereilen, sollten sie sich weiterhin als stolz und mächtig aufspielen. Ich möchte keine weitreichenderen Schlüsse ziehen als Daniel Pearl. Doch meine persönliche Hypothese ist, dass in dieser seltsamen Literatur ein Tonfall vorherrscht, ein Irrsinn, eine morbide Macht, die Bin Laden zwangsläufig verführen mussten.

6. Doch das ist noch nicht alles. Und so komme ich zu jenem entscheidenden Punkt, den Danny meines Erachtens unmöglich übersehen haben kann und den er sicherlich auch trotz des brennenden Wunsches, Gilani zu treffen, in Erwägung gezogen haben wird. Diese winzige Gruppierung, diese fanatische Sekte mit ihren handverlesenen Mitgliedern, sie ist in einem Land der Erde mächtiger als in Pakistan. Dieses Land ist weder der Jemen noch ist es Indonesien, es ist weder der Irak noch sonst eines der Länder, die die »Achse des Bösen« umfassen – es sind die Vereinigten Staaten! Die Geschichte von al-Fuqrah beginnt in den frühen achtziger Jahren, in einer Moschee in Brooklyn, wo ein junger Imam namens Gilani seine ersten Schritte als »verehrungswürdiger Meister« macht. Zu dieser

Zeit beginnt der Krieg der Sowjetunion in Afghanistan. Die öffentliche Meinung in Amerika ergreift Partei für die Freiheitskämpfer, die, von Kandahar bis zum Panschir, der sowjetischen Armee Widerstand leisten. Und da taucht Gilani in New York auf, extrovertierter als heute, meistens in Uniform und mit Patronengurten behangen, und gründet von seiner Moschee mitten im Herzen der Weltstadt aus seine al-Fuqrah. Gilani will Freiwillige für den Dschihad unter den Schwarzen, oft unter den Ärmsten rekrutieren, manchmal bei den auf die schiefe Bahn Geratenen, vorzugsweise aber bei den »Konvertiten«, das ist seine wahre Spezialität, sein eigentlicher Jagdgrund. Seitdem sind zwanzig Jahre vergangen. Die al-Fuqrah-Sekte wurde in der Zwischenzeit in Amerika verboten. Nach dem ersten Attentat auf das World Trade Center von 1993 zog Gilani es vor, die Vereinigten Staaten zu verlassen und von Lahore aus zu operieren. Doch es ist Tatsache: Al-Fuqrah ist ursprünglich eine amerikanische Organisation. Ihre meisten Mitglieder hatte und hat al-Fuqrah in den Vereinigten Staaten. Ihre ersten Gewalttaten, ihre ersten Morde, die Bomben auf Hotels, Geschäfte und Kinos, die von Indern geleitet wurden, ihre internen Abrechnungen, die unter anderem zur Hinrichtung eines Imam von Brooklyn und eines weiteren in Tucson führten – all dies wurde in den USA begangen.

7. Gilani ahnte wahrscheinlich, dass die Gewalttätigkeit der al-Fuqrah früher oder später zu einem Problem werden könnte. Und so gründete er bereits zu Beginn der neunziger Jahre in Amerika eine weitere, das heißt, eigentlich zwei Organisationen, welche der ursprünglichen Sekte als demokratisches Feigenblatt dienen und die sowohl zum Zeitpunkt von Pearls Nachforschungen als auch jetzt, wo ich die Untersuchung wieder aufnehme, in voller Expansion begriffen sind. Die eine nennt sich »Muslims of America«, die andere »International Quranic Open University«. Oberstes Ziel neben ihren Aktivitäten für al-Fuqrah ist der Unterricht. Die Kampagnen zur

Sensibilisierung für das Los der »muslimischen Märtyrervölker«. Bosnien. Tschetschenien. Der geistige Widerstand gegen die »Propaganda der zionistischen Lobby«. Und schließlich – stets eines der wichtigsten Ziele der al-Fuqrah, vielleicht ihre »heiligste« Mission, zumindest aber diejenige, auf die Gilani am stolzesten zu sein schien – die Gründung kleiner »Jamaats« oder »Gemeinden« von Gläubigen, die ihre Bestimmung in den Lehren des Meisters sehen und sich auf dem Land, also außerhalb des Einflussbereichs der großen Metropolen mit ihrem moralisch verseuchten Fanatismus, zu Gruppen zusammenschließen, um ein Leben strikt nach den Vorschriften des Koran führen. Derartige Gemeinschaften existieren bereits in Virginia, Colorado, Kalifornien, Pennsylvania, South Carolina, Kanada und in der Karibik. Von diesen eigentümlichen »Basislagern im Grünen«, die einen durch Gilani'sches Gedankengut stark abgewandelten Koran praktizieren, gibt es über zwei Dutzend, vielleicht dreißig, mit jeweils mehreren tausend »Brüdern«, quer über den nordamerikanischen Kontinent verteilt. Und diese Modelldörfer sind es, diese islamistischen Kolchosen auf feindlichem Gebiet, diese Tausende Hektar unwirtliches Land, verschachert an die Gläubigen, welche das Gebot befolgt haben, die Städte des Teufels zu verlassen, um aufs Land und zu dessen reiner Schlichtheit zurückzukehren, um dort vor Allahs Augen neue Gesellschaften zu gründen, die nicht von der materialistischen, gottlosen Welt infiziert sind, jene islamistischen Enklaven mitten im Herzen von George W. Bushs Amerika sind es, die einen dazu berechtigen, die Organisation, über die Danny – unter anderem – Nachforschungen anstellte, auch, wenn nicht sogar hauptsächlich als amerikanische Organisation zu bezeichnen.

8. Ich habe eine dieser Enklaven besucht. Ich fuhr nach Tompkins in Delaware, wo eine Hand voll Getreuer vor zehn Jahren eines jener Modelldörfer gegründet hatte, das mit den Jah-

ren größer wurde und heute auf mehr als dreihundert Seelen angewachsen ist. Eine hügelige Weidelandschaft. Eine einsame zweispurige Landstraße, die an einem schlichten Eisengatter endet. Ein Holzhäuschen als Posten. Ein alter Mann mit gutmütigem Gesicht, der einen durchwinkt. Wohnmobile, im Kreis geparkt, wie die Wagenburgen in einem Western. Andere stehen abseits. Wir sind hier mitten in dem, was von den Nachbarn argwöhnisch oder abergläubisch als »Islamberg« bezeichnet wird. Die im Kreis stehenden Wohnwagen bilden die Schule. Das erste Wohnmobil direkt dahinter ist die ehemalige Moschee. Es gibt nämlich auch eine größere, auf festem Grund erbaute Moschee. Ebenfalls entdecke ich einen Laden, in dem man die wichtigsten Dinge des täglichen Bedarfs findet, sodass die »Brüder« nicht gezwungen sind, das Gelände zu verlassen, und quasi autark leben können. Oben auf dem Hügel steht die Schule für die Erwachsenen. Auf dem anderen Hügel eine Reparaturwerkstatt, vielleicht auch ein Versammlungsgebäude, möglicherweise beides. Dort arbeitet einer der wenigen Weißen des Dorfes. »Wir haben nichts mit al-Fuqrah zu tun«, protestiert Barry, ein großer, sportlicher und offenherziger Schwarzer, der noch in New York als Restaurator arbeitet, aber seit acht Jahren mit seiner Familie hier lebt. »Wir gehören einer anderen Organisation namens Muslims of America an, einer friedlichen Organisation, die das Studium und die Besinnung predigt.« Und ein anderer, ein Arzt aus Brooklyn, der ebenso wie Barry für Wochen nach New York pendelt und der dasselbe coole Friedensgehabe vortäuscht: »Wir haben nichts mit dem Terrorismus zu tun. Niemand von uns war je in irgendeine derartige Aktion verwickelt. Wussten Sie, dass unsere Kinder gleich am 12. September nach New York gefahren sind, um den Feuerwehrleuten bei der Beseitigung der Trümmer am Ground Zero zu helfen? Sie werden kaum jemanden finden, der patriotischer wäre als wir.« Mag sein. All dies stimmt zweifellos. Zweifellos erinnert Islamberg, diese ländliche Idylle unter freiem Himmel, diese blühende Gemeinschaft, die meilenweit von der Welt der Kriminellen und Gescheiterten entfernt ist, eher an eine bukolische Gemeinschaft à la Larzac oder Lubéron. Aber ...

9. Aber die Sekte hat ja noch ein anderes Gesicht. Selbst wenn wir die kriminelle Vergangenheit der al-Fuqrah beiseite lassen, von der Barry und die Seinen sich strikt distanzieren, da sie sich nicht ihr, sondern den Muslims of America und der International Quranic Open University zugehörig fühlen; selbst wenn wir auch all das beiseite lassen, was man heute über die dreizehn Morde und die siebzehn Bombenattentate weiß, die in den achtziger Jahren von Gilanis Männern in den USA verübt wurden; wenn wir auch jene Polizeirazzia von 1989 in einem ihrer Schlupfwinkel in Colorado ignorieren, als ein ganzes Arsenal von halb automatischen Waffen gefunden wurde, des Weiteren fünfzehn Kilo Sprengstoff, leere Formulare für Sozialausweise und Geburtsurkunden, gefälschte Führerscheine, Baupläne New Yorker Brücken, Fotos von Elektrizitätswerken und Öltanks, einige Guerilla-Handbücher ebenso wie Hinweise auf ein geplantes Attentat auf einen Imam in Tucson, Rashad Khalifa, der später tatsächlich umkommt; und selbst wenn wir – obwohl wir gar nicht mehr bei al-Fuqrah, sondern bereits bei den Muslims of America angelangt sind – das gesamte System regierungsunabhängiger Organisationen nicht beachten, die in den neunziger Jahren als Deckunternehmen gegründet wurden, was allein im Staat Kalifornien dazu führte, dass dreihundert Millionen Dollar nach Lahore umgeleitet werden konnten – das Entscheidende ist vielmehr, dass diese liebenswürdigen ländlichen Gemeinschaften der Muslims of America und der International Quranic Open University sich noch immer, als wäre nichts geschehen, auf den Unterricht des al-Fuqrah-Chefs berufen. Das Entscheidende ist, dass noch immer am Zugangstor zu einigen Dörfern das Emblem der ursprünglichen Sekte hängt. Das Entscheidende ist, dass man in einem Video, das in die Hände der

Justiz gelangte, Gilani im Kampfdress sieht, darunter die Salwar Kameez, wie er in einer grünen Landschaft, die Islamberg sein könnte, den Vorsitz einer militärischen Versammlung führt und in die Kamera spricht: »Unsere Rekruten erhalten eine hoch spezialisierte Guerilla-Ausbildung. Wir sind leicht zu erreichen in unseren Büros der International Quranic Open University im Staat New York, in Michigan, South Carolina, in Kanada und Pakistan – überall, wo wir sind, kann man mit uns Kontakt aufnehmen.« Das Wichtigste aber ist eine Untersuchung, die das FBI 2001 zur Aufklärung des Mordes an einem Hilfssheriff in der Gemeinde Baladullah (was auf Arabisch »Stadt Gottes« bedeutet) in den Ausläufern der Sierra Nevada durchgeführt hat. Daraus geht hervor, dass der mutmaßliche Täter Mitglied *beider* Organisationen ist. Und dann ist da noch der berüchtigte Heckenschütze, der Washington in Angst und Schrecken versetzte, John Muhammad, jener Konvertit, der die Nation of Islam, eine relativ gemäßigte Organisation, verlassen hatte, um nicht nur al-Fuqrah, sondern auch Muslims of America beizutreten (die mittlerweile gut und gern als Organisation von Mördern durchgehen könnte). Ich habe Kenntnis von einem Antrag der Staatsanwaltschaft von Colorado, vertreten durch Douglas Wamsley, bezüglich der jüngsten von Gilanis Leuten begangenen Verbrechen. Ebenso konnte ich mich mit den Berichten Thomas Gallaghers in Delaware vertraut machen, mit der Anklageschrift des Verbrechens in Baladullah und mit den Prozessakten des Falles von James D. Williams, der wegen versuchten Mordes und Schutzgelderpressung zu Gunsten der al-Fuqrah zu neunundsechzig Jahren Gefängnis verurteilt wurde. Keiner glaubt daran, dass die beiden Organisationen tatsächlich unabhängig voneinander sind. Keiner zweifelt daran, dass Gilani sowohl hinter den Propagandisten des Islam als auch hinter der Mördersekte steckt – keiner zweifelt daran, dass die Rollenaufteilung auf die beiden Gruppen nichts als eine Komödie in großem Stil ist.

10. Was natürlich zur nächstliegenden und zugleich beunruhigendsten Frage führt. Warum unternehmen die USA nichts? Warum tolerieren die Behörden Muslims of America? Und was die Mutterorganisation al-Fuqrah betrifft, warum hat das State Department, das doch bereits 1998 in seinem Jahresbericht »Patterns of Global Terrorism« schrieb, ihre Mitglieder hätten »diverse Gruppen attackiert, die als Feinde des Islam gelten, darunter auch Muslime, die in ihren Augen Häretiker oder Hindus waren« mit dem Verbot der al-Fuqrah bis zum Jahr 2000 gewartet? Vielleicht ist die Tatsache dafür verantwortlich, dass diese »diversen Gruppen« lange Zeit nichts anderes waren als »nur« Muslime oder Hindus. Natürlich ist auch die geltende Rechtslage dafür verantwortlich, und die Tatsache, dass es in der Mehrzahl der Fälle, bei Islamberg etwa, unmöglich sein dürfte, die geringste Verbindung mit einer konkreten terroristischen Aktion nachzuweisen. Doch ich frage mich, ob es nicht auch noch einen anderen, tieferen Grund gibt, der uns an jene weit zurückliegende, beinah schon vergessene Zeit erinnert, als die amerikanische Regierung bei ihrem eifrigen Kampf gegen den Kommunismus auf jedes Mittel zurückgriff, das ihr geeignet schien, um ihn einzudämmen – angefangen bei den fundamentalistischen muslimischen Bewegungen in Usbekistan, in Tadschikistan, Turkmenistan, Afghanistan und natürlich auch in Pakistan. Es ist die Epoche Zbigniew Brzezinskis, des Paul Wolfowitz der Ära Carter. Die Epoche William Caseys, von 1981 bis 1987 Leiter der CIA und verantwortlich dafür, dass der ISI grünes Licht erhielt, um zigtausend arabische Kämpfer zu rekrutieren, zu bewaffnen und auszubilden. Während diese für ihren Glauben stritten, sollten sie gleichzeitig das Reich des damaligen Bösen zerstören helfen ... Es folgte die Epoche, in der die amerikanische Regierung die Islamische Heilsfront (FIS) in Algerien unterstützte, die Taliban in Kandahar und Kabul, die Muslimischen Brüder und die wahhabitischen Strömungen in den arabischen Ländern, die erbittertsten tschetschenischen Gruppen ... Die Epo-

che, in der man in Afghanistan, noch lange vor den Taliban, Gulbuddin Hekmatyar gegen Massud ausspielt, die wahnsinnigen Gottesfanatiker gegen Demokraten ... Die Epoche, in der man glaubt, die radikalsten sunnitischen Gruppierungen gegen die schiitische Revolution im Iran unterstützen zu müssen ... Und es ist die Epoche, in der sich auch in den USA plötzlich wahnwitzige Dinge tun, bei denen einem im Nachhinein schwindelig wird: Die CIA rekrutiert Ramzi Yousef, den späteren Anstifter des ersten Attentats auf das World Trade Center ... Über die Botschaft in Khartum bekommt der blinde Scheich Omar Abdel Rahman, der bereits in den Mord an Sadat verwickelt ist, ein Visum ... In Oklahoma City finden in nahem Abstand, 1988 und 1992, zwei Gipfeltreffen radikaler Islamisten statt, zwei internationale Konferenzen, wo auch zwei der Architekten der beiden Anschläge auf das World Trade Center, 1993 und 2001, ihre Parolen vorbereiten können, was dort einfacher geht als in Khartum ... Da wird Azzam, dem palästinensischen Vordenker Bin Ladens, gestattet, mitten in New York ein Büro zur Anwerbung neuer Mitglieder zu eröffnen ... Und schließlich wäre da Pir Mubarak Shah Gilani, der mit dem pakistanischen, vielleicht aber auch – wer weiß? – mit dem amerikanischen Geheimdienst in Verbindung steht.

Untersuchte Daniel Pearl etwa die amerikanischen Netzwerke der al-Qaida? Liegt der Schlüssel zum Geheimnis seines Todes vielleicht auch in den Aktenschränken und auf den Festplatten Washingtons? Dürfen wir nicht erwarten, dass die Betreffenden unmissverständlich und öffentlich ihren historischen Irrtum eingestehen und zugeben, dass die politischen Führer unserer freien Welt an ihrem Busen einen Golem genährt und ihn zuweilen auch hervorgebracht haben, nur um ihn heute über den ganzen Erdball hinwegzujagen? Vielleicht ist es das, was Daniel Pearl erwartete. Vielleicht ist es das, worauf er in aller Dringlichkeit aufmerksam machen wollte.

5

Eine Bombe für Bin Laden?

»Einige Zeitungen im Westen behaupten, Sie seien im Begriff, chemische und nukleare Waffen zu kaufen. Was ist an diesen Informationen richtig?«

»Ich habe gestern die Rede des amerikanischen Präsidenten Bush gehört. Er beunruhigte die Europäer, indem er ihnen erzählte, Osama wolle sie mit Massenvernichtungswaffen angreifen. Ich möchte feststellen, dass wir, sollte Amerika chemische oder nukleare Waffen gegen uns einsetzen, dann womöglich mit Chemie- und Kernwaffen zurückschlagen. Wir besitzen diese Waffen zur Abschreckung.«

»Und woher haben Sie diese Waffen?«

»Nächste Frage ...«

Wer da spricht, ist Osama Bin Laden.

Es ist sein erstes Interview nach dem 11. September 2001.

Der Mann, mit dem er da redet, ist Hamid Mir, der Bin-Laden-Biograf, der seltsamerweise unser Treffen mit der Begründung abgesagt hatte, ich hätte nur im Sinn, durch ihn an Gilani herankommen zu wollen – zugleich der Mann, der neben Khawaja einer der ersten Kontakte Pearls in Islamabad war.

Liegt hier der zweite Schlüssel zum Geheimnis?

Ist die Frage, der Bin Laden im Interview mit Mir auswich, diejenige, die auch Pearl beschäftigte?

Hatte er Hinweise darauf, und wenn ja, welche, dass der Emir der al-Qaida nicht bluffte, als er behauptete, er sei im Besitz (wie? durch wen?) von Massenvernichtungswaffen, die das Kräfteverhältnis auf der Welt entscheidend zu seinen Gunsten verändern könnten?

Meine Hypothese lautet: ja.

Ich denke oder nehme vielmehr an, dass auch Pearl diese Spur verfolgte.

Wäre dem so, dann hätten wir eine zweite Erklärung für seinen Tod.

Das zuverlässigste Indiz, über das ich verfüge, ist der Artikel vom 24. Dezember 2001, den er zusammen mit LeVine verfasste und der zu Pearls Leidwesen kein größeres Echo fand.

Was steht eigentlich genau in diesem Artikel?

Er berichtet davon, dass die Autoren auf eine regierungsunabhängige pakistanische Organisation gestoßen sind, die sich vorgeblich humanitären Hilfsprojekten im Afghanistan der Taliban widmete, und die UTN, Ummah Tameer e-Nau heißt, »Wiederherstellung der muslimischen Ummah«.

Er berichtet davon, dass der »Ehrenpräsident« der UTN, der insbesondere damit betraut war, pakistanische und arabische Investoren für Agrarprojekte anzuwerben, die in der Region Kandahar geplant waren und noch sind, niemand anders ist als Hamid Gul, der ehemalige Leiter des ISI, seit zwölf Jahren in Rente, der aber selbstverständlich noch Kontakte zu seinem alten Metier pflegt.

Er enthüllt außerdem, dass der geschäftsführende Leiter der Organisation ein gewisser Bashiruddin Mahmoud ist. Der einundsechzigjährige Islamist ist Schüler Israr Ahmeds, jenes anderen Ulema von Lahore, der wie Gilani als einer der Gurus des mehr oder weniger geheimen pakistanischen Fundamentalismus und insbesondere Bin Ladens gilt. Zugleich aber ist er, und das ist wirklich wichtig, ein renommierter Wissenschaftler, Gründer einer Fabrik zur Herstellung von Plutonium, die mithilfe der Chinesen in Khusab gebaut wurde. Und bis 1999 war er Vorsitzender des pakistanischen Kommissariats für Atomenergie.

Und schließlich enthüllt dieser Artikel, dass die beiden Männer, Gul und Mahmoud, der General und der Wissenschaftler, sich Ende August 2001 in Kabul unter seltsamen Umständen getroffen hatten, wobei Letzterer zu Beginn des Monats in Kandahar nicht nur mit den Führern der Taliban, sondern auch mit Bin Laden höchstpersönlich zusammengekommen war.

Gul braucht also – und auch dies steht in dem Artikel – gar nicht den Unwissenden zu spielen und so zu tun, als sei er nicht über eine Begegnung Mahmouds mit Massud und Bin Laden informiert.

Umsonst beteuert Mahmoud: »Aber nein! Meine Reisen nach Afghanistan, meine Treffen dort haben nichts mit meiner früheren Tätigkeit zu tun. Ich möchte einfach zur Entwicklung dieses armen Landes beitragen, will Mühlen bauen lassen und mir Gedanken machen über die Nutzung seiner Erdöl- und Gasvorkommen, seiner Eisen- und Kohleminen. Ich habe meinen Sohn begleitet, der wegen eines Bankprojekts nach Kabul fuhr.«

Vergeblich beteuert er denjenigen gegenüber, die ihm sein Treffen mit dem Emir der al-Qaida vorwerfen: »Wir sprechen nicht von ein und derselben Person. Der Mann, mit dem ich mich getroffen habe, ist ein Menschenfreund, er ist gut, großzügig, gibt viel Geld für die Renovierung von Schulen aus, eröffnet Waisenhäuser, gründet Hilfsfonds für Kriegswitwen – Gott schütze Osama.«

Was hilft es, wenn die pakistanische Regierung auf Drängen »befreundeter« Geheimdienste, insbesondere des amerikanischen (der im Übrigen einige Tage vor dem Erscheinen des Artikels erreicht zu haben scheint, dass die Konten der UTN eingefroren werden), Mahmoud festnimmt, verhört, ihn einige Wochen inhaftiert und dann unter Hausarrest stellt?

Die Tatsache bleibt bestehen.

Bin Laden hat Kontakte zu einem der Väter der pakistanischen Atombombe.

Vermutlich kam es bereits ein Jahr zuvor zu einem Treffen – eine weitere Information aus diesem Artikel, von einem

»ehemaligen Colonel des ISI«, der aber nicht namentlich genannt wird.

In Anbetracht der Verhältnisse, die in Afghanistan herrschen, insbesondere im Hinblick auf die strengen Kontrollen, denen die Wissenschaftler unterworfen sind, und zwar unabhängig von ihrem Status – wobei Mahmoud, wie Pearl und LeVine betonen, alles andere als ein unbedeutender Wissenschaftler war –, ist es undenkbar, dass sich die Reisen nach Afghanistan, die Treffen mit Bin Laden ohne das Wissen Islamabads ereignet hätten.

Zu Recht bedauert Pearl, dass sein Artikel nicht mehr Aufsehen erregt hat. Denn er schneidet gleich zwei heikle Themen an. Die Kontakte zwischen einem Atomwissenschaftler und al-Qaida. Und die Absegnung dieses Kontakts durch einen pakistanischen Staat, der im Westen im Ruf steht, seine gefährlichen Waffen gut unter Verschluss zu halten.

Davon ausgehend habe ich selbst Nachforschungen angestellt. Wie im Falle Gilanis habe ich mit meinen eigenen Mitteln versucht, die unvollendeten Recherchen Dannys fortzuführen.

Als ich mir Mahmoud vornehme, mache ich gleich zwei interessante Entdeckungen. Erstens: Anstatt nur einer von vielen Islamisten im Sumpf der Sympathisanten zu sein, haben wir es hier vielmehr mit dem aktiven Mitglied einer der radikalsten und, wie man jetzt weiß, blutrünstigsten Gruppen zu tun – er ist in der Harkat-ul-Mudschahidin, die bekanntlich eine zentrale Rolle bei der Hinrichtung Pearls gespielt hat. Zweitens: Anstatt sich bei seinem Islamismus zurückzuhalten, wo es um Naturwissenschaften geht, vermischt Mahmoud beide Dinge. Sein Islamismus wuchert in den Beruf hinein und flößt ihm eine entsetzliche Theorie ein, die all diejenigen im Westen aufrütteln sollte, die sich in dem Glauben wähnen, Pakistan sei zwar ein Land mit vielen Problemen, aber seine Waffenarsenale halte es sicher hinter Schloss und Riegel. Dieser Theorie zufolge ist nämlich die pakistanische Atombombe nicht allein im Besitz Pakistans, sondern der gesamten islamischen Welt, sprich: der Ummah, der Gemeinschaft aller Gläubigen.

Dann ist da Abdul Qadir, Mahmouds Chef und der wahre Vater der am 28. Mai 1998 erstmals getesteten Bombe. Pearl und LeVine erwähnen es nicht. Doch wir haben es hier mit einer landesweiten Berühmtheit zu tun, einem neuen Jinnah. Er ist der Stolz des Landes, weil er diesem die Bombe geschenkt hat. Lieder sind auf ihn komponiert worden. In den Straßen Karatschis lässt man ihn hochleben. In den Moscheen Pakistans wird seine Geburt verherrlicht. Nie habe ich diesen Namen erwähnen können, ohne dass sich die Miene meines Gesprächspartners – egal, welchem Milieu er entstammte oder was für einen Charakter er hatte – aufhellte, als hätte ich den Namen eines Heiligen oder eines Helden ausgesprochen. Nun, dieser Mann ist Mitglied der Lashkar-e-Toiba. Dieser Wissenschaftler, gewissermaßen der Oppenheimer Pakistans, dieser brillante Kopf, nach dem man bereits zu Lebzeiten das größte Atomlabor des Landes benannt hat, ist ebenfalls ganz offiziell Mitglied einer Organisation von Terroristen und bildet zusammen mit der Harkat den engen Kreis um al-Qaida. Ein Atomwissenschaftler und Fanatiker, der im Besitz der tatsächlichen Codes der Bombe ist und eindeutig in Beziehung zu Bin Laden steht. Was wohl passiert, falls Musharraf gestürzt wird und einer dieser Wahnsinnigen seinen Platz einnimmt? Da sie Erfinder der Bombe sind, haben sie den Schlüssel, den Zugangscode zu den Übermittlungssystemen und den nuklearen Sprengköpfen Pakistans. Eine entsetzliche Vorstellung.

Die öffentliche Meinung. Genauer gesagt, die Meinung jener dschihadistischen Gruppen, mit denen ich mich seit fast einem Jahr auseinander setze. Auf einmal genügt es ihnen nicht mehr, eine eigene Anschauung zum Dschihad zu haben, zu gesellschaftlichen Fragen oder zur Stellung der Frau im Islam, es reicht nicht mehr, eine gemeinsame Überzeugung über die reine Lehre und die Worte des Propheten zu vertreten – nun müssen sie auch noch mit demselben Fanatismus eine nukleare Orthodoxie vertreten. Ich war in einer Moschee in Peschawar, bei meinem Besuch im November, ein Prediger der Lashkar-e-Toiba warnte Musharraf davor, »das nukleare Vermögen des Landes zu verscherbeln«. Ebenso zeugt auch eine Ausgabe der *Zarb-e-Momin* davon, die mein seltsamer Besucher vom vergangenen Dezember auf dem Tisch in der Hotelhalle hatte liegen lassen. Darin will der Emir der Jamaat-e-Islami die Führung des Landes davon überzeugen, dass »die gesamte Nation« sich widersetzen würde für den Fall, dass die Regierung den »zionistischen und amerikanischen Weisungen« Folge leistete und die »islamische Bombe« aufgäbe. Man solle sich bloß hüten, eifert er sich, die Muslime wieder einmal wie Hunde zu behandeln! Die Juden hätten die Bombe, die Amerikaner ebenfalls, sogar die Franzosen hätten sie – warum seien sie die Einzigen, denen die Bombe versagt bleiben sollte? Ein letzter Beweis findet sich in einer anderen Zeitschrift der Bewegung, in der eine Erklärung des Mufti Nizamuddin Shamzai abgedruckt ist, des Vorstehers von Binori Town, an dessen »hohe Geistlichkeit« ich nicht mehr recht glaube und dessen Äußerungen einen sprachlos machen: Der Koran befehle den Muslimen, sich »für die Verteidigung zu rüsten«. Wenn die politische Führung aber darauf verzichte und Atomsperrverträge unterzeichne, die ihr der zionistische Feind auferlege, sei dies eine Geste des »Hochverrats«, ein »unislamischer Akt«, eine »Rebellion gegen die Anweisungen Allahs des Allmächtigen«.

Gibt es ein anderes Land auf der Welt, in dem die Atombombe ein derart zentrales, landesweites Thema ist? In dem der Tag des ersten Atomtests – der 28. Mai – den Stellenwert eines religiösen Feiertags innehat, an dem man hinter Bannern einherschreitet, die mit der »Hatf«, der pakistanischen Atomrakete bedruckt sind? Gibt es eine albtraumhaftere Vorstellung als die eines Atomarsenals, das in den Köpfen dieser religiösen Wahnsinnigen zur Reliquie erhoben wurde? Und doch ist es so in Pakistan.

Dann gibt es noch weitere Informationen zu al-Qaida, insbesondere zur Frage, wie weit Bin Laden mit seinen Bemühungen um Massenvernichtungswaffen gekommen ist, Informationen, die Daniel Pearl vermutlich bekannt waren – und darüber hinaus existieren noch die ganz persönliche Erinnerungen.

Da ist der Fall von Mamdouh Mahmoud Salim, einem Gehilfen von Bin Laden, Mitbegründer der al-Qaida und in diesem Zusammenhang in die Bombenattentate auf die amerikanischen Botschaften in Kenia und Tansania verwickelt: Er wurde am 25. September 1998 in München festgenommen, als er bei ukrainischen Mittelsmännern Atommaterial und angereichertes Uranium zu kaufen versuchte.

Das Buch von Yossef Bodansky, »Target America«, Leiter des Terrorismus-Zentrums beim amerikanischen Kongress, worin er 1998 berichtet, dass Bin Laden dreißig Millionen Dollar in bar bezahlt habe und dazu zwei Tonnen Heroin, damit ihm eine Gruppe Tschetschenen die Materialien zum Bau einer oder mehrerer Bomben lieferte.

Und General Lebed enthüllte den amerikanischen Behörden kurz vor seinem Tod, dass die Regierung der Russischen Föderation eine Einheit atomaren Sprengstoffs, welche die Sowjets in den siebziger Jahren komprimiert hatten, verloren habe. Dieser Sprengstoff, so der General, passe in einen Koffer, könne somit leicht überallhin transportiert werden, auch in feindliches Gebiet; zudem hätte er ein langes Haltbarkeitsdatum und ließe sich möglicherweise reaktivieren. Diese Mikrobomben, sagte Lebed, diese Atomkoffer, die, sollten sie explodieren, Tausende von Menschen, vielleicht sogar Hunderttausende in den Tod reißen können, sind die idealen Waffen für eine terroristische Gruppe.

Kommen wir nun zu meinen persönlichen Erinnerungen, die mich von den ehemaligen Sowjetrepubliken Zentralasiens wieder nach Pakistan führen, und von Pakistan zu Bin Laden

– ich möchte mit ihnen Daniel Pearls Vermutungen fortführen und untermauern.

Da ist zum einen meine Unterredung im Frühjahr 2002 mit Moshe Yaalon, der soeben zum Generalstabschef der israelischen Armee ernannt wurde. Yaalon treffe ich an einem Morgen im Verteidigungsministerium, einem enormen, festungsartigen Komplex. Die Atmosphäre ist dennoch entspannt, die Büros haben etwas Unmilitärisches an sich, es sind kaum Embleme zu sehen, dafür Soldatinnen am Empfang. Wir unterhalten uns über Arafat. Ich versichere ihm, dass ich nach wie vor voll und ganz hinter der Sache Israels stehe, melde aber zugleich heftige Zweifel an der Reaktion auf die zweite Intifada an. Wir unterhalten uns auch über den Irak, der mir in Anbetracht der tatsächlichen derzeitigen Bedrohungen das falsche Ziel, ein Ablenkungsmanöver zu sein scheint. Natürlich sage ich auch etwas zu Pakistan. Ich erwähne das Buch, das allmählich Gestalt annimmt, berichte von dem Schlangennest, dem Pulverfass, zu dem Israel sicherlich auch eine Meinung hat: »Die Raketenstandorte zum Beispiel ... Die Orte, an denen die spaltbaren Materialien gelagert werden – stellen sie nicht eine viel größere Gefahr dar als die von Sadam Hussein? Und ist die Kontrolle darüber den Geheimdiensten mittlerweile nicht entglitten?« Yaalon blickt erst überrascht, dann leicht spöttisch drein, das Aufblitzen in seinen Augen erinnert an den jungen Rabin: »Sie interessieren sich für Pakistan? Sieh an. Wir auch ... Doch täuschen Sie sich nicht, die internationale Gemeinschaft weiß bis ins Kleinste, wo sich die Sprengköpfe dieses Landes befinden. Sobald sich einer davon auch nur einen Millimeter bewegt, wissen wir, was wir zu tun haben ...« Worauf ich entgegne: »Heißt das, es ließe sich ein pakistanisches Osirak vorstellen? Wäre ein derartiges Eingreifen in der Welt Bin Ladens, nach dem 11. September, denkbar?« Mit einem Lachen erwidert er: »Eine gute Frage, nur habe ich keine Antwort darauf.« Ein Osirak in Kahuta, Chagai, Khushab? Eine israelische Spezialeinheit, die ein Atomlager stürmen würde, sollte sich die Lage ändern? Diese Hypothese ist ebenso beruhigend wie wahnwitzig. Denn bereits eine derartige Überlegung bedeutet, dass sich das Problem tatsächlich stellen kann.

Zum anderen ist da jenes Gespräch, das ich vor einigen Jahren auf einer Reise in den Panschir mit Mohammed Fahim führte, dem damaligen Chef von Massuds Geheimdienst. Wir sind im Gästehaus der Nordallianz am Taleingang und warten auf Massud. Fahim ist schlanker als heute, weniger förmlich, er spricht viel ungezwungener als der Marschall und Minister, der er später geworden ist.

»Der Westen unterschätzt wieder einmal die immense Gefahr, die von Pakistan ausgeht. Sie haben die Taliban erschaffen. Sie sind momentan dabei, Bin Laden groß werden zu lassen. Wussten Sie, dass Bin Laden in der Nähe von Kandahar ein Labor besitzt, wo er versucht, Massenvernichtungswaffen zu fabrizieren, und dass er dies mit vollem Wissen des Geheimdienstes tut, der ihm alles, was er nur will, liefert: Informationen aus erster Hand, Besuche von Wissenschaftlern, Proben von spaltbaren Materialen, Schmuggelmöglichkeiten ...?«

Damals schenke ich den Informationen keine große Bedeutung. Bin Ladens Aufenthalt in Kandahar erwähne ich nur nebenbei in meinem damaligen Reisebericht in *Le Monde* – ein Teil von mir schreibt diese Angaben der antipakistanischen Paranoia der Nordallianz und insbesondere ihrem Geheimdienst zu. Trotzdem krame ich meine Notizen von damals wieder hervor und lese sie vor dem Hintergrund der Affäre Pearl und meiner Nachforschungen erneut durch. Fahim gab mir damals auch den Standort des Labors an: vierzig Kilometer westlich vom Flughafen. Das Monatsgehalt der von Bin Laden angeheuerten russischen oder turkmenischen Ingenieure: zweitausend Dollar, mehr als das Doppelte von dem, was ihnen zu dem Zeitpunkt die russische Föderation geben kann. Er erzählte mir außerdem, dass einer der turkmenischen Wissenschaftler in den achtziger Jahren in Bagdad im Reaktor Osirak gearbeitet habe: Was für ein seltsamer Zufall ... Vor allem aber, erklärte er mir, sind all diese Waffen viel zu schwer zu transportieren und dann zu warten, ihre Sicherungssysteme seien viel zu komplex, als dass diese ukrainischen oder tschetschenischen Reaktortypen al-Qaida recht weit brächten.

»Vielleicht bauen sie auch eine schmutzige Bombe«, meinte Fahim. »Vielleicht können sie Nuklearmaterial ohne Träger fabrizieren, das sie dann nach Kabul schaffen, sobald wir dort einrücken. Diese Hypothese nehmen wir natürlich sehr ernst. Dazu brauchen sie die Leute von dort ...«

Er deutet mit dem Kinn in Richtung Pakistan.

»Nur die Leute des ISI verfügen über das erforderliche Know-how und sind in der Lage, ihnen die nötigen Einzelteile zu liefern, die zur Errichtung eines Arsenals von Massenvernichtungswaffen erforderlich sind.«

Dann fügte er hinzu: »Wir haben alle entsprechenden Angaben. Wir wissen, dass der Prozess begonnen hat ...«

Vielleicht wusste Danny einiges über diesen »Prozess«, der bereits »begonnen hat«.

Vielleicht hat er den Fall Hamid Gul näher untersucht und ist möglicherweise auf eine Verbindung zum vorgeblich nichtreligiösen, also kemalistischen Flügel des Geheimdienstes gestoßen.

Vielleicht erstellte er bereits eine Liste aller hochrangigen ISI-Beamten, die Guls Plan einer islamistischen Bombe für al-Qaida befürworteten. Somit hätte Mohammed Fahim Recht, als er behauptete, pakistanische Geheimdienstleute würden stillschweigend einen Technologietransfer zu den terroristischen Gruppierungen billigen.

Wollte er den genauen Standort der Sprengköpfe und Waffenträger des Arsenals in Islamabad herausfinden und so den Beweis liefern, dass der erstbeste Terrorist sich diese Information verschaffen könnte?

Besaß er Informationen, die Musharrafs unermüdliche Erklärungen Lügen straften, er habe die volle Kontrolle über die nukleare Befehlskette und über die strikte Trennung zwischen Materiallager und Abschussbasen?

Hatte er in Peschawar einen jener Atomkoffer MK 47, »made in USA« oder »in USSR«, gesehen, von denen mir mehrere westliche Geheimdienstler berichteten – große, bauchige, graue oder schwarze Koffer, geriffelt wie ein Tornister, mit zwei Metallgriffen an den Seiten und einer Art Stöpsel, wie ein Tankdeckel – und darin der zwanzigste oder auch dreißigste Teil der Ladung von Hiroshima?

Vielleicht verfolgte er auch die Spur von Abdul Qader Khan, dem eigentlichen Vater und Befürworter der islamistischen Bombe. Bestimmt hat er dabei, so wie ich es tat, hinter die offizielle Fassade des Helden Khan geblickt und ist auf andere, sorgfältig vor der Welt und insbesondere vor den Amerikanern verborgene Taten gestoßen: beispielsweise auf die Kooperationsprogramme mit dem Iran der Ayatollahs zwischen 1986 und 1994, das Memorandum des irakischen Geheimdienstes vom 6. Oktober 1990, das ich in Neu-Delhi in Kopie einsehen durfte und aus dem hervorgeht, dass Pakistan – mittels Khan – Saddam Hussein Hilfe beim Bau einer Fabrik zur Anreicherung von Uran angeboten hat. Vielleicht kannte er ja auch jenes Dossier, das über seine Beziehungen zur nordkoreanischen Atomindustrie Aufschluss gibt. Ich selbst stieß in Indien auf das offene Geheimnis der guten Kontakte zwischen Pakistanis und Nordkoreanern. Dank Khans Vermittlung, so scheint es, bieten die einen den anderen ihr Know-how an, und ihre Sprengköpfe. Warum sollte Danny nicht die Absicht gehabt haben, dies zu veröffentlichen? Als Folgebericht zu seinem Artikel vom 24. Dezember, diesmal jedoch auf der ersten Seite des *Wall Street Journal:* eine Chronik des heimlichen Einvernehmens zwischen Pjöngjang und Islamabad.

Wenn er also die Biografie Abdul Qader Khans näher beleuchtet hat, so wird er, denke ich mir, zu der Überzeugung gekommen sein, dass Khans Rolle wesentlich wichtiger war als die Mahmouds oder Guls, und daher kann ich mir nicht vorstellen, dass er sich nicht für den seltsamen Status des Wissenschaftlers nach dessen Pensionierung interessiert hat. Hat sich Khan nun tatsächlich völlig aus dem Geschäft zurückgezogen? Hat er tatsächlich keinen Zugang mehr zu wichtigen Dokumenten? Ist er ein ganz normaler Bürger, der einfach nur etwas mehr im Mittelpunkt steht, dem vielleicht im Restaurant die Rechnung erlassen wird, wenn man ihn erkennt, oder der umsonst Taxi fahren darf? Oder ist er, wie ich glaube und wie Pearl sicher auch glaubte, wenn er Nachforschungen in diese Richtung vertiefte, halb amtlicher, dafür noch emsiger Emissär der pakistanischen Atomlobby? Bei genauer Betrachtung von Pearls Recherchen muss ich davon ausgehen, dass er etwa auf die letzte, noch nicht lang zurückliegende Reise Khans nach Nordkorea gestoßen ist, kurz nach der Pensionierung des Wissenschaftlers, eine Reise, die weitgehend unbeachtet blieb. Abdul Khan, sagt ein pakistanischer Minister mir gegenüber, sei als Privatmann dort unterwegs gewesen, seine Reise nach Pjöngjang habe lediglich touristischen Zwecken gedient. Abdul Khan, behauptet ein Vertrauter felsenfest, sei früher in offizieller Mission in Nordkorea gewesen, hätte nun wohl Freunde dort und sei zu rein privaten Zwecken hingeflogen – Sie werden doch wohl einem Wissenschaftler, der sein Leben ganz in den Dienst der Nation gestellt hat, eine Reise zu Freunden in Pjöngjang gönnen?

Ich bin davon überzeugt, dass dies genau die Fragen sind, die sich Daniel Pearl kurz vor seiner Entführung gestellt haben mag. Ich wette sogar, dass Pearl sich – ähnlich wie ich – fragte, welche Art von Tourismus einen heute nach Pjöngjang führt, was für Freunde man dort wohl haben mag, wenn man den Rekord bei der Herstellung von aus Uran gewonnenem Plutonium hält. Ich wette auch, dass Pearl herausfinden wollte, was jener Mann, der jahrelang die Wissenschaftler eines offiziell nicht zu den Atommächten zählenden Landes lehrte, wie man Embargos umging, den Nordkoreanern wohl zu sagen hatte.

Ich wette, dass Daniel Pearl Beweise sammelte für eine geheime Absprache Pakistans mit den Schurkenstaaten und den großen terroristischen Netzwerken dieser Erde.

Ich stelle die Hypothese auf, dass Pearl an einem Artikel über das Doppelspiel der pakistanischen Führung schrieb, die einerseits ihrem Alliierten USA zu schmeicheln versucht, während sie sich andererseits, in Gestalt ihrer renommiertesten Wissenschaftler, für eine derart fragwürdige Angelegenheit wie die atomare Proliferation hergibt.

Stand Pearl also kurz davor, das Tabu zu durchbrechen?

Als Daniel Pearl dieses düstere Universum der wahnwitzigen Gelehrten und Wahnsinnigen Gottes betrat, als er seinen Fuß in die dunklen Zonen setzte, die sich Geheimdienst und Atomwissenschaftler teilen, als er sich an dieses äußerst diffizile und hoch explosive Thema wagte – stand er da im Begriff, das andere große Gesetz zu brechen, von dem diese Gegend der Erde beherrscht wird?

Ich jedenfalls tue es.

In der Nachfolge Dannys, in seinem Kielwasser und in gewisser Weise zu seinem Gedenken, liefere ich diesen kleinen Beitrag zur Erforschung der Wahrheit, die Daniel mehr als alles andere liebte.

Ich behaupte, dass Pakistan heute der größte Schurkenstaat der Erde ist.

Ich behaupte, dass sich zwischen Islamabad und Karatschi ein veritables schwarzes Loch bildet, welches das Bagdad des Saddam Hussein wie ein Depot für veraltete Waffen erscheinen lässt.

In diesen Städten herrscht eine Atmosphäre der Apokalypse, und genau das, dessen bin ich mir sicher, hatte Danny gespürt.

6

Die Sanftheit des Islam

Ein Jahr ist bereits vergangen.

Ein Jahr, seit ich in Hamid Karsais Büro in Kabul saß und, während wir zusammen mit seinen beiden Mitstreitern, Fahim und Qanouni, Erinnerungen an Kommandant Massud austauschten, vom Tod Daniel Pearls erfuhr.

Ich schreibe einen Brief an Mariane, deren Verzweiflung und Kummer an Dannys Todestag ich mir nur zu gut vorstellen kann.

Zusammen mit Freunden will ich versuchen, in den Synagogen Frankreichs einen Tag des Gedenkens und der Gebete zu organisieren, wie Ruth und Judea, Dannys couragierte Eltern, dies in Los Angeles tun.

Mein Buch nähert sich – trotz seiner Lücken, seiner Hypothesen, seiner Unklarheiten – dem Abschluss.

Ich statte Karatschi noch einen letzten Besuch ab, obwohl ich mir geschworen hatte, nicht mehr dorthin zurückzukehren. Zumindest nicht unter diesem Regime. Eine Nachricht Abduls ließ mich meinen Entschluss ändern: »Memon, der Besitzer des Grundstücks ... das fehlende Teil in deinem Puzzle ... Ich glaube, ich habe Saud Memon ausfindig gemacht ... Komm!«

Und so begebe ich mich zur »Islamischen Bücherei« in Rawalpindi, in der ersten Etage eines Gebäudes in der Murree Road, das dem Al-Rashid Trust als Büro dient. Hier soll ich den Mann treffen, der wiederum denjenigen kennt, der mich zu Saud Memon führen wird. Bei der Begrüßung die wie immer höflichen, aber eisigen Blicke, als wollten sie mich warnen, nicht zu weit zu gehen. Ich spüre die übliche Selbstsicherheit, im Besitz der Wahrheit zu sein, auch und gerade dann, als mir gesagt wird, »der Mörder des Journalisten, wer es auch sei«, werde »ins Paradies gelangen«. Ansonsten die gleichen Versprechungen, die gleiche Art, die Tür nur einen Spalt breit zu öffnen, um sie kurz darauf wieder zuschlagen zu können: »Oh, natürlich ... Nichts leichter als das ... Nein, unser Freund Memon ist nicht untergetaucht ... Er ist in Karatschi ... Es gibt keinen Ort auf Erden, an dem er sicherer wäre als in Karatschi ... Vor allem keinen in jenen arabischen Ländern, die mit den Amerikanern paktieren, diese Hunde!«

Also fahre ich wieder nach Karatschi und gehe der letzten Spur nach. Sohrab Road, ganz im Norden der Stadt, auf dem Weg nach Gulzar-e-Hijri, ein Labyrinth aus Gässchen und staubigen Pfaden mitten in der Metropole, verlassene Gebäude, Ruinen, Behausungen aus Wellblech und Pappe, Rinnsale, in denen das Abwasser fließt, breite Wasserlachen, über die man behelfsmäßige Brücken errichtet hat. »Wer ist das?«, wird Abdul von einem bis auf die Knochen abgemagerten afghanischen Flüchtling gefragt, der hinter einer eingestürzten Mauer auftaucht. – »Ein Europäer. Ein Muslim aus Bosnien. Er gehört zu uns.« Dort, am Ende der Welt, steht ein Haus, das demjenigen, in dem Pearl gefangen gehalten wurde, ähnlich sieht. Ein Mann liegt auf einer Matte, er trägt eine Weste mit ausgefransten Ärmeln direkt auf der blanken Haut. Am Fußende ein Nachttopf. Mit fiebrigen Augen und todesmatter Stimme sagt der Mann: »Ich bin nicht Saud Memon. Ich bin sein Onkel. Saud war hier. Er kommt wieder. Doch die amerikanische Polizei hat gerade Khalid Sheikh Mohammed festgenommen. Sie sind überall. Er musste fliehen. Lassen Sie mich in Ruhe. Sie sehen ja, dass ich krank bin.«

Ich rufe in Rawalpindi an, um mehr über die Verhaftung Mohammeds zu erfahren. Den neuesten Informationen nach soll er der Mörder Pearls sein. Er wäre demnach der »Jemenit«, der das Messer geführt hat. Ein ehemaliger Agent der CIA, Robert Baer, behauptet sogar: »Das war es, was Pearl tat ... Er war Mohammed auf die Schliche gekommen. Mohammed hat ihm dies verübelt und hat sich gerächt ... Zusammen mit Omar hat Mohammed die Entführung organisiert. Er selbst hat ihn umgebracht.« Diese Vorstellung halte ich für absurd. Ich kann einfach nicht glauben, dass Bin Ladens Nr. 3, sein wichtigster Organisator, jener elegante, weltgewandte kuwaitische Intellektuelle die Arbeit selbst erledigt haben soll. Ich betrachte sein von der CIA veröffentlichtes Foto, das seit zwei Jahren im Umlauf ist – darauf ist er mit gepflegtem Bart, scharfem, intelligentem Blick und tadellosem Turban abgebildet – und sage zu mir selbst: »Nein, nicht möglich, ich kann mir nicht vorstellen, dass dieser Mann die Hinrichtung selbst ausgeführt hat.« Dann aber nehme ich mir das andere, neue Foto vor, das heute Morgen von den Zeitungen veröffentlicht wurde. Darauf ist er zu sehen, wie er aus dem Bett springt, wahrscheinlich genau in dem Augenblick, in dem die Rangers in seine Wohnung eingedrungen sind, die Haare stehen wild zu Berge, schwarze Brusthaare schauen unter dem schmuddeligen T-Shirt hervor, sein Blick ist verstört, umschattet, der Mund verzogen: Dies ist nicht mehr derselbe Mohammed. Eine Sekunde lang glaube ich an eine erneute Manipulation, an einen neuerlichen Tausch der Identitäten ... Doch wenn dies wirklich Mohammed ist, dann wäre es vielleicht doch denkbar, dass er Daniel Pearl umgebracht hat. Erzählt man sich nicht von Saddam Hussein, er habe das Vorrecht für sich beansprucht, diejenigen seiner Gegner, die ihn beleidigt hatten, eigenhändig umzubringen?

Außerdem ist die ganze Geschichte mit Mohammed mehr als fragwürdig. Auf offizieller Seite, in Islamabad, wird gejubelt. Mehr als je zuvor spielen sich die Pakistanis als brave Alliierte auf, als antiterroristisch gesinnte Freunde der Amerikaner. Nur kann niemand sagen, wo Mohammed eigentlich verhaftet wurde. Und auch nicht wie. Oder auch nur wann.

Und das ist wirklich das Seltsamste daran: Niemand scheint zu wissen, ob die Verhaftung gestern erfolgt ist, vor acht oder vor vierzehn Tagen, wenn nicht gar schon vor einem halben Jahr: Die Nummer 3 der al-Qaida wurde klammheimlich »inhaftiert, aber nicht angeklagt«, wie die Mehrheit der Verdächtigen in der Pearl-Affäre, und jetzt zaubert man ihn wie einen Flaschenteufel hervor, oder auch, genau zum passenden Zeitpunkt, wie ein hübsches Geschenk für die amerikanischen Busenfreunde. Wann sollte die Beratung des Sicherheitsrats zum Krieg im Irak stattfinden? Und wie wollte Pakistan eigentlich abstimmen? Wieder einmal drängt sich der Gedanke auf, dass wir es mit einer hinterhältigen Staatsmacht zu tun haben, einer Expertin im doppelten und dreifachen Spiel, die über einen geheimen Vorrat an Terroristen verfügt, welche tröpfchenweise ans Licht der Öffentlichkeit gebracht werden, je nach Lage der Dinge, je nach Bedarf des ISI, des Marktes ...

Heute Morgen bekomme ich per Mail drei Fotos von Hadi, Omars Baby. Es hat ein hübsches rundes Köpfchen. Große Augen. Trägt ein weißes T-Shirt mit der Aufschrift »Hello Kiki« in grünen Buchstaben, aus dem pummelige Arme herausschauen. Auf einem der Bilder ist er auf seinem Kindersitz festgeschnallt. Auf dem zweiten weint er und wischt sich mit der Faust eine Träne ab. Auf dem dritten strahlt er über beide Backen – doch hinter ihm, an der Wand, sieht man einen riesigen dunklen Schatten. Wer schickt mir diese Fotos? All dies ist seltsam.

Dann gibt es Nachrichten von Omar selbst, wiederum per Mail. Derselbe Absender, eine Adresse aus London, die mich zu einer Website führt. Ein langes Interview, das Omar einer auf Urdu erscheinenden Zeitung gegeben haben soll. Der einstige Gefangene von Hyderabad kommt auf den Tod Pearls zu sprechen. Auf das, was er in Kandahar, »im Hause von Freunden«, am Vorabend des 11. September tat. Auf sein Abenteuer in Bosnien. Auf Indien. Er spricht auch über den bevorstehenden Krieg im Irak, der ihn offenbar in Rage bringt. Und was schlägt er vor, um diesem Krieg Einhalt zu gebieten? Was ist die Allzweckwaffe, mit der »Bin Ladens Lieblingssohn« diesem angekündigten »Massaker« Einhalt gebieten will? Dieser Mann ist ein Irrer, kein Zweifel. Wäre es nicht so ungemein tragisch, ich würde darüber lachen. Er schlägt vor, die Söhne Bushs und Cheneys zu entführen. Das ist seine fixe Idee. Stets die gleiche.

Einer meiner Informanten berichtet mir von der Existenz eines neuen Verdächtigen – des achtzehnten –, eines gewissen Qari Asad, Emir der Lashkar-e-Janghvi im Ostteil Karatschis. Er soll der Polizei eine andere Version von Dannys Entführung geschildert haben. Keine zwei Autos, nur eines. Kein Bukhari auf dem Motorrad. Dafür ein zweiter Stopp auf halbem Weg, bei »Snoopy's Ice-Cream Parlour«, in der Nähe der Moschee von Sohrab Goth, wo Pearl ein Eis isst, bevor er wieder einsteigt und nach Gulzar-e-Hijri weiterfährt. Ich suche die Eisdiele »Snoopy's Ice-Cream Parlour«, finde sie aber nicht.

Bin ich denn im Verlauf des letzten Jahres ein wenig weitergekommen?

Sehe ich tatsächlich so viel klarer als am Anfang der Untersuchung, als mir die Dinge ganz einfach vorkamen – ein amerikanischer Jude, muslimische Extremisten, ein Video, das in den Moscheen herumgereicht wird?

Ja, ich bin weitergekommen, denke ich manchmal. Ich klammere mich an meine Schlussfolgerungen, sage mir immer wieder, dass man nicht alle Tage auf einen Mörder stößt, der zum einen hoher al-Qaida-Funktionär, zum anderen ISI-Agent ist – und außerdem denke ich ja, dass die Pearl-Affäre weit mehr ist als nur eine schlichte Affäre und dass wir, zwischen Washington und Islamabad, vor dem Hintergrund eines möglichen Einsatzes von Massenvernichtungswaffen, mitten im Auge des Zyklons stehen.

Manchmal aber stelle ich mir auch die Frage, ob ich nicht

zu viel des Guten getan habe, ob ich mich nicht von dieser Recherche völlig vereinnahmen ließ, ob ich Omar nicht besser seiner Bedeutungslosigkeit hätte überlassen sollen, ob ich nicht zu sehr darauf erpicht war, den Knoten zu lösen, zu entzerren, ob ich mich nicht in einem Gewirr von Fakten verstrickt habe, von denen ich auf einmal gar nicht mehr so überzeugt bin. Ich frage mich, ob ich nicht Opfer meiner Faszination für Krimiautoren geworden bin, die Notizen anhäufen, wie besessen Berichte sammeln und Justizbeamte spielen, sich an Indizien klammern, die sich widersprechen, die noch an dem winzigsten Hinweis festhalten, an jedem unsichtbaren Detail, jeder kleinsten Regung, die unablässig den Film abspulen, um endlich auf das bislang ignorierte Beweisstück, die unberücksichtigte Verbindung, den glücklichen Zufall, die allzu früh aufgegebene Hypothese zu stoßen, und die am Ende doch nur zusehen, wie das Geheimnis sich ihnen entzieht, um an anderer Stelle, in einer anderen, ebenso trügerischen Perspektive, erneut aufzutauchen.

Zum letzten Mal stehe ich vor dem Marriott.

Zum letzten Mal vor dem Village Garden mit seinem aus der Ferne an chinesische Zeichen gemahnenden Schild, der ersten Station auf Daniel Pearls Kreuzweg.

Ich weiß jetzt, dass ich nie wieder nach Karatschi zurückkehren werde. Nach diesem Buch bin ich hier sicher nicht mehr willkommen. Und so sperre ich Augen und Ohren weit auf, um alles aufzunehmen in dieser Stadt, die ich hasste, die mir Angst machte, in der es oft grau und diesig war, in der mir nur selten ein freundlich gesinntes Gesicht begegnete und an die ich dennoch auch gute Erinnerungen habe.

Vor mir taucht das Gesicht Jamil Yusufs auf. Dieser Chef von Karatschis Citizen-Police Liaison Committee will unbedingt den Mördern von Danny und den anderen das Handwerk legen, so riskant dies auch ist. Dann wäre da noch der Journalist und der Botschaftsangestellte, deren Namen ich nicht nennen darf, die mir jedoch sehr geholfen haben und zu den letzten Gerechten in diesem modernen Ninive gehören.

Ich bin auf der Straße zum Flughafen, wo ich diesmal das Guest House sehe, das ich bei meinem ersten Besuch vergeblich gesucht hatte, weil mich der Polizist mit den kajalbemalten Augen anhielt, bis ich schließlich als Vertreter der Levy Malakand wieder weiterfahren durfte.

Heute habe ich einen Fahrer mit freundlichem Blick und jovialem Lächeln. Es ist der Erste seit einem Jahr, der mir nicht gleich die unvermeidliche Frage stellt: »Woher kommen Sie? Welchen Glauben haben Sie?«

Und dann kommen wir an einer kleinen Moschee vorbei, und er bittet mich anhalten zu dürfen: »Es ist Zeit für das vierte Gebet ... Darf ich anhalten? Sie können ruhig mitkommen ... Zwei Minuten ... You are most welcome ... Sie sind sowieso früh dran ...«

Es ist nur ein kleiner Gebetssaal. Eine bescheidene Vorstadtmoschee. Die Männer hier sind überhaupt nicht aggressiv. Erst sind sie erstaunt, dann aber reichen sie mir ein Kissen und machen mir ein Zeichen, ich solle mich, während sie beten, an die Wand setzen. Es ist meine erste Begegnung mit dem Islam in Karatschi, ohne dass mir eine Atmosphäre der Verwünschung und des Hasses entgegenschlägt.

Beim Weiterfahren denke ich an jenes andere Gesicht des Islam, gekennzeichnet von Toleranz und Mäßigung, welches die Wahnsinnigen Gottes – oder vielmehr des Teufels – entstellen.

Erinnerungen an meine Freunde in Bosnien und im Panschir tauchen vor mir auf: Izetbegovic und sein bürgerlicher Islam, Massud auf dem Berg über der Ebene von Chamali, der inmitten der schönsten Umgebung, die man sich denken kann, zu seinem Gott betete.

Ich erinnere mich an meine Freunde in Bangladesch, die sich vor dreißig Jahren gegen die Torquemadas wehrten, die sich in ihren Reihen erhoben. Sie beleidigten, so sagten sie, den Gott des Wissens, der Weisheit und des Erbarmens, welcher der Gott der Muslime ist.

Ich sehe in Gedanken die blauen Kuppeln der Moschee von Mazar-e-Sharif vor mir, die verzierten Arabesken Bukharas und ihren blaugrauen Schimmer, die Marmorarabesken der Saadier-Gräber, die Michelangelo bewundert hätte. Ich höre das Murmeln des Wassers in einer Oase in Ghardaia und die wissende Ekstase eines Sohravardi, deren Schönheit den größten Schriften Isaac Lurias oder Pascals in nichts nachsteht.

Es gibt diese andere Seite des Islam.

Es gibt diese Sanftheit des Islam, an die Daniel Pearl trotz allem bis zur letzten Minute glauben wollte und an die auch ich glaube.

Wer wird den Sieg davontragen? Die Söhne Massuds oder die Mörder Pearls?

Wer wird die anderen eines Besseren belehren: die Erben dieser uralten Kulturtradition, die von dem persischen Philosophen und Arzt Avicenna über die Weisen von Córdoba bis Mahfouz reicht? Oder die Wahnsinnigen aus den Camps von Peschawar, die zum Dschihad aufrufen und sich Sprengstoff um den Bauch binden, um als Märtyrer zu sterben?

Dies ist die große Aufgabe, die das soeben begonnene Jahrhundert stellt.

Dies war, so glaube ich, das große Anliegen Daniel Pearls, als er sich über alle Doktrinäre eines Zivilisationskriegs hinwegsetzte, der uns nur das Schlimmste verheißt.

Dies war das wahre Thema dieses Buches – eine Hommage an einen posthumen Freund und ein Appell, die Vernunft miteinander zu teilen.